2

财税法学前沿问题研究

地方财税法制的改革与发展

中国法学会财税法学研究会／主办
刘剑文／主编

财税

CAISHUIFAXUE
QIANYANWENTI
YANJIU

DIFANGCAISHUIFAZHI
DE
GAIGE
YU
FAZHAN

法律出版社
LAW PRESS·CHINA

前　言

秋高气爽枫叶红，风轻云淡明月圆。2011 年 9 月，中国法学会财税法学研究会 2011 年年会暨第十五届海峡两岸财税法学术研讨会在沈阳召开。本届年会由中国法学会财税法学研究会主办，辽宁大学法学院和辽宁大学经济法制研究中心承办。海峡两岸二百余名财税法学者齐聚辽宁大学，共同研讨“地方财税法制的改革与发展”。

2011 年，一波又一波的涉税新闻不断吸引着社会各界的眼球，受到越来越多各界人士的关注。重庆和上海率先进行的房产税试点；全国“两会”中有关财政透明、预算公开的高调呼吁，为提高个人所得税生计费用扣除标准而进行的漫长论证和争辩；“三公”经费公开所引发的震动和遗憾；伪造国税 47 号文件的闹剧；房产证“加名税”风波以及中秋前的“月饼税”争议，等等。如会长刘剑文教授在闭幕致辞中所言，一系列的涉税新闻反映出社会对财税法的持续关注。社会的关注意味着人心的“围观”。有围观就有力量，有围观就有改革的希望，围观是净化，是提升，实际上也是走向文明。中国不是铁幕，变化是中国的本色。纳税人与政府的博弈平衡，是中国走向希望、走向未来的重要力量。

本届年会以“地方财税法制的改革与发展”为主题，这是中国新一轮税制改革中的重要课题，既涉及分税制改革如何继续推进、中央与地方政府间财政关系如何协调等纵向层面的问题，也涉及地方政府之间的财政合作与竞争如何规范等横向层面的问题；既有地方税制结构如何优化、地方财政自主如何落实等宏观层面的问题，也有财产课税如何规范、房产税改革如何推进、非税收入如何控制等微观层面的问题。与会学者提交的 128 篇论文，既有来自海峡两岸权威财税法专家的高屋建瓴之论，亦有来自海峡两岸中青年财税法学者的勤恳耕耘之作，基本涵盖了地方财税制度改革的重要问题。在专题研讨过程中，两百余名与会专家通过观点的交锋凝聚了共识和理念，对财税法学理论研究和制度建设都具有很好的参考价值。

鉴于此，中国法学会财税法学研究会会长会议研究决定，从 128 篇会议论文中遴选出 29 篇与年会主题密切相关的论文，汇编成本次年会的论文集并公开出版。我们根据具体议题，将精选出来的论文分组为四篇：

第一篇为“分税制与政府间财政关系”,共收录了9篇论文。俞光远的《加快财税改革和财税法制建设　推进中央与地方财税关系法治化》提出了推进央地关系法治化的财税改革路径;郑琳的《论中国地方政府地位及财力配置》对中国地方政府财力配置的问题进行了深入的探讨;陈清秀的《中国台湾地区“地方”财税法制之现状与未来改革方向》提出了中国台湾地区的财税法制之问题与改革方向,可为大陆地方财政法制改革提供有益参考;蔡茂寅的《地方财政权之保障》探讨了如何落实地方财政权之保障与财政健全主义;甘功仁的《论“省直管县”财政体制改革的非单一性》对时下中国正在推进的“省直管县”财政改革进行了深度解析;翟继光的《税制改革中地方税收利益的蚕食与维护》探讨了如何在税制改革中维护地方税收利益的问题;乔博娟的《增值税改革与政府间财政关系的协调》探讨了“营改增”对地方财政的影响及其与中央财政关系的协调问题;胡小红的《论地方政府良性财政竞争的法律制度保障》探讨了地方财政有效合作和财政竞争行为的监控问题;赵芳春和张振洲的《地方政府间税收竞争的理论与实践思考》探讨了地方政府间税收竞争的异化及诱因并提出了制度对策。

第二篇为“税权划分与地方财政自主”,收录了6篇论文。葛克昌的《制度性保障与地方税》从中国台湾地区地方自治的角度出发探讨了地方税的保障问题,汤贡亮、何杨和李俊英的《地方税税权划分与规模优化的国际借鉴研究》进行了地方税权划分的国际比较研究并对中国的制度改进提出了建议,贾绍华和曹明星的《试析我国地方税权的正当依据、合理范围与规范路径——兼及中国经济社会转型的制度逻辑》在地方税权的正当性依据寻找和合理范围的界分方面进行了深入的论证,郭维真的《以税收立法权为中心的地方治理》从个人与国家的互动和中央与地方的互动层面探讨了税收立法权之于地方治理的重要性,史俊明的《地方税收立法权构建空间——以建立上海国际金融中心为视角》探讨了地方税收立法权的划分如何助推上海国际金融中心的建设,廖钦福的《中国台湾地区“地方”自治团体课税“立法权”之困境与转机?——以高雄市“事业气候变迁调适费”为例》通过个案分析探讨了我国台湾地区地方自治团体的税收立法权如何规范等问题。

第三篇为“财产课税与地方税制完善”,收录了10篇论文。刘剑文的《掠夺之手抑或扶持之手——论私人财产课税法治化》探讨了私人财产课税法治化的理论基础、基本要求与法治路径,刘佐的《中国改革开放以来房地产税改革的简要回顾与展望》分析了房地产税制改革的历史进程、现实问题和发展方向,黄茂荣的《狂飙之不动产价格及其管制》研究了不动产的产业态势和房地产价格调控的应有之道,潘明星和王杰茹的《论财产税属性下的房产税改革》从财产税属性与功能出发深度评析了房产税试点改革，徐妍的《财产税的若干基本问题探析》探究了什么是财产税、为何要对财产课税和如何课税等基本理论问题，杨秋林的《我国房地产税法律问题研究》从房产税试点改革的合法性争论出发探讨了如何规范地方税收权的问题，沈理平的《房产税试点立法与税收立法权的法律规制》探讨了地方税收立法权的法律规制问题，刘汉霞的《论我国个人房产税应定位于合理利用资源》从房产税的目标定位出发研究了个人房产税如何定位于合理利用资源，杨小强和冯俊文的《房地产交易：如何从营业税纳入增值税》探讨了“营改增”在房地产交易领域的特殊问题，杨广平的《区域经济转型的财税法思考——以加强对不动产税的征收管理为重点》分析了区域经济转型中的不动产税征收问题。

第四篇为“地方政府融资与地方财政法治”，收录了4篇论文。华国庆的《我国地方政府性债务风险控制的财税法研究》探讨了财税法如何控制地方政府性债务风险，刘映春、佟轶：《浅析我国地方政府债务的成因及应对之策》详细分析了地方政府债务的成因和应对之道，闫海的《地方公共收费的法理阐释与制度转型》研究了地方公共收费制度的宪政重构，谭立的《地方非税管理权及其配置》探讨了地方非税管理权配置的理论基础、目标与原则等问题。

编委会在遴选论文时，遵循论文质量优先和密切联系年会主题的原则，但囿于篇幅，仍有很多佳作未能收入本书，部分入选的篇幅较长的论文在编辑过程中也进行了适当调整，书中难免有疏漏和不当之处，敬请各位作者和读者予以谅解。在本书的编辑过程中，中国人民大学法学院教授朱大旗，中国人民大学法学院副教授徐阳光以及中国人民大学法学院博士研究生乔博娟、胡明等人做了大量辛勤的工作，特此说明并致谢。

中国法学会财税法学研究会
2012年2月28日

目　　录

第一篇　分税制与政府间财政关系

第二篇　税权划分与地方财政自主

第三篇 财产课税与地方税制完善

第四篇 地方政府融资与地方财政法治

第一篇　分税制与政府间财政关系

加快财税改革和财税法制建设
推进中央与地方财税关系法治化

俞光远*

推进中央与地方财税关系法治化，需要做多方面的工作。首先必须深化财税配套改革，理顺和规范中央与地方的财税分配关系，并在此基础上加快财税法制建设。目前最重要、最紧迫的是要从以下三个方面入手：一是深化分税制预算管理体制改革，理顺中央与地方财税分配关系，促进中央与地方财税关系规范化；二是推行地方财税配套改革，规范地方政府间的财税分配关系，构建地方和谐的财税分配关系；三是加快财税立法，特别是有关中央与地方财税分配关系的有关法律，促进中央与地方财政关系法治化。为此，一要针对现行分税制预算管理体制存在的主要问题，从我国目前的实际情况出发，深化分税制预算管理体制改革，理顺和重塑中央政府与地方政府间的财税分配关系；二要针对省以下地方政府间存在的财税分配问题，尽快推行财税配套改革，理顺和构建省以下地方政府间和谐的财税分配关系，以财政公共服务均等化为目标，促进地方区域经济协调发展；三要在构建中央与地方和谐的财税分配关系的基础上，有针对性地推进财税法制建设，有重点地加快急需的财税立法，促进中央与地方财税关系法治化。

一、深化分税制预算管理体制改革势在必行

实行分级管理的分税制预算体制是市场经济国家普遍推行的财政管理体制模式。目前我国分税制预算体制存在一些问题，严重影响中央与地方财政关系的规范化：一是中央与地方事权划分尚不明确、不科学，特别是对经济管理权的划分；二是中央与地方的财权的划分不清晰、不合理，分配关系尚未理顺，地方税体系不健全，地方主体税种缺位，特别是县乡财力规模过小，县乡财政普遍比较困难，难以支撑地方政府正常运行；三是转移支付制度不规范、不科学、不透明，转移支付有较大的随意性，难以充分发挥转移支付调节地区间收入差距的功能。这些问题主要表现在以下几个方面：

* 中国财税法学研究会副会长、全国人大预算工委法案室原主任。

（一）政府间事权的划分不清晰，特别是对经济管理权的划分

中央与地方政府间事权划分是分税制财政管理体制的基础。1994 年财政体制改革是在当时中央与地方事权划分基础上进行的，基本维持了原来的支出范围。目前中央与地方政府事权和财政支出范围的划分总体上是有原则的，但在某些方面还不太明确，有些交叉不尽合理，如一些属于地方事权、应由地方财政负担支出的事务，中央财政也安排支出；反之，有些属于中央事权、应由中央财政负担支出的事务，地方财政也负担一部分经费。中央与地方的事权划分还缺乏明确的法律界定，宪法对各级政府间事权划分只作了原则性规定，在一些具体事务上，中央政府与地方政府的职责权限划分不清晰，特别是在经济事务的划分上较模糊。

（二）政府间收入范围的划分不科学，地方税收体系不健全

实行分税制预算管理体制，一方面，对中央与地方间收入范围的划分总体上还是比较合理的，但某些收入划分并不符合科学规范原则。例如，2002 年对所得税收入实行中央与地方分享改革以后，分享比例变动比较频繁，几乎一年一定，中央所占所得不断上升，而且人为因素较大，缺乏法律依据。另一方面，在建立地方税收体系方面迈出了重要一步，但地方税收体系还不适应市场经济的发展要求，除营业税是地方的主体税种外，其他大多属于零星的小额税种，而且各税之间缺乏内在的联系，有些地区间财力差异悬殊，有些地方财政缺乏稳定的税收收入来源，特别是县乡财政比较困难，难以保证基层政府运转的正常需要，更难以充分发挥财税的调节作用。

（三）省以下分税制体制改革不落实

各地按照中央对省的分税制改革的基本原则与模式，结合本地区的实际情况，实施了对下级政府的分税制财政管理体制。但较为普遍的现象是，多数收入划为共享收入，作为一级政府的专享税种较少，有的地方财政还缺乏稳定的收入来源。有些地方资金调度不落实。中央财政在核定地方资金调度比例时，曾明确规定各地必须将资金调度比例逐级核定到县级，以保证县级财政资金周转需要，但这项规定执行不够彻底，在一定程度上影响了县级财政正常的资金需要，各省辖区的地区间财力差异也较为悬殊。

（四）政府间财政转移支付制度不规范

实行分税制财政管理体制后，我国政府间财政实行了过渡期转移支付制度，增加对一部分困难地区的补助。但转移支付制度尚不规范、不科学，存在一些不容忽视的问题：一是调节功能过弱，离财政公共服务支出均等化的目标有较大差距。分税制改革后实行的税收返还、体制补助和上解是从原来体制沿用过来的，由中央财政列支拨出返给地方，由地方自主安排使用，其性质属于一般性转移支付，是新旧体制衔接过程对地方既得利益的补偿，由于其决定因素不是地方标准收入与支出的差额，因而难于发挥调节地方财力、缓解地区间公共服务水平差异的重要作用。二是一般性转移支付制度不规范，随意性较大。例如，转移支付规模的确定不规范，预算安排上的随意性较大；在标准收入的测算上，涉及的有关因素不够广；在标准支出的测算上，对各地成本差异因素的运用也不

够。三是专项转移支付分配办法也不规范，主观随意性很大：专项分配范围过大，项目过多过杂；专项规模变动比较频繁，项目增减比较随意；中央政府有关部门直接对口下级部门，“戴帽”下达的项目过多。上述主要问题只能通过深化分税制改革去解决。

二、深化分税制改革，构建中央与地方和谐的财政关系

（一）调整理顺政府间的分配关系，构建中央与地方间和谐的财政关系

深化分税制预算管理体制改革的首要目标是理顺政府间的分配关系，构建政府间和谐的财政关系。为此，一要按照集中统一和适当分权相结合的原则，合理划分中央政府与地方政府之间的事权和财政支出范围，中央政府主要负责全国性的事务，地方政府主要负担地方性的事务。二要按照受益范围原则、公平与效率兼顾原则，划清由中央政府承办的事务、由地方政府承办的事务、由中央承办地方协助的事务、由地方承办中央资助的事务，在此基础上明确各级政府的行政管理权限、经济管理权限、科教文卫等事业发展方面的权限。三要按照财权、财力与事权相适应的原则，明确划分中央财政、地方财政与事权相匹配的财权、财力，理顺中央财政与地方财政的分配关系，确保各级财政正常履行相应职能和提供公共服务的基本需要。四要制定“中央财政与地方财政关系法”，在理顺分配关系的基础上，使中央财政和地方财政的分配关系规范化、法制化，构建中央与地方间和谐的财政关系。

（二）改革完善财政转移支付制度，促进公共服务支出均等化

改革完善财政转移支付制度，不仅是深化分税制预算管理体制的重要内容，而且是实现公共服务支出均等化、促进区域经济协调发展的重要手段。为此，一要尽快改革目前的财政转移支付办法，以公共服务均等化为目标，将“基数法”改为“因数法”，采用规范化、公式化的计算方法，测算出标准收入和标准支出及其差额，并根据各地的实际情况，核定各地转移支付的规模，尽快健全规范转移支付办法，减少转移支付的随意性，提高透明度。二要加大转移支付的规模，加大对中西部地区转移支付的力度，逐步提高中央对地方的一般性转移支付的比例，适当降低专项转移支付的比例，以增强地方政府自主使用财力的能力和欠发达地区财政的造血功能。三要尽快制定《财政转移支付法》，促进财政转移支付的规范化、法制化，逐步实现公共服务支出均等化，促进区域经济协调发展。

（三）完善省以下财政管理体制，强化预算管理

完善省以下财政管理体制是深化分税制改革的重要组成部分。完善省以下财政管理体制的主要目标：充分调动各级政府增收节支的积极性，切实保证机关人员工资的及时足额发放和基层政权的正常运转，逐步缩小辖区内地区间财力差距，促进社会经济的持续快速健康发展。完善省以下预算管理体制应坚持的原则是：突出重点，适当增强财政困难县的财力；保证各级地方财政的平稳运行，其财力调整主要通过增量进行；简明规范完善省以下财政管理体制目标实现的办法，力求简单透明，统一规范，便于操作。为此，一要合理界定省以下各级政府的事权范围和财政支出责任，二要合理划分省以下各

级政府财政收入,三要规范省以下财政转移支付制度。

三、深化财税配套改革,构建地方政府间和谐的财税关系

地方财政是国家财政的重要组成部分。由于种种原因,目前有些地方财政比较困难,特别是有些县乡财政困难较大,不能保障基层政权正常运转的财力需要。为了从根本上解决这个问题,摆脱县乡财政困境,除了适当调整中央财政与地方财政的财力分配格局以外,必须进行财税体制综合配套改革。由于财税体制综合配套改革是一项复杂的系统工程,内容多、难度大、涉及面广,必须精心设计、严密安排、分步实施,有计划、有重点、有步骤地进行,才能取得理想的预期效果。

(一)精简财税管理层次,适当扩大基层财权

深化财税配套改革的基本思路是精简财税管理层次,适当扩大基层权限,提高财税管理效率,促进区域协调发展。其主要措施是适当简化政府管理级次和财政管理级次,由现在中央、省、市、县、乡五个层级的管理框架精简到三个层级管理,减少政府间职能重叠、权限交叉,并为划清政府间的事权和财权、理顺政府间的分配关系创造有利条件。

1. 推行"省直管县"

最早浙江在特殊因素综合作用下坚持"省直管县"几十年。目前河北已有92个县实行了"省直管县"。广东也正在试行行政"省直管县"。海南则是从建省开始就由省政府直接领导18个县市,没有地区一级的设置。"省直管县"的政策意图之一在于,向基层政权下放权力,财政"省直管县"是由于任何政府的运转都要落实到财力、事权上,因而率先成为综合改革的突破口;政策意图之二是,由省级财政统筹安排县级财政,不仅可以减少财税管理层级,提高财税管理效率,而且有利于缓解基层县乡财政困难;政策意图之三是,通过财政"省直管县"改革,推动行政"省直管县"改革,并从行政性分权逐步转向政府间"法律分权"。

2. 推行"乡财县管"

农业税取消后,乡镇已经基本没有收入了,特别是农业区域,一点收入都没有了,运行经费全靠上级财政下拨,这种乡镇财政已经名不副实,其实已经不是一级财政了。因此,乡镇的财政收入和财政支出必须由县财政统筹安排,同时加大财政转移支付的力度,确保基层政权的收入来源和正常运转。

(二)明确划分中央与地方的事权和财权

通过财政综合配套改革,实行"省直管县"、"乡财县管",形成中央—省—市(县)三级财税的管理框架。在建立此基本框架的基础上,尽快明确"一级政权,一级事权;一级财政,一级税基;一级预算,一级产权,一级举债权"。

1. 明确划分中央与地方的事权

实行财税综合配套改革,要在"十二五"期间尽快划清中央与地方的事权,明确划分哪些应由中央管辖的事权归中央,哪些应由地方管辖的事权归地方,哪些应当共同管辖的事权由中央和地方共同承担,以后逐步动态优化。

2. 合理确定中央与地方的财权

根据中央与地方划分的事权，合理确定中央与地方相应的财权，适当调整中央与地方的税基。调整税基的基本思路是，抓住资源税、房地产税等改革的有利时机，充实地方税体系，壮大地方财政收入。调整到位以后，中央税主要有关税、国内消费税、海关代征增值税、消费税、社会保障税（出台后的）等；省级地方税主要有营业税（改革后的）、城市建设维护税、资源税（改革后的）、车船税等；县级地方税主要有房地产税（改革后的）、城镇土地使用税、耕地占用税、屠宰税，在资源丰富而经济活动欠发达地区则可主要依托资源税；中央地方共享税主要有增值税（改革后的）、企业所得税、个人所得税等。

（三）适当赋予省级地方政府举债权

1. 赋予省级地方政府适当的举债权

按照发展社会主义市场经济的原则要求，必须正确处理中央与地方、集中统一与适当分权的关系，实行名副其实的分税制后，应当赋予省级地方政府适当的举债权，省级地方政府可以举借一定规模的债务，主要用于弥补以前年度的财政赤字、归还政府旧债（包括隐性挂账）和其他急需的财政支出。

2. 对省级地方债务实行规模控制和预算管理

为了有效控制省级地方债务规模，强化债务约束，应当将地方债务收入与支出纳入预算管理。[①] 省级地方债务预算应对当年地方债务的发行额度、主要用途、使用期限、借用利率、使用方式和还本付息等作出详细说明，并由本级人大审查批准和监督。东欧国家加入欧盟组织有一个前提条件，就是财政赤字（或国家举债）不得超过本国当年 GDP 的 3%。参照国内外有关经验，结合我国的实际情况，一般来说，地方省级债务占当年本地区 GDP 的比重应当控制在 3% 以内，省级债务余额占 GDP 的比重一定要控制在 20% 以内，这是省级综合财力可以承受的范围，总体上必须控制在安全可靠的范围之内。

3. 建立透明规范的地方融资机制

在清理历年地方财政赤字和地方隐性负债（各种形式的财政透支和挂账）的基础上，尽快建立透明规范的地方融资机制，替换现有的地方隐性融资机制，并纳入地方省级政府任期目标责任制，与地方省级主要负责人的政绩考核挂钩。严禁以后再搞变相的地方融资平台和地方隐性负债。

4. 将地方债务管理纳入法治化轨道

抓紧修订《预算法》、《担保法》有关地方债务方面的内容，及时制定“政府公债法”，对地方债务的发行主体、发债规模、发债程序、偿还机制、发债责任、债务资金使用及其绩效考核等作出明确规定，尽快将地方债务纳入法治化的管理轨道。[②]

---

① 冯静：“我国地方政府发债面临的问题及对策”，载《财政研究》2009 年第 4 期。

② 熊波：“我国发行地方债的理论基础与制度设计”，载《财政研究》2009 年第 6 期。

(四)完善省以下财政管理体制

1. 合理界定省以下各级政府的事权范围和财政支出责任

各地要按照建立公共财政框架的基本要求，依法界定各级政府的事权范围，进一步明确省以下政府的财政支出责任。在明确划分各级政府财政支出责任的基础上，各级政府要各负其责，严格实行行政执法责任制。属于共同事务的，应根据各方受益程序，并考虑县乡财政的承受能力，确定合理的负担比例，积极探索共同事务的经费负担办法。

2. 合理划分省以下各级政府财政收入

各地要根据各级政府的财政支出责任以及收入分布结构，合理确定各级政府财政收入占全省财政收入的比重。省级财政不得将因完善体制增加的收入用于提高本级财政支出标准或增加本级财政支出。省以下各级政府间财政收入的划分，要按照规定的原则，结合各地实际，采用按税种或按比例分享等规范办法，为保证县乡财政收入的稳定创造条件。

3. 规范省以下财政转移支付制度

省级财政要采取有效措施，切实帮助解决县乡财政困难。在明确划分省以下各级政府财政收入和财政支出的基础上，建立规范的财政转移支付制度。省级财政要按照有关客观因素和开支标准，合理测算所属市级、县级机关人员工资和政权正常运转等基本财政支出需求。省政府要承担起分级管理的应尽职责，要通过多种方式，积极筹措资金，增加一般性转移支付资金规模，加大对财政困难县乡的支持力度。转移支付资金的分配要力求公平、公正和合理。省级财政要采取措施保证中央安排的转移支付资金落实到县乡。

(五)加快县乡财源建设

1. 合理划分县乡财政收支范围，建立县乡固定收入增长机制

按照县乡相应的事权，合理划分县乡财力，既要考虑适度集中财力的需要，又要考虑县乡政权行使职能的财力需要，调动县乡政府增收节支的积极性。在改革完善地方税制体系基础上，可将改革后的房地产税作为县级财政收入的主要税种。

2. 加大省级财政对县级财政的转移支付力度，为县乡财源提供有力保障

改进和规范转移支付制度，用“因素法”取代“基数法”，增强转移支付制度的科学性和透明度，同时加大省级财政对县级财政转移支付力度，适当增加一般性转移支付资金的比例，切实把解决县级财政困难作为稳定基层政权的战略任务，尽快有效缓解县级财政困难。

3. 加快经济发展方式的转变，为县乡财源发展提供根本保证

当前县乡经济增长主要依靠高投入、高消耗、高污染的发展方式，必须转变县乡经济这种粗放型的发展方式，尽快转向集约型发展方式，根据本地资源和特点，因地制宜重点发展特色经济、绿色经济、循环经济，建立有本地特色的科学发展机制，促进县乡经济可持续发展，增强县乡造血功能，保证县乡有稳定的收入来源，促进区域经济协调发展。

四、加快财政法制建设，促进政府间财政关系法治化

（一）积极推进财政立宪，明确中央与地方划分财权的主要原则

在西方法制比较健全的国家，如德国、美国、澳大利亚等国，都在本国的宪法中明确规定财税法定原则，明确划分中央政府与地方政府的事权和财权的范围。[①] 中央政府与地方政府财权的划分原则，归纳起来主要有：一是适当集权和分级管理相结合的原则，明确规定中央政府事权、财权以外的权限归地方政府；二是财权与事权相适应的原则，根据各级政府划分的事权，划分相应的财权、财力；三是区域性与受益性相结合的原则，对于需要中央与地方政府共同承办的事务，根据各有关区域的受益程度情况，确定各有关财政相应的支出负担。

（二）适时制定中央财政与地方财政关系法，规范财政分配关系

为了理顺财政分配关系，合理调节财政分配，必须制定中央财政与地方财政关系法：一要按照集中统一和适当分权相结合的原则，合理划分中央政府与地方政府之间的事权和财政支出范围，中央政府主要负责全国性的事务，地方政府主要负担地方性的事务；二要按照受益范围原则、公平与效率兼顾原则，划清由中央政府承办的事务、由地方政府承办的事务、由中央承办地方协助的事务、由地方承办中央资助的事务，在此基础上明确各级政府的行政管理权限、经济管理权限、科教文卫等事业发展方面的权限；三要按照财权、财力与事权相适应的原则，明确划分中央财政、地方财政与事权相匹配的财权、财力，理顺中央财政与地方财政的分配关系，确保各级财政正常履行相应职能和提供公共服务的基本需要。

（三）及时制定"财政转移支付法"，促进财政公共服务均等化

为了深化财政转移支付制度改革，合理调整转移支付办法，促进财政公共服务支出均等化，推动欠发达地区加快发展，必须及时制定"财政转移支付法"。一要改革目前的财政转移支付办法，以公共服务支出均等化为目标，将"基数法"改为"因数法"，采用规范化、公式化的计算方法，测算出标准收入和标准支出及其差额，并根据各地的实际情况，核定各地转移支付的规模，健全规范转移支付办法，减少转移支付的随意性，提高透明度。二要在规范转移支付办法的基础上，尽快制定"财政转移支付法"，促进财政转移支付的规范化、法制化，逐步实现公共服务支出均等化。三要逐步扩大财政转移支付的规模，加大对中西部地区转移支付的力度，提高中央对地方的一般性转移支付的比例，适当降低专项转移支付的比例，以加强地方政府自主使用财力的能力，增强欠发达地区财政的造血功能，促进区域经济持续协调发展。

（四）抓紧修订《预算法》，促进政府间财政关系法治化

为了深化分税制预算体制改革，推进政府间财政关系法治化，必须抓紧修订我国现

---

① 俞光远编著：《中国财税改革和财税法制建设 30 年回顾和展望》，中国税务出版社 2009 年版，第 107 页。

行的《预算法》。修订我国《预算法》，应当遵循以下原则，并明确规定以下主要内容：一要遵照社会主义市场经济公共财政的原则，将政府事权控制在市场失效的领域、社会公共事务和宏观经济层次；二要遵照区域性与受益性相结合的原则，科学合理划分各级政府的事权，将属于管理全国性的社会公共事务和宏观经济事务的权限划归中央政府，将属于管理地方性的社会公共事务和中观经济事务的权限划归地方政府；三要遵照适当集权、分级财政管理的原则，将所有的税种明确划分为中央税、地方税、中央和地方共享税，使各级政府履行社会性公共管理事务和区域性经济管理事务有相应的财力保证；四要遵照公平透明的原则，健全和完善科学、规范的转移支付制度，加大对欠发达地区的转移支付力度，保证地区间的人均可支配财力相对公平，促进公共服务支出均等化和区域经济的协调发展。通过上述改革，逐步理顺中央和地方的分配关系，加强预算管理监督，整顿规范分配秩序，逐步解决县乡财政困难问题。在构建政府间和谐财政关系的基础上，推进中央与地方财政关系法治化。

论中国地方政府地位及财力配置

郑　琳*

政府间关系及地方政府财力配置问题始终都是影响一国政治、经济运行的重要问题。在政治、经济和法学领域对此的论述汗牛充栋，无法计数，但对这个问题的解答始终是仁者见仁、智者见智，没有总结出一个在法理上妥当、政治上可操作又可有效促进经济增长的治理模式。随着中国经济的快速增长，尤其是地方经济的快速增长，以及随着地方经济实力增长而发生的各种乱象的增多，正确处理中央政府与地方政府关系以及合理配置政府层级间财力的问题显得越来越重要、越来越急迫。

事实上，中国中央政府从新中国成立以来就一直在摸索正确处理中央与地方政府关系的模式，所以，在历史上，我国中央与地方政府之间的关系始终处在调整变化过程中，时而分权、时而集权，虽然从总体看，始终是集权程度高、分权程度低，但集权和分权的利弊都曾比较明显地展现了出来，"一统就死、一放就乱"是这么多年改革经验的总结，正确处理中央与地方间关系的探索似乎已经走入了死胡同。政府间政治关系是一个原要素，而政府间财力配置是一个派生要素，前者决定后者。所以，当政府间政治关系无法妥当处理时，政府间财力配置问题就无法合理解决，更遑论地方财税法改革与完善。

在改革历史上，我们的财政体制改革有时也走在政治体制改革的前面，如分税制的实施走在了政治分权的前面，但改革后16年的经验告诉我们，如果财政体制与政治体制不吻合，或者财政体制与政治体制相悖，政府运行就会出现问题，财政体制回头的现象就无法避免。所以，当我们探讨地方财税法建设问题前，需要探索一个科学、合理的政府间政治关系，并配之以适合的财政体制。

一、中国地方政府地位分析

（一）地方政府地位的一般性定位

地方政府的地位可以分为政治地位或行政地位及财政地位两部分。地方政府的政治地位主要取决于一国的国家结构，即国家政权的配置结构。目前，国家政权的配置结构大致为两类，即联邦制和单一制。

---

* 中央财经大学法学院副教授、硕士研究生导师，博士。

在联邦制下，地方政府是指州政府之下的政府，如市、县、郡，鉴于本文讨论的政府间关系完全是指中央政府与省政府（或联邦政府和州政府）之间的关系，而且从国家整体讲，州政府也可以归为地方政府，所以，本文将联邦国家的州政府也称为地方政府。

在联邦国家，州政府是一个特殊的政府层级，它既是联邦政府下的政府层级，又在宪法上拥有相对独立的法律地位，它不隶属于联邦政府，不是联邦政府的派出机构，其权力不是来源于联邦宪法；相反，它的权力是除通过联邦宪法让渡给联邦政府之外的所有保留权力。联邦宪法及其修正案必须经法定数量的州通过后方可生效。

在单一制下，地方政府的政治或行政地位为中央政府的附属机构，是中央政府在各地方的派出机构，其政治和行政权力由中央政府授予，包括自治地方政府均受中央政府统一控制，其责任是在各地方辖区执行中央政府委托的政治、行政和经济职能。中国地方政府的政治和行政地位即为此。当然，在单一制下实行地方政府高度自治的国家也是存在的，如西班牙。

一般来说，地方政府的财政地位取决于地方政府的政治地位，因为政府财力是为政府行政运行服务的，所以，当地方政府处于行政附属地位的时候，并实行较高程度的集权时，国家的财权和财力都必然集中在中央政府，地方政府的财权很小，财力主要来源于中央政府的体制分成和转移支付。

（二）地方政府地位的辩证分析——政府间博弈

1. 拥有稳定和相对独立的财政利益是地方政府的内在需求

影响地方政府地位的因素不仅仅是国家结构，根据“经济基础决定上层建筑”的原理，地方政府地位作为上层建筑的内容，它应该受经济因素的影响和制约。换句话说，地方政府手中财力的大小可以影响地方政府对中央政府的服从性和令地方政府的地位发生变化。

地方政府手中的财力是指地方政府的可支配收入，包括各类税收收入和非税收收入。

首先，由于在现实中地方政府承担了公共物品生产和供给的主要责任，在理论上，由地方政府承担主要的公共物品供给责任具有更高的效率，所以，拥有相对独立的财政地位和较稳定、充足的财政利益是地方政府执行其财政职能时产生的内在需求。

针对个体来说，居民对地方性公共品的需求量远远大于对全国性公共品的需求量。由于地方政府比中央政府更接近于公共物品的使用者，所以，由地方政府提供公共物品，能更好地将收益与成本对应，提高财政资源的配置效率，推动地区公共福利，如地方交通、治安、教育和城市建设，所以，由地方政府生产和提供的公共物品的数量越来越多。因此，社会对政府职能的归属形成了一个较为一致的观点，即公共物品的提供应该尽可能地下放给地方政府；如果公共物品不产生强烈的跨地区的外部效应，该公共物品应该尽可能由低级政府承担供给；只有那些利益延伸至全国各地或外部负效应强烈的公共物品或其供应须服从显著的规模经济的公共物品才由中央政府提供。所以，大多数有关社会服务的政府职责由地方政府承担。

民众需求是以自身为中心向外扩展的,需求依据同生命关联的紧密度被分成了若干层次。与居民日常生活起居密切联系的社会治安、道路交通、卫生防疫、基础教育、职业培训等公共物品供给均与地方政府直接相关。既然在理论上这些物品由地方政府负责供给更为有效,更能满足居民需求,地方政府就应该被赋予更多的财政支出责任,与此相适应,地方政府就应该掌握更多的财政权力和财政资金。

其次,由于地方政府在国民经济增长和发展中担任了主要的投资和推动责任(目前,地方 GDP 仍然是考核地方政府官员业绩的主要指标),所以,地方政府事实上成为国家 GDP 和财政收入的创造者,这也使地方政府事实上拥有了丰富的经济利益。对该经济利益的分配既关系地方经济发展和城乡建设,又关系地方各部门官员的个体经济利益。所以,在体制内拥有稳定而充足的财政收入不但是地方政府内在的渴求,而且也成为一种可能。为了实现这种"可能",地方政府与中央政府之间产生了博弈。显然,地方政府手中丰富的财政收入使其有能力与中央政府抗衡,这种抗衡能力使中央政府对地方政府的行政控制力减弱。

2. 中央政府的控制能力及政府间博弈

尽管单一制政体将中央政府与地方政府绑成了一个统一体,但作为理性经济人,中央政府与各级地方政府都有各自相对独立的政治和经济利益,并会为维护和扩大这一利益而努力。地方政府,尤其是省级地方政府是一个无法忽视、回避,更无法消除的经济利益主体。尽管在政治上,通过政党领导,它可以与中央政府保持高度一致,消除或在很大程度上减弱政治利益博弈,但永远都无法消除中央政府与地方政府间的经济和财政利益博弈。况且,地方政府的经济和财政利益均直接与地方各级官员自身的政治和经济利益挂钩。

宏观调控是中央政府调控经济的重要手段,这些政策往往涉及各行业或企业的发展规模和数量,也会涉及企业收入和利润水平。地方企业收入或利润减少会直接或间接地减少地方政府的财政收入。所以,有些宏观调控政策会受到来自地方政府的抵制。有些地方政府执行了中央政策;有些地方政府推迟执行了中央政策;而有些地方政府弱化了中央政策,甚至有些地方政府变相抵制中央政策。从以往的经验看,不执行中央政策、执行政策打折扣及推迟执行政策的地方政府都能给地方经济争取到发展空间,而且有利于自身业绩的形成,所以,利益驱动地方官员和地方政府越来越站在了与中央政府平等的地位上。尤其是随着市场经济的发展,地方利益中加入了民间经济力量。私人投资者的利益与地方政府有较强的一致性,所以,在中央与地方政府的利益博弈中,地方政府变得更加有力。

地方政府经济地位的相对独立自然生成地方政府对国家行政权力划分科学化、合理化、制度化、法制化的要求。在政治层面确立地方政府相对独立的地位就意味着权力中心的多元化;意味着地方政府与中央政府之间在纵向服从的关系之外增添了横向平等的关系。

30年来，为了使中央政策合理、有效，并得到地方政府的贯彻执行，中央政府与地方政府之间建立起了协商共议规则，尽管这一规则没有实现制度化，但中央政府尊重地方政府各方面的不同意见，并在此基础上达成共识的做法就意味着地方政府相对独立的经济利益得到中央政府的认可。

在财政利益方面，政府间博弈表现为，尽量占有更多的财政收入和尽量减少财政支出责任。

在财政收入方面，中央政府利用权力优势期望占有更多的收入，这种期望往往能够实现。但这时一定伴有地方经济发展缓慢以及地方政府行政效率低下等现象出现。当地方政府失去财政利益时，地方政府并不会真正“安分守己”，一方面，他们会通过非正常渠道游说中央政府，以扩大地方财政利益或单兵作战直接从中央政府直属机关获得财政支持；另一方面，地方政府又会通过非法设立收费项目、政府基金、非法举债等方式获取和支配更多财政资金。无论是前者还是后者，这种非正规和非法方式都会带来极为恶劣的后果，如预算弱化、大量财政资金在财政监管体制外运行。

当这些结果所导致的体制成本超出了中央政府的财政集权收益时，中央政府就会考虑向地方政府放权让利。在历史上，我们经过四次中央政府向地方政府的放权让利。每一次放权让利都会刺激地方政府发展经济及社会管理的积极性，但同时，放权让利的弊端也会以相同的形式不断重复显现，如地方投资大量重复、地方政府越权行为，更重要的是放权让利直接导致了中央政府控制能力的降低，中央宏观调控政策难以得到有效贯彻。当分权的成本高于中央政府分权的利益时，中央政府就必然会再次集权。所以，在财政收入方面，政府间博弈的过程就表现为集权和分权的不断变化过程。

在财政支出方面，中央政府常常将支出责任划归地方政府。地方政府作为中央政府的派出机构，必须执行中央政府的职责分配。所以，在单一制国家中央政府和地方政府并不是等量级博弈对手，正应了博弈论中“智猪博弈”的前提。根据“智猪理论”，不作为是地方政府获取最大利益的最佳方式。尽管为维持社会正常运转，地方政府不可能完全不作为，但个别部门、人员怠于行使职权、敷衍了事、缺乏创新、表面文章等都会导致政府行政效率低下和政府职能没有得到良好实现。

总之，博弈的结果是，由于地方政府对相对独立的财政地位的内在需求和掌握着较大量的资金以及本身承担的大量的公共物品的生产和供给责任的事实，地方政府的行政附属地位被一定程度上改变，在纵向隶属关系中，横向独立的力量始终存在，并在一定时期得到显现。

二、中国地方政府的财力配置分析

（一）中国地方政府财力配置——分税制

目前我国仍然实行分税制财政体制，但相比于1994年的分税制内容，目前的体制内容已经有了很多的改变，甚至可以说已经发生了本质性的改变。

1994 年实行分税制时中央政府将已有税种分为中央独享、地方独享和中央地方共享三部分。首先，将涉外的和国内特别的税种如海关代征的增值税和消费税、国内消费税划归中央政府；其次，根据税种的收入能力将税源丰沛、筹资能力强的大税种在中央和地方之间进行切割，如增值税；最后，将税源零散、收入能力弱的小税种都划归了地方政府。

因为中央政府占有了国家税收收入的 60%，地方收支出现较大缺口，为保证地方政府正常的支出需求，在税种划分后设立了税收返还制度。

1994 年后，中央政府对分税制管理体制的收入划分内容作了若干调整，与地方政府财力相关的内容大致如下：

第一，从 1997 年 1 月 1 日起，将证券交易（印花）税的分享比例，由原来的五五分成调整为中央占 80%、地方占 20%，后又调整为中央占 88%、地方占 12%。自 2000 年 10 月 1 日起，该比例又调整为中央占 91%、地方占 9%，并在其后的三年内调整到中央占 97%、地方占 3%。

第二，对国有土地有偿使用收入分配作了调整，将其中新批转为非农建设用地的部分收入上缴中央财政。

第三，自 2000 年 1 月 1 日开始征收车辆购置税，税收归中央政府。

第四，自 2002 年实行了所得税分享制度，将所得税在中央和地方政府间按各 50% 的比例分享，自 2003 年后中央分享 60%、地方分享 40%。

第五，自 2006 年 4 月 1 日起调整扩大了消费税征收范围。

第六，自 2006 年 4 月 28 日起开征烟叶税，归地方政府所有。

尚未确定的“蛋糕分配”，自 2004 年年底以来，国家大批调整了煤炭、石油等资源税税目，2007 年 11 月资源税征税办法由从量定额征收改为从价定率征收，促使资源税收入随资源价格上涨而增加。与此同时，将陆地资源由地方政府独享改为由中央和地方政府共享的讨论也在进行。

（二）对分税制财政管理体制的反思

从 1994 年实行了分税制以后，我国财政管理体制改革的总趋势是扩大共享税税种和中央在共享税种的占有比例，令整个分税制看上去更具有收入分成制的特征，其中所得税分成制度的实施更加重了分成体制的色彩。

收入分成管理体制，我们并不陌生，在过去分税制实施以前，我国政府实施的财政体制基本为分成体制。在分成体制中，中央政府可以掌握充分的主动权。分成体制也可以加大地方政府对中央政府财政转移支付资金的依赖，加大中央政府对地方政府的控制力度。但这种体制本身存在严重的缺陷，即地方政府基本没有决定自身财力的权限。

目前，我国分税制表现出的缺陷为：第一，对于中央与地方共享税种，地方政府没有立法权，在任何体制和任何时候，共享税种的立法权都在中央政府手中。第二，地方政府对共享税分成比例缺乏话语权。

管理体制回归的主要原因是分税制财政体制与我国政治体制不吻合。政治管理体制是集权、统一的体制,分税制的本质是分权体制,二者显然存在本质上的差异。

集权的政治体制直接表现为中央政府对地方政府的强有力控制,这就要求一个统一完整的财税体制与之配套。因为统一完整的财税体制才能令“钱”随同“事权”走。地方政府在完成事权的时候才能有必要的财力保障。

分税制要求首先有分权的政治体制。因为分权的政治体制代表着中央政府和地方政府之间事权的明确切割,并互不干扰。在此基础上,地方政府安排自己的财政收入。这时每一级地方政府都会寻找本级政府的主体税源和建立一个合理的地方税制体系。地方税体系所筹集的财政收入基本可以满足地方政府需求。中央政府用于平衡地方政府日常支出的转移支付资金较少。在这个过程中,各级政府会根据具体情况在财力和事权之间进行协调。如果中央政府要求地方政府完成某一事项,中央政府必须通过转移支付配套资金。

显然,集权制的政治体制和分权制的财政体制无法配合运行。集权的政治体制不可能容忍地方政府自有财力过高的。事实上,1994 年财政体制改革时,地方政府的财政自给率就为 60% 多,与黄金分割点十分吻合,但地方政府自有财力达到 60% 也是引起中央宏观调控能力下降、中央政府对地方政府政治控制能力降低、地方政府行为混乱、地方经济割据或经济封锁等现象频繁发生的原因。所以,1994 年的分税制贯彻了财权、财力向中央政府集中的宗旨,而此后的一系列改革也贯彻了相同的宗旨。

三、改革中国地方政府财力配置的建议

(一)政府间财权财力分配模式的国际经验

1. 地方政府以自有收入为主的政府间财力配置模式分析

根据地方政府主体收入不同,以自有收入为主的财力配置模式又可以分为地方政府以自有税收收入为主的模式和地方政府以收费收入为主的模式。这两种财力配置模式都是最能保障地方政府自治权限的模式,但由于收入形式不同,在实践中的具体效果有所不同。

地方政府以自有税收收入为主的政府间财力配置模式是最符合财政分权目的的模式。这种模式的优势如下:

第一,地方政府拥有真实的自治地位。地方政府的自主财力有力地支撑着地方行政运转,地方政府对中央政府或联邦政府的财政依赖性弱。在地方议会和地方法院的监督下,地方政府可以在最大范围内自主决定辖区内事务。

第二,行政效率高。独立充裕的财力不但有利于地方政府规划、发展地方经济,而且有利于地方政府根据辖区内居民的消费偏好安排财政支出。因为一个较小地方居民的文化、风俗和生活习惯比较接近,所以,对公共物品的偏好比较一致。因此,由本地方政府提供公共物品更能满足辖区内居民对公共物品的需求。

第三,有利于在小范围内实现公平收入分配。在较小的范围内,居民人数较少、居民间收入差距较小。在执行公平收入职能时,地方政府更容易实现对低收入者的补贴和资助。

尽管有上述许多优点，但分权本身的危害性阻碍了该模式被广泛采用。这些危害可以表述如下：

第一，从政治方面考虑，地方政府以自有税收收入为主，地方财权几乎完全控制在自己手里，中央政府对地方政府的政治控制力度减弱，地方经济割据、地方政府间经济竞争和税收竞争会愈演愈烈，甚至会导致政治分裂。

第二，中央政府调动国家综合资源的能力减弱。中央失去了和减弱了对地方政府的财政控制权及政治控制权，中央政府就失去了调动全国综合资源的能力。一个软弱的中央政府不但无力保持对外的强大和有力，而且不能监督地方政府行为，不能有力纠正地方政府行为。另外，分权的政治和财政制度设计不能解决地方政府间的贸易纠纷、资源纠纷和税收纠纷。

第三，从宏观调控方面考虑，地方财力以自有税收收入为主，中央政府缺乏影响地方经济运转的手段。宏观调控政策的贯彻和实施必须通过与各地方政府协商方可实现，如果地方政府拒绝执行中央财政税收政策，中央政府的宏观调控责任就无法实现。

第四，大范围、高程度的地方自治制度导致地区经济差异扩大。在地方政府以自有收入为主的模式下，中央的转移支付制度处于弱势。中央政府无力通过转移支付制度弥补地区间经济发展的差异，无法使居住在不同地区的居民享受基本一致的或较为接近的公共物品供给规模和质量。这会进一步导致人口和资源流动，正如蒂布特的"以足投票"理论，人们将会追逐良好的公共物品供给，并带动其他资源的流动。人力资源和物力资源的逃离和聚集必然进一步加大地区间经济发展不平衡。

尽管陈述了上述危害，但我们仍然不得不承认，这种模式在联邦制国家曾经或正在实行，一些单一制国家显然也有这种制度倾向。那么，在中国是不是可以试验这种财力配置模式？

能不能实行这种财力配置模式，会不会引发政治危机与一国的初始政治和经济制度有关。

联邦制国家是由若干原拥有独立主权的小国家组成的，这些小国家为了政治安全和经济发展，自愿让渡一部分权力给联邦政府，从而组成联邦制国家。这些州政府最在意的是自己的保有权力不受侵犯和自己的经济利益不受损害。只要保有权力不受侵犯、州政府利益不被损害，它们就会紧紧围绕在联邦政府周围，形成政治安定和经济繁荣的局面；相反，如果联邦政府占有了更多税收收入或联邦政府平调了州政府的利益或联邦政府在政治上对州政府实行了它们不愿意接受的控制，州政府就会产生分裂和独立的倾向。地方政府以自有税收收入为主的财力配置模式正好符合它们的意愿，所以，该模式不会在政治上给这类国家带来危机。

单一制国家情况有所不同，难以跨越的障碍主要在于政治上的分裂倾向和地区间经济发展差异，传统上的东方单一制国家最为典型。

在历史上，单一制国家的中央政府多靠强权统治诸侯各国，每当中央政府的政治控制力降低时,诸侯各国就会举旗叛乱,意图分裂,或者取代旧王朝,实行新的中央集权制度。所以,在靠强权统一的单一制国家,地方政府在内心深处具有离心力,采用以自有收入为主的地方税体系容易带来国家分裂的政治危机。

另外,在正常的社会生活和经济发展中,中央和各个地方政府又总是以一体化的形态出现,在意识形态深处,居民认为自己应当享有与其他人相同的待遇,如基础公共物品消费、社会保障水准。这种对一致性的追求使各辖区的居民难以承受地区间经济收入、公共福利等的巨大差异,中央政府也将均衡这种差异自动看作自己的责任。这就要求中央政府掌握大量财力,所以许多单一制国家在历史上长期实行统一的国家税制体系,不存在地方税体系。

显然,中国社会不适宜选择以地方自有收入为主的政府间财力配置模式。

2. 地方政府以取得分成收入为主的政府间财力配置模式分析

政府间采取收入分成方式配置财力的模式是我国经历已久的模式,个中甘苦了然皆知。这一模式是一种中央政府高度集权的政府间财力配置模式。其优势非常明显:第一,中央政府对地方政府的行政控制能力很强。第二,便于中央政府实施全国范围内的公共管理和服务,如水资源管理。第三,便于中央政府利用转移支付手段平衡地区经济发展差异。第四,便于全国实施统一的宏观调控政策,同时,这一模式也使中央政府的宏观调控能力很强。

与优势同样明显的是它的缺陷:第一,地方政府对中央政府的财政依赖性过强,在中央政府强大的政治和财政控制下,地方政府失去了管理地方事务、发展地方经济的积极性。地方政府怠于制度供给、管理创新,因而整体上导致国民经济发展缓慢。第二,中央政府向全国统一供给公共物品,同质公共物品难以满足居民对公共物品的异质性需求。第三,宏观调控效果差。因为中央政府远离经济实体,宏观调控政策常常会有偏差,而且整齐划一的调控政策难以适用各地千差万别的具体情况,而地方政府对调整地方问题既失去了积极性又失去了经济能力和灵活性,所以,中央政府的宏观调控效果差。

在政治理论上,强大的中央政府容易导致专制的中央政府。专制的中央政府更关心自己小集团的利益,而漠视地方利益和居民利益。

改革开放以来,中国政府一直期望改变这种不利于国民经济健康发展的政府间财力配置模式,所以,这种模式显然不是我国中央政府愿意再次采用的政府间财力配置模式。

3. 地方政府以分享收入为主的政府间财力配置模式分析

税收分享是许多国家处理政府间财权分割的重要形式。在世界范围内,有许多国家都采用共享税收入为主的地方政府财力配置模式,如美国、德国、澳大利亚、加拿大。

该模式最明显而诱人的优点是灵活性,它既可以适用于分权体制,也可以适用于集权体制,这完全取决于它的具体制度安排。

首先,这一模式可以完美地配合联邦政体。前述美国税收体制印证了这一点。采用税基分享方式的共享税制度之所以适宜配合联邦政体的原因在于,地方政府拥有几乎完全的税权，地方政府可以根据自身的需要设置新税种，也可以征收与中央政府现有税种同一名目的税种。地方政府设置的税种只要不被中央政府因违宪等原因否定，地方税种就与中央税种无关，中央税种和地方税种完全在两个不同的税制体系中运转。另外，在联邦政体下，地方政府被宪法赋予自主的设税权，只要本地立法机构批准，地方政府就可以开辟新的税源，所以地方政府往往会拥有与中央政府不同的税种，地方政府彼此之间的税种构成也存在很大差别，如美国各州的地方税种。

其次，税基分享方式也可以适用单一制政体。因为在以共享税为主的模式下，当中央政府将税收立法权、共享收入比例和方式确定权都集中在自己手里时，该模式可以配合高度的集权政治体制；当法律制度规定了地方政府有权力参与财税立法以及共享收入比例和方式的确定时，该体制又可以配合较为分权的政治体制。

（二）中国政府间财力配置模式选择

根据对上述三种模式优劣的比较分析，针对我国政治体制和改革方向，我们应该选择地方政府以共享税收入为主的政府间财力配置模式，并且应该通过宪法性法律赋予地方政府参与税收立法的权力，包括在政府间确定共享收入比例和共享方式的权力。理由如下：

第一，可以保障中央政府对地方政府有较强的行政控制能力。地方政府以共享税收入为主体收入来源，就意味着中央政府已经具有了控制地方政府财力的前提。即便地方政府对共享税的分成比例可以施加影响，中央政府对分成比例仍然会有较大的主动权，所以在这种模式下中央政府对地方政府具有较强的行政控制力。

第二，可以保障中央政府对宏观经济的调控能力。在中央政府拥有较多主动权的模式下，中央政府可通过有更大权力确定收入分享比例的优势保障自己可以集中较多的财力，并可通过转移支付制度贯彻中央政府的宏观调控政策，实现其宏观调控目标。

第三，可以保障中央政府有较强的调动国家资源的能力，以完成重要的公共管理职能，如环境友好型社会的建设、节约型社会建设、和谐社会建设等。

地方政府以共享税收入为主的财力配置模式，在为中央政府提供了若干便利条件、满足了中央政府执政的若干需求后，这一模式也为保障地方财力、维护地方利益提供了制度基础。

首先，地方政府拥有参与确定税收分享比例的权力后，由于参与立法的人员（代表）多，代表的利益团体多，立法机构代表多来自于各不同地区，能表达各地方的利益诉求，所以在确定税收分享比例和分享方式时会更多地考虑各地方的不同情况以及地方政府的总体利益，使分享便利和方式更为科学、合理。

其次，地方政府拥有参与确定税收分享比例的权力后，来自各地的代表都会积极维护自己的财政利益，在法律的保护下，积极阻止中央政府对地方经济或财政利益的损害。

我们要想充分发挥地方政府以共享税收入为主的政府间财力配置模式的正面效应，尽可能规避其负面效应，就必须顺应当前政治体制改革的要求，建立地方政府参与财税体制确定的制度，通过程序的合理、法定、公正保证结果的合理和公正。

中国台湾地区“地方”财税法制之现状与未来改革方向

陈清秀*

前言

地方自治团体为满足其公共行政任务之需要，必须筹措足够的经费的财源加以支应，因此必须“量出为入”，此与一般私人之个人家庭生计采取“量入为出”之原则不同。① 地方自治团体为从事其活动，应有取得必要财源并加以管理及营运以及支出之权限，此等权限，即为地方财政权。② 中国台湾地区的“地方制度法”(2010年2月3日修正公布，以下简称“地方制度法”)第18条第2款、第19条第2款、第20条第2款规定，“直辖市”、县市及乡镇之自治事项中，关于自治财政事项包括：(1)“地方”财务收支及管理。(2)“地方”税捐。(3)“地方”公共债务。(4)“地方”财产之经营及处分。

“地方”财政权之作用，包括下述四个层面：③(1)对于“地方”居民的课税权(课税自主权)。(2)避免“地方”财政权的防御权(自由权)受到侵害，亦即财政自主权，其内容包括财政计划权、财政收入权、支出权与财政营运管理权，地方自治团体得自行编制、审议及执行预算并审议决算，得自行获取收入、决定支出并得自主管理及处分其财产现金，并兴办事业。(3)对于当局要求保障其财源之请求权(财源保障请求权，受益权)。(4)财产管理及处分权。④

一、当前中国台湾地区“地方”财税法制之现状

现行中国台湾地区“地方”财税法制，可以从如下五个面向观察：(1)自主课税权及其限制与监督；(2)财源保障请求权；(3)“地方”公债发行权及其监督；(4)财政收支管理

---

* 东吴大学法律学系教授。

本文刊载于《当代财政》2012年7月版。

① [日]原田尚彦著：《自治の法としくみ》，学阳书房2005年版，第201页。

② 蔡茂寅：“地方财政权之保障”，载蔡茂寅著：《地方自治之理论与地方制度法》，台湾新学林出版股份有限公司2006年版。

③ 同上。

④ 同上；[日]碓井光明著：《自治体财政财务法》，学阳书房1988年版，第25页。

自主权及其监督；(5)“地方”财产之经营及处分权。兹分述之：

(一)课税自主权及其限制与监督

1.课税自主权

中国台湾地区“宪法”(以下简称“宪法”)采取“中央”与“地方”均权制度，并于第110条以下规定县自治团体的自治事项，又于第118条规定“直辖市”之自治，以“法律”定之。故为贯彻“宪法”实施“地方”自治之意旨，自应斟酌当前实际状况，制定“直辖市”自治之“法律”(“释字第259号解释”)。“地方制度法”进一步对于“直辖市”及县市等“地方”自治团体的地方自治权限事项加以详细规定。故中国台湾地区“宪法”并非采取“中央”集权的“地方”制度，“‘地方’自治团体在受‘宪法’及‘法律’规范之前提下，享有自主组织权及对自治事项制定规章并执行之权限”(“释字第527号解释”)。

“宪法”第110条第1项第6款规定：“左列事项，由县‘立法’并执行之……六、县财政及县税。”明文承认“地方”课税“立法”权。此项课税自主权，可谓是“地方”自治权所不可或缺的一环，[①]因此，“地方”自治团体的课税“立法”权，并非基于“法律”之授权委任而取得，而是直接受“宪法”保障之权。

此种课税自主权(tax autonomy)，就权限之完整性而言，乃是指“地方”自治团体得自主“立法”课征地方税，包括“地方”税之税目、课税主体(纳税义务人)、课税客体、课税客体之归属、课税基础(税基)、税率、税捐减免等课税要件及其他赋课与征收事项，得以“自治条例”为具体规范之权。[②]

为保障“地方”自主课税权，中国台湾地区制定有“地方税法通则”(2002年12月11日制定公布，以下简称“本通则”)作为各级“地方”自治团体课税之依据。“本通则”未规定者，再适用台湾地区“税捐稽征法”及其他有关规定。

有关“地方”自主课税权之范围，包括下列“地方”税：(1)台湾地区“财政收支划分法”所称“直辖市”及县(市)税、临时税课。(2)“地方制度法”所称“直辖市”及县(市)特别税课、临时税课及附加税课。(3)“地方制度法”所称乡(镇、市)临时税课。

“地方”自主课税权之行使方式，有下列三种：

(1)开征新税目

“直辖市”当局、县(市)当局、乡(镇、市)“公所”得视自治财政需要，依前条规定，开征特别税课、临时税课或附加税课。

一是普通税。特别税课及附加税课之用途，系充作办理自治事项之财源，纳入公库

① [日]金子宏著：《租税法》，弘文堂2007年第12版，第81页以下；葛克昌：“地方课税权与财政民主”，载葛克昌主编：《行政程序与纳税人基本权》，北京大学出版社2005年版，第171页。

② 学者指出，倘若不承认地方的自主课税立法权，则也可能产生下述不良后果：“一是地方政府出于地方利益的考虑，经常性地越权减免税或增加税额；二是地方政府为保证地方财政收入在无权开征地方税种的限制下，大开‘收费之门’，以求‘税收’之实效，而其中的很多收费既不合法又不合理。”(刘剑文：“税收立法与税收体系”，载刘剑文主编：《税法专题研究》，北京大学出版社2002年版，第139页以下)。

统收统支,性质上属于“普通税”性质。其课征年限至多4年,临时税课至多两年,年限届满仍需继续课征者,应依本通则之规定重新办理。

二是目的税。临时税课应指明课征该税课之目的,并应对所开征之临时税课指定用途,并开立专款账户(“本通则”第3条),故其性质上属于专款专用之“目的税”之性质。

在实务上,依据上述规定开征新的地方税的,尚不多见,目前已经公布施行的,以往仅有少数县市(桃园县、苗栗县、高雄县、花莲县)主要针对土石(或矿石)采取或营建剩余土石方等景观维护课征临时税或特别税,另台中县针对辖区内特殊消费(舞厅、舞场、酒家、酒吧、特种咖啡茶室、信息休闲业及电子游戏场)课征特别税(按申报或查定销售额5%计征)。而部分乡镇则课征建筑工地临时税,自主课税情形并不普遍,且税收来源相当有限。2005年至2008年合计新开征地方税税收收入新台币六亿余元。①

上述“法定”外“地方”税,多偏重在维持或改善环境的环境政策目的之税捐,而对于增加环境负担的行为,加以课税负担,具有环境税的色彩。② 由于目前为止,法定外税目不多,因此未来各“地方”自治团体为筹措自主财源,仍有开征“法定”外地方税的空间。③

(2)对于“法定”“地方”税,提高税率

“直辖市”、县(市)为办理自治事项,充裕财源,除印花税、土地增值税外,得就其地方税原规定税率(额)上限,于30%范围内,予以调高,订定征收率(额)。但原规定税率为累进税率者,各级距税率应同时调高,级距数目不得变更。前项税率(额)调整实施后,除因“中央”原规定税率(额)上限调整而随之调整外,两年内不得调高(“本通则”第4条)。

(3)“国税”附加税

“直辖市”、县(市)为办理自治事项,充裕财源,除关税、货物税及加值型营业税外,得就现有“国税”中附加征收。但其征收率不得超过原规定税率30%。

前项附加征收之“国税”,如其税基已同时为特别税课或临时税课之税基者,不得另行征收。

附加征收税率除因配合台湾当局增减税率而调整外,公布实施后两年内不得调高(“本通则”第5条)。

2.课税自主权之限制与监督

(1)地方税由中央统一立法或框架式立法

为适当公平分配国家与地方的税源,维持国民生活条件的统一性以及全国整体经济及法律秩序的统一性,以维持课税的公平以及竞争中立性,许多国家或地区的地方税的

---

① 有关“地方税法通则”实施情况之介绍,参见赖恒宗:“地方税法实施情形之探讨”,载《政府审计季刊》2010年第2期,第66页以下。

② 日本的法定外地方税也多具有环境税的性质(参见[日]碓井光明著:《要说地方税のしくみと法》,学阳书房2001年版,第50页)。

③ 陈汉云:“地方税法通则执行状况之探讨”,载《财税研究》2007年第4期。

立法权，在实际操作上，原则上也多由中央统一立法，①而只在一定的限度内，赋予各地方自治团体某种程度的税捐立法权。②

例如，税基(tax base)流动性大的税目，虽然仍可划归地方税，但应由中央统一立法，以免造成各地方区域间税捐竞争现象。反之，税基流动性小的税目，由地方各自立法较无问题。

中国台湾地区地方税也绝大部分由"中央"统一"立法"，中国台湾地区"财政收支划分法"(1999 年 1 月 25 日修正公布)第 12 条规定下列七个税目为"直辖市"及县(市)税：①土地税，包括下列各税：地价税、田赋、土地增值税。②房屋税。③使用牌照税。④契税。⑤印花税。⑥娱乐税。⑦特别税课。其中，①至⑥六大税目，全部由"中央"统一"立法"。其中，台湾地区"房屋税条例"第 24 条、台湾地区"娱乐税法"第 17 条及台湾地区"使用牌照税法"第 37 条容许地方制定征收细则，保留极少部分之自治立法空间具有框架式立法精神。③

只有剩下"特别税课或临时税课"，才准许由地方自治团体自行立法。

(2)自主课税立法之监督

自主课税立法之监督体现在以下几个方面：

第一，课税标的之客观上限制。台湾地区"地方"自治团体开征新税目时，对下列事

---

① 例如，《德国基本法》第 72 条第 2 项即规定："为在联邦领域内建立相同价值的生活关系，或基于国家整体的利益，为维持法律秩序或经济秩序的统一性，有必要由联邦法律加以规范时，在此范围内，联邦即享有立法权。"因此，德国税捐收益权归属于各邦之税目，也大多数由联邦统一立法(Tipke/Lang, *Steuerrecht*, 20. Aufl., 2010, § 3 Rz. 56)。另参见孙红梅著：《税权划分的国际比较研究》，中国税务出版社 2009 年版，第 79 页。

② 陈清秀："地方课税立法权之研讨"，载陈清秀主编：《现代税法原理与国际税法》，台湾元照出版公司 2010 年版。依据 2002 年 10 月 24 日德国联邦宪法法院裁判(BVerfGE 106, 145ff.)，下列三种可能选择的目标之一，得由联邦统一立法的前提要件之"必要性"如下：

(1)有关建立相同价值的生活条件关系，只有在各邦地区之生活条件，已经以重大的、联邦国家的社会结构遭受损害的方式发展或具体表明此种发展时，才能认为相同价值的生活条件受到威胁，而联邦才有权介入立法。

(2)有关法律秩序统一的必要性，必须各邦法律的分离差异导致有问题的结果，如有关超越各邦辖区之法律交易，产生无期待可能性的障碍时，才可认为有统一立法的必要性。

(3)有关经济秩序的统一性，是以确保整体国家之经济领域发挥功能为目标。只有在不同的各邦法律妨害到联邦地区的经济上交易或扭曲经济潜在资源的分配时，才能认为经济受到伤害，而有必要统一立法。

③ 德国以往各乡镇基于税捐竞争，也曾有抛弃课征事业税(Gewerbesteuer)的情形，因此联邦立法者于 2003 年 12 月 23 日修正事业税法，将各乡镇对于事业税的征收率，自 2004 年起最低订为 200%。然而，由中央法律课予乡镇地方征收最低税捐的义务，是否符合宪法上地方财政自主权及课税自主权的精神，却引起争议，有学者认为如果该项税收可以由其他丰富的税源取代，则乡镇似可决定抛弃该项税捐之课征(Tipke/Lang, *Steuerrecht*, 20. Aufl., 2010, § 3 Rz. 53, S. 61)。而德国联邦宪法法院在受理申请本案法律义务规定暂时停止执行之案件中，则认为此种课予地方自治团体最低征收率之义务，是否侵害地方财政自主权，仍应进一步研究[BVerfG, 2 BvR 2185/04 vom 25. 1. 2005, Absatz-Nr. (1 - 40), http://www.bverfg.de/entscheidungen/rs20050125_2bvr218504.html]。

项不得开征:(1)辖区外之交易。(2)流通至辖区外之天然资源或矿产品等(与天然资源有关的税目,虽然税基并没有流动性,原本应可划归地方税,但天然资源通常并非普遍平均分布于台湾各地方,因此若将此种税目划归"地方",将使各"地方"税收产生不公平现象,而导致扭曲资源有效率分配。故有关天然资源的税目,宜划归"国税")。(3)经营范围跨越辖区之公用事业。(4)损及国家整体利益或其他地方公共利益之事项("本通则"第3条第1项但书)。

特别税课不得以已课征货物税或烟酒税之货物为课征对象("本通则"第3条第3项前段)。

第二,"中央"主管机关事先审查合法性。由于地方税之课征,可能影响国家及其他地方自治团体的税收权益,亦极可能损及国家整体利益或其他地方公共利益,因此,中央必须高度介入监督。① 中国台湾地区"地方税自治条例"公布前,应报请各该"自治监督机关"、台湾地区"财政部"及"行政院主计处""备查"。依据"地方制度法"第2条第5款的规定,所谓备查,指下级政府或机关间就其得全权处理之业务,依法完成法定效力后,陈报上级政府或主管机关知悉之谓。故备查通常是在"自治法规"公布生效后,陈报"中央"主管机关知悉,以"事后监督"。唯"本通则"却规定"事先备查",实质上采取"事前监督",以免事后监督产生地方违法课税在先,事后地方政府又必须全面退税或负担"国家"赔偿责任之困扰(避免扰民及提高行政效能)。

例如,容易形成"税捐输出"(tax export)的税目,如由地方自主课税立法时,"中央"在进行合法性监督时,应注意其有无遵守课税平等原则,不得对于辖区内居民与辖区外居民进行税法上差别待遇,②以避免税负转嫁给其他地区的居住者负担,而削弱地方税与受益负担原则的关联性。③

如果"中央"主管机关对于"地方"课税"立法"有合法性意见时,"地方"自治团体通常即应遵照改正办理。否则,如"地方"治自治团体径行公布施行,则依据"地方制度法"第30条的规定,"自治条例"与"宪法"、"法律"或基于"法律"授权之"法"规或上级自治团体"自治条例"抵触者,无效。其发生抵触无效者,分别由台湾地区"行政院"、"中央各该主管机关"、县政府予以函告。地方自治团体如有不服,对于该函告无效之"行政处分",认为损害其自治权时,得依台湾地区"诉愿法"(2000年6月14日修正公布)第1条第2项规定"各级'地方'自治团体或其他公法人对上级监督机关之行政处分,认为违'法'或不当,致损害其权利或利益者,亦同"提起诉愿及行政诉讼("释字第553号解释"

① 例如,《日本地方税法》第259条及第669条规定,地方公共团体应与总务大臣协议,经取得其同意后,始得另立其他税目,课征普通税及目的税。

② 陈清秀:"地方课税立法权之研讨",载陈清秀主编:《现代税法原理与国际税法》,台湾元照出版公司2010年版。

③ 朱泽民:"当前地方税制之检讨与改进方向初探",载《财税研究》1994年第3期。

参照）。

此外，“自治法规”与“宪法”、“法律”、基于“法律”授权之“法规”、上级自治团体“自治条例”或该自治团体“自治条例”有无抵触发生疑义时，亦得声请台湾地区“司法院”解释之（“地方制度法”第30条第4项）。

实务上，“中央”审查“地方”自治团体开征新地方税相当严格，例如，“地方”要开征机场税与炼钢厂税或炼油税，原则上不予许可，于2004年“地方”曾送审12个“自治条例”要开征新税，“中央”只审议通过6个。[①]

第三，议会监督。“宪法”第19条规定：“人民有依法律纳税之义务。”此即一般所谓“租税法律主义”（或称为税捐法定主义），系指国家课人民以缴纳税捐之义务或给予人民减免税捐之优惠时，应就租税主体、租税客体、税基、税率等租税构成要件，以法律明定之。各该法律规定之内容应符合租税公平原则（“释字第607号解释”）。

又“地方制度法”第28条第2款规定：“下列事项以‘自治条例’定之……二、创设、剥夺或限制‘地方’自治团体居民之权利义务者。”由于“地方”课税涉及课与居民义务负担之事项，应以地方议会审议通过之自治条例定之，以符合法律保留原则及租税法律主义。

故中国台湾地区“地方税法”第6条第1项规定：“直辖市”当局、县（市）当局、乡（镇、市）公所开征地方税，应拟具地方税自治条例，经“直辖市”议会、县（市）议会、乡（镇、市）民代表会完成三读立法程序后公布实施。这也表彰“地方”税“自治条例”主义之“议会保留”精神。

（二）财源保障请求权

有关“地方”的财源保障请求权，具体表现在税捐收益权之归属、统筹分配税款以及财政补助请求权三个方面。

1. 税捐收益权之归属

现行税捐收益权的划分，区分国税及地方税。由于主要税收均划归台湾当局，地方自治团体仅享有少数税收。以2008年为例，中国台湾地区赋税收入共计17,106亿余元新台币，“国税”收入为14,618亿余元新台币，占中国台湾地区赋税收入的85.46%，地方之自主税收2488亿元新台币，占中国台湾地区赋税收入的14.54%。其中，统筹分配税款1937亿元新台币，占中国台湾地区税收的11.32%，其余税收12,681亿元新台币，占中国台湾地区税收的74.13%归属“国库”。“地方”实质税收仅占25.87%。又以2010年为例，中国台湾地区赋税收入共计15,658亿余元新台币，[②]“国税”收入（未扣除统筹分配税款）为13,144亿余元新台币，占中国台湾地区赋税收入的83.94%，“地方”之自

① 赖恒宗：“地方税法实施情形之探讨”，载《政府审计季刊》2010年第2期。

② 另依“烟害防制法”规定征收“健康福利捐”，属于专款专用之特别公课性质。2010年收入约348亿元新台币，未纳入计算。

主税收(未加入统筹分配税款)2730亿余元新台币,占中国台湾地区赋税收入的17.43%。①

可见,在台湾地区"中央"与"地方"在税收分配上严重失衡。② "地方"需依赖"中央"补助调整。例如,2008年"中央"支给一般补助款1529亿元新台币,占台湾省各县市岁入5907亿元新台币之25.88%,计划型补助款823亿元新台币,占所有"地方"岁出9256亿元新台币之8.89%。③

表1 "国税"之税捐收益权的划分(中国台湾地区"财政收支划分法"第8条)

税目	"中央"	"地方"	"直辖市"、县(市)	乡镇
(1)所得税	90%	10%(统筹税)		
(2)遗产及赠与税	50% 20%		50%("直辖市") 0%(县) 80%(市)	80%
(3)关税	100%	0%		
(4)营业税	60%	40%(统筹分配税)		
(5)货物税	90%	10%(统筹分配税)		
(6)烟酒税	80%	18%(台湾省各地方) 2%(金门及连江二县)		
(7)证券交易税	100%			
(8)期货交易税	100%			
(9)矿区税	100%			

表2 "地方税"之税捐收益权划分

税目	"直辖市"	县(市)	乡(镇市)
地价税	100%	50%	30% 20%(统筹分配)
田赋(停征)	100%		100%
土地增值税	100%	80% 20%(统筹分配税)	

① 数据源为中国台湾地区"行政院"主计处网站公布统计资料。

② 徐仁辉:"五都制下地方财政的未来",载《财税研究》2010年第5期。有关各级政府间财政关系问题,参见姚名鸿:"我国不同级政府间财政关系与地方财政问题之研究",载《财税研究》2009年第3期。

③ 徐仁辉:"五都制下地方财政的未来",载《财税研究》2010年第5期。

续表

税目	“直辖市”	县(市)	乡(镇市)
房屋税	100%	40%	40% 20%(统筹分配)
使用牌照税	100%	100%	
契税	100%		80% 20%(统筹分配)
印花税	100%	100%	
娱乐税	100%		100%

2. 统筹分配税之划分

中国台湾地区“财政收支划分法”第16条之1规定统筹分配税之划分原则,并授权“中央”制定分配办法,依据最新的中国台湾地区“中央统筹分配税款分配办法”(2010年9月7日修正发布,于2011年度施行),其分配方式如表3所示:

表3

种类	“直辖市”(五都)	县(市)	乡镇市
普通统筹分配税(94%)	61% (1)50%,按营业额比例 (2)20%,按人口数比例 (3)20%,按土地面积比例 (4)10%,按财政能力	24%。其中 (1)85%满足各县市基准财政需要,按比例分配 (2)15%依其营利事业之营业额,按比例分配	9% 满足基准财政需要,按比例分配
特别统筹分配税(6%) 供应地方政府紧急及其他重大事项所需经费			

现行统筹分配税,其功能有二:一是扮演“税收分享”的角色,考虑各“地方”自治团体居民对于税收之贡献,给予分配。① 因此,以各“地方”前年度营利事业营业额作为分配基算因素,同时兼顾法律秩序安定性,避免影响各地方施行多年之既有的财政收入规模。二是扮演“一般补助款”的角色,为满足各“地方”自治团体的基准财政需要,而对于

① 德国立法例,就所得税(包括法人税)的收入部分,应分配与该所得税征收取得地方之地方自治团体。至于营业税及货物税则具有消费税的性质,较适合按照消费人口比例分配。

其基准的财政收入无法平衡的部分，由台湾当局按照一定的法定计算公式，交付本税，以确保各地行政的同一水平。[①] 在此，统筹分配税的分配标准，乃是以各“地方”团体的“标准的财政需要”，减除其“标准的财政收入”，就收入不足部分，给予一定比例补助或全额补助。[②] 此部分尤其对于各县、市之分配，85%比例金额按照此一方式分配。

展望未来，中国台湾地区对于统筹分配税应建立公平合理、长治久安的统一的计算公式。[③] 不宜像目前每年变动一次，造成政治上动荡不安。

3. 补助款

“地方制度法”第69条规定：

各上级有关部门为谋地方均衡发展，对于财力较差之“地方”应酌予补助；对财力较优之“地方”，得取得协助金。

各级“地方”有依“法”得征收之财源而不征收时，其上级有关部门得酌减其补助款；对于努力开辟财源具有绩效者，其上级有关部门得酌增其补助款。第1项补助须明定补助项目、补助对象、补助比率及处理原则；其补助办法，分别由中国台湾地区“行政院”或县定之。

依据中国台湾地区“中央对直辖市及县(市)政府补助办法”(2010年8月31日修正发布，2011年施行)第3条的规定：“‘中央’为谋台湾之经济平衡发展，得视‘直辖市’及县(市)‘政府’财政收支状况，由‘国库’就下列事项酌予补助：一、一般性补助款补助事项，包括‘直辖市’、准用‘直辖市’规定之县及县(市)基本财政收支差短与定额设算之教育、社会福利及基本设施等补助经费。二、计划型补助款之补助范围，以下列事项为限：(一)计划效益涵盖面广，且具整体性之计划项目。(二)跨越‘直辖市’、县(市)或二以上县(市)之建设计划。(三)具有示范性作用之重大建设计划。(四)因应‘中央’重大政策或建设，需由‘直辖市’或县(市)‘政府’配合办理之事项。三、‘中央’对于‘直辖市’及县(市)‘政府’重大事项之项目补助款。

‘中央’对下列事项应优先予以补助：一、前项第一款规定之‘直辖市’、准用‘直辖市’规定之县及县(市)基本财政收支差短。二、对于跨区域之建设计划或合作事项。”

因此，上述补助款兼具“一般补助金”与“特别目的补助金”双重功能，一方面，作为“一般补助金”，应满足各“地方”自治团体基准的一般财政需要。另一方面，作为指定用途之“特别目的补助金”，以补助特别贫穷的地方，发生特别灾难(如天灾、人祸)的地方及其他有特别支出负担或特殊计划建设需要特别经费的地方，以平衡满足各地方的特殊

---

① 林全：“我国统筹分配税的财政分配功能及理想分配公式之探讨”，载《经社法制论丛》1995年第1期。朱泽民：“当前地方财政制度改进之研究”，载《财税研究》1993年第1期。

② 陈清秀：“中央与地方财政调整制度”，载《植根杂志》1996年第9期(连载)；马骏：“政府间财政转移支付——九个国家的比较(上)”，载《财税研究》1997年第2期。

③ 陈清秀：“中央对于地方财政调整制度之探讨”，载《法治与现代行政法学：法治斌教授纪念论文集》，台湾元照出版公司2004年版。

财政需要。①

该"补助办法"第18条另规定，一般性补助款应编列于"补助'直辖市'及县市"预算科目项下，连同第3条第1项第3款之项目补助款，各受补助之"直辖市"、县(市)应相对列入其地方预算。

计划型补助款应编列于"中央"各机关预算项下；"中央"各机关应于补助额度确定后，即先估列"直辖市"、县(市)分配金额，并于会计年度开始四个月前通知"直辖市"、县(市)列入其"地方"预算。"直辖市"、县(市)编列补助收入时，应注明编列依据，否则不得编列。

前项补助款，"直辖市"、县(市)应相对编足分担款，并依计划实际执行进度按分担比率拨付支用，不得先行支用补助款或将补助款移作他用；违反者，"中央"得停拨其当年度或停编以后年度之补助预算。

(三)地方公债发行权及其监督

1. 公债发行权

"地方制度法"第68条规定："'直辖市'、县(市)预算收支之差短，得以发行公债、借款或移用以前年度岁计剩余弥平；乡(镇、市)预算收支之差短，得以借款或移用以前年度岁计剩余弥平。前项'直辖市'、县(市)公债及借款之未偿余额比例，乡(镇、市)借款之未偿余额比例，依'公共债务法'之规定。"赋予"直辖市"及县市地方发行公债及借款之权责。但对于乡镇自治团体，则不准发行公债。

此种"地方"公债之发行，乃为弥补"地方"财政赤字，发行"地方"公债进行跨越年度之借款；有关"政府"债务之举借及债务之偿还，均应编入其预算②(中国台湾地区"预算法"第13条)，并应经"地方立法机关"(议会)之议决通过(参见台湾地区"财政收支划分法"第33条)。

台湾地区"公共债务法"(2002年2月6日修正公布全文)为维护台湾地区财政之健全，支应台湾地区发展需要，规范"中央"及各"地方"公共债务，特制定"本法"；"本法"未规定者，适用其他有关规定。

"本法"所称公共债务，指各"地方"为应公共事务支出所负担之下列债务：(1)"直辖市"、县(市)公债及台湾地区境内、境外借款。(2)乡(镇、市)内外借款。"本法"所称借款，指各级当局以契约形式向台湾地区境内、境外所借入之长期、短期及透支、展期款项；所称举债额度，指弥补岁入岁出差短之举债及债务基金举新还旧以外之新增债务(第2条)。

---

① 有关补助款所遭遇之问题，参见陈春荣："中央对地方补助制度之检讨及改进方向"，载《政府审计季刊》2010年第4期。

② 《日本地方自治法》第215条第5款及第230条规定地方首长应将发行地方公债之目的、额度、发行方式、利率以及偿还之方法于预算中加以表明。可供参考。

2.“地方”公债发行之监督

(1)中国台湾地区“公共债务法”之管制——举债额度总量管制

依据中国台湾地区“公共债务法”第4条的规定，各级公共债务未偿余额预算数有其最高额度比例限制。各“地方”总预算及特别预算每年度举债额度，不得超过各该级总预算及特别预算岁出总额之15%。县(市)及乡(镇、市)所举借之一年以上公共债务未偿余额预算数，占各该级总预算及特别预算岁出总额之比率，各不得超过45%及25%。前两项所称公共债务未偿余额预算数，不包括各“地方”所举借之自偿性公共债务。但具自偿性财源丧失时，所举借之债务应计入。前项所称之自偿性公共债务，系指以未来营运所得资金或经指拨特定财源作为偿债财源之债务。各“地方”为调节库款收支所举借之未满一年公共债务，①其未偿还之余额，各不得超过其当年度总预算及特别预算岁出总额30%。各“地方”所举借之公共债务，如有超过本条所规定之债限者，于回复符合债限前，不得再行举借。

(2)“中央”主管机关之许可？

有关地方公债之发行，可能影响地方财政之建全，因此，日本旧《地方自治法》第250条规定，地方公债之发行，应先经过自治大臣(内政部长)之许可；②在市町村公债，则应经都道府县知事之许可。如未经许可，其公债之发行无效。其立法理由乃是担心地方自治能力不足，恐放任其自由借款，将导致地方财政危机。因此，由国家事先进行监督，以健全地方财政。而后于1999年废止此一许可制度。而于2003年修正《地方财政法》，于第5条规定改为对于地方公债之发行方法、利率以及偿还方法等，必须事先与总务大臣(在市町村公债，则为都道府县知事)协议，取得同意后，始得发行公债。亦即仍透过中央主管机关之参与协助健全地方财政。③

中国台湾地区“地方”公债之发行因为纳入预算编列，而应经“地方立法机关”之议决监督，但并无须经过“中央”主管机关之许可或同意。仅于例外情形，如各级“地方”在“台湾境外”发行公债或借款，则应先经“中央”之核准(台湾地区“财政收支划分法”第33条第2款)。

---

① 此类未满一年之短期借款，乃基于会计年度内之收入与支出时期不一致，所产生现金不足，而需短期借款周转使用。此种一时性之资金之借入，《日本地方自治法》第235条之3规定其必须在该会计年度内以岁入偿还。其并不属于地方自治团体之财源收入，故不该当于地方财政之岁入([日]原田尚彦著：《自治の法としくみ》，学阳书房2005年版，第212页)。

② 其许可发行公债与否，通常不仅考虑该自治体之财政状况、公债之用途、偿还计划之适当性，也考虑国家财政投融资计划及其他经济政策等因素，包括其发行机构是否属于国家指定之发行公债适格机构(参见[日]原田尚彦著：《自治の法としくみ》，学阳书房2005年版，第213页)。

③ [日]原田尚彦著：《自治の法としくみ》，学阳书房2005年版，第212页以下；阎海、曾祥瑞：“宪政、地方自治与地方财税法制——日本法的经验与借鉴”，载《行政法学研究》2011年第1期。

(3)主管机关事后监督

主管机关事后监督体现在以下两个方面：

首先，命令限制或停止举债。“直辖市”、县(市)有不能履行偿债义务之虞时，中国台湾地区“中央”主管机关得报请“行政院”予以限制或停止其举债。乡(镇、市)公所有不能履行偿债义务之虞时，县得予以限制或停止其举债(台湾地区“公共债务法”第7条)。上述命令限制或停止举债之行为，性质上属于主管机关监督权之行使，为针对具体个案之行政处分，受处分人如有不服，得提起诉愿及行政诉讼。

其次，违规举债之处罚。“直辖市”、县(市)、乡(镇、市)有违反“法定”之公债分配额度，超额举债者或违反上述限制或停止举债之命令，仍予以举债者，由各该监督机关命其于一定期限内改正或偿还，逾期未改正或偿还者，除减少或停止其补助款外，[①]并将各该“直辖市长”、“县(市)长”、“乡(镇、市)长”移送惩戒(台湾地区“公共债务法”第8条)。

(四)财政收支管理自主权及其监督

1. 财政收支管理自主权

地方自治团体之财政自主权，亦为中国台湾地区“司法院大法官释字第550号解释”理由书所承认：“‘地方’自治团体受‘宪法’制度保障，其施政所需之经费负担乃涉及财政自主权之事项，固有法律保留原则之适用，于不侵害其自主权核心领域之限度内，基于‘国家’整体施政需要，‘中央’依据‘法律’使‘地方’分担保险费之补助，尚非‘宪法’所不许。前述所谓核心领域之侵害，指不得侵害‘地方’自治团体自主权之本质内容，致‘地方’自治团体之制度保障虚有化，诸如‘中央’代替‘地方’编制预算或将与‘地方政府’职掌全然无关之‘外交’、‘国防’等事务之经费支出，规定由‘地方’负担等情形而言。至于在权限划分上依‘法’互有协力义务，或由‘地方’自治团体分担经费符合事物之本质者，尚不能指为侵害财政自主权之核心领域。”

“地方”自治团体本于“地方”自治之本旨，为处理其自治事务所必须支出的财政经费，必须有自行筹措调度财源的权能(所谓“自主财政主义”)；否则，全部依赖“台湾当局”决定财源或给予财政援助，势必凡事依赖台湾当局的指挥监督，而无法自治自主决定其自治事务。

“地方”财源除税课收入外，尚有规费及罚锾等收入。中国台湾地区于2002年12月11日制定“规费法”，以增进财政负担公平，有效利用公共资源，各“地方”也适用该规定行政规费以及使用规费，以充实地方财源，并由各“地方”或其所属机关按照行政费用填补原则(行政规费)以及使用成本回收原则(使用规费)，订定收费基准，并送民意机关备查(台湾地区“规费法”第10条)。

---

① 2006年7月12日台湾地区“行政院”院授“财库字第09503510040号令”修正发布台湾地区“公共债务法”第8条规定：“直辖市”或县(市)届期未改正或偿还债务之减少或停止补助款作业原则。

至于罚锾收入近年来在“地方”也属于相当重要的财源，[①]各“地方”2009年罚款及赔偿收入总计收入320亿余元新台币，由于各地执法宽严不一，罚锾收入也大不相同，以各“直辖市”收入最多。其罚锾最大宗者通常为交通违规罚锾收入，罚锾收入最多。

有关“地方”之财政支出，依台湾地区“财政收支划分法”第37条以及台湾地区“地方制度法”第70条之规定，[②]原则上采取“任务责任与支出负担联结原则”，[③]亦即原则上各级公法人任务的履行，应自己负担其所需财政经费支出，而禁止对于“他人的任务”支出所需财政经费。[④]

2. 法律监督

(1)“地方”预算之准据法台湾地区：“预算法”

台湾地区“预算法”第96条规定了“地方”的预算程序：“地方”预算，另以“法律”定之。前项“法律”未制定前，准用本“法”之规定。有关“地方”预算，包括岁入及岁出，均应适用台湾地区“预算法”的规定办理。

“地方”不得于预算所定外，动用公款、处分公有财物或为投资之行为。违背前项规定之支出，应依台湾地区“民法”无因管理或侵权行为之规定请求返还（台湾地区“预算法”第25条）。

另外，“直辖市”、县（市）、乡（镇、市）办理其自治事项，应就其自有财源优先编列预算支应之（“地方制度法”第70条第2项）。另依据台湾地区“财政收支划分法”第37条之1的规定，“地方”应就其基准财政收入及其他经常性之收入，优先支应下列各项支出：①“地方”编制内员额与经上级核定有案之人事费及相关费用。②一般经常性支出、公共设施管理维护及依法律规定必须负担之经费。③地方基本设施或小型建设经费。④其他属“地方”应行办理之地方性事务经费。

“地方”依前项规定办理后，其收入不足支应支出时，应由其所获分配之统筹分配税款予以优先拨注。

(2)台湾地区“行政院”订定之“地方”预算筹编原则

“地方制度法”第71条规定“地方”预算筹编应遵守“中央”所订规定办理：“直辖

---

① 李显峰、林育君：“台湾地方财政之结构性因素分析”，载《财税研究》2006年第5期。但该文似误认因为人民犯罪率增加，导致各“地方”之罚款及赔偿收入增加。其实该项罚款主要是行政秩序罚锾，并非人民犯罪被法院判决有罪而缴纳之刑事罚金（刑事罚金应缴入“国库”，而非“地方公库”）。

② 该等规定意旨为，各级之支出划分，其由“中央”“立法”并执行者，归“中央”；由“直辖市”“立法”并执行者，归“直辖市”；由县（市）“立法”并执行者，归县（市）；由乡（镇、市）“立法”并执行者，归乡（镇、市）。如果“中央”委办“地方”事项，由委办机关负担；属“地方”自治事项者，由该自治团体自行负担。又“中央”不得将应自行负担之经费，转嫁予“地方”自治团体。

③ 李建良：“论中央与地方之权限划分与财政负担——以全民健保费补助款之负担为例”，第10页以下（发表于2003年5月31日台湾地区“中央研究院社科所”主办地方自治与财政自主学术研讨会）。

④ Michael Sachs, Grundgesetz, Kommentar, 2. Aufl., 1999, Art. 104a, Rn. 12.

市"、县(市)、乡(镇、市)年度总预算、追加预算与特别预算收支之筹划、编制及共同性费用标准,除另有规定外,应依台湾地区"行政院"订定之"中央"暨"地方"预算筹编原则办理。"地方"未依前项预算筹编原则办理者,"行政院"或县应视实际情形酌减补助款。(台湾地区"财政收支划分法"第35条之1亦有类似规定。)

由于预算筹编原则对于有关预算支出标准均有严格控制,并经由主计一条鞭制度(由台湾地区"中央行政院"主计处统一各"地方"主计人员之任免迁调)①落实执行,因此,"地方"自主空间有限。以"地方"各级机关首长之交际应酬之特别费以及学者专家出席会议或演讲之支给标准、委托学者专家撰写稿费支给标准为例,均有统一规定支给标准,"地方"几无自治权可言,可谓严密监督。

(3)"地方"预算审议之监督

"地方"自治团体之一切收入及支出,全部均应编入预算,经"地方"议会之议决(所谓"总计预算主义")。台湾地区"财政收支划分法"第35条即规定:各级之一切支出,非经预算程序不得为之。台湾地区"预算法"第25条亦规定:"'政府'不得于预算所定外,动用公款、处分公有财物或为投资之行为。违背前项规定之支出,应依'民法'无因管理或侵权行为之规定请求返还。"因此,"地方"自治团体之支出,原则上除另有规定外,不得以预算上所未列入之财源进行费用支出。

至于代收代付款项,则未编入预算,因此,其运用较欠缺透明性,但可能相对具有弹性。又以往台北市当局曾经对于身心障碍者基金,因依据相关规定毋庸纳入预算编列,导致该基金运用方式招致外界质疑用人过于浮滥,违背基金用途,因此,"市议会"决议应将该基金之运用管理制定为"自治条例",并应编列"附属单位预算",送交议会审议,以为经费动支之执行依据。

在总计预算主义之下,有关预算编制,具有将"地方"自治团体之活动在财政面上予以公开之行政计划的意义。如此可以提高行政透明性,同时确保财政收支均衡,防止财政危机。② 因此,将预算外资金纳入管理及监督,可以防止违法乱纪与腐败。③

又"直辖市议会"、"县(市)议会"、"乡(镇、市)民代表会"对于"直辖市"当局、县(市)当局、乡(镇、市)"公所"所提预算案不得为增加支出之提议(台湾地区"地方制度法"第40第2项)。

---

① 台湾地区"主计机构人员设置管理条例"第18条规定:"各级主计人员之任免迁调,除'中央'各主管机关、省(市)主计主办人员,由'中央主'计机关办理外,余由各该管或其上级机关主计机构层报'中央'主计机关核办。但得视实际需要,分职等授权核办;其办法由'中央'主计机关定之。各级主计人员任免迁调,应于发布时,通知其所在机关首长。"

② [日]原田尚彦著:《地方自治の法としくみ》,学阳书房2005年版,第216页。

③ 俞光远:"关于修订完善预算法的看法和主要建议",载俞光远编著:《中国财税改革和财税法制建设30年回顾与展望》,中国税务出版社2009年版。

(4)“地方”预算执行之监督

“地方”政府预算支出之运用，也常受到许多“行政法规”之约束。例如，有关“地方”之采购行为，应适用台湾地区“政府采购法”。有关促进民间参与公共建设案件，只要属于促进民间参与公共建设法之适用范围者，即应适用该规定办理。其财务收支仍受相关规定之管制。

此外，由于“地方”用人也涉及预算支出及财政负担，因此，有关“地方”约聘雇人员以及临时人员之晋用，以往台湾地区“行政院”人事行政局也概均加以规范，避免机关浮滥任用人员，增加地方财政负担。

另地方预算之执行，也受审计机关之事后监督。依台湾地区“审计法”第5条之规定：各“省(市)”及其所属机关财务之审计，由各该“省(市)审计处”办理之；各县(市)及其所属机关财务之审计，由各该县(市)酌设审计室办理之。第2条规定：“审计职权如左：一、监督预算之执行。二、核定收支命令。三、审核财务收支，审定决算。四、稽察财物及财政上之不法或不忠于职务之行为。五、考核财务效能。六、核定财务责任。七、其他依法律应行办理之审计事项。”因此，审计机关对于“地方”预算之执行合法性乃至财务效能之妥当性，进行审计监督。

又依第78条之规定：“审计机关决定剔除、缴还或赔偿之案件，应通知该负责机关之长官限期追缴，并通知公库、公有营业或公有事业主管机关；逾期，该负责机关长官应即移送法院强制执行；追缴后，应报告审计机关查核。前项负责机关之长官，违反前项规定，延误追缴，致公款遭受损失者，应负损害赔偿之责，由公库、公有营业或公有事业主管机关依法诉追，并报告审计机关查核。”如果违背预算规定之违法支出，经审计机关决定剔除、缴还或赔偿之案件，该违法支出之首长，故然依其情形，应负担赔偿责任；但在外部关系上，对于与该项支出负担行为有关之相对人国民，并非当然违法无效(如预算外之违法采购行为，仍然有效)。又因为预算外之违法职务命令，而需加班执行职务之公务员，仍承认其加班费之请求权。①

(五)“地方”财产之经营及处分权

1. 自治权

有关“地方”自治团体所有财产之经营管理及处分权，属于“地方”财政权之自治事项范围，通常制定有“××市(县)市(县)有财产管理自治条例”加以规范。

例如，对于“公用财产之管理处分”，通常参照台湾地区“国有财产法”第28条的规定“主管机关或管理机关对于公用财产不得为任何处分或擅为收益。但其收益不违背其事业目的或原定用途者，不在此限”之立法体例，而规定：“管理机关对于公用财产不得为任何处分、设定负担或擅为收益。但收益不违背其事业目的、原定用途或经法定程序办理，报经市‘政府’核准有案者，不在此限。”(参照“台北市市有财产管理自治条

① [日]原田尚彦著：《地方自治の法としくみ》，学阳书房2005年版，第218页。

例"第21条)。

因此,对于公用财产提供使用收益,得在不违背其事业目的与原定用途之前提下,另订使用管理之自治规则(如"台北市市区道路临时活动使用管理办法"),作为使用管理之依据。

而对于非公用财产之管理处分,则较具有弹性,例如,"台北市市有财产管理自治条例"第64条规定:"非公用财产之不动产,为改良利用增加收益,得由'财政局'会同有关机关举办或委托经营下列事业:一、改良或开发土地。二、兴建房屋。三、投资合作。四、其他适当之事业。"

至于非公用土地不动产之出售,通常采取"公开标售"方式办理,[①]且应提经"地方议会"("市议会")审议通过,报请台湾地区"行政院"核准后办理(同"自治条例"第67条)。依据台北市之经验,通常对于畸零地、不属于都市计划道路之既成道路用地或其他非非经与相邻土地合并、难以使用之土地,[②]进行出售处分,至于大面积可供有效使用之不动产,则以设定地上权收取权利金及租金,较能永续经营。

此外,如果地方自治团体之财产要委托民间经营管理,也由地方自治团体制定有"××市市有财产委托经营管理自治条例"(如台北市及高雄市)以为规范。

以台北市为例,"台北市市有财产委托经营管理自治条例"第6条特别规定:"市有财产委托经营管理应由委托机关拟订委托计划或要点,由'市政府'送请市议会审议同意后实施。但委托经营未涉及组织员额裁并且财产价值未达新台币一亿元者或本'自治条例'修正前已实施之委托经营案件,不在此限。前项但书情形应送'市议会'备查。"由于有关委托经营案件,经常涉及机关组织业务因委外经营,机关组织及员额相对裁并,而委外业务质量又攸关地方居民权益,因此,"市议会"要求应经由其审议同意后,始得办理,进行"事前监督"。

2. 财产管理及处分之监督

为监督"地方"管理使用收益财产,通常要求所属各机关应参照有关模板,订定"财产使用管理办法"以及订定提供使用收益之契约(参照契约模板订定),以公平公开及透明方式管理使用财产,避免私相授受,产生腐败现象。

又有关不动产之处分,影响地方财政权益较大,故台湾地区"土地法"第25条特别规定:"直辖市"或县(市)当局对于其所管公有土地,非经该管区内"民意机关"同意,并经台湾地区"行政院"核准,不得处分或设定负担或为超过10年期间之租赁。除要求应经"民意机关"("地方议会")审议同意外,并应经"行政院""核准"。

---

① 例如,"台北市市有财产管理自治条例"第69条规定:"非公用财产之不动产,其出售方式依下列规定:一、空屋、空地,应予标售。但各级'政府机关'及公营事业机构因公需用者,得予议价让售。"

② 中国台湾地区"建筑法"第44条规定,基地最小面积,建筑基地面积畸零狭小不合规定者,非与邻接土地协议调整地形或合并使用,达到规定最小面积之宽度及深度,不得建筑。

但为促进民间参与公共建设,“地方”对于其所有土地行使管理处分权限之限制较少,享有较多自主权空间。其类型有二:一是“地方”对于公共建设所需公有土地,得订定期限出租、设定地上权、信托或以使用土地之权利金或租金出资方式提供民间机构使用,不受台湾地区“土地法”第25条及“地方”公产管理“法令”之限制(台湾地区“促进民间参与公共建设法”第15条)。二是“地方”也可以价构或征收私有土地作为民间参与公共建设所需用地,主办机关得于征收计划中载明办理联合开发、委托开发、合作经营、出租、设定地上权、信托或以使用土地之权利金或租金出资方式,提供民间机构开发、兴建、营运,不受“土地法”第25条及地方政府公产管理法令之限制(“促进民间参与公共建设法”第16条)。但促进民间参与公共建设案件,“地方”应本于公开透明原则,事先将该建设之兴建、营运规划内容及申请人之资格条件等相关事项,公告征求民间参与(“土地法”第42条)。且应本于公平竞争原则,主办机关为审核申请案件,应设甄审委员会,择优评定之(“土地法”第44条)。经评定为最优申请案件申请人,应与主办机关签订“投资契约”,依法兴建、营运(“土地法”第45条)。

二、中国台湾地区当前“地方”财税法制问题

近年来,“地方”财政拮据,过去曾发生过年前许多县、市因调度困难致无力发放公务人员之年终奖金,甚至更有许多乡镇因财源短缺而拒缴电费。目前各“地方”均面临相同的财政问题,即岁出规模扩增速度超过岁入致使县、市财政收支失衡。①

“地方”所面临之财政问题系因财政收入不足支应其施政需求支出,造成“财政缺口”。其原因可从收入面及支出面观察:②

(一)收入面

1.“地方”自有财源普遍不足,大幅仰赖统筹分配税款及补助款支应

据统计,在2009年中国台湾地区(包含离岛地区)各地方税课收入占岁入比例平均只有46.85%,部分县、市比例更低,如连江县占13.36%,澎湖县占21.71%,台东县占27.65%,因此必须仰赖其他岁入来源,尤其是台湾当局补助及协助,占岁入平均41.01%,其中连江县占81.54%,台东县占66.1%,澎湖县占72.40%。台北市占16.95%,为财政能力最佳者。

有关“地方”之自有财源比例平均仅有39.78%,财政能力最佳之台北市也仅有59.75%,因此各地普遍需要依赖“中央”补助。

2.“中央”减免税捐规定,侵犯“地方”税收权利

在地方税税收收入面,也有“中央”请客、地方埋单的问题。以往经常有“中央”不顾“地方”财政困难与地方意见,自行决定进行减税措施,以致损害“地方”税收的情形。亦

① 韦端、赵扬清、邱静玉、陈妍蒨:“财政收支划分法修正草案之评析”,载http://www.npf.org.tw/post/2/3540,访问时间:2011年8月25日。

② 同上。

即“中央”往往为刺激景气或政策目的，而对各项涉及地方税收之税目修正订定减免税捐条款，此举对于“地方”的税收权利造成严重侵害。例如，近年来在台湾地区“营业税法”、“房屋税条例”、“土地税法”、“遗产及赠与税法”等所修正之税捐减免规定，皆使“地方”税收遭到损失。[①] 统计过去“中央”修法减少“地方”税收之情况如下：[②](1)住家用房屋税率由1.38%调降为1.2%。(2)修正台湾地区“财政收支划分法”第18条及“国民教育法”第16条，取消营业用房屋及娱乐税附征之国民教育捐之依据。(3)删除台湾地区“契税条例”第28条关于征收监证费的规定。(4)修正“契税条例”第3条规定将买卖契税之税率由7.5调降为6%。(5)金融营业税税率由5%调降为2%，减少统筹分配税款收入。(6)土地增值税之累进税率，由60%、50%、40%调降为40%、30%、20%，致减少收入。

3.“地方”财政努力不足，岁入应收未收造成财源流失

“地方”对于原有的地方财政收入执行不力，导致地方财源流失。例如，部分县市更因中国台湾地区“工程受益金条例”原有下限规范之删除而停征工程受益费，凡此均使地方原本已经有限的财源更加枯竭。台湾地区“工程受益费征收条例”(2001年11月8日修正公布)第2条原本规定，“地方”举办公共工程，应就直接受益之公私有土地及其改良物，征收工程受益费；其无直接受益之土地者，就使用该项工程设施之车辆、船舶征收之。其工程受益费之征收数额，最高不得超过该项工程实际所需费用80%。但就车辆、船舶征收者，得按全额征收之。

由于其征收率只有上限而无下限规定，故部分“地方”考虑实际受益认定不易，乃将其工程受益费征收费率订为零(如“台北市工程受益费征收费率标准”第2条即规定为零)。

又相关规定授权“地方”在一定范围内订定“地方”税之税率者，地方自治团体也不少按照下限订定税率，以致税收流失。

又如，“地方”重要的税收财源包括土地增值税及地价税，但此两税税基之“公告现值”与“公告地价”由“地方”参照实际交易价格与土地使用价值决定，但部分“地方”在决定课税价格之地价时，未能客观合理反映实际情况，因而课税地价无法合理调高，使地方

---

① 以台北市为例，依据台北市“财政局”提供的数据显示，自1999年以后“中央”将营业税改为“国税”，其中仅抽出40%之营业税、10%之货物税、10%之所得税作为“中央”统筹分配税款，且直辖市分配之比率由47%降为43%；又“中央”近年来陆续实行减税措施，诸如土地增值税减半征收两年、身心障碍者使用的交通工具免征使用牌照税(每年减少台北市岁入27,000万元新台币)、停征营业用房屋税及娱乐税附征的九年国民教育经费(每年台北市减少约17亿元新台币)、买卖契税税率调降为6%(每年台北市减少岁入约3亿元新台币)、金融业营业税率由5%调降为2%(每年减少台北市岁入约60亿元新台币)，总计上开“中央”减税措施造成2001年年度台北市税课收入共减少约133亿元新台币。

② 徐仁辉：“税收分成与地方财政”，载《财税研究》2009年第2期。

损失应得之财源。①

例如,2010年“公告现值”(作为土地增值税与遗产及赠与税之课税基础)占一般正常交易价格,台北市为85.85%,台中市为65.72%,高雄市为82.18%,因此,自2001年至2010年之累计调幅,台北市为17.16%,台中市为27.61%,高雄市为0.55%,各地方征税努力程度不同。又以公告地价(作为地价税之课税基础)为例,依据台湾地区“内政部地政司”资料,2010年公告地价占一般正常交易价格之比例,整个台湾地区平均为21.96%,台北市为31.47%,台中市为14.10%,高雄市为27.49%,因为征税不力,刻意压低课税地价,导致地价税收流失。② 可见“地方”自治结果,并未能适当履行其职责。

(二)支出面

有关地方政府支出面所遭遇之问题,据分析包括下列各点:③

1.教育、社会福利负担沉重,排挤经济发展支出

最近几年中国台湾地区义务教育实施小班政策,又教师服务满25年并年满50岁即可退休,终身支领月退休金等,近年来中国台湾地区并扩大社会福利项目及金额,凡此均加重其经费负担。

2.“中央”规定“地方”执行并负担经费,造成“地方”财政压力(“中央”请客,“地方”埋单)

例如,台湾地区“身心障碍者保护法”第38条规定,“地方”应对于身心障碍者提供各项生活福利津贴,其经费补助办法,由“中央”主管机关定之。该项法规要求“地方”应给予照顾补助,经费则由“地方”负担。④

又如,台湾地区“特殊境遇妇女扶助条例”规定,“地方”应给予特殊境遇妇女各项扶助给付,并赋予特殊境遇妇女享有广泛的法律上请求权。

再如,台湾地区“老人福利法”第17条规定:“中低收入老人未接受收容安置者,得申请发给生活津贴。前项中低收入标准、津贴发给标准及办法,由‘中央’主管机关定之。”“中央”主管机关“内政部”规定,中低收入户老人生活津贴所需经费,应由“中央”与“地方”按比例共同负担。

在“中央”“立法”增加支出的同时,却未同时规划“地方”相对财源,使台湾地区“财政收支划分法”第38条之1:“各级‘政府’、‘立法机关’制定或修正‘法律’或‘自治法

---

① 韦端、赵扬清、邱静玉、陈妍蒨:“财政收支划分法修正草案之评析”,载 http://www.npf.org.tw/post/2/3540,访问时间:2011年8月25日。

② 吴新福:“提高地方自主财源努力的方向”,载《财税研究》2010年第5期。

③ 韦端、赵扬清、邱静玉、陈妍蒨:“财政收支划分法修正草案之评析”,载 http://www.npf.org.tw/post/2/3540,访问时间:2011年8月25日;陈清秀:“地方制度法问题之探讨”,载我国台湾地区“行政法学会”主编:《公务员法与地方制度法》,我国台湾地区“行政法学会”2003年版。

④ 台湾地区“身心障碍者生活托育养护费用补助办法”第3条规定:本办法补助项目所需经费,“直辖市”及县(市)当局应逐年编列预算办理。财政确有困难者,应由“中央”补助。

规’，有减少收入者，应同时筹妥替代财源；须增加财政负担者，应事先筹妥经费或于立法时明文规定相对收入来源”之规定形同虚设。

3. 人事费用沉重，造成支出结构僵化

依据台湾地区“审计部”网站统计资料，2008 年度中国台湾地区各地人事费 4457 亿元新台币，自筹财源（不含统筹分配税款）3803 亿元新台币，占自筹财源比平均高达 117%，其中有 22 个县市人事费占自筹财源比重超过 100%（只有台北市、台中市及金门县未超过）。如加上“中央”给予之统筹分配税款 1962 亿元新台币，则人事费占自有财源平均仍高达 77%，其中仍有 16 个县、市人事费占自有财源比重超过 100%，由此显见“地方”自主财源无力负担自身人事费用，更遑论经济发展。[①] 而在 2011 年台湾地区扩充为五个“直辖市”后，因为“直辖市”组织编制规模扩大，公务人力增加，势必巨额提高人事经费。此举对于“地方”财政负担更是雪上加霜。

由于台湾民众对于“政府”职能要求日益提高，为因应人民需要，势必增加业务与人力，导致公务员工数量日益膨胀，人事费用提高，加上军公教员工过早退休支领月退休金以及 18% 优惠存款，[②]造成人事费用负担更为沉重。有关退休抚恤制度亟应全盘改革，才能减轻政府财政负担，但改革进度相当缓慢。

4. “地方”选举，政策买票

“县市长”选举，候选人经常浮滥开社福支票或建设支票讨好选民，导致当选后为兑现选举支票，而必须进行各项特别经费支出，造成支出膨胀。又部分“地方”之财政纪律不佳，违反台湾地区“预算法”规情节严重，又未进行成本效益分析即盲目投资建设，浮滥支出，浪费公帑[③]。

三、地方财税“法制”之改革方向

（一）“中央”与“地方”财政负担之划分原则

“中央”与“地方”财政负担原则，应采取“任务责任与支出负担链接原则”，[④]亦即

---

① 徐仁辉：“五都制下地方财政的未来”，载《财税研究》2010 年第 5 期。另参见宜兰县政府主计室：“宜兰县财政困难因应方式之经验”，载《主计月刊》2007 年第 10 期。亦将人事费大幅成长、退休抚恤费用大幅增加作为财政恶化原因之第一原因。

② 一般退休年龄原则上为 65 岁或更长，才能享有月退休金，但我国台湾地区以往平均退休年龄约 55 岁（任职满 25 年即得退休），支领月退休金，再转往民间机构服务，实质上支领双薪，其死亡后生存配偶等遗族仍得在一定条件下继续支领月退休金之半数（“公务人员退休法”第 18 条）。

③ 蔡吉源：“当前地方财政困难及其解决方向”，载《财税研究》2006 年第 3 期。

④ 《德国基本法》第 104 条 a 规定有所谓“任务责任与支出负担联结原则”，原则上，各级公法人任务的履行，应自己负担其所需财政经费支出，而禁止对于“他人的任务”支出所需财政经费。倘若联邦法律规定给与金钱给付，并由各邦执行者，则于该法律规定各邦负担四分之一以上之经费支出时，应取得代表各邦之联邦参议院之同意（同条第 3 项第 3 句）。（Michael Sachs, *Grundgesetz kommentar*, 2. Aufl. , 1999, Art. 104a, Rn. 12.）

“谁的任务,谁负担经费”,“谁请客,谁埋单”(wer bestellt, bezahlt)。[①] 换言之,应落实台湾地区“财政收支划分法”第37条的规定,由“中央”“立法”并执行的事务,原则上属于“中央”任务事项,不应要求“地方”负担经费。[②] 由“地方”自治团体“立法”并执行之自治事项,则应由其自行负担经费。

至于“中央”“立法”交由“地方”执行的事务,其性质上属于“中央”委办事项者,亦即委托“地方”办理的事项,应由“中央”负担经费。其性质上属于“法定义务办理的自治事项”者,亦即“中央”“法律”统一规定由“地方”执行之“法定”自治事项,由“地方”负担经费,但“中央”应为“地方”筹措相对应之财源,以满足“地方”基本的财政需要。例如,经由统一开征地方税、税收分享等手段为地方筹措财源,如有不足,再经由统筹分配税之分配或补助款之补助,筹措财源。

故“中央”在统一“立法”要求各地办理的“法定”“地方”自治事务(义务办理事项)时,为确保“地方”自治与“地方”财政权(“台湾当局”有义务使各“地方”团体满足其财政上需要),同时应有“填补相关费用之规定”(负有同时筹措财源的义务)。[③] 以避免各“地方”自治团体因为“法定”义务性任务的过重负担,致伤害或无法有效执行其自己的自治行政任务。[④]

故“中央”“立法”办理的事项,原则上其所需经费,应由“中央”负担,才符合“中央”与“地方”的财政支出分配原则。上述社会福利事项,牵涉全体台湾居民的财富重分配,多由“中央”统一“立法”,策划办理的事项,似应由“中央”统一负担。

(二)涉及共同任务事项或法定义务办理事项时,“中央”与“地方”协商机制之建构

“释字第550号解释”理由书谓:“‘法律’之实施须由地方负担经费者,即如本案所涉‘全民健康保险法’第二十七条第一款第一、二目及第二、三、五款关于保险费补助比例之规定,于制定过程中应予‘地方政府’充分之参与,俾利维系地方自治团体自我负责之机制。行政主管机关草拟此类法律,应与‘地方政府’协商,并视对其财政影响程度,赋予适当之参与地位,以避免有片面决策可能造成之不合理情形,且应就法案实施所需财源,于事前妥为规划,自应遵守‘财政收支划分法’第三十八条之一之规定。‘立法机关’于修订相关‘法律’时,应予‘地方政府’人员列席此类‘立法’程序表示意见之机会。”

---

① 李建良:“论中央与地方之权限划分与财政负担——以全民健保费补助款之负担为例”,“中央研究院”社科所举办“地方自治与财政自主学术研讨会”会议论文,第12页以下,2002年5月31日。

② 例如,全民健保的保费补助,即属于“中央”统一立法并统一执行的事项,就不应要求地方负担补助。但如果要求地方负担费用,则“中央”应同时为地方筹措所需财源。“大法官解释释字第550号解释”便已经指出此点筹措财源的义务。

③ 德国各邦宪法概均有类似筹措财源规定。参见陈清秀:“谁来负担健保费?——从台北市健保费释宪案谈起”,载台北市政府法规会编:《全民健保释宪案及里长延选释宪案纪录汇编》,台北市政府“法规”委员会2003年版。

④ Rolf Stober, Kommunalrecht in der Bundesrepublik Deutschland, 3. Aufl., 1996, S. 318f.

故将来“中央”在研拟涉及“地方”之税收权益与支出经费负担之法案决策时，应有“地方”参与，“地方”参与决策之机制应该法制化。例如，在“地方制度法”中应予以明定“地方”的参与权限与参与方式。

（三）台湾地区“财政收支划分法”之修正方向（修正草案之重点）

台湾地区“财政收支划分法”对于“地方”税收保障不足，有待检讨配合“地方”业务支出，对应给予合理适当之税收来源。也就是说，有关“地方”财政收入之分配财源，应足以确保各地方基本的财政需要，并满足“地方”依据“中央法规”等应支出之特别负担。又有关统筹分配税之分配，应足以确保各地统一的基本的行政服务水平，以维持公民具有人性尊严的生活水平。

2011年5月24日台湾地区“行政院”会通过送请“立法院”审议之新版“财政收支划分法”草案，[①]本次修正系秉持“钱权同时下放”、“‘直辖市’及县（市）财源只增不减”、“划一‘直辖市’与县（市）分配基础”、“公式入法取代比例入法”、“强化财政努力诱因机制”、“落实财政纪律”等原则，其重点如下：

1. 统一“地方”税收

将“直辖市”、县（市）税课收入划分采一致基础，且划一“直辖市”及县（市）税课收入分成之基础：（1）遗产及赠与税由目前“直辖市”分得50%、市及乡（镇、市）分得80%，修正为“直辖市”、市及乡（镇、市）均分得60%（修正条文第8条第3项）。（2）土地增值税目前在县（市）征起收入之20%应缴由“中央”统筹分配县（市）部分，改为全归“地方”（修正条文第9条第2项）。

2. 扩大“中央”统筹分配税款规模

扩大“中央”统筹分配税款规模，其来源包括：（1）所得税总收入6%（修正条文第8条第2项）。（2）营业税总收入减除1.5%稽征经费及依“法”提拔之统一发票给奖奖金后之全部收入，作为“中央”统筹分配税款之财源（修正条文第8条第4项）。（3）烟酒税在“直辖市”及各县（市）征起收入减除1%作为稽征及查缉经费后之19%，应按人口比例分配“直辖市”及各县（市）；在福建省金门及连江二县征起收入减除1%作为稽征及查缉经费后之80%分配各该县，其余收入全部由“中央”统筹分配“直辖市”及县（市）（修正条文第8条第5项）。

3. “中央”统筹分配税款分配以公式入法

修正条文第10条至第13条规定：（1）“中央”统筹分配税款，以总额96%列为普通统筹分配税款：首先，“中央”统筹分配税款总额90%，按公式分配，其中85%满足各“地方”自治团体之基准财政需要。其余15%按照各地方“政府”之财政努力及绩效分配。其次，“中央”统筹分配税款总额6%，专款作为保障财源，以弥补因为本次修正分配方式

① 有关统筹分配税问题探讨，参见廖钦福：“财政收支划分法的法律课题（四）：统筹分配税（上）（中）（下）”，载《税务旬刊》2008年第2037期、第2043期、第2058期。

所产生之财源收入损失。(2)“中央”统筹分配税款，应以总额其余4%列为特别统筹分配税款，应供为支应受分配直辖市及县(市)紧急及重大事项所需经费，由“行政院”依实际情形分配之。

表4有关本次修正草案，划归“国税”及其充为统筹分配税之情形，列表如下：

税目	“中央”	“地方”	直辖市或县(市)	乡镇
(1)所得税	94%	6%(统筹分配税)		
(2)遗产及赠与税	40%		60%(直辖市) 0(县) 60%(市)	60%
(3)关税	100%			
(4)营业税	1.5%(稽征费用及发票奖金)	98.5%(统筹分配税)		
(5)货物税	100%			
(6)烟酒税	1%(稽征费用)	台湾省99% ×19%(按人口比例分配) 福建省(金门及连江二县)99% ×80% 其余统筹分配税		
(7)证券交易税	100%			
(8)期货交易税	100%			
(9)矿区税	100%			

4. 基准财政能力衡量指标之法制化

有关基准财政需要，草案第12条第1项规定，系指下列各款之合计金额：(1)人事费：指正式编制人员人事费，包含本俸、加给、生活津贴、退休抚恤金及保险费，警政及消防外勤人员超勤加班费，民意代表支给费用及村里长费用。(2)行政费：基本办公费及警察服装费。(3)社会福利费用：指台湾居民年金、农民健保、老农津贴、中低收入老人生活津贴，私立学校教职员保险费补助，而应由受分配“地方”负担之社会福利支出；对于公立医疗院所之补助经费。(4)教育支出：高中职以上学校扣除人事费及基本办公费后之教育支出。基准财政收入额，指赋税收入扣除“中央”统筹分配税款及依“地方税法通则”征收之赋税收入后之数额。其中“法定”之“地方”税按90%计算。

本条“立法”理由特别指出：“本次修正，已划一‘直辖市’及县(市)税收划分基础。有关‘直辖市’与县(市)在经费负担及‘中央’补助比率上之差异项目，其中老年农民福利津贴、中低收入老人生活津贴、私立学校教职员保险费补助、高中职以上正式编制人员人事费、基本办公费、扣除人事费及基本办公费之教育支出、对于公立医疗院所之补助经费等均已纳入基准财政需要额内计算。此外，准用‘直辖市’规定之县及改制之‘直辖市’，其事权应与‘直辖市’一致，从而其基准财政需要额之计算，亦当与‘直辖市’采相同之处理，以资公平，并符权责及财源对应原则。至于低收入生活扶助、低收入户老人机构收容安置补助、荣民领取低收入老人生活津贴、身心障碍托育养护费补助、国中小身心障碍经常及设备费、身障学生及身障人士子女就学高中职减免学杂费、清寒学生餐费补助、学生健康检查、警察局兴建厅舍用地及整建工程经费、汰换警用车辆经费、消防抢救设备及器材、交通运输设备及水利、道路、环保等‘直辖市’经费负担项目，因本次修‘法’后，‘直辖市’已纳为一般性补助款分配对象，将于设算一般性补助款时，予以考虑。为激励‘地方’努力开辟财源，爰于第二项明定于计算基准财政收入额时，依‘地方税法通则’征收之财源不纳入计算，且属第九条第一项第一款至第六款所列各税（指‘法定’地方税目），按百分之九十计算。”

各“地方”自治团体就其所获配之“中央”统筹分配税款及县统筹分配税款，原则上应列为当年度税课收入（草案第15条）。

5.“中央”统筹分配税款分配乡（镇、市）部分，由县订定分配办法

过去“中央”直接分配统筹分配税款予乡（镇、市），现为尊重县之自治权限，明定改由县参酌乡（镇、市）基准财政收支差短、财政努力等因素研订透明化、公式化之方式，分配予乡（镇、市）；其分配规定，由县当局洽商乡（镇、市）“公所”后订定，报请台湾地区“财政部”备查（草案第13条）。

另外，为落实“只增不减”原则，亦明定各县应保障所辖各乡（镇、市）获配金额，不低于基准年期中所获配之统筹分配税等款项之平均水平，并维持由“财政部”按月平均直接拨付乡（镇、市）为原则（草案第16条）。

6. 补助制度法制化与透明化

新版草案将补助制度法制化，特别规定补助款种类，亦即“中央”为谋台湾地区之经济平衡发展，得编列下列内容：（1）一般性补助款；（2）计划型补助款，补助“直辖市”及县（市）；（3）对于“直辖市”及县（市）之重大或紧急事项，得编列经费给予补助（特别补助款）（草案第25条）。

同时，为办理上述补助事项，授权由台湾地区“行政院”就相关补助项目、补助比率、计划执行管考及其他相关事项等订定补助办法（草案第29条）。

（1）一般补助款。有关“一般性补助款”各年度总额，不得低于前一年度所得税总收入10%及货物税总收入10%之合计数。① 又一般性补助款之分配项目，应以补助其教育、社会福利及基本设施等项目所需经费为限（修正条文第26条）。

① 如按照此一基准计算，原本目前一般补助款规模为1311亿元新台币，将降低至876亿元新台币即符合规定。

(2)计划型补助款。计划型补助款，应由“中央”各主管机关依政策及业务需要，予以补助；其各年度总额，视“中央”整体财政收支状况决定之。有关“计划型补助款”范围，仍以跨越“直辖市”、县(市)或二以上县(市)、计划效益具长期性及整体性之计划项目、具有示范性作用之重大建设计划、配合“中央”重大政策或建设需由“地方”办理之事项为主(草案第27条)。“中央”各主管机关对“直辖市”及县(市)之计划型补助款，除特定教育补助部分，依教育经费编列与管理法规定办理外，其余均应按计划性质，订定明确、客观、透明化之审核基准与处理原则及管考规定，以确保补助款之透明化(草案第27条第4项)。

在上述补助款制度法制化后，其符合补助要件者，依本规定似即应给予补助，因此，依其情形，得承认“地方”自治团体享有公法上补助请求权，如“中央”无故拒绝给予补助者，其请求权人应得提起课予义务诉讼，请求“中央”主管机关应作成核准补助之处分。

7. 奖惩与绩效考核

台湾地区“财政收支划分法”草案特别新增有关对于地方政府之奖惩规定：“‘地方政府’未依‘中央’所订定之预算筹编原则办理或有依法得征收之财源而不征收时，其上级‘政府’应视实际情形酌予减列或减拨补助款；对于努力开辟财源具有绩效者，其上级‘政府’得酌增补助款”(草案第35条第2项)。

又各级“地方”未依规定负担应负担之自治事项经费时，其上级得暂停拨付其“中央”统筹分配税款、县统筹分配税款、补助款，或以其当年度或以后年度所获分配之“中央”统筹分配税款、县统筹分配税款或补助款扣减抵充之；必要时，并得扣减其补助款(草案第37条第5项)。

“中央”为办理上述奖惩规定所规定之事项，得进行绩效考核，亦即就“直辖市”及县(市)施政计划执行效能、年度预算编制或执行情形及相关开源节流绩效等，由台湾地区“行政院”订定办法进行考核，并得依考核结果增加或减少各该“直辖市”或县(市)依本规定所获分配之一般性补助款(草案第30条)。

8. 影响评估与检讨

此次“修法”，估计“地方”每年所分得之统筹分配税款与一般补助款，合计一年约增加982亿元新台币以上(需视一般补助款额度高低而定)，其中5个“直辖市”一年约增加600亿元新台币，其他县市约增加400余亿元新台币，但因“直辖市”需负担“中央”业务移转支出，如高中职，以及组织编制扩大与公务员职等调高所带来之支出，因此，学者分析认为“直辖市”所增加收入，恐无法支应所增加之支出，将来势需依赖扩大举债。①

对于上述修正草案之构想，也有提出建议应当发挥“‘中央’统筹分配税款咨询会议”功效，每三年检讨一次“‘中央’统筹分配税款”之分配方式，且将“‘中央’统筹分配税款咨询会议”结果作为检讨之依据，以求制度运作更为顺畅。此外，学者专家应会同台湾

---

① 徐仁辉：“五都制下地方财政的未来”，载《财税研究》2010年第5期。

当局建立透明完整的地方财政数据库,而“地方”则可随时检视数据的合理性与正确性,以建构未来更公平合理之分配公式。同时,“地方”基本财政需求应当标准化,为防范“地方”高估支出、低列收入之“道德危险”发生,应订定出各地方最适支出规模,由公正、客观的机构或委员会依此定期估算具标准化的基本财政需求,并给予完全的填补,以符合统筹税款之目的,并酌予调整财政能力与财政努力所占权数。①

又统筹分配税款与一般补助款之功能用途类似,均在于弥补基准财政需要之短差,长期而言,应可予以整并。②

本次台湾地区“财政收支划分法”修正草案,主要目标将统筹分配税之功能定位改为统一满足各地之基准财政需要,占“中央”统筹分配税款总额76.5%,按公式分配,其中85%满足各“地方”自治团体之基财政需要。此与以往同时扮演税收分享功能有别,对于因为税收分享而可获得较多补助款者,可能带来税收损失,因此,本规定另以“中央”统筹分配税款总额6%,专款作为保障财源,以弥补因为本次修正分配方式所产生之财源收入损失。此固然是妥协于现状之做法,但“中央”与“地方”税收分配,如完全不考虑较富有之“直辖市”及县市之可分享之财税收入,而完全以均衡各“地方”自治团体之财政能力为考虑,似又过于重视形式上统一公平。

此外,修正草案按照各地之财政努力及绩效分配,占“中央”统筹分配税款总额13.5%,固然有某种经济诱因,鼓励“地方”提高财务效能,并积极开发财源。但此部分缺乏客观标准,容易流于恣意裁量。其实有关“地方”之财政努力,在其他国家或地区,财政收入的衡量,多采用上述代表性的税捐体系,亦即使用主要税目的税基以及标准的(台湾地区平均的)税率的数据。在标准的征税努力之下,“地方”对于所有标准的税基课税所能征起的税收,作为衡量该地的财政能力的依据。如以公式表达,其计算公式如下:

该“地方”团体的财政收入能力=(各个“地方”税目的税基×各该税目的标准税率)之各项应有“地方”税收入之合计额

其中,标准税率是指“法定”的标准税率或台湾地区平均有效税率,而不是该“地方”团体自己的有效税率,以确保努力征税的“地方”团体不致遭受惩罚,而怠于征税的地方团体并未获得鼓励。换言之,倘若该“地方”团体的有效税率高于台湾地区平均税率,其可获得的补助款并不因此减少;反之,倘若该“地方”团体的有效税率低于台湾地区平均税率,则其可获得的补助款并不因此增加。因此,衡量一个“地方”团体的财政收入能力,并非以该地的实际税收数据数据为准,否则如以该地的实际岁入为准时,则各地势将均

---

① 韦端、赵扬清、邱静玉、陈妍蒨:“财政收支划分法修正草案之评析”,载 http://www.npf.org.tw/post/2/3540,访问时间:2011 年 8 月 25 日。本次修正草案与上次修正草案(未经台湾地区“立法院”审议通过)内容大致相同,故韦端等对于上次修正草案之建议,应仍可适用于本次修正草案之建议。

② 黄耀辉、罗时万:“我国财政移转制度之探讨与改革”,载《财税研究》2008 年第 1 期。

怠于努力征税,以减少其税收,而仰赖上级的补助。①

此外,对于"地方"自治团体之基准财政收入,应以确保"地方"团体发挥其地方自治功能,提供台湾地区大致统一的"基本的行政服务水平"所需经费项目,为其决定标准。而"地方"提供基准的行政服务所需经费项目,概有下述种类的经费项目,可作为衡量"地方"基准的财政需要的范围:(1)警察及消防。(2)交通建设。(3)教育(国民义务教育及高中职)。(4)卫生及社会福利。(5)产业经济行政。(6)环境保护。(7)其他行政服务。

本草案对于基准的财政需要,似未能完全反映上述需求,又"直辖市"功能与县市功能定位不同,其基准财政需要也有差异,本草案未能类型化区别规定,而混合一起规定,难免顾此失彼(在"直辖市"可能为基准需求项目,而在其他县、市,则可能变成额外需求项目),无法妥善处理。

(四)扩大地方税收

1. 地方税法制之改革

(1)财产税率宜适度提高

为健全地方财政,在地方税法制上仍有可以努力的空间,例如,地价税及房屋税等财产税的税捐负担仍然偏低,导致持有大量不动产者,其税负仍然甚轻,无法抑制近年来台湾地区不动产投机炒作现象,因此,"地方"财产税率应有适当调整提高之必要。②

(2)土地增值税应改采实价课税

有关土地增值税为地方重要财政收入,其税目性质上属于土地交易所得性质,依据量能课税与实质课税原则,理应以"实际交易所得"作为课税基础,但现行台湾地区"土地税法"第31条及"平均地权条例"第38条却采取按照当局规定之"公告现值"作为课税基础,原则上以前后两次移转之公告现值差额减除土地改良费用后,作为涨价金额之课税所得课税,并非以实际交易所得课税,采取"形式表面课税"模式;且因公告现值每年调整一次,如在当年度移转买卖,纵然获得高额交易所得,因为公告现值尚未调整,而无课税所得,实质上给予免税,导致土地增值税涨价归公的原始目的落空。③ 凡此均导致地方税收流失甚多,且无法落实量能课税、平均社会财富之目标,也助长土地投机炒作之现象。

2. 地方税课税基础之评价标准应全国一致

对于地方税之课税基础之土地公告现值与公告地价,应与市场上一般实际交易价格

---

① 陈清秀:"中央对于地方财政调整制度之探讨",载《法制与现代行政法学:法治斌教授纪念论文集》,台湾元照出版公司2004年版。

② 同说参见徐仁辉:"五都制下地方财政的未来",载《财税研究》2010年第5期;吴新福:"提高地方自主财源努力的方向",载《财税研究》2010年第5期。

③ 同说参见范锦明、高秋真:"从比较经济制度的角度,探讨两岸地方税制差异之研究",载《财税研究》2006年第5期。

维持一定比例关系，目前各地方政府做法不一，应有赖“中央”统一规定最低基准，以维持税捐负担公平，并确保税收。又房屋税课税基础之房屋评定价格也有偏低现象，不仅有违量能课税原则，也导致投资买卖房屋者持有大量房屋之税捐负担轻微，无法抑制不动产之炒作，也有检讨调整空间。

（五）台湾地区“预算法”之管制密度问题

由于台湾地区“预算法”规定管制各项经费之管理使用，密度相当高，缺乏弹性，难免有时无法因应实际业务需要，因此，为使预算使用弹性化，以大学自治为例，针对公立大学自筹财源部分，有相当弹性的自主使用空间，不受台湾地区“预算法”限制，但应由各校自行订定收支管理办法，并受台湾地区“教育部”之监督（“‘国立’大学校院校务基金设置条例”第10条但书）。①

又为使行政业务经费使用自主弹性化，对于预算法规进行松绑，台湾地区“行政法人法”（2011年4月27日制定公布全文）第18条规定：“行政法人应订定发展目标及计划，报请监督机关核定。行政法人应订定年度营运（业务）计划及其预算，提经董（理）事会通过后，报请监督机关备查。”其预算使用不受立法机关之监督，也不受台湾地区“预算法”规定之拘束。研议中之“‘国立’大学法人法”草案第38条规定此类大学法人之收入，由大学自行管理及收支，前项收入之使用，不受台湾地区“预算法”、“会计法”、“决算法”、“审计法”之限制。但大学法人收入之支出，应以执行大学任务为目的（草案第39条）。

如参照上述做法，对于“地方”财政自主权而言，也应给予适度自至空间，而不宜严密地依据台湾地区“预算法”加以管制。尤其在“地方”自治团体自筹财源部分，更应有财务收支自主权。从而似应另行订定“地方财政法”或“地方预算法”，对于“地方”预算编制自主权加以适度考虑。过渡时期，对于“中央”所订颁“地方”预算编制原则宜回归原则性规定，给予“地方”部分自主空间。

四、结语

中国台湾地区“地方”财税法制化已经相当程度完备以及成熟，其特色为“中央”“集权与集钱”，甚至于有介入监督过度之虞，而给予“直辖市”及县市“地方”自治权限相当有限。② “地方”财政之困境问题，根源仍在于“中央”的作为，“中央”对于“地方”收支法制（包括“地方”税源及课税要件之决定，“地方”之“法定”义务办理事项之多寡等）及政策，主导“地方”财政收支之健全与否，因此，“解铃还须系铃人”，“中央”在“地方”财税法制建构上，仍有许多值得改善的地方。

---

① “‘国立’大学校院校务基金管理及监督办法”第7条第1项规定：“各校应依本‘条例’第十条但书规定订定捐赠收入、场地设备管理收入、推广教育收入、建教合作收入及投资取得收益之收支管理规定后，提报管理委员会审议通过后，报‘教育部’备查。”

② 由于乡镇自治能力相对不足，故有必要严格财政纪律之监督，但在县市尤其是直辖市之层级，其自治能力相对较强，似可给予较高度之自治空间。

为减轻“地方”财政负担，“地方”依据“中央法规”所义务办理台湾地区统一之社会福利事项业务以及台湾居民义务教育经费，宜改由“中央”承受其经费负担，以维持台湾地区统一之行政服务质量，或应全部纳入基准财政需要计算项目中，以为“中央”转移支付之对象。

地方财政权之保障

蔡茂寅*

国家以及地方自治团体作为保障并实现国民与居民人权的统治团体，其存在必要性之受肯定乃为既予之前提，唯此等团体从事活动时，应有取得必要之财源，并加以管理、营运以及支出之权，此等权限，即为财政权。地方财政提供地方自治团体遂行多种多样的政治、行政活动的物质基础，并进而决定其质与量，在此意义上，并具有决定居民人权水平的重要地位。① 鉴于此等地方财政的重要性，以地方预算为首，地方税、地方财产之处理均被列为地方立法机关的议决事项；地方决算并被列为地方立法机关的审议事项，以落实“财政民主主义”的要求。

一、地方财政权的内容与问题

地方自治权的内容，除了自治立法权、自治组织权、人事权之外，必须包含地方财政权的见解，在今日虽然已经受到普遍肯认，但是地方财政权的内容为何？则仍非自明之理。按如以地方财政权的保障作为一种政治上的主张或运动口号时，固然不必详究其内容，但若以之作为一种具有实质意义的法律上“权利”或是“权力”，则为了担保其实效性起见，即不能略去其具体内容而不论。再者，虽然从地方自治的各种本质理论（“承认说”除外），均可在不同程度导出保障地方财政权的结论，然而，此种议论因为地方财政权内容的不确定性，亦有流于抽象概念论的疑虑，因此益使得地方财政权的确立具有现实意义。

地方财政权的保障，从古典的意义而言，应以“财产之所有、管理以及向成员课征租税”的财政权力作用为主，②然在今日，除了“权力”的性质之外，更须加上地方对国家所存在的“权利”性质。换言之，所谓的地方财政权，乃是地方自治团体为筹措处理事务所必要的经费所行之获取财源并加以管理、支出的作用。地方财政权的内容具有相对性，

---

* 台湾大学法律学院教授。

① ［日］室井力、原野翘编：《新现代地方自治法入门》，法律文化社2000年版，第249页。

② ［日］美浓部达吉著：《日本行政法上卷》，有斐阁1940年版，第572页。唯此种见解尚包含组织上的权力在内。

可分为与国家之关系，以及自治团体内之关系两方面说明，此种分析虽非完全无缺，但亦具有一定参考价值，以下即依此架构简述地方财政权的内容。

（一）地方财政权与国家的关系

从地方与中央间的关系来看地方财政权，则可发现在“团体自治”的层面，包含两种反方向作用的内容——财政自主权与财源保障请求权。此两种“权利”因为在内容上互相排斥，所以在某种程度必须相互牺牲以求调和。以下分别简述之：

1. 财政自主权

地方自治团体就其财政事项拥有不受国家干涉、侵害的权限，谓之财政自主权，此种权利在性质上乃是自由权的一种，其内容包括财政计划权（即预算权）、财政收入权、支出权与财政营运管理权。换言之，地方自治团体得自行编制、审议、执行预算并审议决算，得自行获取收入、决定支出，并得自主管理其财产、现金并兴办事业。

2. 财源保障请求权

地方自治团体的财政自主权一方面虽然意味着可以免除来自国家的干涉、侵害，但在另一方面也意味着地方自治团体必须自负其责，如因自然条件之差异或政治经济、社会背景发展不同而产生落差时，应自行承受其后果。然而，无论如何强调财政自主性，从地方自治实施的现状来看，地方自治团体获取自主性财政收入的能力实则存有界限，因之一般而言，地方自治团体的财政能力普遍偏低，并且其相互间的落差亦属不可避免。换言之，即令税源重新划分以强化自主财源，入不敷出的地方自治团体仍将存在，此与“个人自己责任”原则下仍有穷困者，因此仍须社会救助、社会福利制度一般，对于单凭自主财源仍然无法满足最低财政需要的自治体，即有要求国家保障其相应财源之必要。唯此种财源保障请求权虽有类自然人所拥有的生存权，因此具有受益权的性质，因为行政水平并非确立不移之概念，因之随着社会经济情势的变动，所需确保的财源，亦属相对而非绝对。应该获得确保的财源水平，则须衡量各地方自治团体间及自治团体与国家间之均衡关系相对定之。于此，在行政水平的平等与负担平等两种基准之间，虽允许存有一定程度的落差，但极端悬殊的落差则可能导致违反宪法上平等保护的原则。

（二）地方财政权对居民之关系

地方自治团体对内与居民之间的关系，自财政权的观点言之，有作用法上的课税权以及组织法上的事业经营权二者，此二者在性质上与前述的权利不同，乃属基于统治权而来的“权力”。按地方自治团体为确保其活动所需的财源，最直接、确实的方法无非是课税权的行使，这是因为公营事业的盈余或捐赠收入等财政高权以外的收入手段通常无法担保财源稳定性。课税权的内容可分为租税立法权、征收权及收益权三种，最理想的状态当然是兼有三者。在延宕多年之后，中国台湾地区终于制定“地方税法通则”，是故台湾地区“地方”自治团体的课税权今后应该能获得某种程度的保障。唯自主课税权的行使虽为保障地方财政权乃至地方自治权所必需，但是，无可避免地将会增加地方居民的负担，若程度过高，反而有违人权保障的基本要求，值得特为留意，此时国家法就税源以及居民负担仍被期待具有调整的机能。除此之外，地方自治团体尚得征收租税以外的种种收入，如规费、清洁费、工程收益费等即是，但若此等收入属于强制性收入，则有法律保留原则的适用，自不待言。

再者，地方自治团体为照顾其居民，并获取收入，传统上亦常居于事业经营主体的地位，开办并经营事业，尤其公用事业的独占经营更属常见。① 此等事业经营权对外而言属于财政自主权之一环，得自主决定而不受国家之指挥监督；对内而言虽然通常较具有组织法上的性质，因之具有内部法的特色，但由于独占公用事业的经营系以公营为原则，因此其经营仍不能否认具有权力色彩。

以下将地方财政权之内容简要图示如下：

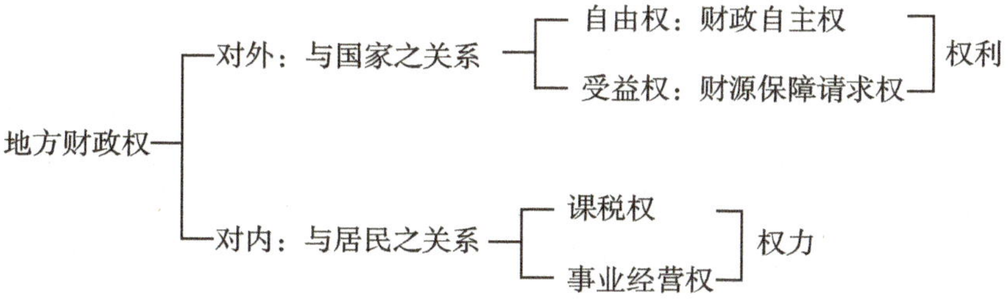

图1

（三）中国台湾地区地方财政的问题

中国台湾地区地方财政存在诸多问题，依学者见解，可集约成两大问题点：②

1. 垂直之不均

因“地方”税源固定，不但“地方”税收与“中央”税收不能比拟，其自有财源发展弹性亦低于“中央”，以致无法支应日趋膨胀之公共支出，故有赖于“中央”之“补助款”③与“公债”发行。④

2. 水平之不均

各“地方”自治团体自然条件不同、经济情况互异、税课丰吝悬殊，严重者部分县纵将

① 中国台湾地区“宪法”第144条规定，“公用事业及其他有独占性之企业，以公营为原则，其经‘法律’许可者，得由‘国民’经营之”；“财政收支划分法”第20条则规定，“各级‘政府’经‘法律’许可，得经营独占公用事业，并得依‘法’征收特许费，准许私人经营”，“‘地方政府’所经营独占公用事业之供给，以该管区域为限；但经邻近‘地方政府’之同意，得为扩充其供给区域之约定”。据此，可知至少就公用事业之经营而言，乃是具有权力性。

② 以下叙述参照葛克昌：“地方财政法基本课题”，载《月旦法学杂志》1995年第1期。

③ 补助款或补助金原为补救“垂直不均衡”之方法，但对于“水平不均衡”问题，亦有解消的作用。有关补助金之问题，可参照拙著：“政府间补助金的法律问题”，载《全国律师》1997年第3期。

④ 唯此种情况，近年来随着台湾地区“财政收支划分法”（以下简称“财划法”）、“统筹分配税款分配办法”的修正，业已有相当程度的改善。

境内全部“国税”、“省税”、县税拨供使用，亦不敷预算支出之需，有赖以“统筹分配款”，[①]调剂县市间财政盈虚，均衡各地发展。例如，云林、台东、澎湖、南投等县，其补助收入依存度均超过50%。即使将这些县、市之所有收入（含“国税”）皆划归该县、市亦不足以支应其人事及教育经费。

综合上述，可以得到的结论是：中国台湾地区的地方财政是“既患寡又患不均”。[②]

二、财政权限之划分——兼论中国台湾地区“财政收支划分法”修正草案

财政为庶政之母，国家与地方自治团体就此，仍如同立法权一般，各自划分其权限，目前台湾地区有关一般性的财政权划分之“准据法”，厥为台湾地区“财划法”。以下说明该规定，并就其修正草案略述之。

（一）财政收支划分制度的理念

所谓财政收支划分，指的是各级政府（正确而言，应该是指具有统治团体性质的公法人）在财政上分别就其收入划分财源，以及就其支出划分经费负担的制度。此种制度，如不考虑地方自治的因素，而仅为会计技术上之区分，自不妨出之以行政内部作业的方式；但因台湾地区的财政收支划分系以“地方”自治的保障为前提，涉及各级公法人财政能力的差异，尤其严重关系“地方”财政权的保障，故必须以明文规定予以保障，（以下简称“财划法”）即为其主要之依据。[③]

财政收支划分顾名思义，必须在财政收入与支出两方面充分妥为考虑，在收入面上，保障各级政府有其自有财源，并维持其适当程度的财政自主性；在支出面上，保障各级政府在法定支出之外，尚有能力追求政策目标，或有弹性足以抑制支出，缩减财政规模。除此之外，固定性的收支划分之结果，往往造成中央与地方之间垂直的财政不均衡，以及地方相互之间水平的财政不均衡，而有必要以财政调整制度调节之。依“财划法”之规定，台湾地区目前的财政调整制度有统筹分配税款以及补助款两种。[④]

唯财政收支划分制度既以地方自治的保障为前提，则实际决定如何划分时，即与中央与地方权限之划分问题存有不可分割之关系。质言之，地方自治团体乃至国家的存在，自人民的观点言之，均只不过是一种手段，其目的在保障基本人权，增进人民之福祉，

---

① 关于统筹分配款，中国台湾地区“司法院”大法官将“宪法”第147条之“补助”扩张解释为包括“统筹分配税”，而认为“统筹分配税”合乎“宪法”精神。“释字第234号解释”谓：“国税与省税、县税之划分，依‘宪法’第107条第7款规定，由中央立法并执行之。‘财政收支划分法’第12条第2项及第3项就有关营业税与印花税统筹分配之规定，符合‘宪法’第147条谋求地方经济平衡发展之意旨，与宪法并无抵触。”

② 徐仁辉：“省虚级化后的财政收支划分”，载《国家政策双周刊》1997年9月30日版。有关我国地方财政收支状况之说明，另可参照黄细清：“当前地方财源收入问题及改善之探讨”，载《财税研究》1997年第6期。

③ 除此之外，尚有中国台湾地区“地方制度法”、“地方税法通则”、“规费法”甚至“公共债务法”等亦均具有此种性质，而得为保障地方财政权之依据。

④ 依“财划法”第33条之规定，财政调整制度尚有“协助金”，唯实际上因为地方自治团体之财政情况普遍未如理想，故不收取之。

而为达此目的，除组织之设立外，另须赋予其权限。此外，各级政府因为行使权限，必然伴随有经费的支出，而为供应支出之需，即有必要获取收入。职是之故，就财政划分的课题而言，虽然中国台湾地区在实际上，各级“政府”所最关注者乃是财政收入之划分，关心财政支出划分已属相当晚近的事，至于“中央”与“地方”间之权限划分，除了个案性之争议外，向来并未被当成重大课题处理，于此亦反证了台湾地区“地方”自治法学的后进性。

实则如前所述，“收入乃为支出之目的而存在”，而支出又为权限行使的当然结果，在法定权限之行使关系各级统治团体之存在必要性的前提下，至少在理论上，吾人可以肯认权限划分乃是支出划分的先决条件，而在支出划分明确之后，依各级政府“量出为入”的结果，再据以决定收入划分。换言之，只有先划分权限后，才能划分支出；只有划分支出之后，才能据以划分收入。① 也就是说，只有决定该做多少事后，才能知道该花多少钱；只有知道该花多少钱之后，才能决定该分多少钱。此在逻辑上应无疑议，但在实际设计制度时，似未被遵行。

在实际设计财政收支划分制度之前，必须先探讨合理的划分基准何在的问题；然而，在决定划分基准之前，其实更应先决定收支划分后的理想图像为何的问题。因为只有在决定地方的财政自主程度之后，才能依次决定收入应如何划分，自主财源应如何保障，以及财政调整制度应如何设计的问题。如果吾人决定地方自治的自主性，从而地方财政的自主性应受到完全的保障，则不但地方自主财源的保障率应该尽可能提高，相应的财政调整制度之设计亦将受到来自实现一定结果的限制，而失去其弹性。就此而论，由于地方自治的保障甚难达到使地方完全自主的程度，中央势须保留一定程度的政策诱导性，从而亦无完全保障地方财政自主性的可能。于是，何种程度的财政自主性方属适当？乃成为财政收支划分制度所面临之最大的先决难题。

（二）“财划法”简介及检讨

“财划法”系依台湾地区“宪法”第十章及第十三章“中央”与“地方”均权之精神制定，为台湾地区各级“政府”财政收支划分、调剂及分类之准则。

1.“财划法”之简介

“财划法”制定、公布于1951年，最近的一次修正则在1999年，可说伴随台湾地区“地方”自治的发展而来。共分3章，除于第一章总纲规定台湾地区财政收支划分系统分为“中央”、“直辖市”、县（市）及乡（镇、市）四级制等事项之外，分别于第二章规定“收入”，第三章规定“支出”，并有附表一“收入分类表”及附表二“支出分类表”，构成台湾地区财政收支划分制度最主要的法规基础。②

---

① 拙著：“财政作用之权力性与公共性——兼论建立财政法学的必要性”，载《台大法学论丛》1996年第4期。

② 除了“财划法”之外，重要的相关财政收支划分“法”规尚有：台湾地区“中央统筹分配税款分配办法”、“中央统筹分配税款平衡省市预算基金收支保管及运用办法”、“中央对直辖市及县（市）政府补助办法”等，性质上均属“行政命令”。

"财划法"在支出面之规范,仅有第三章7条条文,原则性地规定各级"政府"支出之划分,虽该法附表二对各级"政府"支出类别有详细列举,但性质上属共通性支出科目之规定。至于就收入之划分,则有较详尽规定,计20余条条文,并分为10节,分别就税课收入、独占及专卖收入、工程受益费收入、罚款及赔偿收入、规费收入、信托管理收入、财产收入、营业盈余捐献赠与及其他收入、补助及协助收入、公债及借款设有规定,显见其为各级"政府"财政收支划分的眼目所在。

"财划法"所定的财政收入中,除税课收入外,其余9项亦为各级"政府"共同性收入科目,由各级"政府"依其职权获取该收入,而不再就源头另作划分;各项收入中,除公债及借款属"非实质性收入"外,其余属"实质收入";另财产收入可能属"临时性收入",其余项目则较具有"经常收入"之性质;至于补助及协助收入,与税课收入中的统筹分配税款一样,均属财政调整制度之一环,具有调剂地方财政盈虚的功能。

各项财政收入中,不论在理论上或实际上,均以税课收入最为重要,就此之财政划分,"财划法"兼采"税源分立"与"税收分成"的方式。

首先,于第6条将税课划分为"国税"、"直辖市"及县(市)税(后两者即通称之"地方"税),其内容分别为:

(1)"国税":包括所得税、遗产及赠与税、关税、营业税、货物税、烟酒税、证券交易税、期货交易税、矿区税(第8条)。

(2)"直辖市"及县(市)税:包括土地税(又分地价税、田赋、土地增值税)、房屋税、使用牌照税、契税、印花税、娱乐税、特别税课(第12条)。

其次,不论"国税"或"地方"税均有分成之规定,其方法不外是将"国税"收入之一定比率分给征起地之地方自治团体(第8条第2项至第4项参照),或是将县税收入之一定成数分给乡(镇、市)(第12条第2项至第5项)。至于乡(镇、市),虽为财政收支划分系统之一环,但在税源分立上并无乡(镇、市)税之税目,唯因仍有税收分成之收入(如第12条第2项至第5项),故于"财划法"附表1收入分类表之戊"乡(镇、市)收入"中,仍列有税课收入。

2."财划法"之检讨

现行"财划法"虽然相较于历年的"规定"已经大有进步,但是财政收支划分乃是牵涉中国台湾地区整体资源分配的根本制度,复与地方财政权乃至地方自治权的保障息息相关,自然引起各界高度的关注。然而,即令纯从形式上言之,"财划法"在体例上过分重视收入划分、轻视支出划分的立法形式,固然如实反映了中国台湾地区"抢钱第一"的庸俗、现实性格,实则也违背本文前述:权限划分→支出划分→收入划分的逻辑推理,在理论上尚非毫无缺陷。

再者,前已言之,如果吾人对地方财政自主性的保障已先有一理想图像存在心中,则自能透过收支的固定划分方式,先予地方一定程度的保障,再经由财政调整制度之操作,以获致一定之结果。无如就此而论,不但在理论上地方财政自主性之保障到何种程度方属适当的问题，因其恒受其他国家或地区政治、经济、社会背景乃至历史因素的影响，因而难有定论；而且在实务面上，以人为方式造成各地方自治团体财政能力在结果上的齐头式平等，往往反而有不平等的嫌疑，甚至违逆地方自治在前提上允许地方各有等差，得因地制宜的性质。然而，即令如此，“财划法”施行的结果，竟然使“地方”自治团体相互之间财政能力的高低差逾数倍，纵使经过财政调整之后，各“地方”自治团体之间的财政能力还是不成比例，如此结果就可能有违反台湾地区“宪法”平等保护乃至“地方”自治保障意旨之嫌疑。

除此之外，“财划法”尚有以下数点，应予检讨：

第一，就“税源分立”制度而言，理论上为避免台湾居民借由迁徙方式规避税捐，因此属人性较高之租税应该归为“国税”，属物性较高之财产税则可列为“地方”税，“财划法”亦大致循此法则建制，因此应属可资赞同。唯税源分立时，就“地方”税虽不再往下区分“直辖市”税与县（市）税之税目，但在“税收分成”（即所谓之“共分税”）时，“直辖市”与县（市）之地位则稍有等差（第8条第3项、第4项参照）。

第二，最大之问题出现在，各“地方”自治团体接受统筹分配税款的“法律”地位差距太大。按统筹分配税款既为财政调整制度之一环，为求其执行客观公正起见，自以依公式计算并分配之方式为佳，而“财划法”虽维持此原则，却将普通统筹分配税款之受分配团体区分为“直辖市”、县（市）及乡（镇、市）三大集团，先就此三大集团进行第一轮分配后，再于各集团内进行第二轮分配。如此一来，不免使地方自治团体之间［尤其在“直辖市”与县（市）之间］受分配的地位，有了层级差异，因而引发批判声浪。① 此种情况在“五都”制实施之后，亦难谓有根本改善。

第三，财政调整制度之内涵不外是财政“垂直不均衡”的调整以及“水平不均衡”的调整两种，纯就理论上言之，前者的因应之道为“政府”间的补助款，后者的因应之道则为统筹分配税款，唯实际制度设计上则并非完全如此。例如，以统筹分配税款而论，由于其财源几乎全来自“国”税收入，故具有浓厚的解消垂直不均衡的功能；但“统筹分配”者，顾名思义即是将“地方”自治团体之财政收入的一部分由“中央”统筹之后，再予分配之意，因此受分配者具有“法律”上请求权人之地位，就好比将各家的鸡蛋收取于一篮之后，再由一公正者统一分配，以调节各家间等差之意，如果一开始即由该公正第三者将其自家之鸡蛋分配予各家庭，则无统筹于一篮之必要。再就补助款而论，②除为调整垂直财政

① 例如，依台湾地区“中央统筹分配税款分配办法”第7条之规定：“普通统筹分配税款分配各级‘地方政府’之金额，应依下列方式计算：

一、第三条第一款之款项，以总额之百分之六十一分配‘直辖市’、百分之二十四分配县（市）、百分之九分配乡（镇、市）。

二、第三条第二款之款项，全部分配县（市）。

准用‘直辖市’之县参与‘直辖市’分配。”

② 有关此一课题，可参照拙著：“政府间补助的法律问题”，载《全国律师》1997年第3期。

不均衡的重要手段之外,亦具有浓厚的政策诱导机能,以防免在重要全局性的施政项目上地方各自为政,与“中央”步调不一,转而不利居民之权益,因此受分配者的“法律”地位较低。就此,“财划法”第30条有关计划型补助之规定,可谓符合此种功能要求,但除此之外另有纯为弥补地方财政短差之“一般型补助”,其功能与统筹分配税款难以区隔,而有检讨改进之必要。

第四,欲提高地方财政自主性,正本清源之方法,除合理的收支划分制度(含财政调整制度)之外,其实更应赋予地方有效的开源手段,“地方”税可谓最为符合此一要求的财政工具。按中国台湾地区的地方税,依“财划法”第7条之规定,“‘直辖市’、县(市)及乡(镇、市)‘立法’课征税捐,以本‘法’有明文规定者为限,并应依‘地方’税法通则之规定”,由于台湾地区“地方税法通则”业已于2002年年底公布施行,因此“地方”自治团体除依“财划法”与各该税法规定,开征“国定地方税”之外,依其自治条例开征的“地方自定地方税”亦日益普及,地方财政问题可谓因此面临新局。唯“地方”自定之地方税虽然在理论上极为重要,但因为实际开征的政治效应太大,复须考虑居民是否负担过重的问题,因此实际上其重要性似仍不如预期。

(三)“财划法”修正草案之检讨

“财划法”于1999年修正以来,“中央”与“地方”之财政情势已有所改变。为响应“地方”提高其财政自主程度之要求,台湾地区“行政院”2008年拟具“财划法”修正草案,揭橥“贯彻权力下放”、“提升地方财政自主”、“建构完善财政调整制度”三个政策目标,以及“钱权同时下放”、“‘地方’实质财源增加”、“‘直辖市’及县(市)财源只增不减”、“公式入法取代比例入法”四个修订前提。

为因应“五都”新制之实施,台湾地区“行政院”复于2009年年底重行拟具“财划法”修正草案,并送“立法院”审议。该修正草案之主要内容如下:

1. 扩大“中央”统筹分配税款规模

“中央”提拔所得税总收入6%、营业税总收入减除1.5%稽征经费及依“法”提拨之统一发票给奖奖金后之全部收入及烟酒税扣除1%稽征(含查缉)经费及直接分配地方款项后之其余收入列为“‘中央’统筹分配税款”(修正条文第8条)。

2. 划一“直辖市”及县(市)税收分成基础

遗产及赠与税由目前直辖市分得50%、市及乡(镇、市)分得80%,修正为“直辖市”、市及乡(镇、市)均分得60%。土地增值税目前在县(市)征起收入之20%应缴由“中央”统筹分配县(市)部分,修正为全归地方(修正条文第8条第3项、第9条)。

3. 强化补助款额度保障

一般性补助款修“法”后各年度总额,不得低于“财划法”修正施行前一年度所得税总收入10%及货物税总收入10%之合计数(修正条文第25条)。

4. 促成“中央”财源与事权同时移拨“地方”

改制之“直辖市”或准用“直辖市”规定之县,应提出业务承接及支出移转计划,报请台湾地区“行政院”核定后实施。在“行政院”核定实施前或“地方”承接业务前，得暂缓拨付因业务移拨而增加分配之款项，或将该等款项拨交“中央”供相关业务机关继续执行（修正条文第37条）。

由以上之修正要点可以窥知，在“钱”的下放上，“中央”已展现相当诚意。具体而言，修正草案包括对“地方”自主财源（尤其是税收分成的提高以及调整财源）由“中央”税收支应的统筹分配税款的增加与补助款的额度保障，“地方”对此等修正或许仍不尽满意，但吾人相信对长期以来财政上强干若枝的现象将会有所改善。

然而，上揭修正草案在以下诸点仍有再予探讨之必要：第一，草案中对税收分成虽有改进，但对于分立之税源并未检讨，因此，“中央”独占优厚税收之构造并未改变，而“地方”税收因受区域发展不均之影响，其偏差情况并未有所改正。第二，统筹分配税款如经修正，则其财源全属“中央”税收已无疑议（第9条参照）。前已言之，此与统筹分配税款之制度功能实有未洽，因此对水平财政不均衡问题，仍须有制度性之因应措施。而统筹款真正之问题在于如何公平分配，此与“中央”统筹分配税款分配办法之修正息息相关，[①]值得持续关注。第三，草案中有关补助款之最低总额保障之规定为一大进步（第25条参照），就补助要件之明文化（第26条、第27条参照），亦应予以肯认，唯实际执行时在确保台湾地区一致之最低行政服务水平之前提下，如何发挥政策诱导功能，并维持公平性及中立性，乃为最重要课题，而有进一步具体化之必要。第四，由于权限划分为财政划分之基础，故在地制“法”未配合修正之情形下单独修正“财划法”，并无“权”、“钱”同时下放之意义，充其量仅让地方“钱多好办事”。若果如此，则将来如何强化“地方”之权限，仍属无可避免之课题。

（四）财政收支划分原则的探讨[②]

“中央”与“地方”财政收支的划分，一方面，因为牵涉对“地方”自治本质的见解以及如何保障的问题，所以有必要从法的观点予以剖析；但在另一方面，亦关系资源与权力的合理分配，是故亦不能否认政治力的对抗在此时具有决定性的影响力。此等性质使财政收支划分成为实务上难解的课题。然而，尽管如此，有关财政收支划分问题，吾人仍可归纳出下列原则：

1.“国”税与“地方”税的划分原则

各级“政府”的财政收入中，居于最主要地位者为税课收入，依税源分立原则，税课可再划分成“国”税与“地方”税。完整的租税权包括租税立法权、租税行政（征收）权与租

① 中国台湾地区“中央统筹分配税款分配办法”对于“直辖市”、县（市）及乡（镇、市）应分配之款项，基本上遵循公式化及透明化原则，于第8条、第9条及第10条分别有修正规定，但本规定之实施期间仅限于2012年（第17条参照），故将来之发展仍须进一步观察。

② 拙著：“地方预算与财政问题初探”，载《地方自治法2001》，台北市政府法规会编印2001年版。

税收益权三者，以下所述者为税目区分时，性质上应归属“中央”或由“中央”征收的租税，[①]至于就税收分成部分，则应另行考虑。

(1)适合作为经济稳定政策工具的租税，此乃由于“地方”相对于“中央”而言，其支出较为固定，因易受景气波动影响而致税收有起伏变化的租税，不宜划归地方。

(2)具有量能及重分配作用的累进税应划归“中央”。

(3)税基在各行政区间有高度分布不均现象的租税，应划归“中央”或由“中央”来征收，以免造成财政之水平不均。

(4)税基在各行政区间有高度移动性者，不宜由地方征收，以免造成区域间租税竞争现象。

(5)容易形成租税输出(tax export)的税目不适合作为地方租税，以避免税赋转嫁给其他地区的居住者负担，而削弱地方租税与受益负担原则的关联性。

再者，租税课征原则可分为“量能原则”与“受益原则”，前者在征收时考虑个人负担能力而以个人的总所得、总消费或净财富为衡量的标准；后者强调人民由政府提供之服务所获得的利益，应支付对等之代价。一方面，由于各“地方”相对于其他地区而言，为一开放经济体系，居民具有移动性，不适合采取重分配政策；另一方面，为达量能课税目的，必须以纳税义务人从各地赚取之总所得、总消费或净财富为标的，并由“中央”课征之，以避免因税源产生地与缴交地不同，而发生税收所有权之争议，故地方公共支出财源不适采量能原则，而宜采受益原则。由于个别财产价值之高低与财产所在之位置、区段及该地公共设施建设的程度有密切关系，故其他国家或地区的地方政府(尤其是第三级政府)之税课来源，在受益原则下，往往以个别财产税为主。近年来，虽然有部分国家或地区，其地方政府的地方所得税收入有陡增现象(如美国)，但其税率接近比例税率，而非如中央所得税般的累进，故仍与受益原则相契合。

关税为国境税，世界各国均归为中央收入。而内地税之划分，依前项说明，中央以所得税为主，省(市)以消费税(营业税)为主，县(市)以财产税为主，并以统筹分配税调剂地方财源分布不均。综上，“财划法”有关税课收入之划分，符合具景气调节功能与所得重分配量能课税之税目归“中央”及具地缘性与受益课税之税目归地方之原则，与先进国家或地区之划分体例相类似。唯同属“地方”自治团体的省及县、市间，其税源应如何划分才合理，则有进一步探讨之必要。

以上叙述，主要着眼点在租税之功能以及征收之技术层面，在财政学上或属正确，但从地方自治法乃至财政法的观点，仍有补充说明之必要。盖地方自治权之保障为一既定之前提，而财政权之保障又优为地方自治保障之枢纽，财政无以自足，自治云者，将成徒托空言。在此认识之下，即令“国”税与“地方”税得依上述原则划分，亦仅属过程合理性

① 以下叙述参照朱泽民：“当前地方税收划分之检讨与改进”，载《政策月刊》1998年第30期。另参照朱泽民：“府际间财政收支划分基本原则之探析”，载《中原财经法学》1995年第1期。

之追求，为求结果公正，仍须透过共分税（税收分成）及财政调整制度，相当程度弥平“中央”与“地方”间垂直的财政不均衡问题。

2. 财政调整原则

地方自治的保障乃是近代国家所面临的共同课题，但是地方自治权受到保障的同时，却附随有必然的“代价”。易言之，地方自治固然一方面以保障地方的“自主决定权”为其当然的内容；但在另一方面则无可避免地要求地方必须就其本身的事务自负其责，并且自行负担因此所需的财源。在此限度之内，既然地方自治团体对地方事务负有处理并筹措财源的第一次义务，则不论上级政府系透过“统筹分配款”的方式，以解消各地方自治团体间的“水平不均衡”问题；抑或以“政府间补助”的手段，借以缓和中央与地方间的“垂直不均衡”问题，都只是一种第二次的调节财源措施。

一般而言，地方财政调整制度的基本原理，约可归纳如下：①

（1）地方自主财源不足时，上级政府必须以财政调整制度因应之，以解消垂直的财政不均衡。一般而言，自主财源与调整财源合计之后，必须保障地方自治团体足以履行法定自治事务，就此而言，地方财政权具有类似宪法上生存权的性质，应该优先受到保障，此时地方之受给者地位，法律上应予保障。为因应此一功能要求的制度，在中国台湾地区为统筹分配税款。相对于统筹分配税款系为弥补地方一般性的财政短差所设，因此分配时不应指定用途，并且应该尽量依固定方式拨给；地方为追求政策目标，因地制宜，办理自愿性自治事务时所需之经费，应该优先由地方自寻财源支应之，或由“中央”进行一致性的宏观考虑，以计划性的补助款因应之。换言之，垂直的财政调整制度，依其功能，尚可分为权利保护性与政策诱导性两种形态，功能有异，制度各殊，不宜混淆。

（2）地方间水平的财政调整制度，其前提为宪法上平等原则的实践。盖虽然地方自治的保障即已预设地方间因自然、经济、社会等种种条件的差异，发展上必然互有等差，因而难求一致性；否则，即丧失地方自治之本意。但同在一国之内，地方间过高之差距仍然有违反平等原则之虞。其衡量标准则为设定一全国最低限度的行政服务与给付水平，凡低于此标准者即应以财政调整制度因应之。就中国台湾地区而言，水平的财政调整制度，其财源应该来自各“地方”自治团体，不过因为种种现实的考虑，台湾地区相应的制度设计——统筹分配税款，不但其财源主要来自“国”税之收入，其分配亦难谓具有“劫富济贫”之意涵，而有再予检讨之必要。

（3）从财政民主主义的观点言之，各级政府对下级之财政补助的款项，应经议会同意，议会并且应该有相关的质询权以及信息权等。而由于财政调整制度对地方自治保障的重要性，必须以法律定之，亦即地方财政调整制度必须受到“法律保留原则”之拘束，以符合法治国家的要求。

于此需注意者为，财政调整其实只是决定资源如何更合理分配的制度而已，本身并

① 黄锦堂著：《地方自治法治化之研究》，台湾月旦出版社股份有限公司1995年版，第272页以下之说明。

不具有开源节流的意义,亦即,只决定如何分大饼,而无法透过此一制度把饼做大,虽然此种性格并不因此减损本制度的重要性,但对于同感财政困窘的各级政府而言,财政调整制度之设计无论如何公平,亦只能决定相对穷人落于谁家?而无法根本解决财政难题。此为其制度之局限,但只要制度公平,仍有助于解消地方间的相对剥削感。

3. 财政支出原则①

一般而言,财政应具有三项功能:②配置的功能(allocation function):使资源能适当的配置,而达到效率(efficiency)目标;分配的功能(distribution function):使所得与财富分配适当,以符合公平(equity)目标;稳定的功能(stabilization function):亦即维持就业与物价的稳定。虽然有些学者认为在地方分权下,各行政区具有完全的自主权,因此稳定与分配的功能也可以由各行政区自行负责(如局部地区经济衰退之对策),以兼顾其个体与总体稳定与重分配政策。但一般仍认为,后两项功能应由中央来执行较为妥当;然就资源分配功能而言,有些事项由地方政府来执行,反较具效率。

第一,就稳定功能而言,若欲以个别地方政府的力量,达到经济稳定目标,其功能总有所不逮,此乃由于各地相对于全国而言具有高度开放性,致使地方政府扩张支出所产生的漏损(leakage)甚大,以致支出乘数甚小,而使地方政府的政策稳定工具功能不彰;而减税措施,也因为居民的迁徙,而使扩张作用不大;此外,个别地方政府谋求辖区内之经济稳定,极易导致其他地区的不稳定,因此稳定功能应属中央政府的职责。

第二,就分配功能而言,假如某一地方政府实行重分配政策,将所得从富人移转给穷人,因而对富人课税而对穷人补贴;由于在一国之内,人民具有高度的流动性,此种移转政策将使富人迁出此行政区域,并诱使穷人迁入,最后致使该地区的平均所得较前降低;由于居民可借迁徙以逃避负担,是故,个别地方政府的重分配效果必大打折扣;相对的,国与国之间的迁徙,所受的限制较多,人民的移动性较小,故重分配政策,由中央政府来执行较具功效。

第三,就配置功能而言,有些公共支出其受益范围可普及全国人民,固应由中央提供,但不同地区人民提供相同的财货,将无法满足个别地方人民的偏好,致使财货之提供量无法达到最适;相对的,如由地方政府依其地方人民的偏好而提供财货,可配合地区的特殊情况而真正反映出地方人民的偏好,更何况某些支出具有地区性,其效益只限定在某一范围内,因而由地方提供较为适当。再者,地方公共财货之提供可产生试验及创新作用,众多地区提供公共财货将兴起竞争的压力,此压力促使各地区更有效率的生产公共财货;相反的,如全由中央政府一处提供,由于缺乏竞争致使创新与效率缺乏诱因而无

① 以下说明引自朱泽民:"府际间财政收支划分基本原则之探析",载《中原财经法学》1995 年第 1 期。

② 有关财政机能的说明,稍有不同之说法可参照拙著:"财政作用之权力性与公共性——兼论建立财政法学的必要性",载《台大法学论丛》1996 年第 4 期,(分为"调整资源分配"、"所得重分配"及"调整景气"三种机能)。

长期动态利益之衍生。

三、地方预算

预算乃是一个会计年度内收入与支出的预测，政府预算在性质上不但是一种财政计划，更是施政计划的计数表现，又具有由人民代表组成之议会承认的民主统治意涵，其重要性无人能予否认。地方自治团体属于统治团体性质的公法人，自身具有立法权与行政权间的民主制衡、监督机能，基于此等民主正当性，自然具有从预算编制、审议、执行到决算的完整预算权限。此等权限，对外而言，可以免除来自自治监督机关的干涉；对内而言，地方之法定预算应依相关预算法规之规定发生拘束力。

（一）中央对地方预算的监督

地方自治团体就其预算过程虽具有可以排除来自国家干涉、侵害的自主权，但由于此一财政计划的授权，其最终的财政负担者仍为居民（国民），因此在尊重地方自治的同时，仍须有一全国一致性的标准以供遵循。大体而言，在抽象法规范的层次，地方预算受到来自中央政府的高度监督，但在具体的预算行为上，地方自治团体仍有高度的自主性，以下分述之。

1. 地方预算的准据法

就中国台湾地区“地方”预算的“准据法规”而言，“中央”预算之编制、审议及执行，其准据法为“预算法”，①但就地方预算之相关规范由于并未制定“地方预算法”以为依据，因此目前仅能准用“预算法”之规定办理。按台湾地区“预算法”第96条的规定：“‘地方政府’预算，另以‘法律’定之（第1项），但在“前项‘法律’未制定前，准用本‘法’之规定”（第2项）；因此“中央”之“预算法”准用于“地方”预算程序，在法制上已有根据。另外，“决算法”第31条亦有与前揭“预算法”第96条相似之规定，因此决算程序亦准用决算法之规定。唯“地方制度法”第1条开宗明义地规定，“‘地方’制度依本‘法’之规定，本‘法’未规定者，适用其他‘法律’之规定”（第2项）。是故“地方”预算应优先适用“地方”制度法之规定，其次再适用“预算法”之规定。而在现实上，“地方制度法”有关地方预算之规定，类皆承袭“预算法”之相关规定而来，其主要例证如下：第一，有关预算审议时，禁止增额修正之规定（台湾地区“地方制度法”第40条第2项，另“宪法”第70条参照）。第二，“法定”预算除计数表示部分之外，其他主决议与附带决议之效力乃是仿照“预算法”第52条之规定而来（“地方制度法”第41条第2款、第3款）。第三，预算审议采“全部审议制”，而非“部分审议制”，但主要仍以拟设定或变更之收支为主，乃是仿照“预算法”第49条之规定而来（同条）。第四，基于“健全财政主义”之要求，对因自治法规之制定或修正而须增加支出或减少收入时，设定应讲求必要措施的限制（“地方制度法”第72条），其精神与“预算法”第91条之规定一脉相承。此种情形观诸“财划法”第38条之1有关健全财政主义之规定，明显可知亦系仿照“预算法”第91条之规定而来。

---

① “预算法”在2000年全盘修正，其介绍可参照拙著：“预算法之修正重点说明”，载《台湾本土法学杂志》1999年第2期；徐仁辉：“预算法修正之剖析”，载《国策专刊》1999年第9期。

2. 地方预算编制之监督

地方预算虽由“地方”、“公所”编制,但其编制应依“中央”所定之标准为之。按“地方制度法”第71条的规定,“‘直辖市’、县(市)、乡(镇、市)年度总预算、追加预算与特别预算收支之筹划、编制及共同性费用标准,除其他规范另有规定外,应依‘行政院’订定之‘中央’暨‘地方政府’预算筹编原则办理”(第1项)。就此而言,“地方”行政机关应遵守“行政院”所定之原则编制预算,如其不遵守,依同条第2项之规定,“‘地方政府’未依前项预算筹编原则办理者,‘行政院’或‘县政府’应视实际情形酌减补助款”,以减发补助款之方法作为担保预算筹编原则实效性之手段。

3. 地方预算审议之监督

“地方立法机关”于审议预算时,受到来自“中央”之种种监督,略述如下:

(1)增额修正之禁止

预算审议时,“立法机关”“不得为增加支出之提议”,乃台湾地区“宪法”第70条所明定,复为“地方制度法”第40条第2项所肯认,其“立法”意旨在于,“议员”应代表民意监督政府,避免经费浮滥,危及财政健全;若任令“议员”为增加支出之提议,则预算审议时将不免于肉桶分肥、监守自盗,转而有负选民之付托。增额修正禁止之规定,经“大法官”于“释字第264号解释”、“第391号解释”之后,内容虽属明确,但限制亦转趋严格。

(2)协商决定预算与径行决定预算

“法定”预算为“政府”施政之财政准据,如未能于会计年度开始前如期成立时,应有解决方法,以免陷入政府闭锁的困境。就此而言,台湾地区“预算法”于第54条规定,各机关之预算执行依下列方式为之:“一、收入部分暂依上年度标准及实际发生数,核实收入。二、支出部分:(一)新兴资本支出及新增科目,需俟本年度预算完成审议程序后始得动支。但……(二)前目以外之科目得依已获授权之原订计划或上年度执行数,核实动支。三、履行其他法定义务之收支。四、因应前三款收支调度需要之债务举借,核实办理。”较诸旧“预算法”“议定补救办法”之解决方式(旧“预算法”第49条参照),更为实际易行。“地方制度法”第40条第3项亦承袭此一规定,借以避免造成预算僵局波及政府的正常运作,至影响政府信用。

然而,本项所规定之预算执行方式,在性质上属于“暂定预算”而非取代“本预算”之“施行预算”,①因此正本清源之道仍须使法定预算成立。为此,同条第4项另定有“协商决定预算”及“径行决定预算”之制度。

按依“地方制度法”第40条第4项之规定,“法定”预算于会计年度开始后3个月内未能成立时,经由“地方行政机关”报请“自治监督机关”邀集各有关机关协商,于一个月内决定之;逾期未决定者,由邀集协商之机关径为决定之。此乃“协商决定预算”及“径行决定预算”制度之大要。此种协商决定预算制度之前提在于,争议双方在“自治监督机

① 有关此等概念之详细说明,参照拙著:“预算法之基础理论”,载《全国律师》1997年第12期。

关"的仲裁之下，某种程度能够捐弃成见，各退一步，为地方居民着想，使法定预算早日成立，回复到法治常轨与地方政治的正常运作。然而，此种制度在理想状态下，虽能将问题导向解决途径，但在实务上，由于复议等政治解决机制均已无能为力，因此协商成立法定预算的可能性其实不大，此时即须仰赖径行决定预算制度作为最终解决途径。

然而，由"自治监督机关"径行决定地方预算之制度，却明显存在如下之问题：

第一，此一制度虽能明快解决地方预算争议，但赋予自治监督机关过大之裁量权，对"地方"自治之健全发展可谓一刀双刃、利弊参半。盖就"直辖市"与县（市）之协商决定预算而言，得径行决定者为"行政院"或"内政部"，恰为"中央"—"地方"之构图，在二者争议日多之今日，透过此一实体要件委诸"自治监督机关"裁量之制度，地方之处于不利地位，可谓不待辩而明。

第二，"自治监督机关"之径行决定"地方"预算，其法律性质为何？牵涉此决定之救济途径的问题，应予解明。按由于"法定"预算本即属形式上之"法律"，其审议属高度政治性的"立法"行为，因此是否适合由法院解决此等争议，其实仍可再予商榷；但为保障地方自治团体之权利，此等决定仍应以解为"自治监督机关"所作之行政处分，而许"地方行政机关"以及"立法机关"之"首长"各自代表该"地方"自治团体提起行政争讼为妥。盖如不许"地方政府首长"与"议会议长"均得单独提起行政争讼，则在两机关利害相反，而"政府首长"乃系"地方"自治团体代表人的情况下，势将置"地方立法机关"于不利之地位，因此有必要为如此之设计，以符实际需要。

第三，此一制度最大之问题在于，无论协商决定预算抑或径行决定预算，"地方制度法"所规定者均无非是一种程序上的解决机制，而乏实体决定基准，此种结果大概是因为预算审议时"立法"权与"行政"权本即缺乏一套完整的实体规范所致。自治监督机关于召集协商地方预算时，抑或协商不成而径行决定地方预算时，由于实体基准阙如的结果，将使仲裁者与争议双方均无所适从，势将造成协商难成或径行决定不具妥当性。解决之道应该在地制法规定径行决定的基准，例如，在预算审议违法、逾越权限、删除法定经费时，应明确规定其决议为无效；而保留窒碍难行之预算，由"自治监督机关"裁量如何处理为是。

4. 地方预算执行之监督

"各级'政府'之一切支出，非经预算程序不得为之"，为"财划法"第 35 条所明定。地方预算之执行，就收入面而言，因其法规范性较低，故所受之监督较少；但就支出面而言，则需受到"中央"审计机关的严格监督。按预算之执行，应受审计监督，为"审计法"第 2 条明文规定，"各省（市）'政府'及其所属机关财务之审计，由各该省（市）审计处办理之；各县（市）'政府'及其所属机关财务之审计，由各该县（市）酌设审计室办理之"，复为第 5 条所明定；而依"审计部组织法"第 14 条之规定，"审计部于各省（市）设审计处，于各县（市）酌设审计室，掌理各该'地方'及其所属机关之审计事项"。由上揭规定可知，审计权的行使与考试权、司法权一般，均采"中央""一条鞭"的设计方式，因其制度要素端在公正中立之故。据此，预算执行虽受“中央”审计机关之监督，但并不当然导出“地方”财政权受侵害之结论。[1]

（二）“地方制度法”之特别规定

以下就“地方制度法”与“预算法”规定相异之部分略作说明，以明地方预算之若干特色。

1. 总预算案与决算送请审议之期限

“地方”总预算案送请“地方议会”或“代表会”审议之期限，依“地方制度法”第40条第1项之规定，“直辖市”当局应于会计年度开始“三个月前”，县（市）当局、乡、镇、市“公所”应于会计年度开始“二个月前”，送请审议。此等期间限制与“预算法”第46条所定，“中央”总预算案由“行政院”于会计年度开始“四个月前”提出“立法院”审议之规定，明显不同。另就决算而言，总决算最终审定数额表系由地方政府、“公所”分别公告；至于提出决算案之期间，依“地方制度法”第72条之规定，“直辖市”与县（市）应于会计年度结束后4个月内提出于该管审计机关，此与“决算法”第21条所规定之期限相同，但乡（镇、市）决算报告则需于“会计年度结束后六个月内”送达乡（镇、市）“民代表会”审议，此点与前揭“决算法”之规定不同，亦与“宪法”第60条、第105条之规定有异。

2. 复议后仍属违“法”或窒碍难行预算之处理方式

依“地方制度法”第40条第5项之规定，经由复议程序之总预算案，如其结果仍有岁入、岁出预算之议决：违法、逾越权限、删除“政府”施政所必需之经费造成窒碍难行、删除法定经费造成窒碍难行及删除上年度已确定数额之继续经费造成窒碍难行时，亦准用前项协商决定之方式解决之。此种规定系属对地方议会预算审议权之限制，避免其漫无限制造成法定预算违法或因其他情事损及地方政府之信用，整体而言或有其必要性。但由于协商不成立时之径行决定，其结果并非均对“地方”有利，因此应归类为地方自治保障是否周全之问题。并且，在立法政策上，其较佳的解决之道，似以明定上述五种情形之效果为宜（如上述之为无效，则在明确范围内，检讨是否成立法定预算），而非全然委诸自治监督机关之裁量。

3. 乡（镇、市）禁止举借公债

就预算差短之弥平方式而言，“直辖市”及县（市）均得以“发行公债、借款或移用以前岁计年度剩余”之方式为之，但乡（镇、市）则不得举借公债（“地方制度法”第68条第1项）。

四、地方财源与支出

地方自治团体必须有其收入，以支应各种经费之用，因此地方财源的丰瘠不但决定地方支出的质与量，亦因之而决定地方行政服务水平的质与量，以下分就地方财源与地

---

① 有关审计权之研究，可参照罗承宗：“审计机能与定位之研究——在我国宪政体制下以财政作用民主统制为主轴”，台湾大学法律学研究所1998年硕士学位论文。

方支出说明之。

（一）地方财源

台湾地区"地方"财源乃是由"财划法"第二章所规定的10节收入项目所构成，分别为：税课收入、独占及专卖收入、工程受益费收入、罚款及赔偿收入、规费收入、信托管理收入、财产收入、营业盈余捐献赠与及其他收入、补助及协助收入、公债及借款。其中，公债及借款为非实质性收入，其他因无须偿还，故属实质性收入。"地方制度法"第63条至第65条，分别规定"直辖市"、县（市）与乡（镇、市）之收入项目，即予"财划法"之规定相为表里。另"财划法"附表一"收入分类表"分别就"中央"收入（甲）、"直辖市"收入（丙）、县（市）收入（丁）、及乡（镇、市）收入（戊）详为规定，其中最具有意义者为税课收入之划分。另就"中央"收入而言，由于并无上级统治团体存在，因此无补助收入，而乡（镇、市）由于无下级统治团体存在，因此无协助收入，除此之外，各级统治团体之收入均属大同小异。

按地方财源就其收入面之自主性、自律性而言，可分成"自主财源"与"依存财源"两种；就其支出面所受之限制而言，则可再分类成"一般财源"与"特定财源"。① 所谓自主财源，指的是地方自治团体依其自身之职权所获取之收入，如地方税、规费、财产收入；所谓依存财源，指的是地方自治团体获取该等收入系于其他统治团体之意志者而言，如补助款即是，至于统筹分配税款虽属地方之固有财源，但因其仍由"中央"统筹分配，故在分类上亦可将之归为依存财源。所谓一般财源，指的是收入时用途不特定之财源，而特定财源则指收入时用途已经特定之财源，前者如一般的地方税、统筹分配税款均是；后者如计划型补助（"财划法"第30条参照）、目的税等是。

"地方"财政的最佳状态乃是提高自主财源以及一般财源的比例，其中尤以"地方"税的扩增最受期待，但是一方面由于地域间社会、经济条件的不同，"地方"税源每有偏在的现象，因之"地方"间水平不均衡的状态难以自主解消；另一方面由于"中央"与"地方"间垂直财政不均衡的现象，亦属台湾地区一般性的情形，因此作为财政调整制度的统筹分配税款遂成为解决问题的关键所在。此亦系2002年年初"财划法"修正草案提出的主因。

按如本文所持之见解所示，权限划分乃是支出划分之前提，而支出划分又为收入划分之基准，二者具有连动关系。一般而言，在联邦制国家，联邦政府与地方政府之岁出比例约为四六比，而税课收入比例约为五五比；至于单一制国家，中央政府与地方政府之岁出比例约为70%对30%，但税课收入之比例则约为85%对15%。② 显而易见，在单一制

① 此种分类法参照［日］贝原俊民："地方分权における财政问题についての一考察"，载《ジュリスト》1996年第1102号。

② 此种分类法参照［日］贝原俊民："地方分权における财政问题についての一考察"，载《ジュリスト》1996年第1102号。

国家，中央政府所负担之职能较重，因此其租税收入之比例亦较高，然地方政府之税课收入无论占何等低比例，或在例外情况其财政自主性有效提高，均难想象地方自治团体财政完全自主，因之无须财政调整制度，从而中央对于水平的财政不均衡状态无由消解，亦难透过补助方式消解垂直的财政不均衡，并发挥政策诱导作用的情形。

（二）地方支出

前已言之，理论上支出划分乃是权限划分的结果，而为收入划分的前提，唯实定法的规定以及实务运作的方式则并非如此。质言之，依权限划分之结果而决定该事项的费用负担，划归中央专属管辖者由中央政府负担费用，划为地方自治事项者由地方自治团体自行负担费用，至于中央政府委办给地方自治团体的委办事项则由委办机关负担其费用的区分方式虽为理论上所实行，但实定法的规定上则并非如此。

1. 经费负担方式

依台湾地区“地方制度法”第 70 条第 1 项之规定，“‘中央’费用与‘地方’费用之区分，应明定由‘中央’全额负担、‘中央’与‘地方’自治团体分担以及‘地方’自治团体全额负担之项目，‘中央’不得将应自行负担之项目，转嫁予‘地方’自治团体”。明定费用负担之方式分为“中央”全额负担、“中央”与“地方”分担以及“地方”全额负担三种方式，分别与“中央”专属管辖事项、“地方”自治事项以及共同办理事项相对应。因此，“法律”如果明定费用负担方式者，此一规定即构成“特别法”而优先适用；若“法律”并未规定费用负担方式，则依同条第 3 项之规定，“第 1 项费用区分之标准，应于相关‘法律’定之”，而此一相关‘法律’即为“财划法”。换言之，“财划法”所定之费用区分标准，乃是在其他个别“实定法”就费用负担未为规定时，具有补充适用地位之“普通法”，此由“财划法”第 37 条第 2 项“‘法律’另有规定”者，可排除负担标准之适用的规定，可以得到明证。

“财划法”第 37 条就各级“政府”之支出设有如下规定：

“各级‘政府’之支出划分如下：

一 由‘中央’‘立法’并执行者，归‘中央’。

二 由‘直辖市’‘立法’并执行者，归‘直辖市’。

三 由县（市）‘立法’并执行者，归县（市）。

四 由乡（镇、市）‘立法’并执行者，归乡（镇、市）。

前项第一款及第三款如需交由下级‘政府’执行者，其经费之负担，除‘法律’另有规定，属委办事项者，由委办机关负担；属自治事项者，由该自治团体自行负担。

由‘中央’或‘直辖市’、县（市）、乡（镇、市）二以上同级或不同级‘政府’共同办理者，其经费应由‘中央’或各该‘直辖市’、县（市）、乡（镇、市）按比例分担之。”

上述规定应属符合学理之支出划分标准，但须注意于个别“实定法”有明文规定费用负担方式时，应优先遵守各该“实定法”之规定。例如，台湾地区“全民健康保险法”第 27 条明定各级“政府”应负担之健保补助费，即属明定费用负担之规定，应该优先适用，此时“财划法”的规定即仅具补充适用之地位。除此之外，同条第 4 项并规定：“各级‘地方政府'未依第2项及前项规定负担应负担之经费时，其上级'政府'得扣减其补助款。"明定以扣减补助款的方式作为担保费用负担区分方式实效性的手段。

再者，"财划法"就支出划分，尚设有如下之例外规定：第一，依同"法"第36条之规定，"各级'政府'行政区域内人民行使政权之费用，由各该'政府'负担之"。第二，依第38条之规定，"各级'政府'事务委托他级或同级'政府'办理者，其经费为委托机关负担"，亦属支出划分之例外规定。

2. 支出之限制

地方自治团体执行其法定预算时，除受审计监督外，有其支出之自主权，但依"财划法"之规定，尚受有优先支出之限制。按"财划法"第37条之1条规定：

"地方'政府'应就其基准财政收入及其他经常性之收入，优先支应下列各项支出：

一、地方'政府'编制内员额与经上级'政府'核定有案之人事费及相关费用。

二、一般经常性支出、公共设施管理维护及依'法律'规定必须负担之经费。

三、地方基本设施或小型建设经费。

四、其他属'地方政府'应行办理之地方性事务经费。

'地方政府'依前项规定办理后，其收入不足支应支出时，应由其所获分配之统筹分配税款予以优先挹注。"

上揭规定之用意在于明定"地方政府"优先支出之项目，使"地方政府"将其预算优先用于支应"法定"义务经费以及基本职能经费，以免"地方政府"挹注其经费于不急之务，本末倒置，再于"法定"义务经费不足时要求"中央"补助。因此，同条第2项亦规定统筹分配税款之优先用途。

五、代结论——"地方"财政权之保障与健全财政主义

"地方"自治团体为统治团体性质的公法人，性质上虽与自然人不同，但地方自治既属"宪法"所明文保障的制度，复为保障、增进居民之基本人权所必需，自以保障其有类似自然人的生存权为佳，而此等保障，一般即集约在"地方"财政权。地方财政权之保障，首要在于确保"地方"之财政自主性，其方法有二：其一为确保"地方"之自主财源。此须从财政收支划分上着手，如有不足，再透过财政调整制度因应之，此时并须侧重权利性质的统筹分配税款，而非具有恩惠性质的补助款。其二为"地方"支出自主性的确保。盖无论地方收入自主权如何获得保障，如果"地方"财政支出没有自主性，可以由"中央"径行决定，则"地方"财政权之保障仍非完全。然而，就此仍有不同看法，盖"中央"法律系由"立法院"所制定通过，而组成"立法院"之"立法委员"系由台湾地区各地选出，就此而言难谓"中央"之"立法"过程中"地方"毫无参与意见之机会。既然如此，则在民主政治的机制下，"地方"仍然应受整体观点之拘束，唯不论如何，"地方"财政状况的改善为一"结果论"层次的问题，因此只要"地方"财政过分恶化，现实上"中央"似难完全袖手旁观。①

① 例如，每年春节前"中央"均必须为"地方"调度资金，以利其发放所属公务员之年终奖金，即其一例。

"地方"自治之保障既然系以财政权之保障为枢纽,则"地方"就其事先不可预期、事后又无法拒绝之"法定"支出,至少在程序上应该保障其有参与权,否则此种情形如逾越一定程度,因而侵害到"地方"财政权以及地方自治权的核心,此等"中央""立法"之"违宪"疑虑必然升高,因此在"立法"论的层次应该极力避免此种结果之出现。"大法官释字第550号解释"明言:"'法律'之实施须由地方负担经费者……于制定过程中应予'地方政府'充分之参与。行政主管机关草拟此类'法律',应与'地方政府'协商,以避免有片面决策可能造成之不合理情形,并就法案实施所需财源事前妥为规划;'立法机关'于修订相关'法律'时,应予'地方政府'人员列席此类'立法'程序表示意见之机会。"此系本于保障"地方"财政支出自主权之精神而来,应予肯定。

"地方"财政的营运,与"国家"财政一样,受到健全财政主义的拘束,就此,"地方制度法"第72条规定,"'直辖市'、县(市)、乡(镇、市)新订或修正自治法规,如有减少收入者,应同时规划替代财源;其需增加财政负担者,并应事先筹妥经费或于法规内规定相对收入来源",明显在水平层次课以地方自治团体机关健全财政的义务,然而并未在垂直层次课以上级统治团体相同之义务,因此上述地方支出难以自主的情事,仍有可能继续发生。另外,"财划法"第38条之1也规定,"各级'政府'、'立法机关'制(订)定或修正'法律'或自治'法规',有减少收入者,应同时筹妥替代财源;需增加财政负担者,应事先筹妥经费或于'立法'时明文规定相对收入来源",其精神与前揭"地方制度法"之规定相同,但其规范意旨似亦仅在要求水平层次的财政健全性,而无拘束"中央""立法机关"不得课地方自治团体支出义务之意涵,而须借由上揭"大法官释字第550号解释"补充,方属完整。

整体而言,台湾地区地方财政存在"既患寡,又患不均"的问题,然而,在"地方"财政普遍困难的现实情况下,浪费的情事还是难以避免,此从"地方""立法"机关与"行政机关"之"首长"多以高级轿车代步的不搭调情形可以推知一二。因此,对于地方财政作用的监督,除了既有的审计监督之外,如何加强居民监督,业已成为紧要的课题,"地方制度法"修正时允宜有所回应。

论“省直管县”财政体制改革的非单一性

甘功仁[*]

2009年7月9日，财政部发布了《关于推进省直接管理县财政改革的意见》，明确提出到2012年年底前将在全国除民族自治地区外全面推行“省直管县”财政体制改革。

“省直管县”财政体制改革是指将现在的“省→市→县”三级地方财政管理体制改革成“省→市、县”两级地方财政管理体制，在政府间收支划分、转移支付、资金往来、预算决算等方面，实现省级财政对县级（县级市）财政的直接管理。从改革试点情况看，“省直管县”财政体制改革主要分为两大类：一类是“省直管县”的财政体制改革，在财政预算编制上，由省直接对县编制预算，在收入划分上由省直接对县进行划分，同时省也把财政结算、收入报解、转移支付、专项资金补助、资金调度、债务管理等各个方面，全面实行省级财政对县级财政直接管理的体制。另一类是“省直管县”的行政体制改革，无论在财政管理体制上，还是在人事、审批、经济社会管理上都由省对县直接管理的体制，地级市与县相互独立，不再存在隶属关系。目前实行的大都是“省直管县”的财政体制改革，“省直管县”的行政体制改革基本没有展开，即使有部分省在试图改革，也大都是局部改革，没有进行整体性改革。

从2002年起，浙江、广东、河南、辽宁、湖北等一些地方便开始了在财政体制上实行“省直管县”的试点。实行“省直管县”财政管理体制的好处如下：一是减少了行政管理层次，有利于增强省级的调控能力，提高资金利用效率；二是对县级下放了相关权力，增加了县级财政留成比例，可以使县集中更多财力用于改善经济环境，有利于促进县域经济的发展；三是省财政直接结算到县，既避免了市对县的财政截留和市级集中县财力的“市刮县”问题，又可使县级的财政困难直接反馈到省财政，使省财政及时解决县财政的困难，从而有利于缓解县级财政困难；四是有利于增加对欠发达县转移支付的力度；五是有利于发挥省级政府在区域规划与协调中的主导功能，从更广阔的范围内促进区域经济

* 中央财经大学法学院教授、博士研究生导师。

协作和一体化进程。①

但是，近10年的试行改革实践表明，"省直管县"财政体制改革并非一帆风顺，也并非都名副其实。就全国范围而言，虽然大部分地区都在推行"省直管县"财政体制改革，但实施程度不一，有的是比较实在的"省直管县"，而更多的则是名义上的"省直管县"，不过徒有其名而已。究其原因，是因为诸多障碍因素的存在，使"省直管县"财政体制改革不可能在一声号令之下就可以一蹴而就。

影响"省直管县"财政体制改革顺利推进的最大障碍性因素，是改革的财政管理体制与现行的行政管理体制不一致。财政体制是国家经济体制的组成部分，更是政治体制的重要组成部分。"省直管县"体制改革，其实质是地方权力的再分配。"省直管县"财政体制改革绝不只是单纯的财政体制问题，它涉及政治、经济与社会生活的方方面面，虽然我们所称的是"财政体制改革"，而实际上却是一项综合性改革，最终必然引起中国行政体制的大变革，因为财政体制不过是为一定的政权服务并且依附于行政体制的一种资源配置方式。

在财政管理方面实行"省直管县"以后，如何处理好省与市、县之间、市与县之间的行政管理关系，是事关"省直管县"财政体制能否顺利运行的关键。目前的地方行政构架是省管市、市管县，而实行"省直管县"财政体制后，在财政上省级越过市级直管到县级，意味着市级对县级没有了财政管理权。省以下地方政府间财政管理体制调整了，但行政管理体制并没有改变，一系列行政权力，比如人事任免权、发展规划批准权、项目审批权以及社会管理权等各项权限仍然保留在市里。这种不统一的行政管理体制和财政管理体制并存的状况，对县级而言，无疑存在两个"婆婆"的问题。县级在财政体制上受省级"婆婆"管辖，其他方面尤其是县级领导班子的调整则仍然要受市级"婆婆"管辖。当省和市的行政意图和政策取向发生矛盾时，县级政府将处于两难选择的境地。如果行政体制调整与财政体制不一致，"省直管县"财政体制很可能因缺乏良好的行政环境而体现不出应有的体制效用。正如有的学者所言，"省直管县"财政体制改革是"半截子"改革，如果不能真正减并行政层级，不改革行政管理体制，现存的"市管县"的行政管理体制必定要削弱省和县的联动效应。② 所以，"省直管县"财政体制改革无疑会直接影响到行政管理权的实施，进而必将引起现行的行政管理格局、行政管理权限范围和行政管理方式等方面的调整。这就把行政管理体制的整体性改革问题提上了日程。行政体制改革涉及综合性改革，是我国政治体制改革的主要内容。改革开放30余年来，我们的改革仅仅局限在经济体制领域，而对政治体制改革基本上没有触及，虽然理论探讨很多，但实践很

① 广西壮族自治区发展和改革委员会："'省管县'改革的路径选择"，载 www.gxdrc.gov.cn，访问时间：2011年8月16日。

② 邹惠艳、傅光明："论继续推行'省直管县'财政体制"，载 http://www.zgxcfx.com，访问时间：2011年8月16日。

少。这既有体制上的原因，又有思想观念上的原因。因此，推行行政管理体制整体性改革是十分艰难的。历数难点林林总总，而行政层级改革和事权与财权划分可以算得上两个最大的难点问题。

难点之一：行政层级改革问题

我国实行的是层级财政体制，有一级政府就有一级财政，这就形成了多级政府间的财政分配关系。如何处理政府间的财政分配关系，则是一个财政分权的问题。西方财政理论认为，公共产品的层次性决定其供给的层次性。① 因此，政府层级的确定是政府间收入划分和支出责任划分的首要前提，同时也是“省直管县”财政体制改革的首要前提。如果政府层级不确定，政府间的事权和财权便不可能划分清楚，各级政府的收入范围和支出责任范围也不可能明晰，最终都可能由中央财政来统包统揽，当中央的财力支持不及的时候，地方的财政困境便不可避免。

新中国成立后一直沿用“省管县”的行政管理体制，当时虽然设有行政公署，但不是作为一级政府存在，而是省级政府的派出机构。1982 年，为了发挥中心城市的辐射作用，开始实行“市管县”制度。除香港特别行政区、澳门特别行政区和台湾地区外，省、自治区、直辖市均已实行“市管县”（县级市）体制，268 个地级市管辖 1838 个县级行政区（不含市辖区），占县级行政区总数的 91.4%，仅有黑龙江省（1 个）、贵州省（2 个）、西藏自治区（6 个）、青海省（1 个）、新疆维吾尔自治区（7 个）五省区保留 17 个地区行署，宪法规定的行政层级四级制转变为行政层级五级制。②

从 2002 年起试行的“省直管县”财政体制改革，率先在财政领域开始了减少行政层级的尝试。2009 年，为了增强县域经济发展活力，中共中央一号文件提出了稳步推进扩权强县改革试点的政策，鼓励有条件的省份探索减少行政层次，实行“省直管县”的体制改革，其中包括推进“省直管县”财政体制改革。从改革的目标来说，“省直管县”体制改革所针对的就是目前横亘于省、县政府之间的地级市政府，就是要弱化以至于最终取消地级市这样一个介乎省与县之间的政府单位。但是，如果我们对这一改革做一番深入的理性思考和研究，就会发现这个改革并非易事，其中既有根深蒂固的历史原因，又有近 30 年“市管县”的体制惯性。

首先，从历史根源分析。我国是一个具有几千年集权统治传统的国家，从秦始皇设立郡县制始，到后来历朝历代实行的州道府县制，其突出特点是统治权力自上而下逐级授予，下级政府对其上级政府负责，权力控制、监督机制的设计是，中央政府控制、监督地方政府，上级政府控制、监督下级政府。由于一级政府处理事务的能力所限，每个上级政府直接管理、控制的下级政府的数量不能太多，最多十来个，超过这一限度，上级政府即不可能对下级政府进行有效的控制、监督。而我国一般的省都有七八十个县级单位，部

① 戴毅：“中国财政体制改革路径探析”，载《四川大学学报》2010 年第 5 期。

② 孙学玉：“区划体制应加快扁平化进程”，载《新华文摘》2009 年第 10 期。

分省超过了100个县级单位,省级政府根本不可能直接控制得了。为了有效地进行管理、控制,省级政府的派出机构便应运而生,20世纪80年代初之前的行政专员公署即属此类。自20世纪80年代初之后,我国实行改革开放和市场经济体制,利益主体多元化,社会管理事务复杂化,作为省级政府派出机构的行署的管理职权不断扩大,并且有了自身的利益,于是逐渐演变为一个独立的相应部门齐全的实体政府机构。

从中国几千年的统治模式分析,在权力自上而下逐级授予的集权体制下,要轻易取消横在省与县之间的地市级政府,几乎是不可能的。就算靠行政命令硬行取消了"市管县"体制,且不说来自市级政府的阻力,单靠省级政府是否就能对县级政府实施有效的管理呢?"省直管县"意味着县级政府的权力扩张,而管辖范围广泛的省级政府又力不从心,那么,由谁来控制监督权力扩张了的县级政府?如何避免没有了市级政府监督、控制的县级政府滥用扩张的权力?

针对上述问题,有不少人提出了缩减省级行政区划幅员、增设省级行政区划的意见,建议全国省级行政区划增设至50个,每个省级单位管辖50个左右的县级单位。行政区划,是指统治阶级为便于管理,兼顾地理条件、历史传统、风俗习惯、经济联系、民族分布等因素,把国家领土分成层次不同、大小不等的若干区划的制度。[①] 行政区划虽然不是自然形成而是人为划分的,但并非人的主观任意行为,它必须遵循有利于经济建设、有利于民族团结、有利于行政管理效率的提高、有利于地方自主权的实现并兼顾历史传统的原则。行政区划是一国行政体制的基础性问题和行政管理的重要组成部分,其设置合理与否,直接关系到政府行政效能、经济发展速度和社会稳定。大规模调整省级行政区划,可以说是一个惊天动地的系统改革工程,所带来的利益重组的复杂性,利益冲突的剧烈性难以想象,更何况大多数省份已经有几百年的悠久历史,省籍本身就具有一种人文价值和无形的凝聚力,绝不是说改变就能改变的。几十年来,我国除了少数省份边界地区的个别县级单位做过调整之外,基本上没有大的变动。根据现实状况判断,缩减省级行政区划幅员,增设省级行政区划的意见基本上不具有可行性。

如此便产生了一个矛盾:一方面,从远期目标考虑,取消横在省级与县级之间的市级行政单位的改革方向应当坚持;另一方面,省级政府的监督、控制能力有限,很难直接对本区域内的县级单位实施有效管理,而缩减现存省级单位的幅员、增设省级行政建制的方案又不可行。改革之路如何继续往前走?笔者认为,治本之策恐怕还不是目前正在试行的"省直管县"体制改革措施,而应当是改变管理模式,将现行的上级监督、控管下级,下级只对上级负责的管理模式,改变为由当地民众监督、控制当地政府,当地政府对当地民众负责的管理模式,实行地方自治。地方自治,是指在一定的领土范围之内,全体居民组成法人团体(地方自治团体),在宪法和法律的范围内,在国家监督之下,按照自己的意志组织地方自治机关,利用本地区的财力,处理本地方区域内公共事务的一种地方政治

① 周叶中主编:《宪法》,高等教育出版社·北京大学出版社2000年版,第230页。

制度。地方自治与民主政治、人权、法治一样，是政治现代化的题中应有之义。[①] 如果基层社会是民主自治的，县级政府是基层民众民主选举的，其权力来自于民众而非上级政府的授予，政府是对民众负责而非仅仅对上级负责的政府，那么，通过本地人民就可以看管住本地政府，上级政府也就没有必要事无巨细地严密看管它，自然也就不必在省级政府与县级政府之间再设立专事看管县级政府的地市层级政府了。《全国人民代表大会和地方各级人民代表大会选举法》第2条关于县、自治县、乡、民族乡、镇的人大代表由选民直接选举的规定，第10章中有关人大代表监督和罢免的规定，为基层地方自治制度的建立提供了法律依据。据《瞭望东方周刊》报道，广东省阳江市阳西县2011年开始了进行基层地方自治的实践，其经验值得认真总结和推广。实行地方民主自治，改下级政府对上级政府负责的体制为对民众负责的体制，是建设民主政治体制的必由之路，也是政治体制改革的重要内容。可见，"省直管县"是一项牵一发而动全身的重大改革举措，远非单一的财政体制改革所能如愿的。

其次，从"市管县"的体制惯性分析。1982年实行"市管县"行政体制以来已有30年了，已经形成一种体制惯性和观念惯性，同时也形成了一个权力利益集团。作为市级权力利益集团是不会轻易接受自己执掌多年的权力被剥夺的现实的，必定会采取消极对抗的态度，为"省直管县"财政管理体制设置重重障碍，甚至使许多利益分配的矛盾激化，让"省直管县"财政体制改革无法顺利推行。例如，在现实中就不乏地级市不愿放弃自己的权力，并不断运用自身的行政权力干预县域发展的实例。实行"省直管县"财政体制，市级政府虽然财权缩减了，财力削弱了，但整个行政管理体制还维持不变，市级政府除财权之外，原先所拥有的其他各项行政管理权丝毫未动，在此情况下，即使财权缩减，财力削弱，市级政府也不会轻易配套放权，不会把自己既有的权力自动下放给县级政府。如此一来，问题又回到行政体制的综合改革上来了。如果只是在财政体制一个方面进行改革，而对人事任免、发展规划、项目审批、社会管理等其他各项行政管理制度不进行全面改革，那么就会出现互相掣肘的局面，谁都难以前行。这恰恰违背了改革的初衷。

难点之二：事权与财权划分问题

行政层级决定事权划分，事权划分决定财权划分。政府事权划分是对各级政府供给公共产品职责的界定，只有事权划分明晰化、科学化，政府之间的收入权限和支出责任划分才可能合理化。

长期以来，我国往往重视中央与省级政府间的事权划分，而轻视省以下政府间的事权划分。中央与省的事权划分原则是中央管全国性公共产品供给，省级政府负责地方公共产品供给。但是，什么是全国性公共产品？什么是地方公共产品？从来就没有通过立法对其加以明确规定，随意性很强。在事权的实际执行中，往往是中央和省交叉负责，难分彼此。中央和省之间的事权划分状况尚且如此，省以下各级政府间的事权就更划不清

① 喻希来："中国地方自治论"，载《政治体制改革研究》2002年第4期。

了。省、市、县、乡镇四级地方政府的职责范围高度雷同,特别是市、县、乡镇三级政府,每一级的事权重点都不明显,哪些属于本级政府的主办事务,哪些属于受托事务,没有清楚界定,相应地支出责任也就无法划定。

我国政府间的事权一直没有明确划分的原因,固然与在上级领导下级的体制下政府层级多、政府间相互拆分事权的空间大最终造成大部分事权都由多级政府共同分担的格局有关,但根本原因在于事权划分与财权划分一样都是权力分配问题。对权力分配问题本应从制度层面而不是从权力角度来解决,而我们却相反,不是从制度层面而是从权力角度来解决的。因为我们是中央高度集权的体制,有关事权和财权的决策权都集中在中央,地方政府只有执行权,没有决策权,一切听命于中央。中央和地方是领导与被领导的关系,不存在欧美国家那样的"自由人的契约联合体"的法理基础,中央和地方各级政府不可能平等协商,共同讨论决策。从中央政府的立场考虑,必须牢牢把握对全国的宏观调控权和指挥权,如果使各级政府的事权和财权划分法律化、制度化,中央行使权力就不那么得心应手了,这是中央不愿意看到的。只要事权与财权划分没有以法律制度的形式固定下来,中央便可以根据形势的需要灵活地处理各级政府间事权和财权的划分问题。从20世纪80年代以来所出现的"放权—收权"的政策变化就可以说明,1994年的分税制改革,导致财权重心上移,事权重心下移,造成地方财政困境,也是一个例证。

市场经济的快速发展,人民群众利益诉求的明朗化,对公共产品需求的多样化,要求行政管理体制改革尽快推进,这就需要对政府间的职能划分和收益范围作出明确界定。对事权与财权进行明确、科学的划分,同样必须和政治体制改革相结合,或者其本身就是政治体制改革的一部分,并且中央的改革和地方的改革要同步进行。

对中央的改革而言,就是要改革中央高度集权体制。因为确定各级政府的事权,就意味着地方政府根据本区域内的公共需求承担了保障供给的责任。责任和权力不可分割,责任也意味着权力,因此须同时给地方政府配置相应的独立权力。例如,要求县级政府承担供给本区域内公共物品的责任,那么就必须同时相应地赋予县级政府诸如独立的经济发展权、人事管理权、财政收入与支出权等一系列的权力。但是,在中央高度集权的政治体制下,这是不大可能真正实现的。所以,要明确划分地方政府间的事权与财权,首先需要中央与省级地方政府的事权与财权有明确的划分。中央高度集权的体制应当改革,最基本的改革方向就是中央要向地方下放权力。

对地方的改革而言,就是要加强地方民主政治建设,建立健全地方权力运行的监督、控制机制。民主政治的核心是预算民主和财政收支由人民决定的问题,或简单地说是限制政府的征税权以及政府财政支出要受到民选代表的实质性审议和制约的问题。① 现在中央之所以不下放权力给地方政府,除了集权体制因素外,还在于缺乏真正有效地对地

---

① 韦森:"财政体制改革是政改的核心问题",载《南方日报》2010年9月8日版。

方政府行使权力的监督制约机制。根据法律的规定，地方人大监督地方政府，但在中国目前情势下，地方人大根本起不到对地方政府制衡的作用。如前文所述，实行“省直管县”体制后，县级的权力扩大了，而省级政府的监督、控制又力所不及，其他有效的监督机制还没有建立。在此情况下，县级政府很可能会滥用权力，如从本地局部利益出发，盲目投资搞重复建设，进行恶性竞争，滥设收费项目，肆意举债，为讨上级赞赏不惜重金搞“面子工程”，为了个人私利违法乱纪搞腐败。为保障基层地方政府正确行使权力，加强地方的民主法治建设就显得非常重要和必要了，特别是需要加强基层民主制度建设，建立起“自己管理自己”的管理模式和管理制度。

现实表明，“市管县”体制严重阻碍县域经济发展的弊端已经突出显现，改革在所必然。“省直管县”财政体制改革是否能力挽地方财政困局，对其利弊得失做何评价，当下恐怕做不了结论。但有一点可以肯定，“省直管县”财政体制改革难以“孤军深入”，更不可能“一枝独秀”。虽然近10年的改革试验赢得了不少赞许，但笔者对这种“单打一”的改革举措贸然全面推行的成效是抱怀疑态度的。财政体制绝不单纯是财政问题，它既是经济问题，也是政治问题，也可以说是关涉经济、政治和社会的全局性问题。财政体制改革不可能局限在财政这个框框中就可以顺利进行和获得成功。笔者认为，“省直管县”财政体制改革应当在行政管理体制的综合改革中协调一致地逐步推进为宜，不能采取“一刀切”的办法。对经济发达地区、经济不发达地区和辐射力强、辐射力弱的中心城市要区别对待，因地制宜地灵活实施。

“省直管县”财政体制改革能否取得实效，一要看省级财政的宏观调控能力和财力。省级财政有财力来解决县级财政困难和支持县域经济的发展，可以实行“省直管县”体制，像浙江、江苏这些省份是应该没有问题的。但像陕西、甘肃等西部省份，工业化水平低，经济发展慢，农村贫穷面大，就应该选择符合本地区特点的管理模式。否则，只能是管理形式上的“换汤不换药”。二要看县级区域经济的自身发展能力。实行“省直管县”后，县级政府被赋予了较大的发展自主权，但发展自主权并不等于发展能力。“省直管县”只是为县域的发展提供了一个制度环境，不可能县级财政的所有问题都依靠省级财政来解决。县域地方公共产品的提供，县域经济的发展等问题，主要应依靠县级政府自己解决。如果实行“省直管县”之后，县域经济仍然不能得以发展，就失去改革的意义了。尤其需要避免的是“省直管县”不能变成“省养县”，县级财政对省级财政不能产生依赖性，成为省级财政的包袱。三要看市级财政实力水平。如果市级财力较弱，县级财力较强，则可实行“省直管县”体制；如果市级财力较雄厚，中心城市的辐射力强，有能力帮扶县级区域的发展，则仍可实行“市管县”体制。如果硬要取消市级政府这个中间层级，亦可把县级区域改变为市辖区。

此外，对于省级区域过于辽阔的省份，可以实行两种体制并存的格局，选择条件较好的县级实行“省直管县”体制，对条件不好的县级继续维持原有管理体制。因为如果一个省有100多个县，把100多个县的问题都集中到省里，从管理的效率来说，也不一定有效。

对于少数民族自治州则一律不实行“省直管县”体制。民族自治州是宪法规定的民族自治地方,拥有宪法所赋予的自治权,与一般地级市相比有其独有的特殊性。通过改革裁撤自治州,由省级政府直接管理自治县,是违背宪法的。

税制改革中地方税收利益的蚕食与维护

翟继光*

一、税制改革中蚕食地方税收利益的方式

（一）直接取消地方税种

1993年12月15日，国务院发布了《关于实行分税制财政管理体制的决定》（国发〔1993〕第85号），根据党的十四届三中全会的决定，为了进一步理顺中央与地方的财政分配关系，更好地发挥国家财政的职能作用，增强中央的宏观调控能力，促进社会主义市场经济体制的建立和国民经济持续、快速、健康的发展，国务院决定，从1994年1月1日起改革当时实行的地方财政包干体制，对各省、自治区、直辖市以及计划单列市实行分税制财政管理体制。

根据《关于实行分税制财政管理体制的决定》，屠宰税、农牧业税、对农业特产收入征收的税（以下简称农业特产税）、固定资产投资方向调节税、遗产和赠予税都属于地方固定收入。但随后进行的一系列税制改革，这些地方固定收入逐渐都被取消了。

遗产和赠予税至今尚未开征，因此只能认为是一个尚未成熟的葡萄，地方政府尚无法将其作为现实的税收收入。

2006年2月17日，时任国家总理温家宝国务院令第459号，规定："1994年1月30日中华人民共和国国务院令第143号发布的国务院《关于对农业特产收入征收农业税的规定》自2006年2月17日起废止。对该规定中的烟叶收入征税，另行制定办法。1950年12月15日政务院第六十三次政务会议通过，1950年12月19日政务院发布的《屠宰税暂行条例》自2006年2月17日起废止。"农业特产税和屠宰税随之成为历史，地方税收收入中缺少了两个重要税种。农业特产税在1999年曾经达到近140亿元，农村税费改革开始以后逐年减少，2002年已经降至98亿元左右。屠宰税在2000年曾经达到31.8亿元，之后随着各地逐渐取消屠宰税，2003年已经降低到2.3亿元。

农业税是我国的一个重要税种，1950年农业税占当时财政收入的39%，之后这一比例逐年降低，2004年农业税占各项税收的比例进一步降至1%。2002年全国农业税收入

---

* 中国政法大学民商经济法学院副教授、硕士研究生导师，法学博士。

约500亿元。2005年12月,第十届全国人民代表大会常务委员会第十九次会议通过决定,自2006年1月1日起废止《农业税条例》。

1991年4月16日国务院发布《固定资产投资方向调节税暂行条例》,从1991年起施行。根据财政部、国家税务总局、国家发展计划委员会1999年12月17日发布的《关于暂停征收固定资产投资方向调节税的通知》,固定资产投资方向调节税自2000年1月1日起,暂停征收。固定资产投资方向调节税收入在1999年曾经达到130亿元。

上述税种如果按照其历史最高点的收入来计算,合计收入达800亿元/年,地方政府逐步丧失上述收入是一笔不小的损失。

(二)新增税源划归中央

在1999年11月1日之前,我国对储蓄存款利息所得免征个人所得税。1999年9月30日《对储蓄存款利息所得征收个人所得税的实施办法》,对储蓄存款利息所得开征个人所得税。根据《关于实行分税制财政管理体制的决定》,个人所得税属于地方固定收入,对储蓄存款利息所得征收的个人所得税也应当属于地方固定收入。但《对储蓄存款利息所得征收个人所得税的实施办法》第12条明确规定:"对储蓄存款利息所得征收的个人所得税,由国家税务局依照《中华人民共和国税收征收管理法》、《中华人民共和国个人所得税法》及本办法的规定负责征收管理。"该新增税源在开征之初就划归中央所有。2006年对储蓄存款利息所得征收的个人所得税(利息税)总额达到459亿元,约占当年税收总收入的1.2%。

(三)重新划分中央地方税收分配模式

根据《关于实行分税制财政管理体制的决定》,中央企业所得税,地方银行和外资银行及非银行金融企业所得税,铁道部门、各银行总行、各保险总公司等集中交纳的所得税属于中央收入;地方企业所得税(不含上述地方银行和外资银行及非银行金融企业所得税)、个人所得税,属于地方收入。

2001年12月31日,国务院发布《所得税收入分享改革方案》(国发〔2001〕37号),规定,除铁路运输、国家邮政、中国工商银行、中国农业银行、中国银行、中国建设银行、国家开发银行、中国农业发展银行、中国进出口银行以及海洋石油天然气企业缴纳的所得税继续作为中央收入外,其他企业所得税和个人所得税收入由中央与地方按比例分享。2002年所得税收入中央分享50%,地方分享50%;2003年所得税收入中央分享60%,地方分享40%;2003年以后年份的分享比例根据实际收入情况再行考虑。目前,中央、地方所得税分享比例为6:4。由于无法获得准确的数据,我们无法确定本次改革是增加了地方收入还是减少了地方收入,但从《所得税收入分享改革方案》关于"中央财政因所得税分享改革增加的收入,按照公平、公正的原则,采用规范的方法进行分配,对地方主要是中西部地区实行转移支付"的规定来看,本次改革无疑减少了地方收入。由于企业所得税收入在我国税收总收入中的比重逐年上升,本次改革导致地方政府税收收入减少的程度将逐年增加。

（四）税制改革隐性蚕食地方税收利益

自1994年实行分税制财政管理体制改革以来，我国又进行了若干次较大规模的税制改革，这些税制改革从表面来看并未直接损害地方税收利益，但深入分析即可发现对地方税收利益的蚕食。

2006年3月21日，财政部、国家税务总局联合发布《关于调整和完善消费税政策的通知》（财税〔2006〕33号），对消费税的税目、税率进行调整。这次调整新增了高尔夫球及球具、高档手表、游艇、木制一次性筷子、实木地板等税目，取消了"护肤护发品"税目，并对部分税目的税率进行了调整。我国2005年消费税收入为163.4亿元，2006年增长到188.6亿元。新增税收中有很大比例是本次消费税改革的结果。消费税作为价内税，如不能通过涨价的方式转嫁到消费者身上就必然挤占企业利润，[①]从而影响所得税收入的增长，其中40%的部分将由地方政府承担。由于消费税属于中央收入，因此，消费税挤占企业所得税必然导致中央政府受益，地方政府受损。

2007年3月16日，第十届全国人民代表大会第五次会议通过《企业所得税法》，自2008年1月1日起，我国企业所得税税率从33%降低到25%。本次税制改革对于企业所得税收入的影响并不明显。[②] 当然，这种影响不明显主要是由于企业所得税收入处于快速增长时期，[③]但由于2002年开始的所得税分享改革方案中，地方仅分享企业所得税收入的40%，因此，从长期来看，地方在未来所得税增长中分享的利益较少。

2008年11月5日，国务院第34次常务会议修订通过《增值税暂行条例》，从2009年1月1日起实现了增值税从生产型向消费型的转变。关于本次改革对于增值税收入的影响，财政部和国家税务总局的预算是减少1200亿元，[④]从增值税收入增长速度来看，本次税制改革也的确给增值税收入带来了不小的影响。[⑤] 根据《关于实行分税制财政管理体

① 即使能通过涨价的方式转嫁到消费税身上，也必然影响企业所得税。因为这部分新增的消费税本来应当属于企业利润或者消费者剩余，如归属于企业利润，显然会增加企业所得税，如属于消费税剩余，消费者仍会购买新的商品，从而增加企业利润和企业所得税。

② 2007年企业所得税收入7724亿元，外商投资企业和外国企业所得税1951亿元，合计9675亿元。2008年企业所得税收入11,173亿元，比2007年增长27.3%。2008年全部税收收入比2007年增长18.8%。

③ 2008年企业所得税收入比2007年增长27.3%，2008年全部税收收入比2007年增长18.8%。2009年企业所得税收入比2008年下降0.3%，2009年全部税收收入比2008年增长9.1%。2010年企业所得税收入比2009年增长11.3%，2010年全部税收收入比2009年增长23%。

④ "财政部、国家税务总局负责人就全国实施增值税转型改革答记者问"，载http://www.chinatax.gov.cn/n8136506/n8136548/n8136623/8457741.html。

⑤ 2008年国内增值税收入17,996.9亿元，同比增长16.3%；2009年国内增值税收入18,481.24亿元，同比增长2.7%。全部税收收入2008年同比增长18.8%，2009年同比增长9.8%。数据来源：财政部税政司发布的《2008年税收收入增长的结构性分析》（http://www.gov.cn/gzdt/2009-02/20/content_1237654.htm）、《2009年税收收入增长的结构性分析》（http://szs.mof.gov.cn/zhengwuxinxi/gongzuodongtai/201002/t20100211_270552.html）。

制的决定》,增值税是中央地方共享税,中央分享 75%,地方分享 25%。因此,从表面来看,增值税改革的成本主要由中央政府承担,但实际上并非如此。由于一种税收的变动会引起其他税收的连锁反应,因此,不能从一种税收的变动中简单得出相关结论。从地方税收收入占全部税收收入的比重中可以看出地方税收收入的整体变化趋势。从 2008 年到 2010 年,地方财政收入占全国财政收入的比重并未发生明显变化。① 地方税收收入占全国税收收入的比重变化也不明显。② 这就说明增值税改革所导致的中央税收收入相对地方税收收入减少的趋势被其他税收收入的相反变动趋势所抵消,增值税改革并未给地方税收收入的增长带来实质性的促进作用。

2011 年 6 月 30 日,第十一届全国人民代表大会常务委员会第二十一次会议审议通过了全国人民代表大会常务委员会《关于修改〈中华人民共和国个人所得税法〉的决定》,决定自 2011 年 9 月 1 日起,将工资薪金所得减除费用标准从 2000 元提高到 3500 元,并降低了低收入群体工资薪金所得适用的税率、降低个体工商户生产经营所得适用的税率。根据官方的测算,这一改革将使个人所得税收入减少 1600 亿元。③ 虽然其中 60% 的部分是由中央政府承担的,但对不同地方政府而言,这一改革的得失是不同的。根据测算,应纳税所得额在 3.86 万元以下的纳税人税负会适当减轻,而在 3.86 万元以上的纳税人税负会有所增加。因此,经济发达地区很有可能通过本次税制改革增加个人所得税收入或者基本保持不变,而经济落后地区则承担了较大的减税损失。限于数据,我们无法一一判断每次税制改革所导致的经济发达地区和经济落后地区税收收入的相对变化趋势,但从社会经济发展水平大体可以得出这样的结论,自 1994 年以来的税制改革整体上使经济落后地区税收收入占全国税收收入的比重在逐年降低,税收收入有逐年向经济发达地区集中的趋势。

二、税制改革中蚕食地方税收利益的原因

我国税制改革中之所以会不断蚕食地方税收利益主要原因有三个:

第一,划分中央地方税收收入的规范性文件效力过低。法治发达国家规范中央地方税收收入划分的依据一般是宪法和法律,如《德国基本法》明确规定了联邦、州和地方三

① 地方财政收入占全国财政收入的比重,2008 年为 46.7%,2009 年为 47.6%,2010 年为 48.9%,根据《关于 2008 年中央和地方预算执行情况与 2009 年中央和地方预算草案的报告》、《关于 2009 年中央和地方预算执行情况与 2010 年中央和地方预算草案的报告》、《关于 2010 年中央和地方预算执行情况与 2011 年中央和地方预算草案的报告》中的数据计算而出。

② 地方税收收入占全国税收收入的比重,2008 年约为 42%,2009 年约为 44%,2010 年约为 44%。根据财政部税政司发布的《2008 年税收收入增长的结构性分析》、《2009 年税收收入增长的结构性分析》、《2010 年税收收入增长的结构性分析》(http://szs.mof.gov.cn/zhengwuxinxi/gongzuodongtai/201102/t20110201_436195.html)推算而出。

③ "财政部:个税收入全年减收 1600 亿左右",载 http://money.163.com/11/0630/16/77QG51D600254LG5.html。

级政府的事权划分，美国宪法中也有关于财政收支划分的规定，更多的国家则是以基本法的形式来规定财政收支划分的相关制度，如韩国的《地方财政法》、《地方税法》，日本的《地方税法》，我国台湾地区还制定了专门的"财政收支划分法"。[①] 我国关于中央地方税收收入划分的基本规范仅仅是国务院制定的《关于实行分税制财政管理体制的决定》，这一决定在效力上相当于行政法规，但从制定过程、立法形式和内容等方面来看，都很难算得上规范的行政法规。正是规范中央地方税收收入的规范性文件效力过低，国务院有权随时对这种划分方式进行微调或者改革。

第二，地方无实质税收立法权的分税制导致中央可以任意改变分税制的具体标准。分税制中划分税收收入的方法具体包括税额分割法、税率分割法、税种分割法以及税权分割法。无论哪种方法，实质意义上的分税制都内含着地方税收立法权。[②] 目前，我国的分税制虽然也有税额分割法、税率分割法、税种分割法，但并无实质意义上的税权分割法。税收立法权高度集中于中央，地方仅有执行权和分享权，并无税收立法权，就连税法解释的权力都非常有限。地方税的立法权完全集中在中央，中央能够任意废除或者修改地方税也就不足为奇了。

第三，中央对地方的垂直领导以及中央对地方财政转移支付制度的存在降低了地方对税制改革的抵触。我国是单一制国家，中央对地方的领导，特别是行政和财政方面的领导几乎是纯粹命令式的。中央的决定，地方必须无条件服从，不能有任何表面和直观的抵触。而法治发达国家无论是联邦制还是单一制，基本上都不存在中央可以直接向地方下达命令、地方对中央的命令必须绝对无条件服从的制度。另外，我国地方税收收入并不是地方收入的唯一来源，中央对地方的财政转移支付也是地方收入的重要来源。财政转移支付制度的存在在一定程度上缓解了地方税收收入不断遭受蚕食所带来的抵触。[③]

---

① 翟继光著：《财政法学原理——关于政府与纳税人基本关系的研究》，经济管理出版社2011年版，第198页。

② 实行联邦制的国家，地方有充分的税收立法权就不必说了，即使是实行单一制的国家，地方也大多具有税收立法权，如日本实行中央集中领导下的地方自治制度，在财政收入划分上采取税权分割法，即中央与地方均享有财政收入的设定权、征收权和享用权。为确保全国税收政策的大致统一，日本通过《地方税法》对地方的税收立法权予以限制。地方的税收立法必须符合《地方税法》的有关规定，必须在中央授权范围内予以制定。法国在分税制中属于集权程度较高的国家，即便如此，地方政权也享有一定程度的税收立法权，如制定地方税收的税率，决定开征必要的税收和对纳税人采取减免税措施等。

③ 中央对地方税收返还和转移支付收入，2007年达到18,112.45亿元；2008年为22,945.61亿元，增长26.5%；2009年为28,621.3亿元，增长29.8%；2010年为32,349.63亿元，增长13.3%。数据来源：《关于2007年中央和地方预算执行情况与2008年中央和地方预算草案的报告》、《关于2008年中央和地方预算执行情况与2009年中央和地方预算草案的报告》、《关于2009年中央和地方预算执行情况与2010年中央和地方预算草案的报告》、《关于2010年中央和地方预算执行情况与2011年中央和地方预算草案的报告》。

三、税制改革中蚕食地方税收利益的危害

我国在税制改革中蚕食地方税收利益的做法损害的不仅仅是地方的税收利益，对于中央的税收利益也造成了损害，同时也是造成近年来地方诸多社会矛盾的根源之一。具体而言，其危害主要表现在以下三个方面：

第一，地方对税源的争夺日益加剧。从整体上看，税制改革中的获益者是中央政府，受损者是地方政府。但就不同地方政府的损益来看，则是有些地方政府受益，有些地方政府受损。在税制改革中受益的主要是经济发达地区，而受损者主要是经济落后地区。我国的主要税种都是与GDP挂钩的，地方的GDP越高，该地方的税收收入也会越高。根据1992年以来各地GDP数据可以看出，每次大型税制改革一般都伴随着发达地区和落后地区的GDP差距的扩大。当然，由于中央政府的财政转移支付政策主要倾向于经济落后地区，因此，税制改革所带来的GDP差距扩大趋势又会很快被中央政府的财政宏观调控政策所扭转。① 为争夺税源，各地纷纷运用自身所具有的权力或明后暗地出台了很多税收优惠政策以及土地、户籍、外汇、融资等各种优惠政策，以吸引国内外的投资。为此，国家多次开展对越权税收优惠和各种其他优惠政策的清理工作。② 地方对税收利益的激烈争夺有时甚至会直接迫使中央改变政策。③

---

① 2010年，GDP前三甲分别为广东(45,472.83亿元)、江苏(40,903亿元)、山东(39,416.2亿元)，最后三名为宁夏(1643亿元)、青海(1350.43亿元)、西藏(507.46亿元)。最发达三省与最不发达三省GDP之比为35.9:1。2009年这一比例(同为上述六省之间的比例，下同)为37.4:1；2008年为37.7:1；2007年为40.6:1；2006年为42.2:1；2005年为42.3:1；2004年为39.9:1；2003年为39.4:1；2002年为39.1:1；2001年为39.5:1；2000年为40.9:1；1999年为40.2:1；1998年为40.8:1；1997年为41.6:1；1996年为41.4:1；1995年为40.2:1；1994年为39:1；1993年为36.6:1；1992年为27.5:1。数据来源：《2010年全国各地GDP数据一览》(http://news.xinhuanet.com/fortune/2011-02/15/c_121077453.htm)、《2009年全国各地GDP数据一览》(http://www.ce.cn/macro/more/201002/26/t20100226_21016776.shtml)、《中国省级行政区历年国内生产总值列表》(维基百科)。

② 2004年1月16日，国家税务总局发布《关于清理检查开发区税收优惠政策问题的通知》(国税发〔2004〕9号)，对"一些地方在开发区的建设上，出现了越权制定和违规执行税收优惠政策，乱开减免税口子的问题"进行清理和整顿。2006年12月25日，国务院办公厅《关于规范国有土地使用权出让收支管理的通知》(国办发〔2006〕100号)明确规定，任何地区、部门和单位都不得以"招商引资"、"旧城改造"、"国有企业改制"等各种名义减免土地出让收入，实行"零地价"，甚至"负地价"，或者以土地换项目、先征后返、补贴等形式变相减免土地出让收入。

③ 建筑企业普遍存在异地经营的问题，企业注册地和施工地便开展了税源争夺大战。为此，2010年1月26日，国家税务总局发布《关于建筑企业所得税征管有关问题的通知》(国税函〔2010〕39号)，规定建筑企业跨地区设立的不符合二级分支机构条件的项目经理部(包括与项目经理部性质相同的工程指挥部、合同段等)，应汇总到总机构或二级分支机构统一计算，按照国税发〔2008〕28号文件规定的办法计算缴纳企业所得税。同时，还特别强调："各地税务机关自行制定的与本通知相抵触的征管文件，一律停止执行并予以纠正；对按照规定不应就地预缴而征收了企业所得税的，要及时将税款返还给企业。未按本通知要求进行纠正的，税务总局将按照执法责任制的有关规定严肃处理。"但在地方的强烈抵制下，4月19日国家税务总局又发布了《关于跨地区经营建筑企业所得税征收管理问题的通知》(国税函〔2010〕156号)，改变了上述规则，规定，建筑企业总机构直接管理的跨地区设立的项目部，应按项目实际经营收入的0.2%按月或按季由总机构向项目所在地预分企业所得税，并由项目部向所在地主管税务机关预缴。

第二，地方对中央财政转移支付的争夺日益加剧。由于中央财政转移支付是地方财政收入的重要来源，[①]没有充足税收收入的地方便盯住了这一块"肥肉"，纷纷施展浑身解数，采取各种手段来取得尽可能多的中央财政转移支付。"跑部钱进"、驻京办、[②]虚报灾情[③]以及在各种补助申请中弄虚作假的现象层出不穷，[④]这些现象的根源就在地方争夺中央财政转移支付的努力。这种恶性竞争显然会导致国家财政资金使用效益的降低，在我国财政转移支付的法律制度尚不健全的情况下，中央政府通过审批来分配巨额的财政资金也很容易导致腐败。

第三，地方转而寻找新的财政收入来源。由于征税大权牢牢掌握在中央政府手中，且税制改革屡次蚕食地方税收利益，地方政府便会转而寻找自己能够控制的财政收入来源。国有土地使用权出让金是地方政府的重要财政收入来源，在个别地方的个别年度，其重要性甚至超过了地方税收。[⑤] 地方政府在财政收入不足的情况下，过分依赖国有土地出让金收入，由此导致土地财政、房地产价格过快上涨，并进而出现屡禁不止的违法强拆、违规建设高尔夫球场、[⑥]地方对抗中央房地产调控政策等乱象。旅游业是能够增加地方财政收入的投资少、见效快的产业，各地为发展旅游业不仅使用了在各种媒体大量做广告、申遗等合法正规手段，也使用了很多哗众取宠的违规甚至违法手段，如周老虎、[⑦]曹操墓。[⑧] 为增加正规经营者的利润并进而提高政府税费收入，各地城管部门不惜动用各种流氓手段取缔街头的违法经营者，[⑨]进而引发了城管被打、车辆被砸等社会不稳定事

---

① 2010年中央对地方税收返还和转移支付占地方全部财政收入的44%。

② 为了整治驻京办的乱象，2010年1月29日，国务院办公厅发布《关于加强和规范各地政府驻北京办事机构管理的意见》（国办发〔2010〕8号），决定撤销地方各级政府职能部门、各类开发区管委会以及其他行使政府管理职能单位以各种名义设立的驻京办事机构，撤销县、县级市、旗、市辖区人民政府以各种名义设立的驻京办事机构，同时大量裁减地级市、地区、盟、州人民政府驻京联络处。

③ 例如，2010年9月以来山东等地的旱情就被媒体和地方政府宣传为200年一遇、500年一遇，甚至千年一遇。照此推算，200年前就已经是清朝的嘉庆年间，500年前就是明朝，1000年前是汉朝。由于我国历史上并无旱情的准确记录，这种说法很显然是一种人为夸大。参见"山东'千年一遇'干旱?"，载 http://www.people.com.cn/GB/32306/33232/13946233.html。

④ 有网友发现，若干县市的名字同时出现在国家扶贫办网站上的《新时期592个国家扶贫开发工作重点县名单》和2011全国百强县（含中部、西部）名单中，其中有的贫困县在百强县的名单中还相当靠前，如内蒙古准格尔旗位居全国百强县第12位、西部百强第1位，伊金霍洛旗位居全国百强县29位、西部百强县第3位。http://news.xinhuanet.com/local/2011-08/23/c_121899794.htm。

⑤ 2010年，在两轮房市调控之下，全国土地出让金数额仍再创新高；增幅再创新高，同比增70.4%；土地出让金占地方财政收入的比例再创新高，为76.6%，这一比例是空前的，反映了地方政府对土地财政的极度依赖。http://www.infzm.com/content/54644。

⑥ "北京违规建多处高尔夫球场年耗4千万吨地下水"，载 http://news.sina.com.cn/c/2011-08-08/230522956378.shtml。

⑦ 关于华南虎假照事件，可以参见百度百科的介绍，http://baike.baidu.com/view/1277259.htm。

⑧ 关于河南安阳曹操墓之争，可以参见新浪网的专题报道，http://news.sina.com.cn/z/caocaomuzang/。

⑨ 以上海为代表的钓鱼执法还算比较文明的，在现实生活中，通过打砸抢进行城管执法的不在少数。

件。为通过罚款创收，各地频频出现以罚代管、违规罚款等乱象。

四、税制改革中地方税收利益的维护

维护地方税收利益并适当提高地方税收收入占全国税收总收入的比重不仅有利于增强地方提供公共服务的能力、减少地方通过违规手段获取财政收入的动机，而且有利于健全财税法治、维护纳税人合法权益、巩固税源，并进而提高国家整体公共服务提供水平。在税制改革中维护地方税收利益应当从以下三个方面入手：

第一，通过法律手段固定中央地方税收收入划分制度。根据我国目前法律制度的状况，既可以在《宪法》中规定中央地方税收收入划分的原则，也可以在《预算法》中规定中央地方税收收入划分的规则，如条件成熟，也可以制定专门的“财政收支划分法”。[①] 中央地方税收收入的划分权和调整权应当集中在全国人大及其常委会，并主要由全国人大行使。国务院作为一方利益主体，不应当行使中央地方税收收入的划分权和调整权。

第二，确立财政收入法定原则，完善财政收入取得制度建设。财政收入的确定权应当由中央和省级政府行使，具体包括全国人大及其常委会、国务院及其职能部门、省级人大及其常委会、省级政府。省级政府的职能部门以及省以下地方政府均无权确定财政收入。[②] 其中比较重要的财政收入，如税收，还应当实现严格的法定原则，即由法律或者地方性法规来确定，国务院及其职能部门、省级政府均无权开征新税，仅有权在法律、地方性法规确定的范围和幅度内享有一定程度的税收优惠权。[③] 各种财政收入执行的细则原则上应当由国务院及其职能部门和省级政府来制定，省级政府职能部门和省以下地方立法机关和政府仅享有在法律法规和规章授权下确定具体数额的权力以及部分需要根据本地实施特殊情况进行细化的权力。上述权力均必须有法律、法规和规章的明确授权才能行使。

第三，加强对地方取得财政收入行为的监督。维护地方税收利益并不是要授予地方任意征税和任意取得各类财政收入的权利，而是要保护和规范地方征税和取得其他财政收入的行为。对地方取得财政收入行为的监督包括立法监督、行政监督、司法监督和社会监督。在立法监督方面，应当定期进行财政收入立法检查，确保国务院及其职能部门以及地方各级政府依法行使财政收入的确定权和取得权，对于违法者应当追究主要领导人的政治责任，如罢免、责令公开道歉。在行政监督方面，上级行政机关应当对下级行政机关进行定期行政督察，对于违法者应当追究主要领导人和直接责任人员的行政责任，

---

① 翟继光著：《财税法原论——和谐社会背景下的税收法治建设》，立信会计出版社2008年版，第223、224页。

② 具有副省级地位的经济特区等特殊地方可以在现有法律授权下行使一定程度的财政收入确定权，但主要权力仍应由省级人大及其常委会和省级政府来行使。

③ 翟继光著：《税法学原理——税法理论的反思与重构》，立信会计出版社2011年版，第162～163页。

如警告、降级、撤职。在司法监督方面，各级法院应当积极受理当事人起诉行政机关违法行使财政收入确定权和取得权的诉讼，积极受理检察机关起诉行政机关工作人员在取得财政收入过程中的违法犯罪的诉讼。在社会监督方面，应当鼓励纳税人检举各级行政机关违法取得财政收入的行为，对于检举有功人员给予一定的奖励。

增值税改革与政府间财政关系的协调

乔博娟*

增值税的普及是过去半个世纪以来税收史上最为重要的发展。① 增值税在全球的发展速度,比任何一个新税种都要快。② 自法国 1954 年成功采用增值税以来,增值税快速发展并风靡世界,全球多个国家和地区相继开征此税,至今,约有一百三十多个国家和地区实行增值税。增值税因其税源充裕、税基较宽以及征收稳定、及时等特点,具有较强的筹集财政收入的功能,在实行增值税的国家中,增值税收入约占税收收入的五分之一。增值税以其独特的优势成为世界各国税制体系中的重要税种。

目前,中国流转税税制实行增值税和营业税并行的模式,这种模式在税制改革初期发挥了重要的作用,但随着市场经济的发展与完善,增值税与营业税分立的缺陷逐渐显露。增值税扩围几乎是一致的共识,但是如何扩围存在分歧。目前主要有两种方案:一是采取一步到位的方式,对所有货物和劳务统一征收增值税,取消营业税;③二是采取逐步推进的方式,把与销售货物关系密切的行业先行纳入增值税征收范围,如交通运输业和邮电通信业,然后再将增值税征收范围扩展到其他服务业。④

我们认为,立法应该体现增值税的基本原理和未来税制改革的方向,应该将所有货物和劳务全部纳入增值税征收范围,取消营业税,以解决目前增值税和营业税并行带来的诸多问题,充分发挥增值税中性特点。不可否认,与逐步推进的方式相比,采取一步到

---

* 中国人民大学法学院博士研究生。

本文为国家社科基金项目"政府间财政关系之法治化研究"(批准号:08CFX030)的阶段性研究成果。

① *International VAT/GST Guidelines*, www. oecd. org/dataoecd/16/36/36177871. pdf.

② Alan Schenk and Oliver Oldman, *Value Added Tax: a comparative approach*, Cambridge: Cambridge University press, 2007, p. 1.

③ 邓文勇、蒙强:"对现行流转税制改革的设想",载《税务研究》2006 年第 12 期;韩绍初:"中国增值税应进行第三次重大改革",载《税务研究》2008 年第 10 期;安体富:"中国中长期税制改革研究",载《经济研究参考》2010 年第 46 期。

④ 刘汉屏、陈国富:"扩大增值税征收范围的思考",载《税务研究》2001 年第 11 期;杨小强著:《中国增值税法:改革与正义》,中国税务出版社 2008 年版,第 66 ~ 70 页;董其文:"加快推进扩大增值税征收范围的改革",载《税务研究》2010 年第 11 期。

位的方式面临的困难更大，但我们可以在不同行业进行调研和试点的基础上，综合考虑扩围的影响，设计一套切实可行的扩围方案，辅以相应的配套措施。但这种改革取向必然遭遇政府间财政关系的协调难题。

按照现行规定，增值税是中国税制结构中的主体税种，性质上属于中央和地方共享税，由国家税务局征收管理，国内增值税收入75%属于中央政府，25%属于地方政府；进口环节增值税由海关代征，收入归属中央。营业税是地方税，由地方税务局征收，除铁道、各银行总行、保险总公司集中缴纳的营业税由国家税务局征收，全部属于中央政府外，其他营业税收入均归属于地方政府。

从收入数额来看，2009年，国内增值税收入为18,481.22亿元，其中中央级收入为13,915.96亿元，地方级收入为4565.26亿元；营业税收入为9013.98亿元，其中，中央级收入为167.10亿元，地方级收入为8846.88亿元。从地方税收结构来看，增值税和营业税两大税种占全部地方税收收入的比重约为55%～60%。其中，排在第一位的是营业税，占地方税全部收入的30%以上；排在第二位的是增值税，占地方税全部收入的20%左右。

鉴于增值税和营业税在税种结构中的主体地位以及收入归属的性质，增值税扩围改革中必须高度重视政府间的财政关系问题。增值税征收范围的扩大，意味着营业税最终可能被取消。在增值税扩围乃至取代营业税后，如何保证地方财政收入不受影响，从而获得地方政府的支持，将是增值税扩围改革能否成功的关键。因此，增值税扩围改革必须考虑地方政府财政收入的保障问题，对扩围后的增值税收入进行合理分配，以减小改革阻力。

一、增值税的税权划分

增值税作为中国现阶段税收收入最大的税种，其税权及收入归属如何划分至关重要。理论界普遍认为，一个运行良好的增值税应该是由中央政府统一进行课征的增值税。为了实现增值税的经济效率，一般都将增值税的立法权和征管权限划归中央，由中央政府负责制定税法、统一进行征收管理。[①] 因为增值税征收范围涵盖生产流通的各行业和各环节，其税基具有很强的流动性，经常发生跨境交易，且实行分段征收的抵扣法，考虑到征管成本和效率以及防止地方保护主义，增值税应该由中央统一征收，从而降低征管成本，提高征管效率，促进货物和劳务在全国范围内自由流动，形成全国统一大市场。

在分设中央与地方两套税务机构的情况下，国内增值税由国家税务局征收管理（进口环节增值税由海关代征），营业税主要由地方税务局征收（铁道、各银行总行、保险总公司集中缴纳的营业税由国家税务局征收）。增值税扩围并取消营业税，必然会涉及国税、地税征管权限问题。一方面，既然增值税扩围改革的目标是全面覆盖货物和劳务，为了

① 施文泼、贾康："增值税'扩围'改革与中央和地方财政体制调整"，载《财贸经济》2010年第11期。

促进资源在全国范围内流通,提高征管效率,且增值税的税权归属中央政府,就应该由国家税务局在全国范围内统一征收,尤其是税基流动性强的行业,如交通运输、金融服务以及电子商务,由国税系统征收更为合适;另一方面,考虑到征管便利,现行制度规定的属地管辖原则以及保持征管权限相对平稳等因素,对于那些税基流动性不强的行业,如建筑安装业、房地产业、娱乐业,可以继续由地方税务局征收。

二、增值税的收入分配

如前所述,增值税扩围、取消营业税必然影响地方财政收入,必须合理调整改革后的增值税收入在中央与地方政府之间的分配。目前,国内增值税收入75%属于中央政府,25%属于地方政府;营业税大部分属于地方政府。增值税扩围以后,为了弥补地方财政收入的损失,一个最简单的思路是相应提高增值税的地方分享比例。然而,这显然会进一步加剧现行增值税收入分享体制的弊病。[①] 理想的做法是同步推进税收体制改革和财政体制改革:一方面要重新构建增值税的收入分享体制,在提高地方收入分享比例的同时,考虑税源与税收贡献相一致的原则,根据各个地方的经济发展状况、人口规模、居民实际消费额以及财政支出需要进行分配;另一方面要以此为契机健全完善分税制财政体制,贯彻事权与财权相结合的原则,平衡各级政府财政收入,加大转移支付力度,调节地区间财力差距,统筹城乡发展以及支持实现基本公共服务均等化。

如何设计良好的增值税收入在各级政府间的分配机制,是各国税制改革必然要面对的问题。国外的经验可以为中国增值税改革所借鉴。以澳大利亚为例,澳大利亚联邦政府于2000年开征为货物劳务税,不仅替代了之前联邦和州在批发环节征收的流转税,而且取消了部分州税。为了确保各州对引进货物服务税的支持,联邦政府与各州约定,除非联邦政府和州政府一致同意,否则联邦政府不得更改现有的税基或税率,而且对州政府遭受的财政收入损失进行弥补。在税收收入分配方面,澳大利亚联邦政府按照各州的税收收入能力和公共支出需要,采用专门的公式将货物劳务税收入在扣除大约1.5%比例的管理费之后,全部转移支付给各州,由各州按照各自的预算重点安排支出。

关于增值税收入如何在中央政府和地方政府之间进行分配的问题,可以考虑增值税收入仍由中央和地方共享,但分成的依据不仅仅是各地征收的增值税数额,而是要在综合考虑各地的人口数量、居民实际消费额、基本公共服务需要以及地方政府的财政收入

① 现行增值税收入在中央与地方之间的分配是以税收的上缴地为基础进行的,这样的收入分享体制存在明显缺陷:第一,地方政府为扩大财源,提高增值税25%的分享部分,片面追求GDP增长以增加税收收入,导致各地工业重复建设严重,经济增长方式难以转变;第二,由于增值税采取在销售地缴纳的方式,跨地区商品贸易会引起增值税税负在地区之间的转嫁,但现行增值税收入分享体制按照增值税上缴地点来分配税收收入,并没有考虑到税负在地区之间转嫁的因素,导致了地区间财力分配不均;第三,税负转嫁的问题进一步导致了地区间对外地商品设置人为障碍,阻止进入本地区销售,或者强迫当地消费者购买本地产的商品,用垄断本地市场的办法阻止外地商品的输入,形成地区割据和地方保护主义,阻碍全国统一大市场的形成。参见施文泼、贾康:"增值税'扩围'改革与中央和地方财政体制调整",载《财贸经济》2010年第11期。

能力等诸多因素后确定。为了增强地方政府的收入预期，这一分配的方案、比例应该依照一个或一套明确的公式确定，同时在每个财政年度之前应做好增值税收入分享的预算，使得地方政府能够根据这一预算制定地方财政收支预算。①具体到增值税收入分享比例问题，可以通过测算不同分成比例对于中央与地方两级财政收入的影响来确定。假设改革前后税负保持稳定，使改革后可以征收同等额度的增值税，将改革后这些行业增值税与现行增值税的分成机制相统一，则改革后的增值税收入按照6:4分成较为可行，这一比例与所得税的分成比例相一致，②也考虑到了中国目前中央财政集中收入比例总体上低于世界平均水平的现状。③为测算方便，这一比例只是参考现行增值税的分成机制，为更加公平、合理地分配增值税收入，改革后的分成比例可以参考国际上的成功经验，通过设计一系列公式，测算各地方政府财政收支能力，由中央政府和地方政府协商确定。

三、完善地方税制体系，保障地方财政收入

通过1994年的分税制改革，中央集中控制了中央税、共享税以及地方税的立法权，加强了中央政府的财政控制权，明显提高了中央政府财政收入比重，为中央实施宏观调控提供了财政保障。但与此同时，税收立法权过分集中在中央，地方缺乏必要的税收立法权，地方税制结构不合理，税制运行不稳定。地方税税种种类虽然较多，但大部分税种在不同程度上都存在收入规模小、税源分散、征管难度大的不稳定性，地方税收收入规模与地方政府所担负的职能明显不相适应。④由于财权与事权不匹配，省以下财政体制不健全，基层财政困难，影响了基层政府的运作。有鉴于此，完善地方税制体系、保障地方财政收入就显得十分必要。

目前，地方政府财政收入主要由上级政府转移支付、共享税税收返还、地方税税收收入以及以土地出让收入为主的预算外收入构成。⑤营业税是地方的主体税种，取消营业税后，地方税收体系中主体税种不明确，难以保障地方财政需要。因此，需要重构地方税收体系，确定地方主体税种。地方税主体税种是地方税收收入的主要来源，为地方履行政府职能提供比较稳定的收入来源。作为地方税的主体税种，应该具备以下几个基本特

---

①　施文泼、贾康："增值税'扩围'改革与中央和地方财政体制调整"，载《财贸经济》2010年第11期。

②　杨默如著：《中国增值税扩大征收范围改革研究——基于营业税若干税目改征增值税的测算》，中国税务出版社2010年版，第69页。

③　根据国际货币基金组织《政府财政统计年鉴(2008)》中的有关数据计算，2007年，全球大部分国家特别是单一制国家中央财政收入占全国财政收入的比重保持在60%以上，如英国、法国、西班牙，分别为91.1%、84.9%和69.1%。在实行联邦制的澳大利亚、德国、美国，这一比重依次为73.9%、65.3%、56.7%。在俄罗斯和南非，这一比重分别为65.9%、86.5%。而中国目前中央财政集中收入比例尚未达到1994年分税制财政体制改革设定的60%的目标，在国际上也是偏低的。

④　安体富、翟景明、杜炎："完善我国地方税收体系的政策建议"，载《经济研究参考》2002年第15期。

⑤　黄伯平："重构地方财政收入体系——对当前宏观调控的反思"，载《中央财经大学学报》2007年第6期。

征：一是税基具有非流动性，防止地方政府间税收竞争；二是基于利益原则进行课征，纳税人所缴纳的税收与其享受的公共产品和服务是对称的；三是税源要稳定，收入不易发生周期性波动，并且具有一定的税收弹性，可以基本满足地方政府的财政支出；四是要便于地方税务机关征收。[①] 此外，可以适度下放税收立法权限，允许地方政府根据当地实际情况在条件成熟时开征地方性税种，充实地方税制体系。与此同时，继续推进税费改革，有步骤地清理名目繁多的收费项目，将具有税收性质的预算外收费项目纳入税收体系，规范税费征收。增值税扩围后，通过提高地方增值税分享比例，假设按照中央与地方6:4的比例分配增值税收入，地方政府因扩围减少的财政收入占当年地方财政收入的比例约为6%。[②] 对于这部分地方财政收入缺口，可以通过调整所得税的分享比例、扩大地方其他税种收入、完善中央转移支付制度以及优化地方财政收入结构来弥补。无论采取何种方式增加地方财政收入，都应该兼顾各方利益，平衡中央政府宏观调控与地方政府提供公共服务的需要，协调地方税制改革与财政体制改革，保障地方财政收入。

四、结语

成功的增值税改革需要决策者及时公布改革方案，使税收征纳双方尽快熟悉具体措施，用尽量短的时间从人员、设备、合同和发票等各个方面做好准备。[③] 为了缩短增值税立法改革在这方面需要的时间，法学和经济学应当携手，共同研究和论证增值税立法的重大问题。本文尝试探讨增值税扩围与政府间财政关系的法律调整问题，希冀通过法学的视角，为增值税扩围立法和中国税制结构完善、政府间财政关系的法治化建设提供给有益参考。

---

① 安体富、翟景明、杜炎："完善我国地方税收体系的政策建议"，载《经济研究参考》2002年第15期。

② 该数据根据2007年国内增值税收入和营业税收入进行测算。参见杨默如著：《中国增值税扩大征收范围改革研究——基于营业税若干税目改征增值税的测算》，中国税务出版社2010年版，第69页。

③ 国际货币基金组织（IMF）研究发现，从税制改革措施的公布到税收征纳双方顺利落实，大约需要两年的时间。但是，如果积累了试点经验，加大前期宣传、培训工作的力度，可以缩短这一时间。参见全国人大常委会预算工作委员会编：《增值税法律制度比较研究》，中国民主法制出版社2010年版，第222页。

论地方政府良性财政竞争的法律制度保障

胡小红*

政府在传统上被看成一个垄断机构，政府竞争理论认为在政府内部有不同的权力中心。加拿大学者布雷顿(Breton)提出并论述了“竞争性政府”(Competitive Governments)的概念。美国经济学家蒂布特(Tiebout)在1956年发表《地方支出的纯理论》一文，其理论的核心是，在生产要素可以自由流动等条件下，国内地方辖区政府之间的竞争可以产生类似于市场竞争的效率，因而有利于地方公共产品的有效提供。国内政府竞争包括具有隶属关系的上下级别政府之间的竞争(纵向政府竞争)、同一级别地方政府之间的竞争(横向地方政府竞争)、不具有隶属关系的不同级别地方政府之间的竞争(斜向地方政府竞争)以及政府内部部门之间的竞争等。本文所指地方政府竞争包括横向地方政府竞争和斜向地方政府竞争。我国有学者将地方政府竞争定义为：“地方政府竞争是指除中央政府以外的所有辖区政府，包括省(直辖市、自治区)、市(计划单列市、地级市)、县(县级市)、乡镇等各个层级的辖区政府，为了争夺各种有形和无形资源而在投资环境、政府管理、法律制度以及政治行动而展开的行动。”①

地方政府竞争是一柄“双刃剑”，具有积极和消极两方面的效应。其积极效应主要体现在，可以提高地方公共产品的提供效率；可以有效制约地方政府自利行为，防止政府规模膨胀，约束地方政府的“掠夺之手”；推动地方政府制度创新，促进经济增长等。其消极效应主要体现在，减少地方政府财政收入，导致地方公共产品提供不足；忽视民生和环境资源保护，短期行为严重；加剧地区间经济发展的不平衡；造成重复建设和资源浪费等。地方政府恶性竞争，又称为“毁灭性竞争”、“探底竞争”(race to the bottom)、“自杀式竞争”、“过度竞争”、“无序竞争”、“不规范竞争”等。笔者认为，判断地方政府竞争为“恶性”还是“良性”，就是看其积极效应是否大于消极效应，地方政府竞争的积极效应大于消极效应就是良性竞争，否则就是恶性竞争。

---

* 安徽大学法学院暨经济法制研究中心教授、硕士研究生导师，法学博士。

① 汪伟全著：《地方政府竞争秩序的治理：基于消极竞争行为的研究》，上海人民出版社2009年版，第16页。

地方政府财政竞争是地方政府竞争的重要表现形式，是国内地方政府运用财政支出和财政收入政策手段，吸引资本、技术、人才、劳动力等流动要素，以实现本地区经济发展、改善本地区财政状况等社会经济目标以及官员的各种政治目标。地方政府财政竞争也具有积极与消极两方面效应，实现地方政府良性财政竞争需要一系列法律制度的保障，本文将就此进行阐述。

一、建立合理的财政分权法律制度

（一）财政分权法律制度与地方政府财政竞争的关系

生产要素的自由流动是地方政府竞争的前提条件，而地方政府经济自主权则是地方政府竞争的制度基础，地方政府经济自主权的配置影响了地方政府竞争的程度和内容，从而也影响了地方政府竞争的最终效应和性质，是实现地方政府良性竞争的重要因素。

财政权具体分为财政立法权、财政收益权、财政征收权、财政支出权、预算权等。[①] 财政权的横向配置是财政权在立法机关、行政机关和司法机关之间的分配，而财政权的纵向配置是财政权在中央政府、地方政府之间的配置，本文所谓的财政分权实际就是指财政的纵向分权。地方政府的财政自主权是测度财政分权的核心。

财政分权法律制度是地方政府财政竞争的制度基础，地方政府财政自主权是地方政府从事财政竞争的手段，地方政府所拥有的财政权决定了其财政竞争的能力。合理的财政分权可以为地方政府财政竞争创造制度条件，也可以约束地方政府财政竞争行为，防范地方政府过度的、消极的财政竞争，从而实现地方政府良性财政竞争。良性财政竞争侧重从经济效率角度衡量财政分权制度，而社会公平则是财政分权制度的另一基本目标。

（二）我国财政分权法律制度与地方政府良性财政竞争背离之处

改革开放以来，我国逐步推进市场化取向的经济体制改革，财政体制也开始了从集权到分权的转变。从 1980 年到 1993 年，我国财政体制经历了“划分收支、分级包干”、“划分税种、核定收支、分级包干”和“多种形式包干”多次调整。财政包干的分权体制使地方政府拥有了财政自主权，构建了地方政府竞争的基础条件和激励机制，极大地调动了地方政府发展经济的积极性，推动了制度转型、创新，是我国经济增长的重要动力。但是，由于财政包干分权体制的不规范性、不科学性，其矛盾、弊端也日益突出，中央财政宏观调控能力下降，地方政府恶性竞争，重复建设，投资冲动，陷入“一放就乱、一管就死”的怪圈。

1993 年 12 月 15 日，国务院发布了《关于实行分税制财政管理体制的决定》，从 1994 年 1 月 1 日起实行分税制财政管理体制。自 2001 年 1 月 1 日起，中央对分税制财政体制进行了较大调整，将按企业隶属关系划分中央和地方所得税收入的办法改为中央和地方按统一比例分享。根据 2001 年 12 月 31 日发布的国务院《关于印发所得

---

① 刘剑文等著：《中央与地方财政分权法律问题研究》，人民出版社 2009 年版，第 77 ~ 105 页。

税收入分享改革方案的通知》，除铁路运输、国家邮政、中国工商银行、中国农业银行、中国银行、中国建设银行、国家开发银行、中国农业发展银行、中国进出口银行以及海洋石油天然气企业缴纳的所得税继续作为中央收入外，其他企业所得税和个人所得税收入由中央与地方按比例分享。2002 年所得税收入中央分享 50%，地方分享 50%；2003 年所得税收入中央分享 60%，地方分享 40%；2003 年以后年份的分享比例根据实际收入情况再行考虑。根据 2003 年 11 月 13 日发布的国务院《关于明确中央与地方所得税收入分享比例的通知》，从 2004 年起，中央与地方所得税收入分享比例继续按中央分享 60%、地方分享 40% 执行。

我国现行财政分权法律制度与地方政府良性财政竞争背离之处主要体现在以下方面：

第一，催生地方政府"土地财政"，诱发地方政府短期行为。

1994 年分税制改革后，土地出让金成为中国地方政府预算外财政收入的一个重要来源。1999 年至 2008 年间，中国土地出让面积从 45,391 公顷上升至 165,860 公顷，年均增长率 15.5%。同期的土地出让金收入也不断上升，成交价款从 514.3 亿元上升至 10,259.8 亿元，后者大约是前者的 20 倍，年均增长率 39.5%。剔除通货膨胀因素，土地出让金成交价款年均增长率更是高达 45%，是财政来源中上升最快的一种。2009 年土地出让金收入大幅增加。依据财政部在 2010 年"两会"期间提交的报告，2009 年土地出让收入为 14,239 亿元，同比增长 43.2%。与此同时，全国地方政府财政收入为 32,581 亿元，土地出让收入占比接近 43.7%，已成为地方财政的"顶梁柱"。① 根据财政部 2011 年 3 月 5 日提请十一届全国人大四次会议审议的《关于 2010 年中央和地方预算执行情况与 2011 年中央和地方预算草案的报告》，2010 年全国国有土地使用权出让收入 29,109.94 亿元，完成预算的 213.2%。

"土地财政"使地方政府违规圈地，"经营城市"、推高地价，以追逐土地出让收入来改善地方财政状况，短期行为严重，背离了良性财政竞争。

第二，财权与事权、财力与支出责任不匹配，导致基层财政困难。

由于我国分税制的法治化水平较低，政府间财权与事权、财力与支出责任的配置具有较大的主观随意性，导致"财权、财力上移"、"事权、支出责任下移"的格局。1994 年分税制改革实施后，中央财政收入占全国财政收入的比重由 1994 年以前的最高纪录 38% 跃升至 2007 年的 50% 左右。与此同时，地方财政收入占全国财政收入的比重由 1993 年的 78% 下降到 2007 年的 45.9%。② 根据财政部的数据，2008 年，全国财政收入 61,316.9 亿元，其中，中央本级收入 32,671.99 亿元，地方本级收入 28,644.91 亿元。2009 年，全国财政收入 68,476.88 亿元，其中，中央本级收入 35,896.14 亿元，地方本级收入 32,580.74 亿

① 满燕云："'土地财政'难题求解"，载《中国改革》2010 年第 8 期。

② 国家统计局《中国统计年鉴(2008)》。

元。2010年,全国财政收入83,080.32亿元,其中,中央本级收入42,470.52亿元,地方本级收入40,609.8亿元。各级财政遵循“本级优先”原则,形成收入层层向上集中和支出责任层层下放的分配格局,最终导致地方尤其是基层政府的收入能力与日益增长的支出责任极不适应。① 基层财政的困难束缚了基层政府聚财、理财的能力,不能充分调动基层政府发展地方经济的积极性,有悖于良性财政竞争的要求。

(三)建立与地方政府良性财政竞争相适应的我国财政分权法律制度

目前,为建立与地方政府良性财政竞争相适应的我国财政分权法律制度,特别要重视以下几点:

1. 以宪法、法律来规定我国财政分权制度

《美国宪法》以列举联邦事权的方式对联邦和地方事权划分提供了大致框架和原则,并规定了联邦政府的征税权范围。1947年《日本国宪法》第八章是关于地方自治的内容,强调有关地方政府的组织和运作按地方自治的原则用法律固定下来。《日本地方自治法》采用大陆法系国家通用的“概括授权”方式,对政府间事权进行了原则性划分,《日本地方财政法》详细规定了中央与地方事权范围和支出责任的具体分工,《日本地方税法》则详细规定了地方政府的税收权限。德意志联邦共和国由联邦、州和地方(市镇)三级政府组成,《德国基本法》采取“限制列举”方式划分政府间事权。②

我国《宪法》和《地方各级人民代表大会和地方各级人民政府组织法》对各级政府的职能进行了规定,但关于各级政府事权划分却很笼统。分级分税的政府间财政关系在《预算法》中得到了原则规定,但《财政收支划分法》和《财政转移支付法》等基本法律尚付之阙如,而以最高行政机关及其职能部门的行政决定、政策作为主要依据,缺乏法律权威性和稳定性。我国应当在《宪法》中对财政分权制度作出原则规定,制定《财政收支划分法》、《财政转移支付法》等基本法律,完善《预算法》等。③

2. 完善省以下分税制管理体制,推进省直管县财政改革

国务院《关于实行分税制财政管理体制的决定》侧重对中央财政和省级财政的关系作了规范,在该决定颁布、实施以后,各地对省以下分税制财政管理体制进行了多样化的探索和实践。1996年3月26日,财政部发布《关于完善省以下分税制财政管理体制意见的通知》;2002年12月26日,国务院批转财政部《关于完善省以下财政管理体制有关问题意见的通知》;2009年7月9日,财政部发布《关于推进省直接管理县财政改革的意见》。

到2006年,除北京、天津、上海、重庆四个直辖市和西藏自治区以外的26个省份中,江苏省、浙江省、福建省三省没有实行分税制,仍然采取的是基数加增量定比分成体制,

---

① 陈东琪等著:《新一轮财政税收体制改革思路》,经济科学出版社2009年版,第151页。

② 刘剑文等著:《中央与地方财政分权法律问题研究》,人民出版社2009年版,第50~54页。

③ 同上,第54~57页;熊伟主编:《政府间财政关系的法律调整》,法律出版社2010年版,第27~38页。

省本级的分成比例均为20%，其余23个省份虽然在形式上实行了分税制财政体制，但共享税过多，除黑龙江省和新疆维吾尔自治区外，共享税涵盖了大部分税种，包括个人所得税、企业所得税、营业税、增值税、土地及房产类税和资源税等，这基本上相当于大部分税种在地方政府间纵向按不同比例分成。[①] 我国应当因地制宜推进省管县财政改革，简化财政级次，健全地方税体系，明确划分省以下各级财政的税种和事权、支出责任，完善省以下财政转移支付制度，加大转移支付力度。构建健全的省以下财政分权制度需要进一步完善省以下分税制财政体制。

二、建立有效的地方政府间合作法律制度

（一）走向合作的竞争是地方政府良性财政竞争的必由之路

根据对地方政府间竞争的发展与演进的动态分析，可以区分出三种基本的地方政府竞争形态：对抗的竞争、差异化竞争、合作的竞争。在对抗的竞争下，竞争中的地方政府所采用的竞争策略模仿成本较低，因此，竞争各方都有动机去模仿，这带来信息外部性问题，地方政府失去从事模仿成本低的政策试验的激励。竞争各方的模仿带来各地的同质发展，这种同质发展易于将竞争引向激烈的对抗，从而给地方政府造成较大的威胁，于是，地方政府转向寻求不易为他方所模仿的策略，这种竞争形态为差异化竞争。当地方政府成功地通过差异化战略形成了其他方难于模仿的竞争策略，因而构建起比较竞争优势后，地方政府会通过整合优势资源，以获取更为有利的竞争地位，这样，竞争进入第三种形态：合作的竞争。[②] 地方政府财政竞争走向良性发展的轨道，必然是向地方政府合作的竞争方向发展，因此，需要建立有效的法律制度来保障、推动地方政府间合作。

（二）国外地方政府间合作法律制度考察

政府间合作在20世纪80年代以前主要以纵向政府间的合作为主，地方政府之间更大程度上是资源的竞争者。20世纪80年代以来，这一现象有了很大改变，地方政府在许多领域展开了广泛的合作，成为西方各国地方政府间关系发展的一种主要趋势。例如，在美国存在众多的“州际协议”、州际石油协议、公园和森林协议等，在区际关系方面发挥着重要作用。加拿大于1994年制定了《国内贸易的联邦—省协议》，以减少货物、资金和人员在加拿大自由流动的国内壁垒，到了1999年，除魁北克之外，联邦政府以及所有的省政府都签署了这一协议。英国也有类似的谅解备忘录和协议。地方政府之间建立地方政府协会或有关部门的协会，也是现成合作关系的一种途径。在英国，地方政府组成了众多的协会，如议会协会、市自治团体协会、城区议会协会等，这些组织起到了重要的协调地区关系的作用。20世纪90年代以来，地方政府间的合作已不仅仅限于解决与协调地方之间的问题，各个地方在整个国家的政治体系中已成为一个联合的政治力量，对

---

① 于长革著：《中国财政分权的演进与创新》，经济科学出版社2010年版，第143～149页。

② 刘亚平著：《当代中国地方政府间竞争》，社会科学文献出版社2007年版，第85页。

中央政府的决策产生了重大的影响。现在的西方国家中央政府在很多情况下所面临的不是一个个单独的地方政府，而是有一定联合的"地方联盟"。其中，最引人注目的是1992年成立的澳大利亚政府委员会（Council of Australian Governments，COAG）。①

（三）建立有效的我国地方政府间合作法律制度

改革开放以来，中国式政府分权带来了地方政府之间的经济竞争，愈演愈烈的恶性竞争迫使地方政府由竞争走向合作，科学发展观要求地方政府重视跨行政区公共事务。不具有隶属关系的地方政府普遍寻求通过政府之间的协议建立各种形式的合作关系，既有同级地方政府的合作，也有不同级别的地方政府的合作。近年来，地方政府合作协议遍地开花，泛珠三角、泛长三角、环渤海区域合作等是其中代表。

近年来，我国较有影响的地方政府间合作协议和组织有：2004年6月3日，内地九省和港澳特区政府签署《泛珠三角区域合作框架协议》；长江三角洲城市经济协调会；长三角地区合作与发展联系会议；2004年6月26日，京、津、冀、内蒙古、鲁、辽七省区达成《环渤海区域合作框架协议》；2010年4月16日，辽、吉、黑、内蒙古四省区签署《东北四省区合作框架协议》等。就安徽省内而言，2010年11月30日，合肥、淮南、六安、巢湖、桐城五市签署合肥经济圈合作共建框架协议等。

为使地方政府间合作取得实效和健康发展，应当建立有效的地方政府间合作法律制度，为此应当特别注意两点：第一，在宪法上明确地方政府间合作协议的效力，制定关于地方政府合作协议的法律，对地方政府间合作协议的缔结、批准、备案、履行、纠纷解决、监督、地方政府间合作组织等作出规定，使地方政府间合作获得宪法保障、有法律可依。第二，加强中央政府对地方政府合作的推动、协调、监督，进一步健全监督机制，完善组织体系，强化财政责任保障，在中央层面设立调控、监管地方政府合作的机构。通过地方政府间的有效合作，可以使地方政府财政竞争走向良性发展的轨道。

三、建立对地方政府制度外财政竞争行为的监控法律制度

（一）我国地方政府制度外财政竞争行为的表现

地方政府制度外财政竞争行为是一种越权行为，也是违法、违规行为，但是，长期以来，地方政府制度外财政竞争行为却并不鲜见，并有蔓延之势。当前，地方政府制度外财政竞争最常见的表现就是税收返还。下文将举例说明。

2002年5月24日，山西省第九届人民代表大会常务委员会第29次会议通过的《山西省高新技术产业发展条例》第13条规定，实施经认定的高新技术产业化项目，自项目认定之日起5年内上缴的企业所得税、营业税、增值税的地方收入部分，由当地人民政府安排专项资金对该项目给予扶持；拥有自主知识产权的项目，除享受上述优惠外，第6年至第8年上缴的企业所得税、营业税、增值税地方收入部分的50%，由当地人民政府安排

① 陈振明主编：《公共管理学：一种不同于传统行政学的研究途径》（第2版），中国人民大学出版社2003年版，第162～163页。

专项资金给予扶持。前款规定的专项资金,90%用于该项目实施单位的技术创新,10%纳入高新技术产业扶持资金集中使用。

2008年10月14日中共安徽省委、安徽省人民政府发布的《关于推进合芜蚌自主创新综合配套改革实验区建设的若干政策措施》(皖发〔2008〕18号)第1条第5款规定,对试验区内高新技术企业、创新型企业的各项行政性收费省、市留成部分,实行免征。新创办的科技型企业实行零收费。创新型企业所缴纳企业所得税新增部分的省、市留成部分,3年内全额奖励企业。第6款规定,经认定的高新技术产品和重点新产品,从认定之日起所缴纳增值税新增部分的省、市留成部分,3年内全额奖励企业。第7款规定,中央在皖科研院所实行转企改制的,按规定免征企业所得税、科研开发自用土地、房产的城镇土地使用税及房产税政策到期后,相应税收的省市留成部分,两年内全额奖励企业。

海口市人民政府于2006年5月13日发布、2009年11月19日修正的《海口市扶持高新技术产业发展若干规定》第12条第1款规定,高新技术项目,自认定之日起3年内,所缴纳营业税、企业所得税、增值税的市级留成部分,由财政从专项资金中给予100%的支持,之后5年减半支持。第2款规定,对前款财政安排的专项资金,80%用于本企业的技术创新,20%用于设立市科技风险投资资金集中使用。

(二)我国对地方政府制度外财政竞争行为的监控法律制度的构建

财政部、国家税务总局财税字〔1998〕60号文《关于制止越权减免企业所得税的通知》规定:"各地区不得采取即征即退的做法,变相减免企业所得税。"2000年1月11日颁布的国发〔2000〕2号文国务院《关于纠正地方自行制定税收先征后返政策的通知》指出:"1994年实施的税制改革,进一步强化了税收法制,规范了税收管理,基本上遏制了越权减免税的现象。但是,最近一段时间以来,一些地方为了缓解企业困难或实现其他经济目的,违反有关规定,采取税收先征后返(也称列收列支)的办法,对企业已缴纳的税收予以返还。这种做法不仅扰乱了税收秩序,违背了统一税政、集中税权的原则,而且违背了公共财政的要求,削弱了财政调控能力,甚至形成了潜在的财政风险,必须采取有力措施,坚决予以制止。"该通知规定:"先征后返政策作为减免税收的一种形式,审批权限属于国务院,各级地方人民政府一律不得自行制定税收先征后返政策。对于需要国家财政扶持的领域,原则上应通过财政支出渠道安排资金。如确需通过税收先征后返政策予以扶持的,应由省(自治区、直辖市)人民政府向国务院财政部门提出申请,报国务院批准后才能实施。"该通知进一步规定了相关的责任措施:"各省(自治区、直辖市)人民政府要认真贯彻落实本通知精神,对本地区纠正自行制定税收先征后返政策的情况进行认真督查。凡拒不纠正继续擅自保留的,中央将相应扣减对该地区的转移支付和专项补助,并追究有关人员的责任。"

我国应当通过立法对地方政府税收返还、财政补贴进行规范,在中央层面加强对地方政府税收返还、财政补贴行为的监督,建立相应的争议解决和救济制度。地方政府及其官员从事制度外财政竞争要承担政治和法律责任。

地方政府良性财政竞争建立在生产要素自由流动的基础上，因此要建立全国统一市场，消除行政壁垒，改革户籍制度和社会保障制度，加强地方民主建设，健全政绩考核制度。只有这样，建立在财政分权制度基础上的地方政府财政竞争才会实现良性发展。

地方政府间税收竞争的理论与实践思考

赵芳春[*]　张振洲[**]

2008年新的《企业所得税法》公布以后，富士康内迁计划开始逐渐为外界所知，重庆、武汉、河北等各个地方政府随即开展了对富士康这个税源的游说和争夺。对于财力相对薄弱的内地政府来说，能带来长期稳定税收收入的庞然大工厂无疑是政府的“现金奶牛”。各地为了实现招商目的，在竞争中击败其他地方政府，往往都会尽其所能地运作出最优惠的税收水平，以取悦投资者，动辄抛出五年乃至更长的免税期限。而这只是近30年来地方税收竞争异化大潮中的一朵浪花。这朵浪花背后不仅反映了我国地方税权法律制度的不足，而且可以从更大视野内的制度竞争、立法行为选择理论相联系来反思个体行为选择对立法产生的激励功能。

一、地方政府间的税收竞争及其影响

一般来讲，税收竞争主要指国内地方各级政府之间以税收为目的或以税收为手段进行的，围绕有形和无形的税收资源和其他经济资源而展开的政府间竞争。① 现实中其主要形式可以概括为两种：一是从税收收入角度看有以各种减免税为主的税收优惠，包括以财政返还为代表的各种变相税收减免；二是从公共产品提供看有针对特定对象的公共服务支出，或是公共收费的减少。② 而从本文的角度，它主要是指地方政府设定不同税率或提供不同税收优惠安排而导致的居民、商品、资金、厂商投资意向等市场资源变动的政府行为。

地方政府间的税收竞争实质上是发生在地方政府之间、地方政府与纳税人之间以及纳税人之间的一种博弈。这种博弈既是财政分权体制的必然结果，也是地方自治发展的必然要求。但是，政府作为竞争的主体和税收作为竞争的方式都具有“事关毁灭”的影响力，它们的一举一动关乎国民经济经济的整体运行状况和公民财产权益的保障。因此，

---

* 中南财经政法大学法学院副教授。

** 中南财经政法大学硕士研究生。

① 丁国锋、毕金平：“论政府间税收竞争的理论基础”，载《安徽行政学院学报》2010年第1期。

② 林翰、叶子荣：“我国分税制框架下税权制度缺陷与税收竞争异化”，载《中国制度经济学2006年年会论文集》。

无论是何种形式的税收竞争，都必将对社会经济生活产生诸多重要影响。

学界对于税收竞争的影响一直都很关注，但学者们的看法和主张却是见仁见智。主张良性竞争论的学者认为，地方政府间的税收竞争促进了生产要素的流动，加速了地方经济发展和经济增长，减少了纳税人需缴纳的税收，改善了政府的公共服务态度，提高了政府的公共供给水平。概言之，政府间的税收竞争有利于提高经济效率，增进社会和个人的福利。

1. 良性竞争论

良性竞争论最早的理论阐释是由蒂布特在1956年《地方支出纯粹理论》中提出的，他认为税收是居民对一定种类、数量和水平的公共产品组合所支付的对价，数量众多的地方政府提供不同的公共收支组合，而居民可以依据自己的偏好来选择满意的居住地，居民的选择是以进入或者退出辖区的方式进行的，故被称为“以脚投票”模型。① 许多学者进一步深化蒂布特模型，认为地方政府间税收竞争中“以脚投票”的选择模式发挥着和无形手类似的市场机制作用，避免公权力（行政权力）的过度膨胀和公共管理机制的僵化，限制市场资源从私人部门“无效率、无限制”地以税收的形式向公共部门的转移，促进资源的优化配置；更重要的是，其竞争机制迫使政府运行管理机制不断适应社会经济的发展状况，有助于形成更具有“效率性、竞争力”的地方公共产品供给机制，并且可以保障税收最小限度地干预市场经济的运行，达到税收中性的目标。哈耶克就认为，“地方政府之间的竞争或一个允许迁徙自由的地区内部较大单位间的竞争，在很大程度上能够提供对各种替代方法进行试验的机会，而这能确保自由发展所具有的大多数优点”。②

2. 恶性竞争论

主张恶性竞争论的学者则认为，地方政府间的税收竞争会影响经济活动的效率，降低社会和个人的福利水平，具体表现为侵蚀税基，导致税收收入流失；导致公共产品供应不足，纳税人利益受损；破坏了税收中性，降低了资源配置效率；破坏税法的统一；违背税负公平原则。

奥兹（Oates）在1972年《财政联邦主义》中提出，地方政府为了吸引资本，竞相降低相应的税收，使依赖税收支持的地方政府无法为最优的公共产品筹集到足够多的资金，地方支出水平处于边际收益等于边际成本的最优水平之下。进一步分析，如果地方政府为弥补收支差额，选择向流动性较差的生产要素提高税收的方法，则税收负担的配置难以符合量能征税等税收公平原则的要求。如果地方政府采取变相税收优惠，如增加特定基础设施的投入，则可能致使全社会范围内的供给过剩，并排斥对于一般社会服务的供

① John Douglas Wilson, Theories of tax competition, 2 *National Tax Journal*, 52, Jun., 1999.

② ［英］弗里德利希·冯·哈耶克著：《自由秩序原理》（下），邓正来译，生活、读书、新知三联书店1997年版，第16页。

给。而且,地方政府间的税收差异会扭曲市场机制的资源配置功能,违反税收中性原则。①

笔者认为,地方政府间的税收竞争是发生在地方政府之间、地方政府与纳税人之间、纳税人之间的博弈,是财政分权体制下的必然结果和地方自治发展的必然要求。而所谓良性竞争或者恶性竞争,其实都只不过是可能的制度环境下的博弈结局。博弈的参与者是构成博弈的基本要素之一,其目的是通过策略选择以最大化自己的效用。法律市场理论表明,在法律制度面前,公民个体并不是"完全被动"的,而是具有一定的选择自由。在面对众多的地方税制时,理性纳税人偏好于选择承担尽可能少的纳税义务并享受尽可能多的公共产品的税制环境。至于地方政府的偏好分析就比较复杂,将政府视为公共利益的化身显然过于幼稚,政府乃至其内部官员都是以自我效用为追求的,通过税收竞争吸引更多的资源流入本地,促进经济发展,而从主观上则达到自己政绩创收的目的。以上主体的利益各自独立甚至相互冲突,纳税人欲通过与地方政府的讨价还价,将自己的税收负担转嫁给其他纳税人或者享受"搭便车"的机会,地方政府欲从其他地方政府处攫取更多资源为自己掌控,行为彼此作用,每个参与者的决策取决于他对其他参与者行为的预测。博弈结局是一种均衡,是所有参与者最优策略的组合。② "制度确定相互联系的交易各方的机会束",③不同制度会影响每个策略组合中参与人的受益分配,进而改变参与者的最优策略,并形成不同的均衡解。因此,地方政府间的税收竞争是趋向良性竞争抑或恶性竞争,取决于博弈行为所嵌入的制度框架——地方税权制度的设计是决定税收竞争趋向的关键。

二、地方政府间税收竞争的异化及诱因

(一)地方政府间税收竞争异化的主要表现

税收竞争的本质是在地区间不均衡发展情况下对资源的争夺,前提是地方政府具备独立的经济利益和相对自主的权力。中国的税收竞争是从1994年分税制改革之后开始的,在此之前,主要实行高度集中的财政体制,地方政府的收入和支出都由中央控制。地方政府既没有独立的经济利益,也没有可以运用的财权以吸引其他地区税源流入本地区,基本上不存在税收竞争问题。1994年的分税制改革,明确了中央和地方政府的收入分配关系,地方政府相对于中央政府的独立利益得到承认和彰显,权力也越来越大。为了获得尽可能多的财政收入,作为政府财政收入主要形式的税收,成为了政府间经济利益竞争的中心,而以经济增长为考虑的政绩评价体制更让地方政府间竞争不断加剧。除了中央政府出台的针对某些地区的税收优惠政策外,各地还在财政分权之后通过降低税

① 闫海:"论地方政府间税收竞争的宪政治理",载《江南大学学报》(人文社会科学版)2007年第4期。

② 张维迎著:《博弈论与信息经济学》,上海三联书店·上海人民出版社1996年版,第53页。

③ [美]阿兰·斯密德著:《制度与行为经济学》,刘璨、吴水荣译,中国人民大学出版社2004年版,第1页。

率、提供税收优惠进行政府间税收竞争。

当前我国税收竞争异化主要表现在以下几个方面：一是税收优惠政策在实施过程成为地区间为争夺资源而在资本市场上从事税收竞争的工具，而不论资源的性质和作用。最常见的是通过利用国家对高新技术企业等行业性优惠政策，设立高新技术开发区，向企业承诺优惠税率或者定期减免税。尽管按照法律的规定，减免税政策的决定权在中央，地方政府没有给予政策性减免的权力，这种承诺从法律上讲是无效的；但是，擅自设立开发区对企业实行优惠税率的现象却屡见不鲜。这样不仅没有起到预期的调节产业结构、促进地区经济平衡和国家经济发展的作用，反而导致了公共品供给的下降。二是以地方财政支出为支撑的税收"先征后返"的变相税收减免。尽管国家对地方政府的税收减免作出越来越严格的限制和越来越严厉的处罚，但在实际运行中，各地方政府越权变相减免税收的现象并未消灭，不过在减免的形式上了较大的变化，变"减免税"为"先征后返"。三是在税收执法过程中的出现的"税收打折"现象。四是地方保护主义与地区间的税收竞争纠缠不清。地方保护主义是在以市场取向的改革过程中，财税制度安排缺陷造成财政资金在各地方不公平分配所引起的区际利益矛盾的一种表现。① 在通过税收竞争吸引外部资本流入的同时，由于竞争的激烈以及竞争的低率化，为留住当地的企业，各地的政府取了各种各样的手段来限制当地企业的外迁。

（二）地方政府间税收竞争异化的原因分析

制度是为决定人们的相互关系而人为设定的一些规则，其主要作用是通过建立一个人们相互作用的稳定的但不一定有效的结构来减少不确定性。制度供给是解释我国体制转型时期秩序失范与秩序重建的重要机制。税收竞争异化作为我国体制转轨时期现的较为突出的社会失范现象，其滋生和蔓延的原因是非常复杂的，不仅有地方财政的因素，地方经济发展因素、政绩评价因素以及利益集团的因素也都掺杂其中。但笔者认为，地方税权制度的缺陷才是深层次原因。

1. 税权制度安排缺陷对地方税收竞争异化的影响

制度安排是管束特定行为模型和关系的一套行为规则，亦即制度的具体化。② 地方税权制度的安排主要是分置立法、执法和司法三种权力，形成权力的相互制约和监督。我国地方税权制度在设计意图上也遵循这种思路，但在具体的制度设计上则受到历史与实践因素的影响，未能有效实现权力的合理配置与有效制衡。

在立法权上，税收立法权集中于中央，致使中央与地方间的税收收入划分不合理，地方财政能力的弱化，成为税收竞争异化的主要诱因。地方政府没有法定的税收立法权，而中央又因为过分的集权而使地方政府税收收入缺乏弹性，税收收入与财政支出相比较规模偏小。1990～1993 年，中央财政自给能力系数为 0.84，1994～1997 年提高到 1.67，

① 吴家庆："论制度创新与遏制地方保护主义"，载《常德师范学院学报》2002 年第 2 期。

② 卢现祥著：《西方新制度经济学》，中国发展出版社 2003 年版，第 37 页。

地方则下降为0.63。对地方政府而言，这种变化意味着，分税制改革后，地方财政筹集的财政收入只能满足大约60%的地方政府支出，40%左右的地方公共支出依赖其他收入来源。① 但目前我国中央财政收入占GDP的比重相当低，转移支付制度不完善，这样地方财政往往会出现缺口。而地方政府为了保证自己正常的财政支出和公共产品的供给，不得不寻求其他方法来增加财政收入，而税收收入通常是政府财政收入的主要来源。因此，政府往往"上有政策，下有对策"，利用手中的权力来为自己创收。即使这种税收竞争的行为存在有效法律规定予以规制，但在巨大经济利益面前，地方政府也会违背法律法规的规定，进而发展成恶性的税收竞争。

在执法权上，分税制改革后，我国虽建立了国税、地税两套税务系统，但在具体分工、权限划分和责任追究上并没有明确的法律规定，只是原则性地规定了国家税务局负责征收管理中央税和中央地方共享税，地方税务局负责征收管理的主要是地方税，个体税收和涉外税收中的地方税由国税机关征收。两套税务系统在税收征税和税务管理过程中，纵向上不仅权责划分存在重叠或者空白的地方，并且在横向上，关于流转税、所得税的跨区域管辖、征收条例也不是十分的明晰，职权划分、利益分配存在盲点。由于税权划分的不合理，税收程序法、税收实体法对管辖的规定缺位、模糊造成税务机关、税收部门之间的管辖、征管竞争，导致在实际的工作中出现管辖不明、责任不清、相互推诿扯皮等问题。当有利可图或执行地方政府政策时，各税务机关就容易从自身的利益出发根据自身需要作出征管决定，一旦出现问题，自然也会明哲保身，就造成了管理上的"真空"地带，为违法违规的税收竞争异化提供了有利的生存空间。

在司法权上，我国没有设立专门的税收司法体系，其职能散见于公安、检察、法院等司法机关，税收司法的威慑力不强，其不仅不能成为遏制税收竞争异化的手段，反而在某些方面助长了税收竞争的异化。更重要的一点是，在现行的权力结构中，中央司法权隶属于中央政府，地方司法隶属于地方政府，且司法机关的财权和事权都受制于同级地方政府。这就决定了司法机关难以摆脱对当地财政的依赖，必须服从地方长官的意志，造成执法必需的全局公正性和保护局部利益的倾向性之间的矛盾。司法权的地方化造成地方司法机关对政府行为很难实行有效监督，更谈不上惩戒地方政府的失范行为了。由于税收业务的专业特性，现有司法机关在税收案件上的业务素质不高，导致对税收案件的处理力度薄弱，削弱了税法的威严。

2. 税权制度实施机制缺陷对地方税收竞争的异化的影响

税权制度实施机制缺陷主要是实施机制安排不健全，从而出现制度实施机制软弱无力，即"制度的软化"，导致税收立法行为和税收征管行为的恣意妄为，缺乏应有的监督和约束。

在实践中，地方政府具有过大的税收自由裁量权，加之中央政府对税收执法活动缺

---

① 王跃军："辖区间税收竞争与对策研究"，载《湖南财经高等专科学校学报》2004年第6期。

乏强有力的约束、监督,税收征管者存在滥用税收管理权的行为,在许多税收实际事务上自作主张,拥有事实上极大的课税权,大到可以自行决定和调整实际税基、实际税率的地步。地方保护主义则充分利用这一制度缺陷谋求地方机会利益。结果,执行的税制和税法确定的税制相去甚远,名义税率和实际税率严重脱钩,从而出现无序性的税收竞争。

在税收司法中,由于地方政府与地方司法机构之间千丝万缕的关系,甚至其人事权和财政权都得依赖于地方政府,地方司法力量为税收竞争所利用。而这种地方性依附和自身司法利益的"最大化",在地方政府的拉拢下,地方司法和地方行政容易形成攻守同盟,使得税收的执法与司法相互利用、互相包庇,不仅不能对违法的税收行为加以纠正和处罚,不能保障纳税人享受合法的税收权益,反而为恶性的税收竞争撑起了保护伞,造成了国有资产的流失,扰乱了市场经济的正常秩序。

在中央对地方的财政转移支付上,反映的是中央的利益和地方的既得利益,未能有效实现均贫富的作用。分税制改革后,地方政府的税收收入不足以满足财政支出的需要,且地区间发展的不均衡,需要中央财政的转移支付来实现地方政府收支平衡和公共产品供给均衡化的目标。我国现行分税制中的转移支付制度明显保留有旧体制的特征,表现出明显的路径依赖,在很大程度上强调地方的既得利益,而不是为了解决地区间的不平衡。由于在分配上缺乏明确的标准,对地方财政能力和需求没有科学的测试,因而导致地方政府讨价还价的行为。税收竞争的异化是作为财政制度重要内容的转移支付制度实施缺陷导致财政资金在地方间不公平分配的结果。由于政府间经济利益的不平衡是导致政府间财政资源争夺的关键,真正分权的财政体制如果能配合有效的转移支付制度,就可以弱化不均衡体制对地方政府产生的巨大经济诱因,最终减少非健康的税收竞争行为的发生。

三、完善地方税权法律制度,促进地方政府间税收竞争良性化

正如前面所述,在权力分配机制与制度实施机制中存在制度性和现实性缺陷,而地方发展极不均衡的现实状况迫使地方政府必须依赖这一"非法"路径,来实现地方经济利益和政府个体利益的主客观利益。因此,有限规范地方政府的税收竞争,形成良好的竞争秩序,必须从地方税收制度的改革和创新上寻求突破。而这一突破的总体思路是在赋予地方适当的税权同时,理顺中央与地方、地方与地方之间的利益关系,遏制地方客观"作恶"的压力,并建立相应的制约机制和法律制度竞争机制,促进地方政府竞争行为的良性化。

(一)在权力分配机制方面

1. 赋予地方适当的税收立法权

目前,我国税收立法权过度集中于中央,给地方因地制宜配置资源、安排收支及提供公共服务带来了不利影响。过分集中的税收立法权与分散的税收执法权产生的矛盾,使我国地方政府间税收竞争表现出行政权与立法权相竞争的不规范现象。应赋予地方一定的政策调整空间,促进地方政府根据各地复杂的经济情况和千差万别的税源状况,因地制宜地调控地方经济和筹集地方税收，增强地方配置财力资源的能力，拓展地方政府开展制度内税收竞争的空间，实现中央税制与地方税制的和谐统一，为规范制度外税收竞争奠定制度内基础。但刘剑文教授在其著作中多次论述，“赋予地方税收立法权”在改善地方财政状况、有效行使地区宏观调控职能上并不一定存在意义和经济效果。① 笔者认为，从税收竞争的角度上看，与其封堵地方税收立法权赋予后所产生的消极意义，还不如完善相关制度设计，进行有效引导，发挥地方的主观能动性，在地区公共产品提供和公共服务中更具有效率、更适合本地区社会经济发展状况。

具体来说，赋予地方税收立法权要把握好税权集中与分散的度量，进一步明确中央和地方的税收管理权限，中央集中管理中央税、共享税及对宏观经济影响较大的主要地方税税种的立法权、开征停征权、税目税率调整权、减免税权等。在此基础上，明确地方税主体税种，赋予省级人民政府对地方主体税种一定的管理权限，在保证国家宏观经济社会政策政令畅通，不挤占中央税、共享税税源，不影响周边地区经济利益，不阻碍全国统一大市场的建设和运行的前提下，允许省级人民政府通过立法程序，并经中央政府批准，对具有区域性特征的税源开征新的税种，对国家只负责制定统一税收条例的地方税种，允许省级人民政府制定实施细则，根据本地实际情况调整税目税率、税收减免等。

2. 明确促进区域经济协调的税收政策取向

突出不同地区的地域优势，不断完善区域税收优惠政策，把制度外的无序税收竞争引导到制度内的有序税收竞争上。科学定位促进我国区域经济协调发展的税收政策目标，在保持东部优势的同时，通过东、中、西部区域合作，提高欠发达地区经济发展水平，实现一种区域经济的非均衡协调发展。具体思路是：（1）进一步完善促进西部大开发的税收优惠政策，将税收优惠重点放到吸引投资、保护生态环境、加强基础产业和基础设施建设上，加快发展西部地区的基础产业，保护西部地区的生态环境。（2）进一步完善促进中部地区崛起的税收优惠政策，将税收优惠重点放到能源、电子、机械加工、邮电通讯等行业，加快这些薄弱产业或资源优势产业的发展。（3）进一步完善振兴东北老工业基地的税收优惠政策，将税收优惠重点放在装备制造、汽车制造、农产品和军工产品等行业，发挥东北地区的重工业和农业深加工的优势；完善鼓励东部地区加快发展的税收优惠政策，以优化产业结构为导向调整东部地区税收优惠政策，将税收优惠重点放到推动科技进步、鼓励外向型经济发展、产业技术改造、新兴产业和高新技术产业发展上，率先实现东部地区的产业结构升级和经济现代化。

3. 建立合理的转移支付制度

实现全国各地区公共服务水平的均等化是建立合理规范转移支付制度的最终目标。

① 刘剑文著：《重塑半壁财产法——财税法新思维》，法律出版社 2009 年版，第 159 ~ 161 页；刘剑文著：《中国税收立法基本问题研究》，中国税务出版社 2006 年版，第 55 ~ 58 页。

它要求政府在不同阶段能为各地居民提供基本的、具有不同标准但最终大致均等的公共物品和服务，为各地经济发展和居民生活提供基本条件与保障。在中央财政对地方的转移支付中，应以一般性转移支付为主，适当地提高一般性转移支付比率，增加一般性转移支付的规模和力度，配合专项转移支付，平衡地区间财力。同时，要规范转移支付方式，提高转移支付透明度。逐渐将税收返还、定额补助等纳入合理的一般性转移支付当中用“因素法”逐步取代“基数法”来核算转移支付数额，使转移支付制度向规范化、法律化方向发展，制定“财政转移支付法”，合理调节下级政府支出中的外溢效应，维护收益和支出相对称原则；保证最低服务标准，促进社会公平；弥合地方财政缺口，平衡不同区域间财政净利益上的差异。

（二）在执行保障机制方面

1. 细化和完善税收征管的制度规范

通过细化和完善税收征管制度，合理划分国税与地税税收职责，强化依法征税。当前税收竞争异化主要是税收征管的体制因素造成的。应进一步完善税收征管的各项分工及相关法规，明确国、地税机构法律职责，尽可能缩小多机构征管中的真空地带，减少扯皮现象。继续推进税收征管与稽查的职能分离与机构分立，强化税收稽查职能，设立统一的稽查机构来监督国税与地税的税款征收。为消除地方政府对税务行政的干预，可考虑按经济区域设立税务机关的可能性，在实施上可从国税机构试点进行。要通过税收过程的具体立法来防止税务机关的在税务行政中的过度自由裁量。同时，还要注意税收收入计划与税收法律脱节的问题，应通过废止盲目税收收入计划来实现税款征收活动的法制化，将税款征纳活动完全建立在税收法律基础之上。

2. 推进税收司法制度创新

加快推进税收司法制度创新，加强税收竞争的外部约束与协调。司法权受地方的干预乃至控制所蕴含的是一种制度性弊端，只有进行司法制度创新，才能消除因制度性缺陷导致的税收竞争异化。可考虑设立独立的税收司法体系来强化税收的司法监督，如设立税收警察队伍或是设立专门的税收法院。

3. 强调和突出地方政府在制度创新中的作用

要注重巩固税收竞争的制度成果，积极推进新一轮税权制度创新。税收竞争是法律制度竞争的具体表现，是优质公共产品供给的发现机制，当竞争过程中发现了良好的税权制度，就需要将其成果加以具体化和固化，使各层次的政府能够共享优质的公共政治制度，也使各地的社会公众能够从税收竞争中享受到优质的公共服务，在较为公平的税收环境下以较低的成本从事投资及相关经济活动。当前，第一阶段的财政税收制度改革的适应性效率已经递减，新一轮的制度创新工作就迫在眉睫，这是由制度收益的边际收益递减规律所决定的。在新一轮的制度创新过程中，要强调地方政府在国家税权制度创新中的作用，要赋予地方政府一定的创造新的制度规则的自主权。地方政府同各级微观主体之间有着更为直接的联系，因而有着更广泛的制度创新信息，从而使地方政府制定的税收制度规则有着直接的现实性和针对性。

（三）建立协商机制，合作反对恶性税收竞争

地方立法体制的存在实际上使各地方形成了相对独立的法域，并形成了国内法律市场，各地方法域之间也必然存在制度上的竞争，这种竞争格局与蒂布特模型描述的地方公共产品供给市场之间的竞争是一致的。出于地方利益的需要，在竞争中，各地方通过立法有可能出台带有地方保护色彩的政策和地方法规。而国内法律市场和制度竞争的存在，则有可能导致"恶法"的产生。而恶性税收竞争是政府对资源不择手段的争夺，是地区间税收优惠政策的血拼，而这种博弈的结局往往是两败俱伤。走出囚徒困境的基本思路就是寻求合作，合作的基础是一个能够建立相互信任、有效惩罚背信者的制度框架。在我国，目前上级政府的行政权威是维系这种合作的主要基础。但是，为保持分权与集权之间的均衡，上级政府的干预应保持适当的度，例如，美国国会行使宪法的贸易条款所赋予的禁止地方保护主义和贸易歧视的权力时，必须尊重州的基本权力和内部制衡机制。① 笔者认为，与行政隶属和行政权威下合作相比，地方政府之间的自愿协商更符合宪政精神和市场规律。同级地方政府之间以互信互利为基础，彼此交流税收信息，共同维护税收秩序。地方政府的税收利益协调机制，既可以是高峰会议或高层协商，也可以是建立协会、联盟、秘书处等组织结构，进行经常性磋商。而且，地方政府间可以就税务问题的协商结果可以签署协议，该行政协议应视为法律规范文件，不仅约束缔约方，也约束辖区内所涉及的公众。② 地方政府在行政协议履行中，不可避免地会发生纠纷，而解决纠纷的机制可以寻求双方都认可的仲裁与调解，也可以考虑将纠纷解决纳入我国司法诉讼程序中。总之，地方政府间采取税务合作，反对恶性竞争，有助于化解地区性公共产品的外溢问题，成就互通有无、相互依赖、互利互惠的双赢博弈。

（四）保障市场竞争要素自由流动，促进地方政府良性竞争

蒂布特模型是对地方公共产品供给理论的一种理想假设，其前提是众多地方公共产品共同形成了一个"公共产品市场"，在这个市场上，消费者的自由选择使得众多地方公共产品供给者之间产生了竞争。法律市场的运行机制与蒂布特模型描述的地方公共产品市场是类似的。不同地方的法制一起构成了法律市场，消费者可以有选择地消费自己喜欢的法律，同时规避不利于自己的法律，这必然会引起不同地方的法律制度之间的竞争，而竞争反过来会激励各地方法律制度的立法者不断完善自己地方的法律制度。而这种理论的前提在于不同地方能够形成统一的大市场和良好的竞争秩序，市场竞争要素能够自由流动，"居民""以脚投票"才具有对比性和选择性。从这个角度讲，中央政府和各级地方政府的主要职能在于消除市场壁垒，推动要素的合理、有序的流动，为市场提供适

① James R. Rogers, State Tax Competition and Congressional Commerce Power: The Original Prudence of Concurrent Taxing Authority, 7 *Regent U. L. Rev.*, 103, fall, 1996.

② 叶必丰："我国区域经济一体化背景下的行政协议"，载《法学研究》2006 年第 2 期。

应市场秩序发展的公共产品。而税收竞争的异化在于竞争要素流动的僵化和国家对相关资源的垄断，政府采取非市场措施对资源要素进行的争夺，地方提供的公共产品不具有对比性和可选择性，地方税收竞争没有外部压力，各种税收措施则成为地方保护主义的工具。因此，税收竞争的良性化运行，从根本上在于解决政府干预和经济自由之间的关系，限制政府在资源配置和要素流动中的作用和地位，具体到地方税权制度上就是地方税收不再是资源配置的主导者，税权不再是资源流动的引导者，地方税权法律制度的目标是由“经济建设型”转向“公共服务型”。

四、结语

从市场经济基本制度到地方税权制度、从竞争秩序到地方税收竞争秩序表明，竞争秩序的规范和有效运行，从根本上离不开基本制度的良好设计和其对基础领域的合理有限度的干预，而这种良好秩序本质上是对于市场机制和维护市场竞争规律的尊重。税收本身就是一种“涉及毁灭的权利”，关乎市场经济运行和公民财产权益保障两大法治根本问题，税收法律体系的完善是不可缺少的，中央与地方关系的处理，税收宪政的普及也都是解决的有效措施，但从根本来说，市场力量的壮大——市场经济制度的完善、良好市场竞争的理念普及和秩序确立以及地方经济发展的均衡发展才是最终解决之道。

第二篇　税权划分与地方财政自主

制度性保障与地方税

葛克昌*

一、问题概说

民主宪法国家以地方自治为基础。民主政治原以权力分立为原则,垂直之权力分立即为中央与地方权限划分,是以地方自治之制度保障,为宪法基本原则。地方自治之核心为财政自主,财政自主又地方自治。中国台湾地区"司法院""宪法解释释字第419号解释"理由书明示:"公法上行为之当然违法致自始不生效力者,须其瑕疵已达重大且明显之程度始属相当……所谓重大系指违背'宪法'之基本原则,诸如'国民'主权、权力分立、'地方'自治团体之制度保障。""释字第467号"董翔飞、施文森"大法官"不同意见书则称:"此一解释……将'省'在'宪法'中制度性保障之地位与功能全盘予以否认。"刘铁铮"大法官"不同意见书则称:"省"仍受"宪法"制度性保障……此观该条文(增修条文第9条)第1项开宗明义肯认"省、县地方制度"即为明证。"释字第498号解释"再次强调,"'地方'自治为'宪法'所保障之制度","'地方'自治团体在'宪法'及法律保障之范围内,享有自主独立地位"。以上系"地方"自治团体在"宪法"上受制度性保障。至于"地方"自治以财政自主为核心,①台湾地区"司法院释字第550号解释"则明示:"'地方'自治团体受'宪法'制度性保障,其施政所需之经费负担仍涉及财政自主权之事项。"又提出"不侵害其自主权核心领域"之见解。唯财政自主在租税国家②又以"地方"税自主为

* 台湾大学法律学院教授兼财税法研究中心主任。

本论文构想于2008年3月14日由世新大学主办的"中央与地方权限划分研讨会",初稿发表于《法令月刊》2008年第5期,增添修定部分资料,由吴怡凤律师及台湾大学法律研究所财税法组曾玠智研究生协助定稿。

① 蔡茂寅著:《地方自治之理论与地方自治法》,台湾新学林出版股份有限公司2006年版,第277页以下;周刚志著:《财政分权的宪政原理》,法律出版社2010年版,第32页以下;葛克昌:"规费、地方税与自治立法",载《税法基本问题——财政宪法篇》,台湾元照出版公司2005年版。

② 国家之类型,可由不同角度观察。如由财政形态考察,现代自由国家,将生产工具原则归私人所有而予宪法保障(私有财产制);国家支出之财源不仰赖国有财产收入、国营企业盈余;国家财政收入系来自私经济收益之"分享",亦即租税取得,谓之租税国家。参见J. Isensee, Steuerstaat als Staatsform, in FS Ipsen, 1977, S. 409ff; 葛克昌:"宪法国体——租税国",载《国家法与国家学》,台湾元照出版公司1997年版。

中心,①"释字第277号解释"明示:"'中央'应就划归'地方'税课……制定'地方税法通则'……俾"地方"得据以行使'宪法'……赋予之立法权。"

问题是制度性保障具体内涵为何?制度性保障通常由基本权功能所衍生,"地方"自治团体是否得为基本权主体?如何始侵害"地方"自治之核心领域,特别是财政自主权,而须受违"宪"审查?其中以"中央""立法"侵犯"地方"税自治权最为常见。本文即以"地方"税自主权受侵害为中心,探讨台湾地区"地方"自治之制度性保障。

二、制度性保障与地方自治

(一)制度性保障

1.制度性保障意涵

古典基本权主要系对抗公权力侵害之消极防御权为主,此种消极权利常受立法裁量权予以限制之威胁;②基本权保障需维护功能之完整。基本权核心及重要部分,不容侵害且有权对抗立法者。且国家对基本权负促使实现之任务,未达成此项任务,国家自应就各个权利之性质,依社会生活之现实及国家整体发展之状况,提供适当之制度性保障(中国台湾地区"司法院释字第368号解释"吴庚"大法官"协同意见书参照)。换言之,受制度性保障之制度,消极禁止以立法加以废止,积极需透过立法者形成基本权之内涵。③

2.制度性保障与基本权

制度性保障依Carl Schmitt见解,可区分为私法制度之制度保障(institutsgarantien)与公法之制度性保障(institutionelle garantien),兹图示如下:④

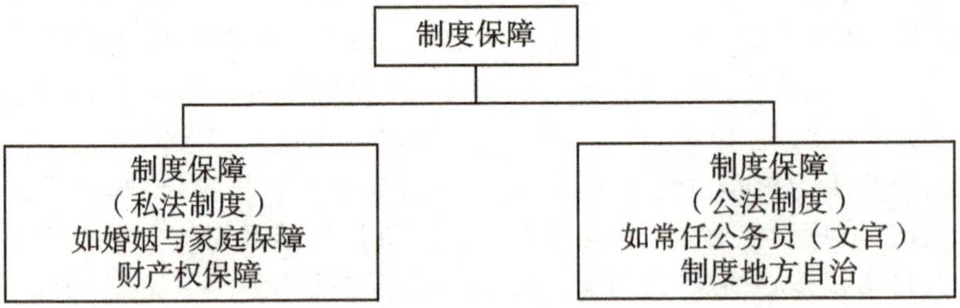

图1

就基本权之效力而言,则可分为制度保障、(请求国家)保护权及(消极对抗公权力)

---

① K. Tipke, *Die Steuerrechtsordnung*, Ⅲ, 1993. S. 1082 ff. 葛克昌:"地方课税与纳税人基本权",载《税法基本问题——财政宪法篇》,台湾元照出版公司2005年版。

② G. Manssen, *Staatsrecht* Ⅰ, 1995, S. 12; Häberle, Wesensgehaltgaratie des Art, 19 Ⅱ GG 3Aufl, 1983 S. 92ff.

③ 陈春生:"'司法院大法官'解释中关于制度性保障概念意涵之探讨",载《论法治国之权利保护违宪审查》,台湾新学林出版股份有限公司2007年版。

④ 制度保障理念发展史,参见张翔著:《基本权利的规范建构》,高等教育出版社2008年版,第114页以下;*Mage Einrichtungsgaramlien*, 2003, S. 96f。

防御权，图示如下：

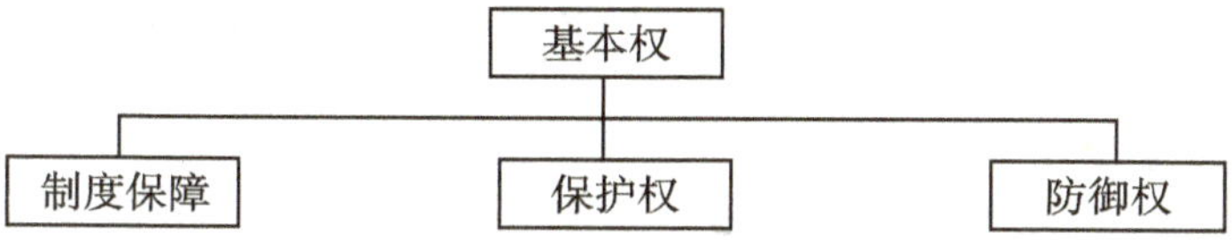

图 2

其中除制度性保障外，国家保护义务与消极防御权关系如下：

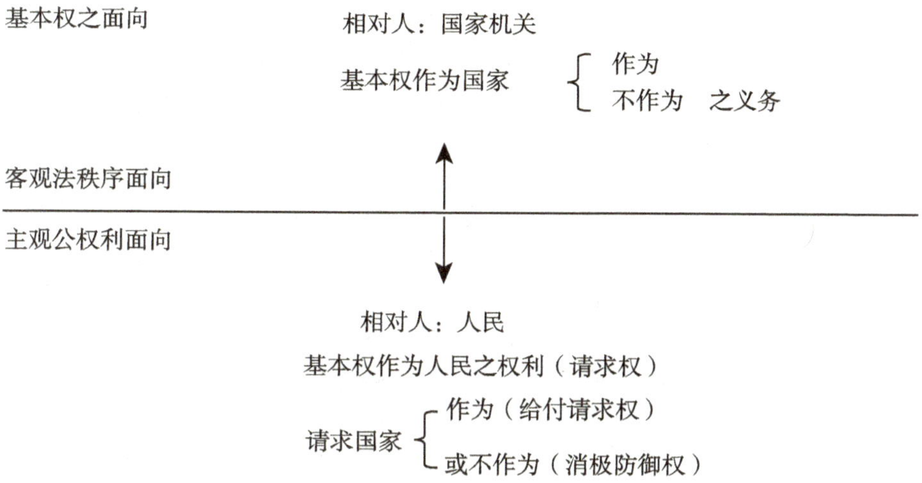

图 3

（二）地方自治与制度性保障

1. 地方自治团体与基本权主体

基本权主体为自然人及私法人与其他私法组织。① 公法人则不与焉，基本权原本用以对抗国家，故国家机关除非立于国库（私法人）地位，原则上不得为基本权主体，其他公法人，不得主张私法自治，无自由权。受委托行使公权力之私人或私法人为“国家手臂之

① 台湾地区“司法院”释字 486 号解释对诉讼权主体明示：“人民基本权利之保障乃现代法治国家之主要任务，凡宪法上所保障之权利或法律上之利益受侵害，其主体均得依法请求救济。”“为贯彻宪法对人格权及财产权，非具有权利能力之团体……且有受保护之利益者，不论是否从事公益，均为商标法保护之对象，而受宪法之保障。”但此仅为程序基本权能力，而非实体基本权能力。

延长”，亦然。[①] 至于地方自治团体，不仅得行使国家高权行为（BVerfGE 21，362，369ff.），亦得拥有财产及公营事业（BVerfGE 61，82，100ff.），故地方自治团体亦不得为基本权主体。[②]

2. 地方居民与基本权主体

地方自治团体不具有基本权主体地位，不表示地方居民在地方自治事项不得享有基本权主体地位。特别在对地方自治之基础理论如系实行人民主权说。[③] 在住民自治要求下，地方居民参与直接民主制乃涉及居民之相关基本权。

吾人如抛弃传统联邦国与中央集权国家截然二分概念，则对台湾地区“宪法”本文明定“中央”与“地方”权限划分，并予“地方”自治“宪法”保障；增修条文明定县之“立法”权，由“县议会”行之（参见台湾地区“宪法”增修条文第9条第1项）。台湾地区“地方制度法”对“直辖市”及县得自治“立法”规定居民之“地方”自治行政义务，及违反时施以行政罚（参见台湾地区“地方制度法”第26条第2项）等规定始能理解，并寻得其“宪法”依据。按现代宪治国家，不仅追求传统民主多数决之形式意义宪治国家；更进一步要求“以人性尊严与个人基本价值为中心”之实质宪治国家，亦即正义国家。[④] 所有国家行为须与宪法上价值观相一致，而以人性尊严为最高价值。此种宪法基本价值观，在台湾地区“司法院”解释中，曾多次加以肯认，诸如，维护人格尊严与确保人身安全，为台湾地区“宪法”保障台湾居民自由权利之基本理念（参见“释字第372号”）。“人民财产权应予保障之规定，首在确保个人依财产之存续状态行使其自由使用、收益及处分之权能，俾能实现个人自由、发展人格及维护尊严”（参见“释字第400号”）。

如以民主原则而言，以人性尊严与个人基本价值为中心之民主理念，要求越与人民邻近事务，应尽可能由其自我实现、为自我决定。[⑤] 宪法上人性观，系指平等、自由之个人，在人格自由发展下，自行决定其生活方式、未来规划及其行为。[⑥] 按给付国家，国家职权虽较自由法治国扩张，除原有之消极保障个人自由，主要系协助个人对自由之实现。[⑦] 给付国家之给付行政，乃在促成基本权之充分实现，亦即由宪法上抽象自由状态，达到具

---

① 其他公法人，在特殊情况亦享有基本权主体地位，德国联邦宪法法院明示，“在可归属基本权直接保障之生活范围时，有基本权能力”。例如，大学在学术自由、教会在宗教自由、公共电视在广电自由时，是以地方自治团体在地方自治制度保障范围内，亦得为基本权主体。[BVerfGE 15，256（262）；21，362（373）；31，314（322）；59，231（254）.]

② H. Maurer，Staatsrecht I，5. Aufl. 2007，S. 265.

③ 陈慈阳著：《宪法规范性与宪政规范性》，台湾翰芦图书出版有限公司1997年版，第346页以下；蔡茂寅：《地方自治之理论与地方自治法》，台湾新学林出版股份有限公司2006年版，第31页以下。

④ 李震山：“人性尊严之宪法意义”，载《人性尊严与人权保障》，台湾元照出版公司2001年版。

⑤ 葛克昌：“地方税法通则与地方自治”，载《地方自治法学论辑》（下），台北市政府法规会1999年版。

⑥ A. Bleckmann，*Staatsrecht* III，3Aufl. 1989. S. 451. 林子杰著：《人之图像与宪法解释》，台湾翰芦图书出版有限公司2007年版，第141页以下。

⑦ 葛克昌：“社会福利给付与租税主义”，载《国家学与国家法》，台湾元照出版公司1996年版。

体社会生活，能以公权力协助个人自由实现。个人人格发展之可能性，首先须触及个人自由实现所不可让与之社会条件。自由实现之条件，在于先拥有实体及精神上必要物资，作为自我决定前提。给付国原则，在于确保借由必要物资条件前提，来达成个人自由之社会发展机会。台湾地区"司法院""释字第485号解释"理由书即在阐明此种意旨："宪法系以促进民生福祉为一项基本原则……本于此项原则国家应提供各种给付，以保障人民得维持合乎人性尊严之基本生活需求，扶助并照顾经济上弱势之人民，推行社会安全等民生福利措施。"是以个人能自我实现之处，即国家干预停止之所。故公权力行使仅具补充性，在社会各种组织团体中，公共事务只有下级团体力有未逮时，上级组织始有处置之任务。易言之，个人能成就者，无须由家庭为之；家庭能处理，民间团体不必插手；民间组织能处置者，政府无须出面；地方政府能为之者，"中央"政府不必介入，此谓之"就近原理"。① 越与人民邻近之公共事务，需由政府为之者，尽可能由地方自治团体为之，而此等事物，亦尽可能保障居民之参与决定。

总之，地方自治制度之基础，在于宪法上人性尊严与个人基本价值为中心之民主原则。亦即政府为人民而存在，而非人民为政府而存在。越接近人民事务，越需要人民自我决定。

地方自治乃源于宪法上人性尊严与个人人格发展之基本价值，而国家仅具工具性价值。个人为发展自己人格，就自己居住区域，有权参与自己关系密切之公共事务，并就其自我决定，自负其责。

3. 地方自治与制度性保障

地方自治团体虽非基本权主体，但当国家公权力侵害其自治权，却有类似基本权主体地位，而受宪法保障，此种保障出于中央与地方权限划分及制度性保障。换言之，基于地方自治团体与国家之间关系，而受宪法上制度性保障。此种地方自治制度保障，系国家补充性原则之具体化。②

现代社会法治国家，其任务之履行，有赖具纳税能力人民之营利行为中，国家参与分配。社会国从收入面而言为租税国，就支出面而言即为给付国。③ 两者现代社会具有互补功能。在前如无纳税人付出，即无社会国之给付。现代社会国家同时要成为法治国家，在社会政策上需严守补充性原则。④ 国家只是协助自我救助者。原则上，国家不得有资源分配权，借由税收而进行之国家救助，与私人自我救助能力相较，前者应居补充性地位。补充性原则之首要要求，即个人或家庭之安全确保具有较高质量之处，即国家之社

① Fleiner-Gerster, *Allgemeine Staatslehre*, 2 Aufl., 1995, S. 455.

② Isensee, *Subsidiaritätsprinzip und Verfassungsrecht*, 2 Aufl, 2001. S. 363.

③ Tikpe, *Die Steuerrechtsordnung* I, 2 Aufl., 2000, S. 2. 葛克昌："宪法国体——租税国"，载《国家法与国家学》，台湾元照出版公司1997年版。

④ 张桐锐："补充性原则与社会政策"，载《黄宗乐教授六秩祝贺论文·公法学篇(一)》，学林文化事业有限公司2006年版。

会安全体系停止之所。私人之救助行为，原则在服务给付。不论病患照料、儿童养育、家庭救助较国家之服务给付较有效率、更富人性。凡行使国家救助之处，首先应实行者乃租税改革，以社会政策目的租税优惠，支持个人及家庭之自我救助；仍有所不及，则以国家现金救助之；最后，才是国家之服务给付，以济私人救济之不足。

按租税国家乃以国家社会二元化为前提，[①]国家社会二元论乃基于自由主义理念。其主要观点在于，社会领域之内，国家虽非完全不能介入，但国家职权与社会职权产生疑义时，应划归社会。此一观点为 Isensee 加以发展成"国家补充性原则"作为国家与社会关系中，[②]宪法上规制与体制原则。[③]

此种补充性原则在 1931 年教宗 Pius 十一世所发通谕：[④]

就好像不应剥夺个人能自发、自立完成之事而委由社会为之，将小团体或下位团体能做且能顺利完成之事交给大团体或上位团体，也是违反正义；同时，这也是很不利的，且紊乱了整个社会秩序。任何社会活动，依其概念与本质，都是具补充性，其应支持社会体之成员，而非加以打击或吞没。

补充性原则虽强调个人之自我负责、自我实现。但天主教之"人"概念，并非指孤立之个人，而是与他人共同存在，亦即具社会关联之个人。教宗 Pius 十一世借由补充性原则，不外希望国家能扶助社会上中介团体，使其能担负社会整合的功能。[⑤] 补充性原则由此点理解，不但与租税国课税权理论有关，且与地方课税权理论有关。

三、地方税与财政高权

2002 年 11 月 19 日中国台湾地区"立法院"三读通过"地方税法通则"及"规费法"，对"地方"财政关系最密切之"税"与"非税公课"提供了"法律"建制，自是划时代大事。"地方税法通则"原为"俾地方得以行使'宪法'所赋予之'立法权'"（"释字第 277 号"），唯现行"地方税法通则"，对"地方"税"立法"，仍认为应由"中央立法"，"各级'地方政府'仅在授权范围内，得自主弹性调整"（"地方税法通则"总说明）。唯"'地方'自治团体受'宪法'制度保障，其施政所需经费负担乃涉及财政自主权"（"释字五五〇号"）。"地方"自治之首要课题，即"地方"事务由"地方"自主负责；而"地方"自治事务之执行，须以财源为基础。财源如何在住民间公平分配，亦与自治事务不可分，因此对自治事项之自我负责，亦包括对其财政之自我负责。[⑥]

---

① Isensee, Steuerstaat als Staatsform, in FS für Ipsen, 1977, S. 426.

② Isensee, Subsidiaritätsprinzip und Verfassungsrecht, 2 Aufl., 2001.

③ 葛克昌："国家与社会二元论及其宪法意义"，载《国家学与国家法》，台湾元照出版公司 1997 年版。

④ Isensee, a. a. O. (注 15), S. 9.

⑤ BVerfGE 4, 7 (15f); C. Bumke, Der Grundrechtsvorbehalt, 1998, S. 142.

⑥ 葛克昌："地方课税与财政民主"，载《行政程序与纳税人基本权》，台湾翰芦图书出版有限公司 2005 年版。葛克昌："租税之宪法依据"，载《月旦法学教室》2004 年第 20 期。

在中央与地方权限划分中，财政权大抵包括立法权、行政权与收益权。[①] 按权力分立，就水平方面，原分为立法、行政、司法三权分立，唯司法权原为"中央"专属权，因其具有消极被动性格，且具一致性质。台湾地区"宪法"第107条第4款司法制度明定为"中央""立法"并执行事项，是以财税争讼案件，由"中央高等行政法院"及"最高行政法院"审理。[②]

权力分立就垂直方面，为中央与地方之权限划分。在权限划分财政权方面，以收益权最为重要，各级政府如缺乏财政支持即无生存能力。财政为庶政之母，亦为各级政府之物质基础，犹资本之于公司。唯财政收益须依法为之，故中央与地方权限划分，以课税立法权最为重要。[③] 台湾地区租税收益权划分之"法律"，以"财政收支划分法"为主；课税"立法"权之法律，则以"地方税法通则"为主。至于财税行政权，不仅涉及稽征效率与行政职权，亦与财政支出关系密切，且与税务争讼之复查、诉愿管辖有关。以下从课税立法权、收益权及行政权分述之：

（一）税捐立法权

台湾地区"中央"与"地方"之税捐"立法"权，吾人可从台湾地区的"宪法"规定、"大法官释字第277号解释"及"地方税法通则"观察其间演进。

1."宪法"规定

"中央"与"地方"税捐"立法"权规范之主要为"地方税法通则"，在"宪法"本文及增修条文并无规定。按"宪法"增修条文第9条第1项第4款规定："属于县之立法权，由县议会行之。"是以划分为县税之"立法"权，应由"县议会"行之。至于"宪法"本文，"宪法"第107条第7款规定，"'国'税与'省'税、县税之划分"为"'中央立法'并执行事项"。其中，"省"税已随"冻省"而名存实亡。是以"国"税与"地方"税之划分为"中央立法"并执行事项，"中央"依此"立法"制定"财政收支划分法"，并将"地方"税划分为"直辖市"税及县税，不论增修条文或"宪法"本文，均规定系为"直辖市"及县"立法"事项。

2."释字第277号解释"

"地方税法通则"，在"宪法"本文及增修条文并无规定。"地方税法通则""立法"总说明中定位为"'地方'税法通则性规范"，则出于"大法官释字第277号解释"，该号解释明示"中央"应从速制定"地方税法通则"或在各该"税法"内订定可适用于"地方"之通则性规定。由于"大法官释字第277号解释"，其后"地方制度法"第67条第2项亦明定"地方"税之范围及课征，依"地方税法通则"之规定。

---

① 黄茂荣："认识财政收支划分的政策工具"，载《税捐法论衡》，植根图书出版有限公司1990年版；陈敏："宪法之租税概念及其课征限制"，载《政大法学评论》1981年第24期；K. Tipke, StRO III, S. 1088 f. f.

② 税务争讼案件以税务行政处分撤销之诉为主，该案件须先经诉愿程序（及诉愿先行程序）诉愿程序国税部分由财政部审理，地方税由地方政府审理。诉愿程序之管辖大抵由租税行政权决定。

③ Vogel, in: Isensee/Kirchhof, *Handbuch des Staatsrechts des Bundesrepublik Deutschland*, 2 Auf., 1999, Bd Ⅳ §87, R2. 52; Tipke, StRO I, S. 123.

“大法官释字第277号解释”,原由“高雄市议会”所申请,认为“地方”税“立法”权系“宪法”所直接赋予,但当时八种“地方”税中除特别税课外,均由“中央”“立法”剥夺“宪法”所赋予地方“立法”权,而请求就当时“财政收支划分法”第7条,对“地方”税课“立法”“以本‘法’有明文规定者为限”以及“由‘中央’制定各该税法通则,以省县为‘立法’依据”等规定宣告“违宪”。

根据“释字第277号解释”理由书,认为“地方”税由“地方”“立法”之“宪法”规定,系指“‘地方’得依‘国’税与省县合理划分之‘中央立法’,就已划归为省县之税课,自行‘立法’并执行之”。因此,“‘中央’应就划归‘地方’之税课,依‘财政收支划分法’规定制定‘地方税法通则’,俾‘地方’得以据以行使‘宪法’赋予之‘立法权’”。解释文则对“财政收支法”对“地方税课立法”,由“中央”制定各该“税法”通则,以为省县“立法”依据,“系‘中央’依‘宪法’一〇七条第七款为实施国税与省税、县税之划分,并贯彻租税法律主义而设,与‘宪法’当无抵触”。[①]

3.“地方税法通则”规定

“宪法”本文及增修条文,就“国税”地方税之划分“立法”权归“中央”,已划归“地方”税之“立法”权归地方。“释字第277号解释”,则就已划归之“地方”税,“中央”仍得制定“地方税法通则”,“俾‘地方’得以据以行使‘宪法’赋予之‘立法权’”。亦即将“地方税法通则”定位为“地方”税自治“立法”之“准则法”或框架式“立法”。唯现行“地方税法通则”,则大量限缩“释字第277号解释”所明示“宪法”所赋予“地方”税自治“立法”权。就此,“地方税法通则”“立法”总说明有所表示:“为顾及国民生活条件及法律秩序之统一性,避免损及国家安全及整体利益,各国地方税之立法方式,大多由中央立法,各级地方政府仅在授权范围内,得自主弹性调整。如日、韩、英等国均由中央立法,各级地方政府拥有之自主权相当有限。”[②]现阶段台湾地区“地方”税仍宜维持“中央”“立法”方式,唯应赋予“地方”自主之弹性空间……赋予各级“地方”得开征新税、调高其“地方”税征收率(额)及在现有“国”税中附加课征之权限,便利“地方”自治财源之筹措。依此说明,“地方税法通则”原则课税“立法”权仍专属“中央”,“地方”仅在“法律”具体授权范围,得弹性调整。[③] 是以除特别税课及临时税课外,地方自治团体并无地方税“立法”权。

---

① 进一步分析参见葛克昌:“宪法国体——租税国”,载《国家法与国家学》,台湾元照出版公司1997年版。

② 该“立法说明”,认为地方税各国大多由中央立法,实为以偏概全说法。美、德等地方自治先进国家,无不有对地方税自治立法是为宪法保障制度。例如,《欧洲地方自治宪章》第9条即明定:“地方自治团体拥有自主课税权,上级政府虽可依法限制之,但不得妨碍其自主权。”参见陈宜拥:“我国地方自治团体课税立法权保障之研究”,台湾中原大学财经法律学系1999年硕士学位论文,第13页以下。

③ 台湾地区“地方税法通则”“立法”“总说明”,甚至对“地方”弹性调整空间认为不宜过大:“本通则之制定,原应赋予‘地方’较大之自主空间,惟有鉴于‘地方议会’迁就选票之现实,往昔娱乐税与工程受益费取消税(费)率后征起困难之实际经验……认为现阶段地方财政弹性调整之空间不宜过大。”

"地方税法通则""立法"后,地方税在"立法"权方面并无太大自治决定空间。此种制度设计,自然对地方自治"法制"有重大影响。

(二)税捐收益权

税捐收益在"中央"与"地方"权限划分,以一税目之收益是否与其他公法人共享,可分为独立税、共分税与统筹分配税。租税系由"国家"及"地方"自治团体所征收之强制金钱给付,某一税目收益完全归属于"国家"或某一"地方"自治团体,称之为独立税;由两个以上公法人按比例分享某税目收益为共分税;某税目之收益由国家或上级"地方"自治团体统筹分配予其下级各"地方"自治团体者为统筹分配税。①

1. 独立税

根据"财政收支划分法",将税课分为"国"税、"直辖市"税及县(市)税("财政收支划分法"第6条)。"地方税法通则"除了"直辖市"及县外,乡(镇市)均得开征"地方"税("地方税法通则"第1条及第6条第1项)。"国税"中"关税"、证券交易税、期货交易税其收益单独归"国家"所有,为"国税"中独立税。"地方"税中使用牌照税、印花税、特别税课收益独立归属直辖市、县,娱乐税独立归属予乡(镇市)均为独立税("财政收支划分法"第11条第1项)。

2. 共分税

"国"税中遗产及赠与税,应以在"直辖市"征起之收入50%给该"直辖市",在市征起之收入80%给该市,在乡(镇、市)征起收入80%给该乡(镇、市);烟酒税,应以总收入18%按人口比例分配"直辖市"及各县(市),2%按人口比例分配福建省金门及连江县,均为共分之典型。地方中地价税、房屋税、契税则为一部分共分税,部分统筹分配税。

3. 统筹分配税("大法官""释字第234号解释")

中国台湾地区地方自治团体因税源固定,自有财源发展弹性低于"中央",以致无法支应日趋膨胀之公共支出,而有"垂直之不均"现象,有赖中央之补助款。同时,各"地方"自治团体自然条件不同、经济情况互异,税课丰吝悬殊,严重者部分县纵将境内全部"国"税"地方"税拨供使用,亦不敷预算支出之需,产生"水平之不均"现象,有赖统筹分配税调剂县市间财政盈虚,均衡地方发展。

"国"税中所得税总收入10%,营业税总收入40%,货物税总收入10%,由中央统筹分配"直辖市"、县(市)及乡(镇、市);"地方"税中土地增值税,在县(市)征起之收入20%,应缴由"中央"统筹分配各县(市),地价税、房屋税、契税则为部分共分税部分统筹分配。

统筹分配税涉及之"宪法"问题,以"大法官释字234号解释"最为重要。该号解释为"台北市议会"所申请,因当时之营业税、印花税为省税及"直辖市"税(营业税现已改

① 统筹分配税,分配之国家属上级自治团体只有统筹分配权但不得分配予分配者,故受分配地方政府就分得部分,应列为当年度税课收入("财政收支划分法"第16条之11)。

为“国”税），“市议会”对营业税印花税统筹分配，认有违“宪法”保障“地方”税自主权精神。“释字第234号解释”理由书对统筹分配税不抵触“宪法”有如下之说明：“营业税与印花税虽经划分为省及‘直辖市’税，但在通常情形，工厂、矿场大多分布在省属各县市，关于教育、卫生、交通、警政及其他公益事项所需费用，势必增加当地政府负担。因营业税依规定得在总机构所在地缴纳，印花税在总机构所在地缴纳情形亦属较多，而总机构又多设在直辖市区内，致使工厂、矿场所在地之县市，取得该类税金较少，‘财政收支划分法’第十二条第二项及第三项之规定，即系透过统筹分配之方式，合理调剂省市之所得使较为贫瘠之地区，亦可获得正常之经济发展，以达全民生活均足之目标，符合‘宪法’第一四七条意旨。”

按“宪法”第147条原为“中央”对贫瘠之“省”，“省”对贫瘠之县补助之规定，“释字第234号”则扩张解释，侧重谋求地方经济平衡发展之意旨。按“宪法”第147条之补助款，为不同级公法人间（“中央”对“省”、“省”对县）间财政调配，是为“垂直之财政调配”；统筹分配税是对同级公法人间“水平之财政调配”，唯透过上级公法人为统筹及分配。然此二者，皆为各“地方”自治团体，在有自主财源后（独立税共分税中归属“地方”部分），①利用垂直调配之补助款以弥补垂直之不均；②利用水平调配之统筹分配税，将“地方”自主财源有余者以补不足者。故统筹分配税首先须有自主财源，后设立衡量基准，何者有余何者不足。问题是“中央”是否有权依据“宪法”第147条，要求富有地区，强制其取出有余，以达台湾全体居民生活均足之目标。③

在宪法保障地方自治，“中央”无权要求“地方”自治团体有义务达成台湾全体居民生活均足之目标，统筹分配税所要达成之区域均衡，是指台湾各区域之住民，能有相同之公共服务。各地区住民可以要求同一之公共服务，其“宪法”上理由为台湾全体居民有依“法律”纳税义务，此种义务系按其实质税负能力，平等负担应负之税捐（“释字第565解释”理由书）。租税负担不因居住地区不同，亦不因由“政府”所得公共服务不同而有所差异（租税利益说或对价说），纳税义务人既按其税负能力而平等负担税捐（能力说），自然有权要求相同之公共服务。④

再者，台湾地区“宪法”保障台湾居民有居住及迁徙之自由，旨在保障台湾居民有自

---

① “地方”自治团体之自主财源是指税捐收益归属地方公法人者，无须仰赖上级公法人之裁量，为独立税共分税中归属地方部分；唯“地方”自主财源仍非“地方”自治财源，后者系“地方”具有课税之立法裁量权，自行决定多大财政规模，增减多少财政负担。

② “中央”依“宪法”第147条对地方之补助，固有裁量权，但不包括“中央”权限委由“地方”执行，因后者原由委办机关负担（“财政收支划分法”第37条，第22页），又“财政收支划分法”第30条限缩“宪法”第147条补助事项，与“宪法”谋求经济平衡发展不符。

③ P. Lerche, Finanzausgleich und Einheitlichkeit der Lebensverhältnisse, in *FS Friedrich Berber zum* 75, Geburtstag, München 1973. S. 299 ff.

④ 葛克昌：“统筹分配税与地方自治”，载《月旦法学杂志》2002年第2期。

由设定住居所、迁徙、旅行自由（“释字第433号、第454号”）。台湾居民有自由移居之权利，唯在台湾各地均有相同之公共服务水平，始足达成。否则，城乡差距太大，为子女教育、老年医疗照顾、一般居民交通问题被迫移居，即无实质之迁徙自由。地方自治之基本精神，在地方住民自主下发展其特色，以吸引他人移居，然其前提亦在于各地之公共服务质与量无太大差异。①

（三）税捐行政权

税捐行政权，涉及税法由何公法人执行，及人民对其行政处分不服向何机关请求救济。按“宪法”第107条第6款明定“国”税由“中央”执行；第110条第1项第6款，县税由县执行。换言之，“国”税与“地方”税之划分，原则上只有对租税行政权最具意义。又税捐由各级“政府”主管税捐机关稽征之（“税捐稽征法”第3条）。② 换言之，“国”税由“中央财政部”为主管机关，“国”税之征收由“财政部”下属各区“国税局”为之，对各区“国税局”核定税捐处分不服，应向各区“国税局”申请复查（“税捐稽征法”第35条）。③不服各区“国税局”复查，应经由原处分机关即各区“国税局”向“财政部”提起诉愿（“诉愿法”第58条之1）。“直辖市”税由“直辖市财政局”下设“税捐稽征处”及分处，负责“直辖市”税之征收。纳税义务人如不服“直辖市”税捐稽征处核定税捐处分，应向税捐稽征处申请复查，不服复查决定，经由税捐稽征处向“直辖市诉愿审议委员会”诉愿。县税由各县（市）“税捐稽征处”征收，不服其核定税捐处分，应向“税捐稽征处”申请复查，不服复查决定，经由“税捐稽征处”向各县“诉愿审议委员会”诉愿，不论“国”税“地方”税不服其诉愿决定，向“高等行政法院”提起行政诉讼。兹将租税高权示意图示如下：④

（四）地方税与财政高权

总之，形式意义的地方税，指“财政收支划分法”第12条除“国”税以外之“直辖市”税及县税（土地税、房屋税、使用牌照税、契税、印花税、娱乐税、特别税课）、临时税课、附加税课（“地方税法通则”第2条）。其“法律”上意义，为税捐行政权之归属（中央之“国税局”或地方之“税捐稽征处”）以及“地方税法通则”之适用范围。但就“宪法”上地方自治之制度保障，不仅指形式意义之“地方”税，“国税”中如遗产税与赠与税，在“直辖市”征起之收入50%分给该“直辖市”，在乡（镇、市）征起之收入，80%给该乡（镇、市），若“中央”“立法”废止“遗产及赠与税法”，乡（镇、市）财政收入受较大影响，是以地方自治之制度性保障，应包含实质意义之地方税。

---

① 黄茂荣：“事务划分：财政划分与财政调整”，载《税法总论》（第1册），台湾植根法学丛书编辑室2002年版；葛克昌：“地方课税权与纳税人基本权”，载《台湾本土法学》2002年第35期；Tipke, StRO III, S. 1084.

② 税与非税公课之管辖机关不同，税捐由财政机关征收，规费与受益费因有对待给付（公共服务），由其对待给付之主管机关征收。

③ 税捐复查制度，参见黄俊杰著：《税捐正义》，台湾翰芦图书出版有限公司，第12页以下。

④ 葛克昌：“租税之宪法依据”，载《月旦法学教室》2004年第20期。

- 租税高权
  - 税捐“立法”权
    - “国”税“地方”税划分权：“中央”“立法”
    - 已划分
      - “国”税：“中央”“立法”
      - “地方”税
        - “地方税法通则”：“中央”“立法”
        - “地方税法通则”授权范围，地方弹性调整（例外：特别税课、临时税课）
  - 税捐收益权
    - 独立税
      - “国”税
      - “地方”税：“直辖市”税、县税
    - 共分税
    - 统筹分配税
  - 税捐行政权
    - “国”税：财政部下辖各“国税局”
    - “地方”税
      - “直辖市”：“财政局”下辖“税捐稽征处”
      - 县：税捐稽征处

图 4

四、地方税与制度保障

地方税自主权应受“宪法”制度性保障，经台湾地区“司法院宪法解释”所明示，但在现实上仍处于不安定地位，例如，对某特定地方税“立法”变更为“国”税，经租税改革废止某特定“地方”税，或借由租税优惠削减“地方”税收益，或虽名为“国”税实则主要收益权归“地方”之税目予以变更或废止（如遗产赠与税）。以下分述之：

（一）“地方”税收入权应由“宪法”明定

地方财政自主权为地方自治之核心领域，受“宪法”制度性保障，虽迭经“司法院”解释已如前述，但“国税”与地方税之划分，“宪法”既明定为“中央”“立法”并执行事项（“宪法”第 107 条第 1 项第 7 款），并制定“财政收支划分法”，不仅使“中央”独占课税权之划分，[1]即使已划归“地方”之税目，亦可能因“财政收支划分法”之修正，使原有之“地方”税改划为“国税”，或受严重侵害，均与“宪法”制度保障有违。虽“司法院”解释，如能

① 学者黄俊杰认“中央”独占课税权之划分为“释字 234 号”与“释字 277 号”解释结果，该两号解释忽略地方财政自主，与“宪法”第 10 章“中央”与“地方”权限划分之精神有所抵触。参见黄俊杰：“财政划分之规划设计”，载《财政宪法》，台湾翰芦图书出版有限公司 2005 年版。

发挥积极功能，长期得依制度保障而为“违宪”审查，但“地方”税仍处于不安定地位，[①]为使“地方”财政自主得到“宪法”明确性保障，让“地方”长期规划成为可能，“地方”自治生命有持续可靠供养，宜采取《德国基本法》模式，对课税权收入明定于“宪法”。[②]

（二）“地方”之参与与协商权

“法律”之实施须由“地方”负担经费者……于制定过程中应予“地方”充分之参与……草拟此项规定，应与“地方”协商。此为“司法院释字550号解释”所明示。有关地方税之立法与修正，各两院制国家宪法均定，应由代表地方之参议院通过。台湾地区无“参议院”制度，为确保“地方”之充分参与，未经“地方”同意或至少多数同意，不得片面由“立法院”修正“地方”税之“法律”。固然此种程序可能有碍租税改革，然基于地方自治之制度保障，及“中央”与“地方”自治团体系“对等、协力关系”，此种程序保障为“宪法”之要求。

（三）“地方”税租税优惠与制度保障

“地方”税借由“修法”，引入租税优惠条款，由于“地方”税“立法”权仍落入“中央”之手，“中央”“修法”减免“地方”税，侵犯“地方”之租税收益权。按现行制度，不仅“中央”有划分“国”税与“地方”税之权，已划分为“地方”税者，仍由“中央”制定“地方税法通则”，该通则规范“地方”自治团体并无充分之地方税“立法”权，而只拥有弹性调整空间。[③] 多数之“地方税法”，如“娱乐税法”、“土地税法”均由“中央”“立法”，“中央”利用引入租税优惠条款或促进产业升级条例等减免地方税，亦即俗称之“中央”请客“地方”埋单问题，又某些“国税”主要之收益权归“地方”者，如“遗产及赠与税法”，亦然。此种租税优惠之“立法”因涉及“地方”财政自主之制度性保障，须受“违宪”审查。

（四）“地方”有限课税“立法”权与国家干预

现行“地方税法通则”将“地方”税“立法”权原则仍归“中央”，“地方”自治团体在“法律”具体授权范围内得弹性调整。是以除特别税课及临时税课外，“地方”自治团体并无“地方”税“立法”权。但此有限之税课“立法”权仍受“中央”之干预，亦即该“通则”第3条第1款但书“不得开征”第4款：“损及‘国家’整体利益或其他‘地方’公共利益。”实则“损及‘国家’整体利益”，涉及“中央”与“地方”课税权之权限争议；“其他‘地方’公共利益”则涉及‘地方’间课税权争议。[④] 两者如由“中央”予以单方裁量，亦有损于“地方”财政自主之制度保障。

---

① 葛克昌：“租税国危机及其宪法课题”，载《国家学与国家法》，台湾元照出版公司1997年版。

② K. Vogel, Zur Auslegung des Artikels 106 Grundgesetz, in FS K. Tipke zum 70. Geburtstag, S. 93ff. 廖钦福：“财政宪法与纳税人权利保障”，载《现代宪法的理论与现实》，台湾元照出版公司2007年版。

③ 进一步讨论参见黄俊杰：“地方税法通则之立法评估”，载《台湾本土法学杂志》2003年总第42期；葛克昌：“地方课税权与纳税人基本权”，载《税法基本问题》，台湾元照出版公司2005年版。

④ 黄俊杰：“地方税法通则之立法评估”，载《财政宪法》，台湾翰芦图书出版有限公司2005年版。

五、结论

综上讨论,就台湾地区“地方”税与“宪法”制度保障,可归纳出下列几点讨论:

第一,“地方”自治之制度保障,为“宪法”之基本原则,而“地方”自治之核心为财政自主,财政自主又以“地方”税制度性保障最为重要。

第二,受制度性保障之制度,消极禁止以“立法”加以废止,积极需透过“立法”者形成制度之内涵。

第三,地方自治团体为统治团体之公法人,虽非基本权主体,但“地方”自治制度本旨即为保障并实现住民之基本权,而为国家补充性原则之具体化。地方自治团体为居民之基本权,亦有向“中央”请求除去侵害及请求保护之权。

第四,“宪法”第110条对“宪法”未列举权限划分事项明定:有全台湾一致之性质属“中央”……有一县之性质者属于县的原则,唯此一原则仍应辅以国家辅助性原则,即“地方能做,‘中央’不做”。遇有争议时,由“立法院”解决之。但“立法”非代表“地方”之“参议院”,故有关“地方”事项,宜建立“地方”参与机制。基于制度性保障精神,“立法者”积极立法,建立相关法制。“司法院”亦应积极利用“宪法”解释,阐明此点。在过渡时期,宜利用协商与合意解决之,以明“国家”与“地方”对等协力关系。

第五,“地方”税就狭义而言,指“地方税法通则”第2条,目前实务只有行政权与救济权归属(“国税局”或“地方税捐稽征处”)始有现实意义,唯“宪法”之意旨划归为“地方”税者应归“地方立法”,“地方税法通则”限制“地方立法权”宜予修正,始符制度性保障原则。

第六,就收益权而言,“地方”税应就实质考察,如遗产及赠与税,80%归乡镇,亦应受制度保障,不仅不宜随意废止,如全面减低税率,亦应让“地方”协商,于替代性财源筹措。

地方税税权划分与规模优化的国际借鉴研究

汤贡亮[*]　何　杨[**]　李俊英[***]

在过去的20多年中，财政分权一直是中国经济改革的重要内容，使地方政府在财政总支出中所占的比重从1981年的45%稳步上升到2009年的80%。但是，地方政府的税权却在逐年下降，中央在增值税等共享税中的比例不断提高，地方税种的税收收入萎缩。自有税源不足使地方政府不得不谋求“生财之道”，造成对土地收入依赖度的急剧增加和地方融资平台债务的膨胀，以至于扭曲了地方政府的很多公共服务职能。因此，面临经济增长方式转变的中国，正迫切需要完善财政分权体制，理顺中央地方财政关系，抵制地方政府预算外收入不规范扩张，实现基本公共服务均等化等改革目标。

2011年3月14日，经第十一届全国人大第四次会议表决通过的《国民经济和社会发展第十二个五年规划纲要》明确提出，要“按照财力与事权相匹配的要求，在合理界定事权基础上，进一步理顺各级政府间财政分配关系，完善分税制……加强县级政府提供基本公共服务的财力保障……逐步健全地方税体系，赋予省级政府适当税政管理权限”。在这个背景下，深入比较和借鉴不同国家地方税税权划分和地方税税收收入合理规模的有益经验，对于理顺我国中央和地方税权划分，改进地方税体系，进而完善地方分税制财政管理体制具有重要意义。

一、地方税权划分的国际比较

中央与地方之间的税权划分是地方税收存在与发展的前提与基础。完整意义的税权，包括税收立法权、税收收入归属权、税政管理权以及税收征收管理权四个方面的内容。一般而言，学者在研究税权划分时通常以税收立法权来衡量税收分权的类型与模式。具体来说，税收立法权的纵向划分可以分为以下四类：中央政权专门的立法权、地方政权专门的立法权、中央与地方共有的立法权以及剩余立法权。①

---

* 中央财经大学税务学院教授。

** 中央财经大学税务学院副教授。

*** 内蒙古财经大学教授。

① 吴大英、任允正、李林著：《比较立法制度》，群众出版社1992年版，第275～279页。

(一)基于国情的税权划分:三种基本类型

世界各国都从自身实际情况出发,综合考虑本国政治、经济、社会、地域等因素进行中央与地方税收权限的划分。以税收立法权的分配为主要衡量标准,大致可以分为三种类型:

1. 税权分散型

税权分散型即中央与地方各级政府分别行使独立的税收权限,互不交叉和干涉。美国是分权模式的代表。美国的联邦和州两级立法主体在税收立法权限方面的划分如下:(1)联邦享有"征税"事项的"授予立法权"和从其引申出来的"建立银行和公司"与"帮助和管理农业"等事项的"默示立法权";(2)联邦不得行使"对任何州输出的商品征税"和"统一全国间接税税率"等事项的立法权;(3)州不得就"对进口货和出口货征税"等事项行使立法权;(4)联邦和州都可以就"征税"事项行使立法权。美国联邦政府的征税权是由联邦宪法赋予的。美国宪法规定,联邦宪法在立宪性"一致同意"下赋予联邦政府相当广泛的税收权限。同时,宪法还规定,联邦政府征税必须按照国会通过的法律进行,税收的开征、停征,税率的调整,均须由国会决定。美国各州税的征收依据来自美国宪法和国会制定的相关法律。各州的征收权被视为联邦立宪成员所拥有的主权,它是依据余权主义而保留的权力。

2. 中央集权型

中央集权型即各项税权高度集中于中央,地方只有很小的税权。英国和法国是高度集权模式的代表。英国是典型的单一制国家,中央集权的政体决定了税收管理体制的高度集中。税收管理主体只分为中央和地方政府两级,税收立法权和税收管理权都集中于中央政府。从税收立法权角度看,地方政府的权限十分有限,既不享有开征新税的权力,也不具有对地方税基本规则的制定权。地方政府仅对市政税享有确定税率的权力。法国属于单一制国家,实行较为明显的集权式分税制。但是,法国由于长期以来的高度集权造成中央和地方财政关系紧张,从1982年开始实行分税制改革,2003年通过修宪确定了地方的自治权,其中包括一定限度的税收立法权。

3. 适度分权型

日本和德国是分权与集权兼顾模式的代表。日本是单一制国家,实行中央、都道府县和市町村三级自治。日本的税收立法权主要集中在中央,地方的税收立法权限很少。德国统一后是由16个州组成的联邦制国家,联邦政府享有高度集中的税收立法权。德国宪法对联邦政府与州的税收立法权进行了较为明确的划分。根据规定:第一,联邦政府对关税和国家垄断事项享有专属税收立法权;第二,对收入应全部或部分归联邦政府所有的其他税收以及根据《德国宪法》第72条规定出现需要由联邦政府立法时,联邦政府与州政府享有共同立法权;第三,州政府对地方的消费税和某些生活开支因素所征收的税,在不与联邦立法所征收税收相重叠的情况下,享有专属立法权。

应该指出的是,尽管出现了中央向地方下放权力的基本趋势,但是地方的分权往往是有制约的。即使是美国这样税权分散的国家,联邦宪法的一些条文也对这种权力进行了一定的约束。根据《美国宪法》第1条第8款的规定,州行使税收立法权必须遵循如下原则:州制定法律、行使权力不得违背联邦宪法,各州不得作出有碍州际间贸易往来的规定,州政府不得征收进出口税。

(二)税收自主权

税收自主权(tax autonomy)是指地方政府可自主决定其税收的权力,主要包括设立或废止税种的权力、确定税率的权力、确定税基的权力以及给予纳税人税收优惠的权力等。① OECD设计了"A、B、C、D、E、F"六类指标来度量地方政府的税权。A表示地方政府拥有地方税税率、税基等方面的全部权力;B表示地方政府只拥有确定地方税税率的权力;C表示仅有确定地方税税收优惠,即确定税基的权力;D表示共享税;E表示地方政府在税率和税基两方面都没有权力;F为其他情况。详见表1。

表1　OECD关于税收自主权的指标体系表

类别		税收自主权
A	A1	州和地方政府自主确定税率和税基,无须征得中央政府同意
	A2	州和地方政府自主确定税率和税基,必须征得中央政府同意
B	B1	州和地方政府自主确定税率,无须征得中央政府同意
	B2	州和地方政府自主确定税率,必须征得中央政府同意
C	C1	州和地方政府自主确定税基,可以给予税收优惠,但只能给予"税收减免"
	C2	州和地方政府自主确定税基,可以给予税收优惠,但只能给予"税收抵免"
	C3	州和地方政府自主确定税基,可以给予税收优惠,既可"税收减免"也可"税收抵免"
D	D1	州和地方政府拥有共享税,且有权决定分成比例
	D2	州和地方政府拥有共享税,但分成比例的调整必须征得中央政府的同意
	D3	共享税收分成比例由立法程序确定,但中央政府可以单方面改变
	D4	共享税收分成比例由中央政府作为年度预算的一部分确定
E		州和地方政府无权确定税率和税基
F		其他情况

资料来源:OECD,*Fiscal Autonomy of Sub-central Governments*,Working Paper No.2,2006。

引入税收自主权概念和指标体系为研究税权的集中与分散、地方政府税权的大小拓宽了思路。对照上述指标体系,本文对OECD 19个成员国地方政府的税收自主权情况

① 白彦峰:"OECD成员国与我国地方税权的借鉴研究——基于'税收自主权'角度的分析",载《涉外税务》2007年第2期。

进行考察,结果见表 2。①

表 2　中央以下政府各级次税收自主权所占比重表

单位:%

中央以下政府税收收入占税收总收入的比重		各级次税收自主权所对应的税收收入占中央以下政府税收收入的比重							
		A	B	C	D1	D2	D3	D4	E
奥地利	19	5.1	4.9			90.4			
比利时	28	5.5	50.4			43.5	0.4	0.1	
捷克	13	2.0	5.0	3.0			90.0		
丹麦	31		95.1				2.8		2.0
芬兰	22		89.0				11.0		
德国	29	0.2	12.6			87.2			
匈牙利	6	30.0						70.0	
冰岛	20	90.4	92.0						
日本	24	11.2							9.7
墨西哥	20					68.8	14.8		5.2
荷兰	3		100.0						
新西兰	5	98.0							2.0
挪威	20		3.4				0.7	95.8	
波兰	7		45.0	1.0			54.0		
葡萄牙	6	29.4	8.4						62.2
西班牙	13	26.6	35.3			38.2			
瑞典	32	2.7	97.3						
瑞士	38	51.5	40.9			3.5	4.2		
英国	4		100.0						

资料来源:转引自孙红梅著:《税权划分的国际比较研究》,中国税务出版社 2009 年版,第 77 页。

根据表 2 可知:(1)除荷兰和英国为单一自主权(即州和地方政府自主确定税率)

① 19 个 OECD 成员国是指奥地利、比利时、捷克、丹麦、芬兰、德国、匈牙利、冰岛、日本、墨西哥、荷兰、新西兰、挪威、波兰、葡萄牙、瑞典、英国、瑞士、西班牙。

外，其他17个国家州和地方政府税收立法权由不同级次的税收自主权组合而成。(2)税收自主权集中在B级，即中央以下政府只能设定税率，而没有任何国家的州和地方政府可以自行决定共享收入的分成比例。(3)在被考察的国家中，州和地方政府所拥有的税收自主权差异很大。

二、地方税税收收入规模的国际比较

无论是集权税制还是分权税制模式的国家，无论是发达国家还是发展中国家，均在确保中央政府集中大部分税收收入的前提下，使地方税税收收入达到一定规模，但并不存在一个统一的、可比的标准。本文以地方税税收收入占GDP的比重和地方税税收收入占税收收入总额比重两个指标作为衡量标准，发现OECD国家之间的地方税收在收入规模和税种分布上都有很大差异。表3描述了这种多样性，从中得出以下结论：

第一，地方税主体税种突出。多数国家(除澳大利亚、爱尔兰和瑞典)地方税制实行多税种、多层次、多环节征收，主体税种明显，规模适度，保证了地方政府运行的需要。从各国情况来看，有些国家以财产税为地方主体税种，如澳大利亚、加拿大、墨西哥、美国、法国、爱尔兰、韩国、荷兰、新西兰、葡萄牙、西班牙、英国；部分国家以所得税为地方税主体税种，如奥地利、比利时、德国、瑞士、捷克、丹麦、芬兰、冰岛、日本、卢森堡、挪威、波兰、斯洛伐克、瑞典；也有少数国家选择销售税为主体税种，如匈牙利；法国、希腊、意大利、土耳其四国地方政府相当依赖其他地方税，主要是来自于商业征税。

值得注意的是，财产税和所得税是地方政府主体税种的主要类型。财产税之所以能担当地方税主体税种，是与其本身具有的诸多特点分不开的，财产税税源充足、税基稳定，而且具有适度弹性，调节目标较为集中，比较适合由地方政府征管。所得税税源充裕、更加公平和符合受益原则，是一个优良的地方税主体税种。与财产税相比，所得税要求地方政府有较高的税收征管水平。经济发达国家所得税税源充足，征管水平较高，所得税也能够成为其地方税主体税种的现实选择。

第二，从地方税税收收入占GDP和税收收入总额两个比重来看，OECD各国地方税在整个税收系统中的相对重要性相差较大。地方税税收收入规模的较大差异，原因不仅在于经济发展不平衡，还取决于一系列因素，包括国家的税收结构与历史传统、地方政府财政收入形式的不同选择、地方政府管理自身税收的能力、地方政府必须负担的支出种类、国家是否愿意赋予地方政府税收权力、地方政府运行所必须遵守的宪法和法律规定等。

第三，地方税税收收入规模的大小与国家政体形式关联性不大，实行相同政体的国家地方税税收收入也高低悬殊。由表3不难看出，地方税税收收入规模的差别并不存在理论上所论及的单一制国家地方税税收收入规模相对小、联邦制国家地方税税收收入相对大的情况。相反，OECD国家中，地方税税收收入比重最高的两个国家丹麦和瑞典均为单一制国家。究其原因，主要是因为单一制国家税权集中、联邦制国家税权分散而导致理论认识上的偏差，实际上很多单一制国家实行非对称分税制，税收立法权和征收权相对集中，但税款管理和使用相对分散。

表3 OECD国家地方税税收收入比重表

单位：%

国别	占地方税税收收入总额的比重				地方税占GDP比重	地方税占税收收入总额比重
	所得税	销售税	财产税	其他		
联邦国家						
澳大利亚	0.0	0.0	100.0	0.0	1.0	3.0
奥地利	55.3	29.7	9.9	5.1	4.4	10.1
比利时	86.5	13.2	0.0	0.3	2.1	4.7
加拿大	0.0	1.9	91.3	6.8	2.9	8.1
德国	78.0	6.0	15.8	0.2	2.6	7.5
墨西哥	0.0	2.6	86.7	10.8	0.1	0.8
瑞士	84.4	0.3	15.3	0.0	5.0	14.0
美国	6.5	21.8	71.8	0.0	3.5	11.5
单一制国家						
捷克	90.8	4.2	4.6	0.4	4.8	12.4
丹麦	93.4	0.1	6.5	0.0	15.9	32.9
芬兰	95.4	0.0	4.4	0.1	9.9	21.2
法国	0.0	11.5	48.2	40.4	4.4	9.7
希腊	0.0	46.3	0.0	53.8	0.4	1.0
匈牙利	0.8	76.2	22.5	0.4	2.0	5.2
冰岛	78.0	7.6	14.3	0.0	8.3	22.4
爱尔兰	0.0	0.0	100.0	0.0	0.6	1.8
意大利	12.2	8.6	18.6	60.6	4.8	11.4
日本	47.4	20.7	30.9	1.0	7.0	25.6
韩国	16.6	26.5	53.3	3.6	3.9	15.1
卢森堡	92.9	1.3	5.6	0.3	2.4	5.9
荷兰	0.0	44.0	56.0	0.0	1.4	3.4
新西兰	0.0	9.7	90.3	0.0	1.8	5.8

续表

国别	占地方税税收收入总额的比重				地方税占GDP比重	地方税占税收收入总额比重
	所得税	销售税	财产税	其他		
挪威	89.9	2.2	7.9	0.0	6.5	16.3
波兰	78.4	1.8	19.8	0.0	5.7	16.3
葡萄牙	21.6	33.7	44.5	0.2	2.3	6.3
斯洛伐克	59.9	11.8	28.2	0.1	1.5	4.0
西班牙	25.2	36.1	37.3	1.4	5.9	16.9
瑞典	100.0	0.0	0.0	0.0	16.0	29.8
土耳其	24.7	31.5	6.5	37.3	4.3	13.0
英国	0.0	0.0	99.5	0.5	1.5	4.1

注:(1)所得税包括个人所得税、公司所得税和工资税;(2)销售税包括一般销售税、产品和服务税以及对使用服务或取得服务使用权所征的税;(3)财产税包括对净财产的经常性税收;(4)其他税包括一些主要对商业的税收(奥地利、加拿大和德国)和各种杂税,在奥地利包括社会保障分摊;(5)税收收入总额包括中央政府、州政府、地方政府和社会安全基金。

资料来源:经济合作与发展组织,收入统计1965~2001,巴黎:经济合作与发展组织,2002,第135~168页。

三、完善中国税权划分和地方税规模的政策建议

(一)确保中央税权的主导地位

税权集中的优势在于,中央政府拥有较强的宏观调控能力,可以协调区域经济平衡发展,缺点是可能降低地方政府发展经济的积极性和财政支出效率。与此相反,税收分权的优势在于可以调动地方政府发展经济的积极性,缺点在于削弱了中央政府的宏观调控能力,引起地区间税收竞争,从而加剧区域经济发展不平衡。

保持中央对税权的主导地位在中国是必要的。税收立法权高度集中于中央,是中央统揽全局并实现宏观调控的客观要求,对于维护国家税收政策的权威性和统一性发挥了积极作用。[①] 如果贸然给予地方政府太多的税收立法权或增加税收的自主权,必然会影响中央政府灵活地应付宏观问题的能力,尤其是发展中国家和转型国家。从根本上说,中央政府对宏观经济的调控范围和程度是以其所能掌握的税收实力为基础的。[②] 在国家税收总额一定的情况下,由于中央税和地方税的规模呈消长关系,适当扩大地方税权、合理确定地方税规模直接关系中央宏观调控政策的实施。由于我国各地资源禀赋与经济

① 张晓丹:"完善地方税收立法权的思考",载《合作经济与科技》2010年第4期。

② 许建国:"重构我国地方税体系的几个理论问题",载《中南财经大学学报》1993年第6期。

发展的不平衡，中央政府仍然需要通过转移支付来协调区域经济的发展。中央对地方的主导和控制主要是通过转移支付制度的“顺流”方式实现的。面对地方政府公共服务需求与地区间财力差异的日益增加，一个国家要在全国推行公共服务均等化，必须有一个强大的中央转移支付制度，更需要中央政府有效运用这一强有力的财力均等化工具。

（二）赋予地方政府一定的税收立法权

扩大地方税税收收入规模需要地方政府拥有一定的税收立法权。税收立法权本质上是一种对资源进行支配的权力，地方拥有税收立法权实质上等于拥有了经济税源的支配权。税收立法权的缺失使得中国地方政府并不是完全独立自主的决策者。[①] 地方政府担负着满足本地居民特殊需求的公共服务职能，这种职能是中央难以完全和有效履行的。地方政府履行职能以地方财政为基础，因此，现代国家通常会通过宪法或税收基本法授予地方一定的税权特别是税收立法权，以满足地方的财政需求。[②] 地方享有适当的税收立法权，至少有以下两方面的必要性：第一，赋予地方政府一定的税收立法权，可以激励地方政府更好地提供公共服务。在现行分税制体系中，形成中央与地方两个税系，目的就是满足不同层次公共产品和不同层次经济发展的客观要求。在此前提下，只有赋予地方政府一定的税权，才能保证地方政府提供地方性公共产品的可能性和可行性。地方缺乏税收自主权，带来的一个显而易见的问题是地方政府提供地方性公共产品的支出无法以税收的方式获得。因此，地方的财政需求要求对这种高度集中的税权模式进行调整。第二，让地方政府享有一定的税收立法权，可以有效规范地方政府的收入行为。财政体制主要体现为财政领域的权力、资源、责任在各级政府间的分配，其具体方式是通过收入和支出两个方面表现的。从逻辑上说，财政分权决定地方政府可支配的收入资源，进而影响其追求收入的行为。1994 年的分税制改革分配给地方的税收自主权非常有限，地方政府未能拥有全部或部分地方税税基或税率的决定权，在确定税收的分成比例方面，也没有和中央平等的地位。这样的财政权力安排会扭曲地方政府的收入行为，地方政府在缺乏开征税收和安排支出的权力时，总是会导致地方预算外收支的增加，以及出现大量的借债。[③] 如果要提高地方政府税收收入规模，中央政府必须考虑，把更多的收入资源和收入权力让渡给地方政府，减少对中央政府的依赖，增加地方财政自给程度。

（三）优化地方税税收收入规模

我国地方税税收收入规模应多大，原则上应满足三个基本条件：第一，能为最富有的部分地方政府提供充足的收入，以使其财政基本上自求平衡；第二，应满足地方政府“地区公共产品基本水平的国家标准”的支出需要，即使地方税收收入规模与提供最低标准

① 李婉：“中国式财政分权与地方政府预算外收入膨胀研究”，载《财经论丛》2010 年第 3 期。

② 苗连营、吴礼宁：“税制改革与中央和地方财政关系”，载《学习论坛》2010 年第 2 期。

③ Ma Jun. *Off-budget Activities of China Governments Since Economic Reform*, Paper Presented to Association for Budgeting and Financial Management, 2000.

的区域公共产品支出相适应;第三,地方税收不应过多扭曲资源的有效配置。简言之,我国地方税收入规模的理论区间为:最富有地区的财政支出 > 地方税税收收入规模≥“地区公共产品基本水平的国家标准”支出。这里需要做以下必要的说明:(1)我国地方税税收收入的理论规模应同时满足发达地区和欠发达地区的要求,应充分考虑地方政府因地方经济发展所导致的收入筹集能力的差别,较发达地区能够更依赖地方税收。(2)地方税税收收入规模的确定以中央与地方政府之间事权与支出责任划分明晰化、法制化为前提和基础,以免成为日后改革深化的羁绊,中央政府需要建立“地区公共产品基本水平的国家标准”。(3)中国最富有地方政府以东部各省(市)为代表,①“最富有地区的财政支出”是指按照财政支出权重的加权平均数。(4)能为最富有的部分地方政府提供充足的收入,并不排除为弥补地区溢出(公共产品和服务的收益从一个地区扩展至其他地区)取得的转移支付收入和其他专项转移支付。(5)无论是中央统一制定还是地方自行制定的地方税,②避免因征税而导致的扭曲非常重要。由于发展中国家往往将税收作为实现政府既定政策目标的重要工具,将效率损失或超额负担最小化作为优化地方税制的一项重要标准。

（四）合理设置地方税种

规范的税种划分是在中央政府集中税种设置权和税率调整权的基础上,将主要税种分别划分给不同级别的政府,即按照税种确立各级政府的收入范围。科学、合理地设置地方税税种,是分税制体制的总体要求,也是提高地方税税收收入规模的根本保障。财政联邦主义理论的研究成果表明,最适合地方开征的税种主要有两种情形:(1)基于“收益原则”其收益内部化于征收该税的辖区之内,对纳税人而言,其承担的收入责任应该清楚明了;(2)税基固定或流动性小的税种。不适合地方征收管理的税种主要有:(1)税基具有较大流动性的税种,尤其是税基能在全国范围内自由流动的税种,应由中央政府征收使用;(2)征收管理具有规模效应的税种应由中央政府征收,以便充分利用信息优势,降低征管成本;(3)具有累退性,能够实现收入再分配目标的税种应由中央政府征管使用;(4)税基在辖区间分布极不均匀的税种应由中央政府掌握;(5)多环节课征、无法确定其归属的税种,应作为中央税。

对于具体税种的归属问题,应根据税种的功能、税源范围以及对经济的调节作用等因素,确定不同税种分别作为中央税或地方税。总的划分依据是,凡关系到国民经济全局、有利于加强宏观经济调控的税种划归中央,作为中央税;与地方密切相关、税源分布

① 东部地区包括北京、江苏、浙江、山东、广东、福建、辽宁、上海、天津。

② 在目前我国经济社会发展十分不平衡的情况下,给予地方税收立法权会扭曲资源配置,导致地区发展更加不平衡。因为发达地区税源丰富,可以降低税率、实行优惠,而不发达地区税源匮乏,不仅无力实施优惠,还要保持较高的税负水平,这必然导致资本、人才等生产要素从不发达地区流向发达地区,扭曲资源在区域间的合理配置。

区域性较强、需要发挥地方组织征收积极性的税种划归地方,作为地方税;与整个经济发展直接相关的税种划为中央和地方共享税,使中央和地方在财政利益上有一个连接点。具体来讲,确定哪些税种为地方税,必须考虑下列因素:(1)中央和地方事权与支出责任划分情况,以及在此基础上确定的财权归属和中央政府是否掌握强有力的转移支付等体制因素;(2)保证地方政府具有一定规模的、较为稳定自主的收入来源;(3)确保地方税税收收入与地方经济发展密切相关,体现经济增长与税收增长的内在联系,同时要考虑税收收入的汲取对经济增长的负向影响;(4)要充分体现宽税基、低税率、易征管的原则;(5)要保持相对稳定,避免因追求收入规模或者平衡中央、地方收入而人为调整政策和增减税种。

试析我国地方税权的正当依据、合理范围与规范路径

——兼及中国经济社会转型的制度逻辑

贾绍华[*] 曹明星[**]

当前的中国正处于经济与社会转型最关键的历史时期。经过30年的独立自主与30年的改革开放,中国经历了曲折辉煌的现代化历程,随着2011年GDP跃居世界第二,中国在近200年来第一次有机会再次站在世界之巅。然而,近些年来,在转型的关键时刻,快速发展的中国经济与社会从内到外遇似乎都遇到了难以克服的障碍。最为典型的是,我国经济发展正面临一种贫富差距拉大、国民发展失衡、央地分权失控以及内外交流失和的历史困境。

以央地税收分权失控为例,存在税权过分集中于中央、中央与地方税权与事权划分不明确、央地税权管理缺乏统一稳定的制度规范等典型问题,这一方面导致地方财政税收收入不足、管理失序,另一方面必然加大央地之间的税权博弈,破坏整体经济与社会的和谐局面。为此,需要我们从地方税权正当性依据、合理性范围以及规范化路径方面进行一些理念探讨,以利于在央地分权新战略中重构地方税权,促进地方经济与社会的健康发展,形成全国经济社会的和谐局面,并最终推进转型的顺利展开和深入发展。

一、地方税权正当性依据的探寻

地方税权的正当性依据根植于一种个体主义的路径。当前的地方(税收)分权问题的凸显是中国经济社会发展和转型的必然结果,无论是从经济学的公共产品理论的逻辑推理,还是从政治学的财政联邦主义实践的经验总结,人们曾经在很多角度和各个方面复杂而深入地论证着国家体系中地方税权的正当性。但是,这里我们也许可以溯本归源,从一个更为简单自然的角度来认识这个问题。

我们认为,对于包括税权等在内的地方权能正当性问题的认识,需要一种基于个体

* 中央财经大学税收教育研究所所长、中国财税法学研究会副会长。

** 中央财经大学税务学院副教授。

视角的评价。实践表明,利益关系以及由此衍生的成本效益分析在相当大的程度上操控着个人的意识和行为。按照"个体—家庭—乡镇—县市—省—中央—国际"的图式,个体实际受到的影响是递减的,在精力有限的前提下,个体更乐于去关注对自身更具利害关系的事项,这是人类生存的基本规律。这个原理稍微延伸一下就可以扩及"行政区域",即个体总是更支持与自己有更密切利害关系的那个区域。人际亲疏关系与利益关系是互动的,这是对共同体认同的一种表现,其实就是人的自利本性的一种表现。不管是在地域上,还是在人际上、时间上,利益关系都是以自我为中心一圈一圈向外扩展,越往外层,利害关系就越小,对它的关注度也就越小。尽管"大公无私"是一项道德上的崇高取向,但是利益取向在客观上证明了人类不可能完全无私。个人总是希望所处的地方享有更多的地方权能,而其他地方乃至中央的利益由于相对遥远所以并不受到更多的重视,上面下来的政策如果损害了地方利益也常常会受到抵制。我们经常可以习惯性地听见"舍小家,为大家"这样的号召,却从未听过相反的号召,为什么?因为"为小家"是人类一种本能的行为方式,根本就用不着去号召。在每个人心目中,与自身利益更为密切的地方利益当然要优先于相对遥远的中央利益去考虑,地方权能也就没有不存在的理由。

在这个意义上,源自于中央政府的统一的(税收)法律不可能完全适用于各个地方。各个地方都有自己的特殊性,而中央实际上无力完全掌握这种特殊性。这不是源自于主观的善恶或者故意、过失,而是一种客观必然。同样,在中国,无论立法者有何等智慧或者法律专家有何等渊博的知识,也无论他们是如何没有私利,他们都不可能对中国这个特定社会秩序的形成、秩序构成条件和复杂的因果关系有完全的、透彻的并且是预先的了解。[①] 我国各地的情况千差万别,在某些领域,中央很难找到一个适当的比照参数来制定适合全国各地发展水平的统一法律。比如,以上海为比照参数制定的房地产管理方面的法律在甘肃就很难行得通。因为这两个地区的经济发展水平、市民的生活水平、自然条件和人文地理位置等的差别都太大了。如果非要用统一的法律来规范全国的各种经济秩序,只能造成法律在某些地区形同一纸空文,并容易造成不同地区间的冲突。这已经是被古今中外无数的历史实践反复证明了的事实。因之,世界范围内成熟稳定的国家都根据自己的国情建立各具特色的央地分权制度。

二、地方税权合理性范围的确定

地方税权的正当性依据天经地义地存在于个体主义逻辑中,而其合理性范围却无可逃避地与集体主义实践相关联。而科学地确定地方税权的合理性范围,是我们重构中国税权体系、推动经济社会转型的实践基础。

(一)各国设定地方税权范围的基本模式

西方著名法学家凯尔森曾经指出,集权与分权的程度,以法律秩序里中央规范与地方规范的多少与轻重的相对比例而定。全部的集权与全部的分权只是理想的两极,因为

① 朱苏力著:《道路通向城市——转型中国的法治》,法律出版社 2004 年版,第 31 页。

法律社会里有一个集权的最低限度与一个分权的最高限度,只有在限度内,国家才不致有瓦解的危险。① 显然,集权与分权都是相对而言的,地方税权始终是一种客观的正当的存在。地方政府享有一定的税收立法权,既可以激励地方政府更好地提供公共服务,还可以有效规范地方政府的收入行为;适当公平地分配国家与地方的税源,有利于维持国民生活条件的均衡性和国家经济秩序的统一性。

这里的问题是,我们如何确定正当性地方税权的合理性范围。目前,在国际上,中央与地方之间的税权的纵向划分主要有三种模式,即集权模式、分权模式和分权与集权兼顾模式。集权模式强调税权要高度集中于中央政权;而分权模式则强调应按照分权的原则,将税权在各级政权之间进行分配。虽然税权在不同国家或同一国家的不同历史时期的集权与分权程度存在差异;但是,通过对各国税权的考察,发现税权的配置日渐趋同,无论是联邦制国家还是单一制国家逐渐摆脱国体的限制,既不高度集权也不过度分权,而是结合本国政治、经济发展状况适时地调整和平衡集权和分权的程度。

(二)中国地方税权合理范围的确定

事实上,地方税权的合理性范围的科学确定既有赖于经济社会发展的自身展示的客观的规律性逻辑,也必须立足于不同社会传统所形成的适应性的实践理念。

从规律性角度来看,这里最重要的是要优化地方税税收收入规模和地方税收立法权。地方税税收收入规模应多大,原则上应满足三个基本条件:第一,能为最富有的部分地方政府提供充足的收入,以使其财政基本上自求平衡;第二,应满足地方政府“地区公共产品基本水平的国家标准”的支出需要,即使地方税收收入规模与提供最低标准的区域公共产品支出相适应;第三,地方税收不应过多扭曲资源的有效配置。至于税收立法权,在纵向划分可以分为以下四类:中央政权专门的立法权、地方政权专门的立法权、中央与地方共有的立法权以及剩余立法权。其中,地方税收立法权范围如何,各国会根据自己的实践给出不同的答案。如果说目前我们还不能够从正面具体准确列明地方税权应有范围,我们至少可以提出一些对地方税权(尤其是立法权)进行合理限制的原则。这些原则在实体标准上归纳起来主要表现在如下几个方面:②(1)对经济社会具有全国性影响的税种由中央立法。(2)税基具有高度移动性的税种,由中央统一立法。(3)课税对象具有跨区域性的税种,由中央进行立法。(4)地方税的开征不得损害国家利益和其他地方的利益。(5)对相同种类的税目,中央有优先立法权。

就实践理念而言,税是社会客观一致性的财富形式,不同的历史环境造就不同的民族文化,进而深刻影响着各国社会经济制度的价值取向。就中国而言,在古代时期,黄河文明在当时是世界上最古老最发达的,其特点是以家国为核心的集体主义路径的文化传统;自近代以来,中国屡遭西方资本主义国家侵略掠夺,现代化进程也屡遭打破,这导致

---

① [奥]凯尔森著:《法律与国家》,台湾正中书局1974年版,第378页。

② 刘剑文、熊伟著:《税法基础理论》,北京大学出版社2004年版,第48页。

并强化了中国现代化进程对国家集权的路径依赖。由此,我国历史与现实的独特性决定了,在没有建成现代化社会、没有实现发展的赶超之前,不管是基于积极主动发挥社会理性的主观能动性还是消极适应社会规律的客观决定性,我国中央政府税权的集中和主导在很长历史阶段内都将是一种不二的选择。

三、地方税权规范化路径的选择

正当性依据的发掘和合理性范围的确定是地方税权实体性内容,然而,在缺乏具有稳定作用的制度保障的情况下,地方税权在央地分权的博弈中经常会因为不得其位而乱象频出。现代地方税权的规范化则在很大程度上取决于作为个体理性与集体理性博弈结果的制度建设的过程和结果,也就是现代社会理性的成熟度。在这个层面上,我们需要引入一种现代均衡宪政的理念来推进央地分权的制度建设,以实现地方税权的最终规范化。①

(一)均衡宪治理念与西方税权配置的历史逻辑

改革理念的更新集中在宪治理念的重塑。对于现代化初期各国而言,宪法的诞生不仅仅具有形式上的意义,而更在于它所具有的象征意义以及其对人们道德情感的感召力。宪法中所内含的超验性价值与宪法文本一体,因此成为现代民主国家所特有的精神内蕴。当然,宪法的超验性价值并不是一成不变的,它也会随着社会经济文化等的发展而发展。在现代化成熟与转折时期,财税法律制度经过革命性改良,促成了一种公共财政下的社会衡平宪制的发展。现代化后期是一个阶级缓和、社会转型和完成工业化的过程。在这个时期,由于自身传统的限制,社会现代化遇到阻碍,社会寻求一种引入异质性力量来进行自我完善的突破路径。② 由于历史传统的截然不同,这种现象在中西方都有标志性的事件作为代表,其中比较有代表性的是美国通过新政改革引入能动性的中央政府机制确立国家垄断资本主义制度,中国则是通过改变全能政府转向为社会主义市场经济提供公共服务。在这个过程中,财政和财税法制度的发展也表现出一种突破传统的“社会公共化”的倾向,法律关系也呈现出一种“社会经济宪法从属”的特征。“社会经济宪法从属”意味着国家的经济化,国家以社会的总体福利为依归,突出经济性的社会整合,在财政和财税法领域表现为对社会公共意志、利益和法权的维护。

在西方,各国通过扩展政府财政功能建立国家垄断资本主义阶段的公共财政形成一种均衡宪制。资本主义国家化改良是资产阶级国家进行的生产关系自我革命(尽管可能是最低限度的和极不情愿的)。在社会财富积累到一定程度、中产阶级力量得到壮大以

① 曹明星著:《现代财税法之辩证生成论》,中国税务出版社2009年版,第156~158页。

② 罗荣渠著:《现代化新论》,商务印书馆1999年版,第161~172页。作者认为,随着现代生产力的发展,在现代化从初级向高级上升的过程中,作为社会发展类型制度结构基本变项的所有制形式、经济组织形式和机制、国家权力结构都将发生适应性的变化。

后，国家对内的阶级统治功能基本处于潜隐状态（尽管仍然极力对外进行显性和隐性的掠夺），经济和社会的发展的迫切任务是弥补市场缺陷和提供社会保障，以确保社会化再生产的必要条件。这种有限的扩张性政策成为政府干预经济、调控社会而进行职能扩张的基础。这种背景下，财税法在法权价值上，国家垄断资本主义阶段的选择是把实质公平和实质民主提到重要的位置，这样，法权就有了增加政府权力向作为弱势群体的劳动者方面倾斜性协调的表现；在法权形式上，财政和税收法律增加，政府的行政性法规往往也得到法院司法和社会公众的认可；在法权体系上，国家从总体上对法权进行调整，除了加大中央政府的财政收入权，还确立了干预经济的宏观调控权和调节社会的社会保障权、连带发展权的内容。经过这种改革，资本主义社会在国家垄断阶段实现了相对的法权平衡。

（二）中国地方税权改革的宪治之路

在中国，通过收缩调整政府财政职能，建立社会主义市场经济阶段的公共财政，形成另外一种均衡宪制。可以说，社会主义市场化改革是无产阶级国家进行的生产关系自我革命。在消除剥削阶级之后，国家的阶级统治功能基本处于潜隐状态，经济和社会的发展第一次有了为全民谋福利的特征。在这种情况下，如何利用一切先进的生产力、文化和制度机制为民造福成为国家的首要任务。市场和计划已经不再是区分社会性质的标准（本来也不应该是），政府、地方、企业和个人合理定位、通力合作，在科学和谐的财政观的指导下共同创造财富，共享改革与发展的成果。这种背景下，财税法在法权价值上，民主成为第一选择，社会主义市场经济开始重视发展的地方和民间效率，为此而还权于民，放权于地方，而这又从根本上提高了法律的公开、透明、法治形式价值。在法权形式上，宪法和法律得到根本重视，效力增强，政策的约束力受到改良和限制，权利自治得到认可和扩张；在法权体系上，一方面把中央政府的经济社会控制权转变为宏观调控权和社会保障权，另一方面赋予地方、企业和个人的发展的独立自主权，这些调整在资源配置和收入分配方面的法权表现就是各种主体（包括国家、地方、企业与个人）的所有权、所用权、所得权的合理分配，彻底粉碎生产关系对生产力的束缚。

需要特别说明的是，历史上，中国的财税治理似乎总是陷入一种“一放就乱，一收就死”的循环怪圈，看似中央政府无法把握自己集权的界限，实际是中国社会始终没能确立人性中的个体与集体的限度。新中国的成立正式启动我国的现代化进程，我们必须在此历史进程中打破这个历史怪圈，而这里的突破点就是成熟宪治的建设。如果说新中国前30年是执行新中国成立初期无产阶级专政宪法的“奉宪”阶段；改革开放30年来是“修宪”阶段，目的是启动群众中的自发创造力；当前“十二五”前后的一段时间就是修宪总结阶段，需要认真总结60年的现代化成果，最主要的是抓好制度建设。我们认为，以制定“税收基本法”的形式，固定转型成果，为此需要解决民主与法治的中国化问题。[①] 这其中最重要的是，如何在党的领导下，通过人民代表大会的立法机制，引入税收债权债务法律关系，再次进行税收基本分权，形成对私人财产权的尊重和对地方财政权的支持，反映一种社会意志和法权的互动均衡，重新确定政府与市场、中央与地方的税收权力（权利）边界，建设一种新的改良型协商性基本公平，打造一种“再造共和”的社会局面，[②]实现税收关系的和谐与经济社会的可持续科学发展，保障转型战略的最终实现。

① 必须指出，在本文中，民主在更大程度上是人民主权的替代，而不是指西方社会“多数决”这种简单的人民主权方式；事实上，在中国由于民主经常被自然地理解为人民主权（或者反过来的情形）而发生概念性错位，而导致理论混淆和实践混乱。另外，我们认为，不管是建立在契约基础上的西方法治，还是建立在政策基础上的中国法治，都不可避免地具有阶级化的倾向，只有均衡宪治理念与实践才能将世界法治提升到更高水平，从而建设和谐社会与和平世界。

② 如果说我国建立的是一种第一层次的、以民族集体生存与发展的军事和政治性共和，那么，改革开放谋求的就应当是一种第二层次的、以个体自由发展和人民幸福为依归的新型经济与社会性共和。

以税收立法权为中心的地方治理

郭维真*

一、缘起

“权力导致腐败,绝对权力导致绝对腐败”,①正是在对权力治理和权力滥用的防杜上才有了分权。从立法、行政、司法三权分立的横向分权,到中央地方之间的纵向分权,都在权力制衡的指导思想之下。但权力固然可分,只是分割之后的权力,是否还是完整的权力,如不是,缺失的又是哪一部分?同时,分割之后的权力,与被分割的源权力之间又是一种怎样的关系,对等、从属或是其他?而在纵向分权下,这些问题更为突出,尤其是分权中权力的完整和统一在某些时候超越了追求“分”的价值。

当然,这种分权,基于最基本的区域(地理)概念。对不同区域的研究,经济学有一门分支——区域经济学,主要研究经济活动在一定自然区域或行政区域中变化或运动规律及其作用、机制的科学,某种意义上是经济学与经济地理学相结合的产物,更多考虑的是区域的独特性。与区域的独特性(无论是历史背景还是经济背景)相区别,法学视角下的区域,更多地体现为一种政治或政策的平衡。左右这种平衡的力量,便是中央和地方以及地方之间的权力与财力的抗衡。换言之,地方自治的程度在很大程度上取决于地方财政的自决程度,只是在中国,地方财政的自决程度的决定权并不来源于宪法的规定,而是更多源自中央和地方之间的政治博弈,这其中政治博弈的筹码既来自于法律框架之内财政收入的累积,也存在边缘化收入的增值。② 各种收入及增长空间的不确定,③以及稳定的约束制度的缺乏,使中央与地方财政关系的政治博弈充满着各种探究可能。从房产税试点,到营业税改增值税的试点,一方面,我们会好奇,究竟集权的财政体制是否会得到松动,毕竟地方在税法改革上获得了更多权限;另一方面,我们会疑惑,地方的这种在财

---

* 中央财经大学法学院讲师,法学博士。

① 原文为 All power tends to corrupt and absolute power corrupts absolutely。出自 Dalberg-Acton, John Emerich Edward, *Essays on Freedom and Power*, Boston: Beacon Press, p. 364。

② 此处边缘化,包含有其法律地位的非主导、非主要,也含有其法律性质或具体操作层面存在的可争议性,如土地出让金。

③ 不确定的原因既包括经济生活和市场交易内生的不确定,也包括外生的各种制度性变量。

税领域的自治空间是否是独立的,在法律地位和法律责任方面是否拥有足够的合法性解释?带着这样的好奇和疑惑,本文希望能够从最基本的立足点思考地方税收立法/授权立法作为国家治理重要环节的组成,能否折射出某些具有共性的问题。

首先,一般意义上立法权被更多地认为是民主的表征,象征着个人的自我决断和自我实现;而行政权的裁量范围一般被认为不得逾越立法权的界限,即不得侵犯法律保留的边界。然而,不仅仅是中国,各国的现实都在表明对立法权的依赖逐步地在被对行政权的依赖所替代,尽管行政权依然有着它最基本的界域。那么,这种民主的实现,或者说准民主如何获得其合法性,关系着个人与国家之间的对抗与依赖的均衡,也成为国家治理的实现基础。

其次,地方税收立法/授权立法的广度与深度,不仅是公权力体系内部的权力分割,更是一种责任分割。在这种国家治理的分摊机制中,个人归属于国家的同时,也归属于地方。个人与国家的对抗与依赖,在何种层面上可以具体化为个人与地方的关系。或者说,个人的财富在多大程度上被以中央和地方同时出现的国家进行合法的占有,即税收改变个人财产的同时,换取的财政支出也在改变着个人的财产,那么中央对地方权力的让渡是否是削弱保障责任的依据。

最后,中央统一对地方自理的退让与立法权对行政权的退让,这种并存,可以理解为一种退让,还是一种矛盾的转移,也存在无法说清道明的可能性。从前者看,这是一种获得授权的自下而上的探索;从后者看,这是一种国民同意方式的改变。这种新形势下的这种立足点,是否是一种新的治理模式,是否这种力图使权力获得更多地方性基础和效率改进方面能成为一种新的路径。

二、立法权:国家与个人的关系焦点

(一)作为权力的国家立法权

无论是社会契约论或是“三权分立”,无疑都是围绕着立法权展开的。社会契约论下,一个契约型国家,政府一切权力均由国民授权而形成,政府根据国民的意愿行使职权,国民有权阻止、纠正和否定政府违反国民意愿行使职权以及违反国民意愿的其他行为和活动,直至更换政府。① 因此,从某种意义上讲,虽然立法权作为国民自决方式的核心体现,成为国家统治合法性的重要基石;但另一个角度,对立法权的信仰和依赖,当立法权足以代表多数人的利益,又不损及少数人的利益时,这种信仰和依赖并不会带来过多的冲突和矛盾;只是一旦立法权本身成为威权政治的另一种化身,那么所谓与市民社会相对立的国家就不再只是政治国家,而更成为一种暴力机构。西方社会,或者说美国,解决此类问题的最好方法便是违宪审查,只是违宪审查本身也基于不断变化的善的观念,某种意义上不存在终极意义的善作为立法权的保障,而立法权的保障可能更多地来

① 可以说,民主体制已经开始被看成任何权威政权的唯一合法和可行的另类选择,参见[美]亨廷顿著:《第三波——二十世纪末的民主化浪潮》,刘军宁泽,台湾五南图书出版公司 1994 年版,第 63 页。

自于宪法所设定的立法程序，即程序意义上的保障。

因此，原本社会契约论为赤裸裸的国家权力、国家机器笼罩下的现实开辟了一个温情脉脉的伊甸园，国家权力来自于国民权利的让渡，而这种权力被细化为立法、私法、行政即所谓的“三权分立”。虽然都基于授权，但立法权通过物化的形式，更使授权更为明晰化，也使立法权成为民意表征和自决的最突出代表。在形式上的意义强化了立法权自身的实体价值，①或者说立法权的实体价值表达途径之一便是立法权的程序实现。

于是，在这样的基础上，立法机关对立法权的享有和行使，就成为个人得以自我促进、自我保护的最重要的屏障；因此，“立法机关不能把制定法律的权力转让给任何他人，因为，既然他只是得自人民的一种委托权力，享有这种权力的人就不能把它让给他人。只有人民才能通过组成立法机关和指定由谁来行使立法权”。②

（二）作为价值追求的国家立法权

只是，当我们把法律视为个人与国家之间的契约，或者更确切地说是个人授权代理人所拟订的契约时，这种契约作为形式化的契约，是否更可以认为是一种善的实现的保证呢？如果法律被理解为一种手段的话，那么什么是目的？假设善可以被认为是一种终极追求，那么目的与手段之间是否只是单向度的决定与被决定关系？如果手段不是唯一的，或者说是否有偏离轨道之外却指向目的的手段，比如立法权之外的权力体系？

立法权本意在于实现最大多数人的最大幸福，即密尔所说的“最大意义上的效用，即以人作为不断进步的存在这一长远利益为基础”。③ 权利的让渡，其根源是信任的让渡，而利益作为信任交换的对价。无论是“差序格局”理论，④即社会范围是由私人联系所构成的网络，还是“信任网络”理论，⑤即作为人际关系中的资产，信任扩展到公共领域也是一种附条件的同意，无论是委托代理关系还是利益交换关系，对善的追求，都将不得不寄希望于具备工具理性的某个组织体。而立法机构由于其对民意或者说对利益或利益平衡的代表，也成为沟通个人与国家的桥梁，而立法权的有效性和正当性也构成了国家维系统治关系的基石。于是，如果非要在目的和手段之间明确属性，立法权到底是目的本身还仅仅是手段？或者说目的和手段在某些情境下是可以统一的，如果这样的话，立法权将比其他形式的权力体系或手段有更深厚的正当性基础。当然，三权分立体制下的立法权并不具有超越行政权和司法权的优越性，但是，在中国“一府两院”的体制下，对人民利益的代表性不仅具有传统的因素，也为成文法所固定化。在这样的基础上立法权具有

---

① 既包括民意代表的选举，也包括立法过程的博弈与最终决议。

② ［奥］洛克著：《政府论》（下篇），瞿菊农、叶启芳译，商务印书馆1982年版，第88～90页。

③ John Stuart Mill, *On liberty*, 1859, chap, 1.

④ 费孝通先生在《乡土中国》一书中提出了中国传统社会结构特点是“差序格局”的理论，相较之于西方社会的“团体格局”。

⑤ 查尔斯·蒂利在《信任与统治》、《欧洲的抗争与民主：1650～2000》等书中，从信任关系出发比较了民主化和去民主化。

应然上的更高地位,似乎可以认为立法权兼具了目的和手段的特性。

而无论在中国还是三权分立体制下的西方国家,立宪权是在立法权之上的。如果说立法权、行政权、司法权,各自都还有工具性价值色彩,那么立宪权则是诸多工具性价值所最终指向的终极目标。这种终极目标或者说效用,无疑可以解释法治的要旨或外在化形式之一,虽然在个体的角度上可能是狭隘的,但从宪政的角度,这种对效用的推崇,对多数人的最大福利的追逐,无法回避在特定的场合是否全体性福利必然优于个体的权利,即效用的衡量标准是非个体的,而是全体的。康德从人是目的而非手段这一角度,①罗尔斯则从正义的不可侵犯性作为人权利的来源这一角度,②对所谓的效用主义,所谓的社会福利的标准提出了另一种善的标准。或者说国家虽然作为一个垄断性的暴力机构,但同时也是与市民社会相对应的政治社会,而立法权或者说包含了立宪权的立法权,如同市民社会的契约缔结一般,构成了政治社会交往的基础。这一基础反映了社会交往的基本价值取向和追求,构成了政治社会中国家与个人关系的核心。

三、税收立法权:个人与国家的互动

(一)公法领域内的身份到契约

自从《古代法》在1861年发表以来,讨论身份问题便几乎注定无法绕开梅因。从政治学、经济学、人类历史学直到法学,相关的和不相关的,推崇的和贬低的,③都不可回避梅因"从身份到契约"的这一论断。当然,梅因的论断旨在描述"所有进步社会的运动,到此处为止,是一个从身份到契约的运动"。④ 当然,在这里我们只关心这一论断所展示的对人和人自由合意的关注,并且是超越市民社会私法领域即政治生活或公法领域内的合意。

从私法的角度,财产构成契约关系的重要内容,可以说,对人和人之间的契约的定位,某种意义上实现了对人身依附关系的超越。而在公法领域,置身于中国背景,身份到契约的转换则具有更重要的意义。或者我们可以说,改革开放之前,或者回溯到新中国成立之前,个人与国家(组织)的依附关系或身份关系构成了彼此关系的焦点。

无论是封建社会还是半封建半殖民地社会,在漫长的以农耕为主要生活支撑的年代里,人与人的依赖建立在农业生产方面的合作,以家庭为单位(即以身份关系为基础)的组织模式适应这样的生产状况。家庭内部的依赖和对土地所有者的外部依赖,都源于一种身份关系。即便是地主与佃农之间的关系,也是建立在土地(财产)权的基础上,由于土地私有和集中,看似平等的交换关系,并不是现代意义上建立在平等基础上的契约

---

① Immanuel Kant, *Groundwork of the Metaphysic of Morals*(1785).

② Rawls, *A Theory of Justice*, pp. 3 - 4.

③ 1983年的某本高等学校法学试用教材(西方法律思想史)便认为梅因的论断"显然是对人类发展史的曲解"。

④ [英]梅因著:《古代法》,沈景一译,商务印书馆1959年版,第97页。

关系。

即便新中国成立后，在农村以土地为基础的集体经济组织关系，在城市以国有企业为纽带的城市经济关系，无论是农民与集体经济组织的关系还是工人与企业的关系，基本的特征便是人的归属关系几乎决定了一生的路径。而这一现象在城市似乎更为突出，国家通过企业实现了她对社会生活的无孔不入，正如弗尼德里克·泰伟斯所总结的那样，毛泽东时代国家的基本特征包括：具有浓厚个人化色彩、权力高度集中、扩张性的国家机构、计划经济以及自给自足的外交方针。① 计划使国家可以满足个人的任何需求，或者说个人的需求已然被限定在国家的能力范围之内。在这样的归属感下，不再有现代意义上的税的概念，既然一切是基于团体的身份获得，那么家计财政是形容当时财政税收体制最贴切也最普遍的字眼。对于国人而言，国家没有对财产的剥夺，因为没有私财，或者说私财的让与与私权的让渡都通过令人振奋的公有化完成；国家给付财产的义务，也并非基于其公共职责，而是基于更宏大的社会主义目标的实现。当然，这并不能够掩盖那段历史下我们所取得的各项成就，只是为了说明当时的背景和可能的影响，而这种影响并不只在当时当地才有，并且这种影响也成为在探讨中国制度改革、转型等体制性问题所不可回避的。

1978 年的改革开放结束了中国国家的全能性，开启了转型的大门。改革不仅要让国家力量在某些领域逐步退出，更需要从全局的角度重新建立起一个新型的国家体系。② 在经济领域中，无论是农村的家庭承包，还是城市里对企业的放权让利，国家与个人的关系，逐渐通过白纸黑字展现出来，也就是我们通常所说的契约。

（二）税：个人与国家财产权的互动

当个人脱离了这种人身依附关系，③其实更为重要的意义在于，在财产权领域内的个人与国家的互动成为一种双向的。国家在个人财产领域内扮演的角色，可能是保护者，可能是掠夺者，而作为一切生产资料所有者的国家，在很大的程度上还可能承担竞争者这一身份。当然，对于创造财富的市场和竞争，国家也负担有监管者职责。作为联系个人与国家的重要纽带，无论是经济利益上的纽带，还是作为身份传承的某种见证，税收对于形塑个人与国家关系尤其是契约关系有着不言而喻的意义。站在独立的个人立场构筑的税收概念，④则是“以维护纳税人、国民的福利为核心内容，其含义为，国民基于宪法的规定，对符合宪法（福利目的）理念所使用的税收，遵从合宪的法律所承担的纳税义

---

① Teiwes F. C. ,The Chinese State during the Mao Era, In David Shambaugh (ed.), *The Modern Chinese State*, New York : Cambridge University Press.

② 刘鹏：“三十年来海外学者视野下的当代中国国家性及其争论述评”，载《社会学研究》2009 年第 5 期。

③ 当然，在特定的场合，如外交保护问题上的这种身份关系，并未曾脱离。

④ 有学者用无负荷的自我来描述现代社会下的人际关系，在某种程度上这种无负荷性也可以被借鉴用以形容个人与国家间独立而平等的契约关系。

务”。[1] 因此，纳税义务以合法使用税收为前提，税成为公共物品的对价，个人与国家之间就财产关系形成的契约在主体、权利义务关系上都有了更鲜明的特征。

在这样的关系中，税和公共物品构成了一组交换关系，不仅包括个人与国家的契约，更包括了分层或分级化的政府与个人的关系，以及政府间的关系。这种社会/政治关系契约化，当然也可以认为是一种社会分化的表现，在这样的过程中，各种社会力量、各种利益追求都在国家管控削弱的缝隙中得以体现。契约化除了削弱了人身依附关系，更大的意义是确认了现代社会下个人对经济关系、社会关系、政治关系选择的权利。在公、私权力（利）对立尤为重要和敏感的财产领域，人们对于私人权利受到具有强烈扩张冲动的政府所侵害的担忧分外明显。具体到税收领域，这种互动一方面通过税收立法权来运行或行使，另一方面通过对预算案的约束得以实现。因此，要稳固个人与国家财产权的关系，就必须确保上述两个进程中个人拥有充分的话语权。而这一切或者可以说也是社会现代化的内生要求，或者说现代化在某种程度上便是强化了具体的民主，强化了人的自决能力，即便仍然是通过委托代理的间接关系来实现。因此，税收关系的契约化，便是通过税收关系的确定性、动态性和永续性来体现的，核心与关键即税收立法权。

四、税收立法权：地方与中央的互动

（一）立法权分割：权力的分散或集中

如前所述，立法权的过程是民主的展示，立法权被认为是国民的联合意志，这在根本上构成了一切现代民主的逻辑起点。其他一切的国家权力，都只能由国民借由议会以国家法律的形式转为授予，构成了议制体制下一切权力安排与运行的合法性根基。

某种意义上，立法权反映了政治社会中个人对国家的依赖，当然这种依赖也可以认为是自我依赖和自我实现的另一种表达，但是依赖和实现的基础不能离开普遍性和全面性。正如利凡伊对这种同意所附之条件，认为至少包括：（1）公民们认为政府是值得信赖的；（2）其他公民中服从者的比例上升，即伦理互惠范围扩大；（3）公民们获得确证政府值得信赖的信息，并普遍接受伦理互惠原则。[2] 在这样的基础上，对政府信任的全面性，更多来自于立法权中政治参与的全面性。

正因为立法权的代表性意义，法律保留才成为对行政权的前提与制约。如果以民意为一切权力的出发点，那么某种意义上三权分立也可以被认为是一种立法权的分割，这种分割的出发点也正是为了避免立法权的膨胀反而带来对民意的侵犯。因此，在这个意义下，适度的权力分割是一种必要的善，这种善的前提便是宪法划定的边界。

既然善构成了权力横向分割的合理性基础，那么纵向的权力分割是否适用同一的价值判断。当个人与国家之间开始以稳固的契约关系彼此约束时，国家内部的中央与地方建立起一种有序、持续的分配模式，这一契约模式的认肯其重要性不亚于前者。而新中

---

① ［日］北野弘久著：《税法学原论》，陈刚、杨建广等译，中国检察出版社2001年版，第19页。

② 转引自［美］查尔斯·蒂利著：《信任与统治》，胡位均译，上海人民出版社2010年版，第22~23页。

国成立初期至改革开放之前的集中—放权—集中的多次反复，正是欠缺稳固的契约关系的表征。即便1994年分税制改革之后，中央与地方收入分享比例也处在动态调整之中。① 可以说这种调整并不遵行立法权运行的机理，而是一种行政序列的调整状态。毕竟纵向的层级既是一种权力形态，又是一种管理方式。作为一种权力形态，立法权和行政权运行的程序性限制存在差异，但行政权所表现出来的行政级次，存在以命令—服从所表现出来的位阶高下，这也是由国家治理内部关系的多层次性所决定的。

可以说，立法权的纵向分割作为权力分割的一种形式，将同意的主体按照区域进行了划分；但从另一个意义上，也是一种权力的集中，将区域内的自决交由更为有限的主体。只是在这一过程中，如何防止分割后的立法权沦为行政权的附庸，对于权力的良好运行则更具意义。

（二）以地方税收立法为中心的地方治理

地方治理在中国一直缺乏全面的认肯更遑论勾勒，正如财产关系构成了个人与国家基本互动，地方税收立法权一方面确认了个人与以地方为组织形式所表现的国家二者之间的财产互动关系，另一方面确认了中央和地方作为国家内部组织关系在财产收益方面的基本关系，从而在一定程度上也为确认公共支出的分担机制提供了基础。

中央与地方的财政关系是决定公共资源分配的重要制度性变数，两者关系是否合乎公共财政生产的效率，将不仅影响整体公共资源的分配与运用，更重要的是，由于公共财政为私营经济部门生产与消费活动的重要互补财源，中央与地方是否能有效地提供公共财政也将对私营经济部门的运作以及长期经济发展有重大的影响。②

当地方政府遭遇中央政府，③伴随全能性的国家逐渐消亡，随之而生的是内部多元化的协调与重构。面对立法权被横向分割，地方政府也提出了立法权的纵向分割要求。于是，地方性法规、地方政府规章等，虽然其程序约束条件更为严格，但是解释性、适用性等实体约束并没有严格的标准，往往会导致地方治理的个性化色彩凸显。当然，制度从来不是一成不变的，制度的变革与制度的维系总是在特定的时间段互为消长。中国的改革便是最好的佐证。无论是改革初期地方政府“摸着石头过河”所谓自下而上的探索，还是改革的成熟阶段中央政府明确的地方试点这种兼有自上而下和自下而上的模式，毫无疑问地方的改革动力是需要有中央与地方国家机构联合支持的条件才能出现的，或者说是一种双向改革的结合：自上而下和自下而上。或者说，是“个人以及由个人自愿组成的团体的自发安排→地方政府的默认或局部肯定→中央政府的局部肯定和全面肯定”。④ 而改革过程中，上与下的冲突与协调，在形式上反映为立法权的下放（立法事项的下放本身

① 除所得税外，土地出让金、证券交易印花税、流转税领域也在发生着调整。

② 邹继础著：《中国财政制度改革之探索》，社会科学文献出版社2003年版，第69页。

③ 此处的政府均在广义的角度上探讨，即包括立法机关、行政机关在内的全部政权体系。

④ 郭小聪：“中国地方政府制度创新的理论：作用与地位”，载《政治学研究》2000年第1期。

就体现了权力的下放),在内容上反映为财政收入权力的不断调整。这种调整不仅关系着自治体法律上的主体资格,更关系着自治体的物质基础。

然而,我国的立法权分割在合法性问题上的失范一直存在。最常见的是对行政机关的授予,20世纪80年代的授权立法作为特定历史条件下的产物却在漫长的实践过程中成为一种即便被诟病却仍然存在的常态。然后,对地方的纵向授权除了避免行政权对立法权的侵害外,更为重要的是立法权自身的协调。在何种程度和范围内,对哪些群体的话语权进行限制,较之于横向分割,其合理性可以纳入有形的区域框架内进行衡量。

地方治理的核心是自决,对税收立法权的强化,一方面可以确保个人对法律建构起来的税收关系的信任;另一方面可以在规范意义上确认立法权的主导地位,由此使个人与国家(中央/地方)就税引发的契约关系真正作为一种内嵌的价值内核。在不具外溢性以及不妨碍流动性的事项内,地方税收立法权的正当行使,无论是地方性收入的自我决定,还是一定幅度内的自主权,都构成了地方治理改进的重要物质基础。

(三)地方税收立法与地方治理的探索

1. 房产税试点

2011年1月27日,国务院原则同意在部分城市进行对个人住房征收房产税改革试点,具体征收办法由试点省、自治区、直辖市自行制定。从经济性质上,房产属于一种不动产,具有不可移动性和难以藏匿的属性,并不直接参与流转,决定了税源的非流动性、可靠性。由于其自然属性上无法与地方服务分割开来,从公平负担的角度,地方对此利益有请求权,这种对财力的占有可以认为是与中央博弈的砝码。而这种汲取机制,终极层面是个人的决定权,但制度层面究竟是地方性制度还是全国性制度,这一选择实际上关系着地方对房产税利益的汲取空间以及中央的管控范围。

试点的选择,从消极面看,可以认为是中央对地方的退让,可以认为是对法治原则的某种突破;但是,从积极面看,何尝不是地方治理的新尝试?

从理论上,房产负税并无不妥。以房产税为契机构建起完善的地方税体系,从而确立和确保地方的财力,才能构建完善的地方公共服务基础。或者说自治不是目的,而是为了更好地实现地方性事务上个人的话语权。毕竟人除了国家层面的归属,还有地方层面的归属性,双重的归属性既包含了双重的义务负担,也包含了双重的权利享有。当然,这种双重并不意味着重复,只是意味个人与国家的法律关系实际上也有分层化的考虑。

房产税的决定权归属于中央或是地方仅仅是形式问题,或者说这种决定权本应由纳税人所拥有,即"税赋决定选民"。只要个人自我决定的范围与决定内容覆盖的范围基本持平,只要不产生各种外部性,不产生对国家这一共同体法治的侵蚀,那么对这种地方治理就不应当认为是违法。

2. 营业税改增值税试点

2011年7月营业税改增值税的试点工作在上海展开,虽然并未进入实质性阶段,但相关的调研工作已经启动。当然,从理论上看,流转税的可转嫁性使得其改革并不实质涉及企业的负担，因此其博弈更多来自于中央和地方。一直以来，营业税和增值税虽然在征税范围上不存在交叉，但在实践中非常容易混淆，并且也带来许多有失公平的地方。营业税改增值税，与房产税试点不同，涉及的不完全是纳税人与国家之间的博弈，而是中央与地方财政收入的再次分配。虽然目前尚未有可获取的资料，但是以地方探索为改革路径，在某种程度上也是将改革可能对地方带来收益的侵害予以尽可能的最小化，而从形式上看，也是将收益权放弃的主动权部分地交由了地方。①

对于增值税的扩围，一方面最大的影响是地方财政收入的减少；②另一方面则是地方财政收入减少带来的对其他税种增收的需求。因此，试点所要关注的不仅是增值税链条本身的完整性，更重要的是对地方财政收入减少的补足，可能的调整方式可以是调整增值税的分享比例，也可以是调整税收返还数额，或可以作为固定的转移支付。但无论何种，在房产税试点之后推出的又一改革探索，无疑是对地方收入体系完善的重要环节，房产税必然成为地方政府主体税种，以房产税为主体的地方税体系的改革已然全新铺开。

当然，试点本身并不是核心，问题的关键在于，无论是哪个层级的国民都没有决定权，并且存在与公共服务不相匹配的过度剥夺。理论世界的完备，在真实世界里却抵挡不出差异性的挑战，这不是某个税种的问题，而是整个国家治理不完善所导致的。

五、结论

无论是国家与个人的依赖与对抗以及在这过程中构成核心要素的国家与个人的财产权，还是为了探求良性互动的地方性推进制度改革所带来的法治统一的争议，有关特定税种的议题实际上已经超越了本身所局限的领域。作为牵扯利益再分配，甚至是牵涉到政府导向鼓励民众如何选择人生的大问题。任何制度变革在都有其制度需求，更有其制度背景，而走不出的背景是国家治理这一议题。

---

① 之所以是部分，是因为毕竟共享税决定权在中央政府。

② 增值税是共享税，中央分享75%，地方分享25%。而对营业税来说，尽管银行总行等一部分营业税收入归中央，但从收入总额来看，还是可以基本上把营业税归属地方税。

地方税收立法权构建空间

——以建立上海国际金融中心为视角

史俊明*

一、地方税收立法权与上海国际金融中心的建立

(一)地方税收立法权内涵

1. 地方税收立法权基本内涵

税收立法权是有关机关制定、修改、补充、解释和废止税收法律规范,配置、调整税收资源,明确涉税主体各方(税务机关、纳税人及其他税务当事人)权力(利)义务关系,实现国家税收职能作用的权力。①

税收立法权从纵向上看可分为中央税收立法权和地方税收立法权。地方税收立法权是地方权力机关可以根据宪法的规定,以履行地方自治事务为目的,而制定、修改、补充、解释和废止地方税收法律规范,配置、调整本地税收资源,明确涉税主体各方权力(利)义务关系的规定税收收入和支出的权力。需要注意的一点就是,此处的地方税收立法权,不仅包括地方权力机关对地方税收法律规范的制定、修改等权力,而且还应该包括地方从中央既定税收立法中获得的税收减免等优惠权利。

2. 地方税收立法权的理论前提——税收国家

地方税收立法权存在的理论前提为税收国家理论,即税收国家本身是“无产”的,而“私人”是“有产”的,国家为维持其存续和运作必须通过税使社会财富从私人领域向公共领域转移,从而实现国家为民众提供公共产品和公共服务的职能。由于各个地区民众的公共产品和公共服务的需求不尽相同,要求不同的地方政府履行不同的提供公共产品和公共服务的职责;加上不同区域经济发展水平的差异、税源差异,地方税收立法权的存在也是理所当然的。

---

* 大成律师事务所高级合伙人、中国注册会计师、中国注册税务师,博士研究生。

① 赵长庆:“论税权”,载《政法论坛》1998年第1期。

（二）上海国际金融中心基础理论

1. 国际金融中心基础理论

金融中心，是指基于低交易成本、高交易效率以及城市的强积聚能力形成的金融人才、金融机构、金融信息、金融资本和金融交易集聚地。① 它包括地区金融中心、国家金融中心和国际金融中心。

国际金融中心的实现途径一般有两种形式：一种是市场自发型，如伦敦、纽约；另一种就是政府推动型，如新加坡、中国香港特区。

综观世界各国国际金融中心的发展，可以总结出影响国际金融中心建立的因素：

第一，作为金融中心自身的表现因素：多样化的金融市场、数量众多的境内外金融机构、对地区与全球的服务。

第二，作为金融中心发展的基础条件：强大的经济流量，较高的增长率与贸易流量、跨国投资；稳定的政治经济条件；高效完善的城市基础设施；充裕的专业人才资源。

第三，国际金融中心发展政策：为国际金融机构提供有利的经营环境，税收优惠，外资金融机构不受歧视和干预，符合国际惯例的严格的监管制度，较低的监管成本。

2. 建立上海国际金融中心的规划

2009 年 3 月 25 日，国务院常务会议审议并通过《关于推进上海加快发展现代服务业和先进制造业建设国际金融中心和国际航运中心的意见》，首次以国家文件形式对建立上海国际金融中心规划加以认可。

（三）地方税收立法权与建立上海国际金融中心的关系

1. 合理的地方税收立法权为上海国际金融中心的建立与发展提供必要条件

国际金融中心一般特征包括：资本流通方便自由、具有相当规模的证券及金融衍生产品交易市场、金融服务业高度密集、自身通常是所在国或地区的工商业中心而且对周边区域乃至全世界具有相当的经济辐射影响力等。结合上海的实际情形不难发现，其离国际金融中心仍存有些许距离，如果采取市场自发型方式还需要一段时间。上海市副市长屠光绍明确指出，上海国际金融中心建设需要中央政府和地方政府共同发挥作用，即上海国际金融中心的建设应选择政府引导型、推动型模式。综上，建立上海国际金融中心只能选择政府推动型。这里需要我们注意的一点是，政府推动型发展模式中，我们并不能让政府取代市场、过多干预市场，变成“行政主导型”，而是将政府作为推动该进程的一种“催化剂”，起推波助澜作用而已。

在政府推动型的模式下，不仅需要政府在国际金融中心发展政策方面发挥直接作用，而且还需要采取相应措施间接影响金融中心发展的基础条件、金融中心自身的表现，从而推动上海国际金融中心的建立，在这个过程中，税收立法权的重要性不容忽视。

---

① 孙琳、尹为醇：“上海国际金融中心建设的差距与对策——以香港国际金融中心为例”，载《学术交流》2010 年第 6 期。

另外,建立上海国际金融中心,尽管是国家的战略决策,但毕竟需要上海市地方来落实,如果地方拥有合理的税收立法权,地方可以因地制宜、加大对国家的战略决策的实施力度,同时可以加快建立上海国际金融中心的进程;并且,在建立国际金融中心后的金融监管、风险防范、健全成熟中,拥有合理税收立法权的地方可以及时、迅速地作出反应,采取相对应的措施,弥补中央决策的不足与反应的滞后性。

2. 上海国际金融中心的建立为地方税收立法权的完善提供契机

建立上海国际金融中心,不仅是中央决策,也是民众的意愿,其中包含了上海市民众对政府建立国际金融中心的需求,依据税收国家理论,上海地方政府必须履行提供与国际金融中心相适应的公共服务和公共产品的职责。国际金融中心的地域性特点,决定了与之相适应的公共服务和公共产品的地域性,也就决定了地方政府在履行相应职能过程中应具有地域性特点,而不能完全由中央来决策,从而有必要赋予地方合理的税收立法权。因此,我们说上海国家金融中心的建立也为地方税收立法权的完善提供了契机。

二、世界主要国际金融中心的外部税收法制环境

(一)伦敦

伦敦之所以能够成为国际金融中心之一,与其优惠的税收政策是离不开的。然而,目前,伦敦市中心区企业团体报告显示,由于税收制度,伦敦正在逐渐丧失其世界主要金融中心的地位。为了保持竞争力,英国须采取措施改善税收环境,没有竞争力的英国企业税制度可能会使伦敦失去其世界主要金融中心的地位。英国在1997年是欧盟成员国中企业税率第三低的国家,但现在是第六高的国家。2006年11月,CBI/MORI税收调查显示,英国22%的公司已经在其他国家重新部署一个或多个企业公司,而且还有17%的公司正在考虑这样做。①

(二)纽约

纽约是全球最为重要的金融经济中心之一,其国际金融中心地位的形成固然有深厚的历史、政治和经济背景,但不可否认,纽约地方政府的多项支撑性政策发挥了不可替代的作用,其中税收优惠政策因素不可忽视。

1. 纽约市金融税收概况

在美国的税收体系中,主要是直接税形式,主要包括个人所得税、公司所得税、资本利得税和财产税。

纽约州所征的个人所得税也采用超额累进税率,分为4%、4.5%、5.25%、5.9%和6.85%五个档次,平均来说,低收入者纳税是其所得的1.3%,20%的中产阶级纳税是其所得的2.6%,1%最富的人纳税是其个人所得的6%。然而,如果考虑到联邦所得税申

① 载http://www.chinaacc.com/new/253/263/2007/3/zh78941025015137002618O-0.htm,访问时间:2011年8月29日。

报的扣除项,纽约个人所得税的累进程度就降低了,富人的税负也随之降低。联邦扣除以后,1% 最富的人所得税的有效税率从 6% 降到了 4.3%。据调查,纽约富裕阶层的近四分之一是金融证券方面的人士,个人所得税的降低促使金融知识水平高、国际经验丰富的专业人才汇集纽约,使国际金融中心的人才储备条件得以保证。

纽约州的公司所得税税率呈下降的趋势,2000 年税率是 9%,2008 年降到 7.1%。而且,由于存在很多的优惠和抵免措施,使公司缴纳的税款远远低于按照它的实际所得应缴税额,这就意味着在纽约公司的有效税率远远低于 7.1% 的名义税率。2004 年 9 月,ITEP 调查了美国 275 家最大且利润最丰厚的公司,发现其中的 82 家公司在 2001 年到 2003 年中至少有一年没有缴税或是缴税低于联邦公司所得税。换句话说,这期间几乎是所有的公司实际上都从联邦政府那里得到了净退税。因为纽约的应税所得是建立在联邦应税所得基础上的,这些规定和优惠措施减少了纽约公司应纳税额。调查还显示,2001 ~2003 年总部设在纽约的财富 500 强企业所纳税的有效税率远远低于联邦税率。有二十多家公司实际上缴的所得税还不到法定税率的一半,较低的有效税率吸引了众多大公司把总部设在纽约或在纽约建立分公司,同时也对金融行业产生了示范和集聚效应,促进了纽约全球金融中心的发展。

资本利得税是对资本利得(低买高卖资产所获收益)征税。常见的资本利得如买卖股票、债券、贵金属和房地产等所获得的收益。在美国,个人和企业都要为资本利得缴税。对于个人来说,长期投资的资本利得(超过一年的投资)税率较低。2008 年,长期投资的资本利得税率降到 15%(对于归人最低和次低所得税缴纳人群的两类人不缴资本利得税);企业除了法定的税收豁免外,还被允许将本年度的投资净损失抵消上一年度投资收益,从而获得一定的退税。

对于财产税,纽约州对各级政府征收财产税的税率施加了限制。县级政府可以征 1.5% 的财产税,大多数市政府可以征 2% 的税。

2. 对金融产业的税收优惠

金融业作为纽约的支柱产业,纽约州和纽约市都为其制定了若干税收优惠政策。

对证券交易公司和商品期货交易公司,有一项所谓的"80/20"分配规则,该规则规定这些公司的佣金收入可以按照以下原则进行分配:(1)如果交易命令来自纽约市并在纽约市的办公室执行交易,100% 的佣金需要纳税;(2)如果交易命令来自纽约市之外,在纽约市的办公室执行交易,20% 的佣金需要纳税;(3)如果交易指令来自纽约市,在纽约市之外的办公室执行交易,80% 的佣金需要纳税。

从 1981 年开始,美联储批准了纽约开展"国际银行设施业务"(International Bank Facilities,IBFs),这一制度创新是纽约离岸银行业务发展的核心和源泉,纽约提供了相应税收减免来支持这一创新,允许银行扣除来自 IBFs 的符合条件的收入,并将 IBFs 的工资、收入和存款等项目从应纳税收入分配公式的分母和分子中排除。2010 年,纽约市有 49 家银行受惠于该项目,涉及税收优惠金额约 2300 万美元。

(三)新加坡

1. 金融法制环境

2001 年 10 月 5 日,新加坡国会通过了《证券及期货法》,2002 年分阶段开始实施,它的实施不仅确立了新加坡金融管理局作为证券与期货市场监管主体的地位,而且大大促进了对中小投资者利益的保护。2002 年以前,新加坡没有存款保险制度,2002 年新加坡金融管理局提出了建立存款保险制度的设想并先后两次为此进行意见的搜集与征询。2005 年 1 月 28 日,新加坡金融管理局制定了存款保险法案草稿,并公开发表以征求公众意见,2006 年 4 月 1 日该法案正式开始实施。

2. 税收优惠政策

新加坡金融企业的所得税率低(见表 1),而且新加坡政府还不断根据金融业规划发展的重点方向采取税收优惠政策。例如,为加快发展新加坡房产投资基金(S-REITs),提供的税收优惠包括以下几个方面:其一,REITs 买卖房地产免征 3% 的印花税;其二,个人投资者不论是国内还是国外,其持有 REITs 获取的分红是不用纳税的,即不在 REITs 的层面征收所得税,从而避免重复征税;其三,外国公司在新加坡投资 REITs 只用缴纳 18% 的所得税;其四,允许公积金投资 REITs。

表 1 各地区金融企业所得税率比较表①

地区	所得税率(%)	说明
上海	25	税率高,严格限制税前列支
我国香港特区	17.5	税制简单,税率低
新加坡	20	税制简单,税率低
伦敦	30	税制简单
卢森堡	30	税制简单
苏伊士	24	税制简单,税率低

1968 年,新加坡取消了非居民存款人在利息收入上的预扣税;1972 年,新加坡取消了对亚洲货币单位 20% 的准备金规定,并免除了对大额可转让定期存单(CD)的印花税。1973 年,批准居民和企业投资于亚洲美元市场。1978 年,取消外汇管制,允许居民对外进行投资。20 世纪 80 年代,新加坡又进一步放宽了对外资持有银行股份的限制,将外资银行持股比例由 20% 提高到 40%。到了 20 世纪 80 年代末,新加坡成为亚洲地区重要的金融中心。1983 年,对国际银团借款实行免税政策;1985 年,进一步延长 1983 年优惠政策。自 1998 年以来,新加坡开始着力打造财富管理中心,以巩固国际金融中心地位,新加坡金融管理局继续出台很多政策吸引跨国机构。例如,进一步开放金融市场,放宽公

① 肖本华:"政府引导下的国际金融中心建设:亚洲金融危机后的新加坡经验及其对上海的启示",载《华东经济管理》2011 年第 1 期。

积金投资条规，政府注入投资以扩大市场。同时，为改善商业环境又调整了税制，将公司税由22%调低到20%，将个人所得税最高边际税收率定为22%，免除来自海外收入所得税，专利使用费的预扣税降到10%等。

（四）中国香港

1965年之后，新加坡发展迅速，而香港地区由于保留利息所得税和对外资银行经营限制，发展缓慢。1973年1月，香港地区废除外汇管制，境内外金融业务融为一体。1978年，放宽银行执照限制，使大量外资资银行涌入香港开业；1982年，撤销对外币征收15%的利息所得税，极大地刺激了境外货币资金的回流。到了20世纪80年代末，香港成为亚洲地区重要的金融中心。

（五）对各国际金融中心发展的税收法制的借鉴

综观上述各国际金融中心，其有利的外部税收法制环境、具体的税收优惠措施是各国际金融中心得以建立的重要因素，具体体现如下：

第一，各金融中心的金融业涉税税率走低的趋势，增强了其作为国际金融中心的金融聚集力和金融交易活动的灵活性。

第二，个人和公司所得税的合理结合，不存在不合理的税前扣除限制。

第三，各国际金融中心的金融企业所得税制简单、税率低。

第四，给予金融行业特殊的税收优惠。

三、构建适合上海国际金融中心建立的地方税收立法权

（一）地方税收立法权的生存空间

税收制度和金融制度均是《立法法》规定的法律保留事项，[①]地方人大和政府均无权就税收制度作出规定。2009年1月19日，财政部和税务局又联合下发了《关于坚决制止越权减免税，加强依法治税工作的通知》，《通知》指出，中央税、共享税以及地方税的立法权都集中在中央，各级财税部门不得在税法明确授予的管理权限之外，擅自更改、调整、变通国家税法和税收政策。因此，要争取中央税收法律制度的调整难度是不言而喻的，所以，地方税收立法权对上海国际金融中心建设的支持主要依赖金融税收优惠政策。

（二）税收优惠举措的构建

如前所述，国际金融交易的税收政策对上海建立国际金融中心有重大影响。为进一步促进上海国际金融中心建设，可以考虑在如下方面扩大上海在金融特别是国际金融方面的税收立法权。

1. 降低金融业营业税负担，扩大征收范围

目前我国针对金融行业主要征收营业税，营业税是针对银行的贷款利息和收费等项

---

① 《立法法》第8条规定，基本经济制度以及财政、税收、海关、金融和外贸的基本制度只能制定法律。第9条规定，尚未制定法律的，全国人民代表大会以及其常务委员会有权作出决定，授权国务院可以根据实际需要，对其中的部分事项先制度行政法规。第10条规定，被授权机关不得将该项权利转授给其他机关。

收入,而不是针对银行的经营利润和税前收益等项收入征税。对银行的贷款利息和收费等项收入全额征收营业税是中国的特有做法。而纽约、伦敦等国际金融中心的经验表明,对银行业征收增值税或者不征营业税等流转税的做法也是可行的。

因此,为提高我国国际金融中心的竞争能力,在目前金融业税制无法作出重大变化的前提下,可以考虑对部分降低我国部分国际金融业务的营业税负,比如对离岸银行业务、国际保险业务、离岸资产管理业务等减免营业税。

2. 适当降低金融人才的个人所得税税负,取消不合理的税前扣除限制

金融中心的竞争从某种意义上讲也是金融人才的竞争,我国目前的个人所得税税负偏高,比如,香港特区的个人所得税率约在17%,而上海的个人所得税最高税率可以到达45%,约是前者的265%。较高的个人所得税税负无疑会间接提高金融行业的人工成本,从而影响其竞争力。从目前的实践情况来看,高端的国际金融人才更愿意在我国香港特区、新加坡等地工作,上海过高的个人所得税率也是一个重要原因。因此,在目前情况下,可以考虑给予在上海工作的有突出贡献金融人才予以个人所得税税收补贴,以增强上海对高端国际金融人才的吸引力。

3. 给予金融行业特殊的税收优惠

由于金融业在纽约的地位举足轻重,当地政府在有关金融税收方面得到了很多的优惠安排。这一经验对上海未来建设国际金融中心也十分关键。目前,中国专门针对金融行业的税收优惠并不多。例如,在营业税方面,金融行业的税率要高于交通运输、建筑安装、邮电通讯等行业;而根据新的国务院《关于实施企业所得税过渡优惠政策的通知》以及《关于经济特区和上海浦东新区新设立高新技术企业实行过渡性税收优惠的通知》,2008年起经济特区及上海浦东新区新设的高新技术企业将享受“两免三减半”的过渡性税收优惠,对于金融行业并无太多优惠。

因此,在目前条件下,可以参考纽约等国际金融中心的成功经验,赋予上海在国际金融行业地方性的税收优惠立法权,以便上海根据具体情况制定有针对性的税收优惠政策以增强上海作为国际金融中心的竞争能力。

四、小结

国际金融中心之间的竞争十分激烈。而后起的国际金融中心要想求得生存和发展,为金融行业提供特殊的税收优惠是十分关键的。根据“全球金融中心指数”,除了伦敦、纽约、日本、法兰克福等传统国际金融中心以外,在资金、监管及人才方面的便利使一批小型的税收天堂,如泽西岛、开曼群岛、马恩岛在竞争力方面已经超过了上海等大城市。因此,各金融中心依据国际经济环境的变化,不断调低金融行业各种税收,而中国国内金融行业的税收制度调整还比较缓慢,金融行业的其他税收负担也相对较重。因此,上海要真正成为有影响力的全球金融中心,调整国际金融行业的税收制度,赋予上海市必要的税收优惠立法权已经势在必行。

中国台湾地区"地方"自治团体课税"立法权"之困境与转机?

——以高雄市"事业气候变迁调适费"为例

廖钦福*

一、前言:中国台湾地区后"五都"时代的财政困境

中国台湾地区在2010年修订"地方制度法",主要重心在于改制(或称"升格")"直辖市",亦即新设"直辖市"或县市合并升格"直辖市",除了行政区的划分外,更涉及今后大都市制度,乃至于包括广域或基础(狭域)"地方"自治团体在内的地方制度。①

随着中国台湾地区从2010年12月开始迈入后"五都"时代(台北市、新北市、台中市、台南市、高雄市),"五都"面积为全台湾地区面积1/4强,但却有60%左右的人口数,实力坚强。② "直辖市"与县(市)间因为台湾地区"财政收支划分法"第16条之1第1项与"中央统筹分配税款分配办法"第7条的规定,将统筹分配税款分配为"直辖市"、县(市)、乡(镇市)三个区块,先给予一定比例,后由其内部进行分配,有独厚于"直辖市",使得县(市)升格动机强烈,生喜留悲,城乡的差距问题未能解决。③④

---

* 高雄第一科技大学科技法律研究所助理教授,台湾大学法学博士。

① 蔡茂寅:"区域均衡与地方自治之发展——兼评二〇一〇年地方制度法修正的功罪",载《月旦法学杂志》2010年第181期。

② 罗承宗:"鸟瞰后五都时代地方分权法制之困境",载《新社会政策》2011年第17期。

③ 蔡茂寅:"区域均衡与地方自治之发展——兼评二〇一〇年地方制度法修正的功罪",载《月旦法学杂志》2010年第181期。

④ 2009年上半年各县(市)争相向"中央"政府升格改制的盛况,其最终目的说穿了就是为闯入"'直辖市'赢者圈",更浅白地说就是"分钱",能与北高两"直辖市"共享统筹分配税款分配上的财政优势。一旦升格成为"直辖市"后,就能进入赢者圈,与北、高两"直辖市"共享统筹分配款分配上的财政优势。现实发展上由于"五都"成形,"直辖市"的统筹分配款也将由现行43%调高到61%。在此现实目的驱动下,因地制宜、凝聚地域与自治意识、实践草根民主等这些推行地方自治的基本价值,似乎都被抛诸脑后。参见罗承宗:"鸟瞰后五都时代地方分权法制之困境",载《新社会政策》2011年第17期。

葛克昌教授在1995年所言,"'省县自治法'及'地方税法通则'之制定施行,可能不是问题的解决,而是争议的开始",①时隔多年,对照目前的台湾地区"地方制度法"的修正②与"财政收支划分法"③长年的未能修正,似也可能如此,特别是在后"五都"的时代,"财政收支划分法"的修正势不可免,将成为未来"中央"与"地方"的政治角力战场。

要真正落实地方自治,地方财政的自主完整,其为不可或缺的条件之一。财政为庶政之母,地方自治团体之一切施政均需有财源支持,因此"地方"自治的保障若仅只及于自治"行政权"、"立法权"、"人事权"等事项,则在欠缺财政自主性,一切施政仰给于上级"政府"提供经费的情况下,各种"地方"权限的保障将沦为徒托空言的概念论,欠缺现实的实践意义,亦即,若"地方"自治只注重"地方"财源的保障,而不重视各种权限间的有机连动关系,不免让人联想是否以"地方"自治之名,行争食财政大饼之实,故居民的权利保障应该是指导"中央"与"地方"间权限与财政收支划分的最重要原则。④ 也就是说,从支出面观察,"立法者"应该先确认哪一类的支出,应该归于哪一级的"政府",⑤所谓"业务与支出之连结原则",⑥但这一切的前提,在于"中央"与"地方"权限的划分是一切的根源,此问题不但攸关地方"中央"与"地方"财政收支划分,更是决定地方自治可否落实的关键⑦。

二、中国台湾地区目前"地方"税开征的现状与困境

(一)已经开征的"地方"税现状

目前"地方"开征"地方"税,主要以特别税与临时税为主,其中比较特殊的除了"台中县特殊消费特别税征收自治条例",⑧,其目的多以环境保护有关,主要有:"南投县土石采取景观维护特别税征收自治条例"、"苗栗县营建剩余土石方特别税征收自治条例"、"苗栗县土石采取景观维护特别税征收自治条例"、"高雄县土石采取特别税征收自治条例"、"花莲县土石采取景观维护特别税自治条例"、"花莲县矿石开采特别税自治条例"、"桃园县营建剩余土石方临时税自治条例"、"桃园县景观维护临时税自治条例"、"桃园县营建剩余土石方临时税自治条例"。

---

① 葛克昌:"地方财政法基本课题",载《月旦法学》1995年第1期。

② 中国台湾地区"地方制度法"最新修正于2010年2月3日。

③ 中国台湾地区"财政收支划分法"最后修正于1999年1月25日。

④ 蔡茂寅著:《地方自治之理论与地方制度法》,台湾新学林出版公司2006年版,第21页。

⑤ "财政收支划分法"第37条。

⑥ 黄锦堂著:《地方制度法论》,台湾元照出版公司2011年版,第400页。

⑦ 罗承宗:"鸟瞰后五都时代地方分权法制之困境",载《新社会政策》2011年第17期。

⑧ 该"自治条例"第1条规定,台中县(以下简称本县)为改善特殊行业消费风气,充裕建设财源,特依"地方税法通则"制定本"自治条例",其课征对象,依据第3条的规定,本县辖内之舞厅、舞场、酒家、酒吧、特种咖啡茶室、信息休闲业及电子游戏场,应依本"自治条例"课征特殊消费特别税。

（二）不予备查的地方碳税：以云林县为例[①]

针对“地方”税的开征，近年来有云林县、花莲县与高雄市三个地方自治团体分别提出了“云林县碳税征收自治条例”（草案）、“花莲县碳税征收自治条例”（草案）与“高雄市碳税征收自治条例”（草案），但如送“中央”备查，其结果均不予备查。

以云林县为例，依据台湾地区“财政部”2009 年台财税字第 09804723232 号函，对于使用“煤”与“石油焦”为燃料课征减碳特别税，其对象为县内麦寮气电股份有限公司与台塑石化股份有限公司两家，前者为“电厂”，属于“地方税法通则”第 3 条第 1 项第 3 款规定“经营范围跨辖区之公用事业”不得开征；后业者生产轻油、汽油、柴油等能源燃料及乙烯等石化基本原料合计台湾地区五成比重，其中乙烯等石化基本原料占台湾地区七成以上，如课征节能减碳特别税，将转嫁由各地消费者负担，“租税输出”效应损及台湾地区整体利益，属于“地方税法通则”第 3 条第 1 项第 4 款“损及‘国家’整体利益或其他‘地方’公共利益之事项”，不得开征。

对使用“燃料税”为燃料产生二氧化碳课征，因“燃料油”为货物税，违反“地方税法通则”第 3 条第 3 项前段“不得以已课征货物税或烟酒税之货物为课征对象”规定，故不予备查。

另外，依据 2009 年 5 月 12 日“地方税自治条例”审查委员会 2009 年第 2 次会议记录，对于云林县的诉求响应，主要有三：

（1）六轻回馈地方与云林县政府因应六轻设厂造成环境污染所投入改善措施之外部成本相较显不公平乙节，请台湾地区“经济部”转达台塑石化股份有限公司并协助云林县“政府”协调提高六轻回馈金。

（2）台湾地区“财政收支划分法”不合理，对云林县财政挹注不大，目前“财政收支划分法”修正草案已送台湾地区“行政院”将转请“立法院”审议，该修正案考虑钱权同时下放，将来地方统筹分配款只有增加不会减少。

（3）至于现行税制对于地方政府较苛乙节，症结在于“国”税与“地方”税划分问题，此部分涉及“财政收支划分法”相关规定，宜从修正“财政收支划分法”考虑。

（三）一则新闻省思：台塑 10 亿新台币捐款 苏治芬：不是工安补偿[②]

云林县“政府”收台塑 10 亿新台币回馈金引发外界争议，云林县县长苏治芬 19 日在台湾地区“立法院”召开记者会，重申县“政府”处理台塑捐款绝对公开透明法制化，没有半毛钱入自己的口袋。苏治芬强调，台塑捐款与工安事件不能混为一谈，她呼吁“地方”派系不要借此抹黑，以政治手段鼓动乡民推动抗争。

---

① 廖钦福：“地方自治团体开征碳税之研究：以高雄市碳税征收自治条例为例”，载《科技法律评析》2010 年第 3 期。

② 载 http://www.shadowgov.tw/1946179237_0_is.htm，访问时间：2011 年 8 月 24 日。

苏治芬强调，云林县“政府”接受民间捐款，绝对公开透明，但今天外界将台塑工安事件与捐款混为一谈，让她觉得受到污辱。台塑每年缴纳将近320亿新台币的“国”税给“中央”，但云林县“政府”所得到的补助却是少之又少，只好依靠民间地方的捐赠，且皆用于“地方”建设上，面对外界的诸多指责，苏治芬说：“不要污损穷人的志气。”

此外，苏治芬也表示，台塑捐赠的款项，会直接汇入县“政府”“公库”，以代收代付的方式办理。既然钱进入县“政府”“公库”，这就不可能是秘密，岂有暗捐的道理？苏治芬气愤地说，县“政府”团队或是“县长”，收取台塑捐款的行为算无耻吗？

对于云林县沿海乡民质疑县府都不先将钱用在他们身上，苏治芬表示，民意代表比较会注重将捐款分配给选民，但是，对“政府”来说，个人分配捐赠款是很困难的；政府在考虑捐赠款如何使用时，必须着重在地方建设上，未来会不会提升价值、对子孙会不会有价值，这才有意义。

苏治芬也提到，回馈金的使用方式分两种：一种是“补偿”；另一种是“指定用途”，台塑方面在回馈地方多以硬件建设为主，今天台塑回馈金指定捐款兴建布袋戏馆、国际演艺厅和赞助2013年云林农业博览会，因此，一切按照法定程序监督、使用。

苏治芬表示，“云林县议会”已经通过“云林县碳税征收自治条例”，2011年2月送“行政院”审议，她希望可以尽速通过，将回馈金法制化，除了每年可以替云林增加34亿新台币税收外，也可以解决地方疑虑。她说：“当年台塑量产的时候，我们并没有白纸黑字把回馈方案法制化，所以造成地方这十几年来争议非常多。”

最后，苏治芬指出，未来还会和台塑商谈当初承诺的环境修补计划、麦寮新市镇开发、医疗发展基金等，期盼台塑可以履行承诺。

民进党立院党团总召柯建铭也表示，回馈金与监督不能混为一谈，产业和地方关系如何平衡处理，要以另外一个角度思考，必须建立在一个合理的机制上，与地方合为一体才是有效的解决办法。此外，他认为可以参考台湾地区“财政收支划分法修正案”，明订重要厂商的“国”税部分的固定百分比缴交给“地方政府”，这样企业与居民与“地方政府”就可以维持一个平衡。

（四）小结

“地方”自治团体欲开征碳税，到目前为止均无成功的例子，主要争点约有：

第一，“中央”认为碳税属“国”税，“地方”不能任意课征，以免影响企业投资意愿。碳税将纳入能源税由“中央”统一开征。

第二，“地方议会”有所疑虑，不完全支持。

第三，“地方”企业反弹，也让碳税的课征阻力重重。

第四，违反“地方税法通则”，送请“中央财政部”“备查”后却行实质“核定”后被否决。

三、实例研究:高雄市事业气候变迁调适费之开征

"立法"过程与相关版本草案①

1."大高雄市生态城市发展自治条例"(草案)

依据"大高雄市生态城市发展自治条例"(2011 年 5 月修订),有公听会版本与依据公听会重大意见修订条文二者,整理与本课题相关者如下:

表 1

公听会版本	依据公听会重大意见修订版
第 1 条 高雄都"政府"(以下简称"本府")为促进大高雄都之自然、环境与经济和谐永续发展,提升市民乐活健康的生活质量,建设低碳生态与经济并进发展之国际化城市,特制定本"自治条例"	第 1 条 高雄市"政府"(以下简称"本府")为促进高雄市之自然、环境与经济和谐永续发展,提升市民乐活健康的生活质量,建设低碳生态与经济并进发展之国际化城市,特制定本自治条例。本"自治条例"未规定者,适用其他法规条例之规定
第 3 条 本"自治条例"用词定义如下: 二 调适基金:为推动因应气候变迁冲击所进行之调适计划而设立的基金	第 3 条 本"自治条例"用词定义如下: 二 调适基金:为推动因应气候变迁冲击所进行之调适计划而设立的基金
第 22 条 规划设置高雄都气候变迁调适基金,作为本"条例"推动之重要经费来源。 该设置规划另订之	第 23 条 规划设置高雄市气候变迁调适基金,作为本"自治条例"推动之重要经费来源。 主管机关为降低本市温室气体排放,得对指定排放户依其二氧化碳排放量,征收事业排碳回馈金,作为调适基金重要来源。 调适基金收支、保管及运用办法,由"本府"另定之

2.面对气候变迁积极因应准备,高雄市将规划成立调适基

"高雄市环境保护局"的新闻稿说明如下:②高雄市为确保在面对气候威胁时,能够有调适应变的能力,已积极规划灾害风险与管理,以提升城市竞争力。除了致力于拟订高雄市因应气候变迁调适政策,并正在建立高雄市环境敏感区位数据库,并于 2011 年度 6 月初由刘世芳"副市长"率团,赴德国波恩参与地方环境行动国际委员会(International Council for Local Environmental Initiatives,ICLEI)2011 年城市调适大会,与来自 68 个国

① 本文写作期间所取得资料管道有限,后续如有新的资料,自当更正,如与目前最新状况不同,容先以此资料为论述基础。

② 载 http://www.ksepb.gov.tw/post,访问时间:2011 年 8 月 24 日。

家的代表,进行交流访问,搜集资料以供未来相关政策研拟。

在德国波恩所举办的ICLEI城市调适大会中,刘“副市长”代表陈菊“市长”参与市长论坛,与来自36个城市的首长及代表进行会谈,并于会后签署“波恩宣言”及“墨西哥协议”,为高雄市在气候变迁作为上取得更多的国际认同。此外,更在6月5日的世界环境日当天,在ICLEI生物多样性主任Kobie Brand女士的邀请与ICLEI主席David Cadman见证下,与ICLEI签订“地方生物多样性行动计划(LAB)参与备忘录”,别具意义。

本次与会的高雄市代表团,更在大会会场针对高雄市因应气候变迁作为发表两篇报告。其中“环保局”以《高雄市因应气候变迁永续水资源策略》为题,与各国代表进行经验分享,会议引言人ICLEI欧洲秘书处Barbara Anton女士也特别对高雄在面对气候变迁威胁下水资源政策的创举予以肯定。

“中山大学”高志明教授则以高雄市“政府顾问”的身份,发表了《莫拉克风灾灾后环境评估、监测及重建》,同样获得现场热烈响应,并进一步请教高雄经验。代表团并于现场摆设摊位,向各国来宾介绍美丽永续、气候创新城市高雄,做了最好的城市“外交”及宣传。

“环保局”李穆生“局长”也表示,高雄市是中国台湾地区第一个加入ICLEI的“地方政府”,也是中国台湾地区第一个以城市作对抗全球暖化及气候变迁的主体,筚路蓝缕开启低碳城市的外交先锋,并透过签署环境协议及气候保护宣言、参加“国际”会议活动,把高雄市的减碳的成果推向“国际”舞台。

本次2011城市调适会议重点围绕在调适财务筹措,针对因应气候变迁调适的财务管理如何在“地方政府”落实与进步探讨。强调韧性与调适城市必须采取“由下而上”的取向规划基金,而且韧性的城市对于未来的都市管理是兼容的取向。“高雄市政府”也体认到,高雄市需要发展一套符合地方需求的创新财务机制,以有效立即的方式协助地方执行相关项目。

因此,高雄市正积极规划设立“高雄市气候变迁调适基金”,依据研拟中的“高雄市生态城市发展纲领”为主体架构,分别制定相关的“高雄市企业调适基金征收自治条例”及“高雄市气候变迁调适基金收支管理及运用自治条例”等相关配套法令。期待未来在调适工作的推动上,能有更有力的法律依据及财政支持。

3.“高雄市企业碳回馈金征收自治条例”(草案)

“高雄市企业碳回馈金征收自治条例”(草案)总说明:

21世纪的世界主要城市,在气候变迁明显改变人类生活的今日,无不自我期许在经济成长与永续发展的前提下,以“低碳生态城市”为基础,逐步达成建构低碳、绿色、永续之生态城市之远景。此外,在面对气候变迁日趋严重的当下,除了积极致力于减少温室气体排放,降低温室效应发生的可能性,更必须坦然面对气候正在变迁的事实结果,并针对这样的结果,做好完善的调适准备,以确保永续的发展。身为台湾地区第一大工业城的高雄市,为长期稳定推动生态城市建构事业及推动气候变迁调适工作,依“高雄市生态城市发展自治条例”之规定,设置高雄市气候变迁调适基金作为生态城市建设之经费来源，并订定本"高雄市企业碳回馈金征收自治条例"作为气候变迁调适基金的主要来源。

在"联合国架构"下，调适基金（Adaptation Fund）的设立及运作方式于2008年12月于波兰波兹南所举办的第十四届缔约国会议（COP14/CMP4）得到决议，于来年启动气候调适基金，并由全球环境基金会（the Global Environmental Facility, GEF）作为秘书处、世界银行（World Bank）担任基金之信托管理人。调适基金的资金来自于联合国《京都议定书》体系的清洁发展机制（Clean Development Mechanism, CDM），抽取联合国核发每个减量项目总碳权（CERs）的2%作为调适基金的来源，基金用途优先资助在气候变迁下特别容易遭受冲击（most vulnerable）的发展中国家，尤其是最不发达国家（Least Development Country, LDC）和小岛屿发展中国家（Small Island Developing States, SIDS），支应其推动气候变迁冲击调适之具体计划。

然而，国际间调适基金之运作及推动层级明显与城市不同，目前于城市层级上，尚无城市调适基金的案例可供参考。以现行高雄地区之现况而言，因尚未有相关交易机制或碳基金之成立，难依循联合国调适基金由CDM提拔模式运作，爰此，特制定"高雄市企业碳回馈金征收自治条例"（草案）（以下简称"本自治条例"），明文订定企业回馈金之征收规范，以期作为本市推展气候变迁冲击相关政策之经费来源。本"自治条例"草案共计7条，其要点如下：本"自治条例"之目的（第1条），企业碳回馈金之开征年限与主管机关（第2条），企业碳回馈金之课征对象及缴纳义务人（第3条），企业碳回馈金课征标准与行政程序（第4条），基金用途（第5条），罚则（第6条）。

表2

条　文	说　明
第1条　本"条例"之"立法"目的在于设置推动生态城市建构事业、调适政策推动及相关措施执行之经费来源，依"高雄市生态城市发展自治条例"第23条订定之	为因应温室效应所造成的全球暖化及气候变迁现象，避免或减缓高雄市面临灾害造成之损害，推动因应气候变迁调适政策，乃设置高雄市因应气候变迁调适基金，并订定本"自治条例"。 "高雄市生态城市发展自治条例"第23条规划设置高雄市气候变迁调适基金，作为本"自治条例"推动之重要经费来源。 主管机关为降低本市温室气体排放，得对指定排放户依其二氧化碳排放量，征收事业排碳回馈金，作为调适基金重要来源。 调适基金收支、保管及运用办法，由本府另定之
第2条　本"自治条例"征收之企业碳回馈金，课征年限为四年，主管机关为"高雄市环保局"	企业碳回馈金之开征年限与主管机关

续表

条　文	说　明
第 3 条　在本市境内经营营利事业，其每年排放二氧化碳量一万公吨以上者，应自行依据“国家标准”CNS14064－1 盘查其二氧化碳排放量，并依据其排放量向主管机关申报并缴纳金额	企业碳回馈金之课征对象课征依据及缴纳义务人
第 4 条　征收方式、计算方式、缴费规定、缴纳期限及相关应遵行事项等之收费办法，由主管机关定之	企业碳回馈金课征收费办法另订之
第 5 条　本事业碳回馈金专供推展气候变迁冲击相关政策，其支用项目如下： 1. 关于主管机关执行气候变迁之调适政策工作项目； 2. 关于温室气体减量技术之研发策略之研订事项； 3. 关于涉及气候变迁之国际环保工作事项； 4. 关于征收企业碳回馈金之相关费用； 5. 补助奖励民间温室气体减量计划； 6. 推动生态城市建构事业及相关措施； 7. 资助本市学生研习气候与能源相关奖学金； 8. 其他有关气候变迁调适工作事项	
第 6 条　未依第 4 条所订之收费办法，于期限内缴纳费用者，每逾 1 日按滞纳之金额加征 0.5% 滞纳金，一并缴纳；逾期 30 日仍未缴纳者，处新台币 1500 元以上 10 万元以下罚缓	罚则
第 7 条　本“自治条例”自公布尔日施行	

4. 最新版本：“高雄市事业气候变迁调适费征收自治条例”（草案）①

21 世纪的世界主要城市，在气候变迁明显改变人类生活的今日，无不自我期许在经

① 根据“高雄市政府第 32 次市政会议提案”，提案机关为“环保局”。

案由：制定“高雄市事业气候变迁调适费征收自治条例”及“高雄市气候变迁调适基金收支管理及运用自治条例”各一份，敬请审议。

说明：(1) 本市温室气体排放量，以工业部门占最大宗，因此，事业有必要与高雄市共同承担气候变迁之责任，为因应未来极不确定的气候变迁冲击，本市迫切需要发展一套符合地方需求的创新财务机制，以因应气候变迁所需之支出，故本局特制定“高雄市事业气候变迁调适费征收自治条例”（草案）及“高雄市气候变迁调适基金收支管理及运用自治条例”（草案）（详附件）。(2) 本案业于 2011 年 8 月 5 日经本府法规委员会第 9 次委员会议审查通过在案。办法：依“高雄市法规标准暂行办法”第 5 条规定，经市政会议审议通过后，以本府名义提案，函送市议会审议。

济成长与永续发展的前提下，以"低碳生态城市"为基础，逐步达成建构低碳、绿色、永续之生态城市远景。此外，在面对气候变迁日趋严重当下，除了积极致力于减少温室气体排放，降低温室效应发生的可能性，更必须坦然面对气候正在变迁的事实，并针对这样的结果，做好完善的调适准备，以确保永续的发展。

目前全球人均二氧化碳排放约为4.3公吨，高雄市人均排放量高达21.3公吨，为台湾地区人均排放12.1公吨的近两倍。身为台湾地区第一大工业城的高雄市，依据2009年温室气体盘查数据显示，高雄市温室气体总排放量高达5888万公吨，其中工业部门排放量达到4547万公吨，占高雄市温室气体总排放约75%，尽管气候变迁并非为地区性排放所造成的影响，然而，事业于高雄如此超量的排放确为不争的事实，而全体市民也正在承受这样的后果。因此，事业有必要与高雄市共同承担气候变迁之责任，除了减低气候变迁的成因，也就是减碳之外，对于因应过量排放的结果，也就是调适作为上，更应该尽一份心力，是秉持着"预防胜于治疗"的概念，采取相关补助及防范作为，相较于毫无作为任由气候变迁引致灾害而造成的损失，显得更为迫切而有其必要。此外，气候变迁调适费的征收，须纳入地区背景、产业特性等因子为考虑，以英国为例，其地方针对气候变迁调适作为的补贴，强调通用性及公平性，相关基金的征收，并未削弱地方竞争力。

再者，国际碳揭露报告也指出，全球大多数城市均认为气候变迁已对城市造成影响，并对城市内的商业营运造成风险，随着城市的成长以及气候的威胁，维护一个安全并有韧性(resilient)自处能力的城市，对城市的治理是越来越重要。气候变迁调适费不仅对高雄市本身可以发挥预防的功能，对于立足于高雄的事业，也是一种减低风险的投资。

综上，由于温室气体之排放既为气候变迁之主因，为因应未来极不确定的气候变迁冲击，本市迫切需要发展一套符合"地方"需求的创新财务法律机制，以更有效执行相关调适作为以因应气候变迁，则为因应气候变迁所需之支出，本诸"原因者付费原则"，对可能造成气候变迁之温室气体排放事业，依其所排放温室气体量之多寡，强制课征合于一定比例之金钱给付内容之特别公课，经由此种特别公课之征收，达成行为制约之功能，以减少地球温室气体之排放，并以此一特别公课所收取之金钱，在环保主管机关下成立"高雄市气候变迁调适基金"妥为管理运用，专供温室气体减量及因应气候变迁等支出使用，俾符合征收此一特别公课所欲达成环境保护政策目标之立法目的，洵属适当。爰为达成本市低碳及永续发展之愿景，针对气候变迁采取更积极而有效的调适因应作为，就事业气候变迁调适费此一特别公课之征收目的、对象(高雄市主要温室气体排放源)及用途，制定本"自治条例"，以期能有助于事业温室气体之实质减量，并以所收取之特别公课投入本市气候变迁调适相关建设，以降低气候变迁所带来之灾害与风险。

另在适法性，"宪法"增修条文第10条第2项明定"经济及科学技术发展，应与环境及生态保护兼筹并顾"。此外，于2003年所订定之"环境基本法"第21条中，亦明定"各级'政府'应积极采二氧化碳排放抑制措施，并订定相关计划，防止温室效应"。故依"地方制度法"第63条第11款其他收入可纳入"直辖市"收入的来源之一，故制定本"自治条例”征收事业气候变迁调适费核属于“法”有据。

关于本“自治条例”之执行期程，倘于执行期间遇“中央政府”或“行政院环境保护署”推动气候变迁相关政策或征收温室气体相关费用，将再行依据其目的、对象、费额等各方面评估重复性及竞合情形，再行审酌适用期限。

本“自治条例”明文订定事业气候变迁调适费之征收规范，并作为本市推展气候变迁冲击调适相关政策之经费来源。本“自治条例”草案共计12条，其要点如下：

(1)本自治条例之“立法”目的(第1条)。

(2)本自治条例之主管机关(第2条)。

(3)本自治条例用词定义(第3条)。

(4)本自治条例征收对象(第4条)。

(5)经主管机关公告之事业进行温室气体年排放量盘查及申报期限之规定(第5条)。

(6)本自治条例开始施行当年度之征收规定(第6条)。

(7)事业气候变迁调适费之计算方式及公告费率(第7条)。

(8)温室气体年排放量之查证、事业气候变迁调适费之缴纳及溢缴之规定(第8条)。

(9)未缴纳事业气候变迁调适费加征迟延利息之规定(第9条)。

(10)事业气候变迁调适费，应全数纳入本市气候变迁调适基金运用管理(第10条)。

(11)行政检查(第11条)。

(12)本自治条例施行日(第12条)。

表3　“高雄市事业气候变迁调适费征收自治条例”(草案)

条　文	说　明
“法规”名称：“高雄市事业气候变迁调适费征收自治条例”	法规名称
第6条　为减少本市温室气体排放，并强化气候变迁之适应能力，以提升市民乐活健康之生活质量，特制定本“自治条例”	“立法”目的
第7条　本“自治条例”之主管机关为本府“环境保护局”	主管机关

续表

条　文	说　明
第8条　本"自治条例"用词定义如下： (1)事业气候变迁调适费：指为减少本市温室气体排放及降低因气候变迁所受之冲击，自排放温室气体之事业征收之特别公课。 (2)温室气体(green house gas, GHG)：指二氧化碳(CO_2)、甲烷(CH_4)、氧化亚氮(N_2O)、氢氟碳化物(HFCs)、全氟碳化物(PFCs)、六氟化硫(SF_6)及其他经行政院环境保护署公告之气体。 (3)温室气体排放量：指事业所有或可控制之设施或生产制程等直接温室气体排放源所排放之温室气体(直接温室气体排放，direct greenhouse gas emission)及事业消耗之外购电力、蒸气或热所间接排放之温室气体(间接能源排放温室气体，energy indirect greenhouse gas emission)，乘以各种温室气体温暖化潜势系数所得之合计量，并以二氧化碳当量之单位表示之。 (4)CNS14064－1规范：指包括温室气体盘查之设计、发展管理、报告、查证原则及要求事项等事业组织排放与移除温室气体之量化原则及要求事项。 (5)盘查：指汇整、计算及分析温室气体排放量之程序。 (6)查证：指主管机关或查验机构验证温室气体排放量数据或现场稽核之作业程序。 (7)起征量：温室气体年排放量一万公吨	(1)本"自治条例"用词之定义。 (2)温室气体排放来源，划分三大类温室气体排放范畴：范畴一系指直接温室气体排放；范畴二系指间接能源排放温室气体；范畴三系指非属自有或可支配控制之排放源所产生之排放，如因租赁、委外业务、员工通勤等造成之其他间接排放。 (3)温暖化潜势(Global Warming Potential, GWP)：以系数表示特定期间内，一质量单位之各种温室气体相对于相等单位之二氧化碳对地球暖化的辐射冲击影响程度，各温室气体温暖化潜势依据"行政院"环保署现阶段规范使用数值(1995年IPCC第二次评估报告)。 (4)温室气体排放量中，二氧化碳当量(CO_2e)系指将不同温室气体对于暖化影响的程度用同一种单位来表示，例如，2009年英国排放了4.74亿公吨二氧化碳，如将甲烷、氧化亚氮纳入计算，相当于排放了0.92亿公吨的二氧化碳，故英国总共排放了5.66亿公吨二氧化碳
第9条　本"自治条例"征收对象，为主管机关公告之营运厂(场)址位于本市辖内且温室气体年排放量达起征量以上之事业	本"自治条例"征收对象
第10条　主管机关公告之事业，应于本"自治条例"施行之次年起，每年8月31日前，依CNS14064－1规范进行温室气体盘查作业，并检具盘查报告向主管机关申报前一年度温室气体年排放量	(1)经主管机关公告之事业进行温室气体年排放量盘查及申报期限之规定。 (2)主管机关依据环保署及环保局等机关(含台电、台水公司等)数据库进行初步估算，针对温室气体年排放量达起征量以上之事业，以公告方式周知申报对象、申报期限及应检具之文件
第11条　本"自治条例"施行当年度征收之事业气候变迁调适费，以施行当年度1月1日起至12月31日止之温室气体排放量核算之	本"自治条例"开始施行当年度之征收规定

续表

条 文	说 明
第 12 条 事业气候变迁调适费以事业之温室气体年排放量扣除起征量,再乘以征收费率核算之。 前项费率为温室气体排放量每公吨新台币 15 元,主管机关并得视本市温室气体管制成果,于增减 10% 范围内公告调整之	事业气候变迁调适费之计算方式及公告费率
第 13 条 温室气体年排放量之申报,由主管机关查证,其温室气体年排放量达起征量以上者,主管机关并应于每年 10 月 31 日前开立事业气候变迁调适费缴款单予事业缴纳。 事业应于每年 11 月 1 日起至 12 月 31 日止,依前项缴款单缴纳事业气候变迁调适费。 事业气候变迁调适费,缴纳不足者,限期补征其差额;溢缴者,核实发还	(1)主管机关参考 CNS14064 - 3 等相关规范进行温室气体查证作业。 (2)CNS14064 - 3 规范指包括确证或查证机构之选择、过程、保证等级、方式、声明及纪录与其他评估事宜之要求事项。 (3)主管机关开立事业气候变迁调适费缴款单及事业之缴纳期限。 (4)事业气候变迁调适费补缴及溢缴之规定
第 14 条 未依第 8 条第 2 项所定期限内缴纳事业气候变迁调适费者,移送强制执行,每逾一日并按应缴费额加征 5‰延迟利息	未缴纳事业气候变迁调适费加征迟延利息之规定
第 15 条 依本"自治条例"征收之事业气候变迁调适费,应全数纳入本市气候变迁调适基金运用	事业气候变迁调适费,应全数纳入本市气候变迁调适基金运用管理
第 16 条 主管机关得派员对事业实施检查或命其提供有关数据,以执行事业气候变迁调适费查核作业。 事业对于前项之检查或命令,不得规避、妨碍或拒绝	行政检查
第 17 条 本"自治条例"自公布尔日施行	本"自治条例"施行日

5. 最新版本:"高雄市气候变迁调适基金收支管理及运用自治条例"(草案)

21 世纪以来,全球性工业化的结果导致过量的温室效应气体排放,全球暖化及极端气候发生频率增加已无可避免,并已在世界各地持续造成冲击。2011 年 6 月,本市于 ICLEI 年度调适大会中所签署之"波恩宣言"中亦指出,适当的措施应该被迫切地实施在地方、国家、区域及国际层级以建立地方对各式灾害的适应力。认知到气候正在变迁的事实以及温室气体的过度排放给城市带来风险与机会,高雄市须确保在面对气候威胁时能够展现其韧性自处的能力,在并积极规划灾害风险与管理以提升城市竞争力。因此,针对此议题,城市需要发展一套符合地方需求的创新财务机制,以更有效、更实时的方式，协助地方执行因应气候变迁相关项目作为。

关于调适基金，目前国际间相关的设立及运作方式，主要为在联合国第十五届缔约国会议暨《京都议定书》第五届缔约国会议大会决议启动气候调适基金。此基金用来援助遭受气候变迁损害的《京都议定书》缔约国，并经由代表会决定援助与否。在基金管理上，调适基金理事会具法律地位，由全球环境基金作为秘书处、世界银行担任基金之信托管理人。在资金来源部分，调适基金的资金主要来自于由《京都议定书》体系碳交易机制之一的清洁发展机制中，提拨2%的费用当基金。此基金特别针对易受气变迁冲击的最不发达国家和小岛屿发展中国家，支应调适费用以协助其推动气候变迁冲击调适之具体计划。

然而，国际间调适基金之运作及推动层级明显与城市不同。目前于地区层级上，依据英国环境、粮食及乡村事务部公布之“洪患及海岸恢复力伙伴基金”的政策宣告中，为补助地区因应气候变迁的相关调适作为，特别针对洪水及海岸侵蚀风险管理，成立该基金。该基金来源主要除地区环境局年度预算外，还包含地区性的洪水及海岸管理委员会针对此基金所开征的地方税收。条文中并明定，当补助资金不足时，该委员会将有权提高地方税收，以确保所有调适作为均可获得适当补助。英国环境部秉持着“预防胜于治疗”的概念来面对气候变迁的冲击，并相信相较于未来气候变迁所可能造成的灾害风险，目前的相关补助措施及投资来防范未来所可能造成的损失，是更具体而有效的。

爰此，高雄市为统筹运用本市从事气候变迁调适工作以及生态城市建构的财务运用与规划工作，特设置“高雄市气候变迁调适基金”，目前基金规划来源包含高雄市公务预算之提拨、高雄市空气污染防制基金之提拨以及高雄市企业气候变迁调适费之征收。

本基金并将设立本基金专属之基金管理会，该会除公务机关代表外，并将纳入专家学者、企业界代表、工会及环境保护团体代表，并达一定名额比例，以期能将本基金做最佳之收支、管理及运用，发挥最大效益。

本“自治条例”草案共计9条，其要点如下：

(1)本自治条例之目的(第1条)。

(2)基金之类别及主管机关(第2条)。

(3)基金来源(第3条)。

(4)基金用途(第4条)。

(5)基金管理组织(第5条)。

(6)基金专户设立及提拨(第6条)。

(7)基金预算编制及结束结算之规定(第7条至第8条)。

(8)施行日(第9条)。

表4 “高雄市气候变迁调适基金收支管理及运用自治条例”（草案）

条　文	说　明
“法规”名称：“高雄市气候变迁调适基金收支管理及运用自治条例”	法规名称
第1条　为进行气候变迁相关调适作为，以因应气候变迁，及维护本市宜居环境，设置高雄市气候变迁调适基金，并为规范本基金之收支、管理及运用，特制定本“自治条例”	“立法”目的
第2条　本基金为特种基金，以本府环境保护局为主管机关	主管机关
第3条　本基金之来源如下： （1）循“本府”公务预算程序拨入之款项。 （2）高雄市空气污染防制基金拨入之款项。 （3）高雄市事业气候变迁调适费。 （4）本基金孳息收入。 （5）其他相关收入	本基金之来源
第4条　本基金之用途如下： （1）补助事业执行温室气体减量及因应气候变迁调适之支出。 （2）本市气候变迁调适政策及措施之支出。 （3）本市节能减碳相关政策及措施之支出。 （4）基金管理支出	（1）本基金之用途。 （2）第2款之执行事项如下： ①气候变迁之研究。 ②农粮安全及农地利用之因应措施。 ③森林保育及山地保护。 ④河川洪泛及都市水灾之防范。 ⑤水资源管理及流域治理。 ⑥海岸及临海地区之保护。 ⑦坡地灾害之防治。 ⑧生态系统保育。 ⑨公共卫生及防疫体系之建构。 ⑩原住民等特殊族群之协助因应措施。 ⑪气候变迁调适教育及倡导。 ⑫其他有关气候变迁调适事项。 （3）第3款之执行事项如下： ①再生能源、能源效率、能源节约及相关能源科技之发展。 ②温室气体减量管理。 ③绿建筑之推动。 ④大众运输系统、低碳能源运具等节能运输系统之推广。 ⑤废弃物有效处理及资源回收再利用。

续表

条　文	说　明
	⑥森林资源管理。 ⑦温室气体减量科技之研发。 ⑧温室气体减量诱因机制之建构及其对产业经济冲击之评估与因应对策之规划。 ⑨温室气体总量管制、抵换、拍卖、配售与交易制度之建立及国际合作减量机制之推动。 ⑩国际温室气体公约及法律之研析及相关国际会议之参与。 ⑪其他节能减碳工作事项
第5条　本基金应设高雄市气候变迁调适基金管理会,其组织及运作由主管机关另定之	本基金设管理会
第6条　本基金应于市库代理银行或其他经市库主管机关同意之金融机构设立专户存支,并得提拔定期存款	本基金专户设立及提拔相关规定
第7条　本基金有关预算之编制及执行、决算之编造与会计事务之处理,依相关法令规定办理	本基金预算之编制及执行、决算之编造与会计事务之处理,应依相关法规办理
第8条　本基金结束时应办理结算,其余存权益应循预算程序解缴市库	本基金结束时应解缴市库
第9条　本"自治条例"自公布尔日施行	本"自治条例"施行日

6. 最新相关新闻响应

新闻一:《自由时报(南部版)》《一年十二亿"环局"成立气候变迁调适基金》(2011年6月23日)(记者方志贤/高雄报导)。①

面对气候威胁,"高雄市环保局"规划成立"气候变迁调适基金",向高雄市100多家碳排放1万公吨以上企业征收回馈金,估算第一年12亿元新台币进账,用以执行节能减碳政策;"环保局局长"李穆生昨强调,调适基金不是"加税",配套"法令"预定2011年下一会期送"议会"审议。

"高雄市环保局"规划设立"气候变迁调适基金"乃台湾地区首创,用于因应气候变迁调适政策推动、碳权机制措施执行,依研拟中"高雄市生态城市发展纲领"为架构,分别

---

① 载http://www.libertytimes.com.tw/2011/new/jun/23/today-south15.htm,访问时间:2011年8月24日。

制定"高雄市企业调适基金征收自治条例"及"高雄市气候变迁基金收支管理及运用自治条例"。

李穆生说,调适基金的来源,自高雄市环境保护基金每年至少提拨百分之五支出预算外,也向排碳量1万公吨以上的企业征收,高市预估有100多家,每公吨预计征收15元,第一年估算可征收12亿元新台币。

2009年,高雄市前十大排碳量的企业,"中钢"居冠达1900多万公吨、约征收3亿元新台币;第二名台电兴达发电厂1600多万公吨、约征收2亿元;其他依序为台电大林厂、"中油"高雄炼油厂、台塑仁武厂、"中油"林园石化厂、台电南部发电厂、信昌化学林园厂、"中石化"小港厂等。

李穆生指出,调适基金不是要向企业"加税",也不同于空气污染费,因二氧化碳并不是"环保署"列管的空气污染物,期望有效地用于因应气候变迁调适。

调适基金用途包括:企业温室气体减碳项目补助、再生能源及能源科技发展、工业部门温室气体减量、运输管理、大众运输系统发展及其他运输部门温室气体减量、低碳能源运具使用、废弃物回收处理及再利用等。

新闻二:①高雄市推动"气候变迁调适基金自治条例"草案,最快2011年11月通过实施,将成台湾地区第一个征收"类碳税"的"地方政府"。对此,"立法院"朝野两党都认为"类碳税"立意良善,但应该由"中央政府"统一制定。"高雄市政府"制定"气候变迁调适基金自治条例"草案,针对年排碳量超过1万吨的企业开征"调适基金",将成为台湾地区第一个开征"类碳税"的"地方政府"。对此,国民党"立委"钟绍和27日表示,类碳税应该由"中央"主管、制定,才不会影响地方就业。他说:你假如"中央"没有这样规则订出来,"地方"去开征,往往让产业界无所适从。而且像高雄有开,假如中、北部没开,有些产业成本、竞争力有影响,也许就会想办法迁厂,这样就会造成当地就业机会减少。民进党"立院党团干事长"蔡煌琅也肯定高雄"市长"陈菊想解决空气污染的想法,但认为是否由"地方政府"开征,还有讨论空间,也要避免因"类碳税"而打击招商和产业发展。他说:这个有利于要求厂商对二氧化碳排放的控管,这部分我们是支持;至于怎么样去课税,我认为还是要有全台湾地区的统一标准跟制度,这样比较好,所以高雄市还是在讨论阶段。事实上,台湾地区"财政部"已提醒"地方政府",凡是触及"地方"开征"新税"者,都要遵循"地方税法通则"的约束。至于"碳税",不在"地方税法通则"中,也就是说,"中央"没有赋予"地方"征税的权限。

新闻三:②高雄市推动"气候变迁调适基金自治条例"草案,最快将于今年11月开征气候变迁调适基金,成第一个征收"类碳税"的"地方政府"。"财政部长"李述德今(28)日表示,由于"碳"排放会四处散播,不宜由"地方政府"开征相关税收,如果高雄市以

① 载 http://news.rti.org.tw/index_newsContent.aspx? nid=309535,访问时间:2011年8月24日。

② 同上。

"税"的名义开征相关费用,"财政部"不会通过。"高雄市政府"打算将针对市内400多家二氧化碳年排放量超过1万吨以上的企业,开征气候变迁调适基金,1吨征收15元新台币,预估一年可入账10亿元新台币,如果能顺利执行,将成为台湾地区第一个开征"类碳税"的"地方政府"。对此,"财政部部长"李述德28日表示,由于"碳"排放会四处流窜、移动,不宜由"地方政府"开征相关税收,过去云林、花莲等地也提出过类似的案子,就遭到"财政部"驳回。李述德指出,凡是地方政府开征"新税",都要遵循"地方税法通则"的约束,而"碳税"并不在"地方税法通则"中,"中央"并没有赋予"地方"征税的权限,如果高雄市以"税"的名义开征相关费用,"财政部"不会通过。不过,如果"高雄市政府"是以"规费"的概念来开征,如台北市、新北市的"垃圾费随袋征收",这部分属于"地方"自治的范围,只要符合相关规定,"地方"就可以自行决定收费。

四、本文简评

高雄市舍弃原来的"碳税"不用,以"气候变迁调适费"另起炉灶,此举一起,引发诸多争议,相关的规定,一路走来,有一定程度的差异,本文以为,应该厘清下列几个法律议题。

(一)气候变迁调适费的法律性质

1. 问题

关于气候变迁调适费的法律性质,其可能为"地方税"或"特别公课",至于"地方规费"或"地方受益费",也非无讨论空间。

如前述其性质为"类碳税",如属于税的性质,则将落入过去的窠臼,与"碳税"相同命运,对此台湾地区"财政部"的立场非常清楚。但"财政部"也认为,如属于"规费",则只要符合"规费法"的规定,是可以开征的。

其在草案说明中直言其性质属于"特别公课",依据"立法"说明称"本诸原因者付费原则,对可能造成气候变迁之温室气体排放事业,依其所排放温室气体量之多寡,强制课征合于一定比例之金钱给付内容之特别公课,经由此种特别公课之征收,达成行为制约之功能,以减少地球温室气体之排放,并以此一特别公课所收取之金钱,在环保主管机关下成立'高雄市气候变迁调适基金'妥为管理运用,专供温室气体减量及因应气候变迁等支出使用,俾符合征收此一特别公课所欲达成环境保护政策目标之'立法'目的"。此乃中国台湾地区第一个在"立法"说明中直接定义其财政工具的属性为特别公课;第8条第1款规定,"事业气候变迁调适费:指为减少本市温室气体排放及降低因气候变迁所受之冲击,自排放温室气体之事业征收之特别公课"。

但针对特别公课的属性与运用,有待更清楚的论述,因为目前中国台湾地区"地方"自治团体,并未有特别公课的开征之实例。本文以为,"地方"自治团体,得否以特别公课为地方财政收入的工具之一,以目前"宪法"上对于特别公课课征的"立法"权限观察,如"地方"自治团体,经由自治"立法",符合法律保留原则,似应无否定之理,但前述一般特别公课的问题,在"中央"层次存在,在"地方"层次,亦将存在,唯如何建构"地方"特别公课之概念与体系,则有待将来再厘清。目前台湾地区“地方制度法”、“财政收支划分法”虽皆无明文,但无碍地方课征特别公课的可能性,“地方”自治团体可借由“地方立法权”进行“立法”与征收。①

2. 当局最新响应

(1)根据“高雄市环境保护局”的新闻稿说明②

高雄市已与企业高层达成共识共同承担气候异常调适责任之说明:

为确保在面对气候威胁时,能够有调适应变的能力,高雄市刻正积极强化灾害应变机制,提升城市整体竞争力,特规划成立提调适基金,并与在地主要企业高层达成共识,愿与公部门共同承担气候异常及调适应变的责任。

“环保局”李穆生“局长”今日(2011年7月29日),向在地企业高层详细说明,调适基金绝不是碳税,而是一套符合“地方”需求的规费机制,系由政府预算、空污基金及排碳大户依“自治条例”规定缴交,而且是以基金管理方式专款专用,基金管理委员会也会由事业单位、学者专家共同参与,以确保客观公正及透明机制。

虽然,全球暖化、气候变迁并非地区性的温室气体所造成,但事业、工厂在高雄市大量排放温室气体,却是不争的事实,而高雄市也正在承受这样的后果;因此,企业与高雄市应共同承担面对极端气候及调适应变之责任。

“环保局”李穆生“局长”也强调,调适基金是秉持着“预防胜于治疗”的概念,来面对气候变迁的冲击,并相信相较于未来气候变迁所可能造成的灾害风险,目前的相关补助措施及投资作为防范未来所可能造成的损失,是更具体而有效的。

“高雄市环保局”也表示,调适基金是依照台湾地区“地方制度法”第63条所订定,类似于其他县市垃圾袋随袋征收性质,且是针对排碳大户(排放量1万吨以上)收费,据估计约仅108家事业单位,故对于一般民众及中小企业并不会有影响。

(2)根据“高雄市环境保护局”的新闻稿说明③

高雄市调适基金系属特别公课可补助企业环保局澄清空污费依污染物计价勿混淆之说明:

高雄市为确保在面对气候威胁时能够有调适应变的能力,已积极规划灾害风险与管理,以提升城市竞争力,并在中国台湾地区首创成立“高雄市气候变迁调适基金”,相关“自治条例”草案已于日前经“市政会议”通过,将依程序提送“高雄市议会”审议。

针对少数企业的误解及反弹,“环保局”表示,为了因应未来极端不确定性的气候变

---

① 廖钦福:“地方自治团体财政收入与调整法律制度之省思与建构”,载葛克昌编:《两岸纳税人权利保护之立法潮流》,资诚教育基金会2011年版。

② 载 http://www.ksepb.gov.tw/post/高雄市已与企业高层达成共识共同承担气候异常调适责任.aspx,访问时间:2011年8月24日。

③ 载 http://www.ksepb.gov.tw/post/高市调适基金系属特别公课可补助企业环保局澄清空污费依污染物计价勿混淆.aspx,访问时间:2011年8月24日。

迁的冲击，才会规划一套符合“地方”需求的财务机制，运用范围包括补助企业做气候变迁因应措施，建立监测海平面系统、建立灾害防救体系、加强都市排水系统、建立脆弱性评估与预警指标等作为，未来也会积极与企业沟通，说明相关政策内容。“环保局”也强调，“气候变迁调适费”之性质属特别公课，不是自治税捐，依据“地方制度法”第63条所订定，类似于其他县市垃圾袋随袋征收性质，此项“费”系为一定政策目标之需要，对于有特定关系之对象所课征之公法上负担，并限定其课征所得之用途，在学理上称为“特别公课”，乃现代工业先进国家常用之工具。

至于某媒体报导“企业依照二氧化碳排放量，每年征收空污费……再剥层皮”乙节，“高雄市环保局”也澄清说明，目前企业依照空气污染防制法所征收的空气污染防制费，是依照企业所排放之硫氧化物、氮氧化物及营建空污的粒状污染物排放量征收，并非依照二氧化碳排放量征收，对于媒体扭曲报导，误导为再剥层皮，与事实不符，特予澄清。

3. 小结

依据“高雄市环保局”的响应，其乃属于类似于其他县市垃圾袋随袋征收性质，此项“费”系为一定政策目标之需要，对于有特定关系之对象所课征之公法上负担，并限定其课征所得之用途，在学理上称为“特别公课”。此者，其与“空气污染防制法”所征收的空气污染防制费二者不同。

本文以为，类似于垃圾袋随袋征收性质，则似应属于规费性质，而非特别公课，对于属性属于特别公课，应该有更细致的推理与说明。

（二）气候变迁调适费课征的法律依据

“大高雄市生态城市发展自治条例”（草案）第1条明示，其“立法”在于为促进高雄市之自然、环境与经济和谐永续发展，提升市民乐活健康的生活质量，建设低碳生态与经济并进发展之国际化城市，所谓调适基金，依据第2条第2款，乃是为推动因应气候变迁冲击所进行之调适计划而设立的基金。该基金的来源为，依据第23条，规划设置高雄市气候变迁调适基金，作为本“自治条例”推动之重要经费来源。主管机关为降低本市温室气体排放，得对指定排放户依其二氧化碳排放量，征收事业排碳回馈金，①作为调适基金重要来源。

而事业气候变迁调适费，是指为减少本市温室气体排放及降低因气候变迁所受之冲击，自排放温室气体之事业征收之特别公课。

前述“事业有必要与高雄市共同承担气候变迁之责任，除了减低气候变迁的成因，也就是减碳之外，对于因应过量排放的结果，也就是调适作为上，更应该尽一份心力，是秉持着‘预防胜于治疗’的概念，采取相关补助及防范作为，相较于毫无作为任由气候变迁引致灾害而造成的损失，显得更为迫切而有其必要”；“温室气体之排放既为气候变迁之主因，为因应未来极不确定的气候变迁冲击，本市迫切需要发展一套符合‘地方’需求的

① 如依最新版本应该是“事业气候变迁调适费”。

创新财务法律机制，以更有效执行相关调适作为以因应气候变迁，则为因应气候变迁所需之支出”，或可推论出“室气体之排放既为气候变迁，故经由减碳达到目的”。

不过，若是对照“大高雄市生态城市发展自治条例”（草案）的诸多“立法”目的，调适似乎是一个更大的概念，[①]根据高雄市“调适基金”设立相关法制作业第四次公听会资料，国际气候变迁，其应因对策有减缓与调适二者，并将研拟高雄市气候变迁调适策略，减碳似或其中一环，则如以“气候变迁调适费”，经由减碳一个目的进行征收，其目的与手段间或有厘清的必要。

（三）高雄市气候变迁调适基金收支管理及运用

气候变迁调适费之开征，将以预算法上特种基金方式成立“高雄市气候变迁调适基金”，此乃涉及后端的管理与运用，依据学理上特别公课概念，特别公课往往是为完成经济行政领域的特殊任务，而对特定群体赋予特殊的金钱给付义务，其收入亦流向特定之用途。[②]

依据“高雄市气候变迁调适基金收支管理及运用自治条例”（草案）第3条的来源，对照第4条支出的用途，二者间如何连接，似乎也有进一步讨论的必要。

最后，此特种基金的管理运用，应该符合财政法上适正管理营运原则的要求，[③]并可参照“中央政府”“特种基金管理准则”之规定，[④]并应强化其监

---

① 关于调适在环境法上的概念，参见吴行浩：“哥本哈根会议后国际温室气体减量之动向——兼论台湾现行因应气候变迁相关策略与立法动向之检讨”，载《法学新论》2010年第27期；苏义渊：“以国际气候变迁法制观点评论我国温室气体减量法草案”，载《兴大法学》2010年第6期；施文真：“温室气体减量法草案简评——以排放权交易为主要分析对象”，载《月旦法学杂志》2009年第174期。

② 何爱文：“特别公课（Sonderabgaben）合法性之探讨”，载杨日然教授纪念论文集编辑委员会编：《法理学论丛——纪念杨日然教授》，台湾月旦出版社股份有限公司1997年版，第144页。

③ 蔡茂寅：“财政制度”（第26讲），载许志雄等编：《现代宪法论》，台湾元照出版公司2002年版；蔡茂寅：“财政作用之权力性与公共性——兼论建立财政法学之必要性”，载《台大法学论丛》1996年第4期；蔡茂寅：“财政法”，载《月旦法学教室》2008年第13期；廖钦福著：《现代财政国家与法Ⅰ：财政法学之构筑与法课题之展开》，台湾元照出版公司2011年版，第151页。

④ 有别于普通基金，特种基金的成立，有其目的，目前有“中央政府特种基金管理准则”，则属适正管理营运的产物，相关的实践如下：

（1）基金目标

依据第3条的规定，“营业基金应依企业化经营原则，提升营运绩效，除独占性或依政策设置者以追求合理盈余为目标外，应以追求最高盈余为目标”；“信托基金应依其所定条件管理或处分”；“其他特种基金除应达成基金设置目的外，并以追求最高效益为原则”，故原则上应该以最高获益为其目标。

（2）独立计算损益盈亏绩效

依据第4条的规定，“每一特种基金为一独立计算债权、债务、损益或余绌之会计个体，均应分别处理，除符合预算法第十八条第二款规定者外，均应编制附属单位预算”，经由个别独立的绩效计算，进行考核。

（3）收支保管及运用办法的订定

依据第7条的规定，“特种基金之设立于完成预算程序后，主管机关应即拟具收支保管及运用办法，报请‘行政院’核定发布，并送‘立法院’”；“前项收支保管及运用办法，属于拨充国营事业机关股本或资本之各类营业

督。①

基金,应依‘国营事业管理法’规定办理,得不另订定”。第8条规定:“前条所定收支保管及运用办法,应载明下列事项:一、基金设立之目的。二、基金之性质。三、管理机关。四、基金来源。五、基金用途。六、预、决算处理程序。七、财务事务处理程序。八、会计事务处理程序。九、其他有关事项。”目前基金的运用,多有上述的收支保管及运用办法。

(4)“预算法”、“决算法”、“国库法”的适用与会计制度的实行

第9条规定,“特种基金预算之编制、审议及执行,应依预算法之规定办理”;“依法设立之信托基金,每年应分别编制营运及资金运用计划,由主管机关函送立法院”。第15条规定,“特种基金之决算,应依决算法之规定办理”。第11条规定,“每一特种基金均应订定会计制度,凡性质相同或类似之基金,其会计制度得为一致之规定”。第12条:“各特种基金资金之保管及运用应注重收益性及安全性,其存储并应依国库法及其相关法令规定办理。”

(5)盈(剩)余分配及亏损(短绌)填补

依据第10条的规定,“各特种基金盈(剩)余分配及亏损(短绌)填补之原则如下:一、营业基金依预算法第八十五条规定办理。二、信托基金依其所定条件办理。三、营业及信托基金以外特种基金之剩余分配及短绌填补之项目如下:(一)剩余分配:1 填补历年短绌。2 提列公积。3 拨充基金或解缴国库。4 其他依法律应行分配之事项。5 未分配剩余。(二)短绌填补:1 拨用未分配剩余。2 拨用公积。3 折减基金。4 国库拨款填补。5 待填补短绌”。

(6)绩效的要求与考核

依据第13条的规定,“各特种基金之主管机关对所管各特种基金之运用情形,应切实督导考核;其办法,由各主管机关定之”。第14条规定,“各特种基金有关收支之执行成效,得由‘审计部’、‘财政部’或‘中央主计机关’依法随时实地调查”。

(7)特种基金之合并及裁撤

依据第16条的规定,“各机关所管特种基金,如因性质相同,必要时,得经‘行政院’核准予以合并”。第17条规定,“各特种基金因情势变更,或执行绩效不彰,或基金设置之目的业已完成,或设立之期限届满时,应裁撤之”。

以上,参见廖钦福:《现代财政国家与法Ⅰ:财政法学之构筑与法课题之展开》,台湾元照出版公司2011年版,第159~161页。

① 就特种基金之监督可分为行政监督、“立法”监督及审计监督,以下分述之:

(1)“立法”监督

依“中央政府特种基金管理准则”第6条之规定,特种基金应于完成法定之预算程序后,始得设立,因此特种基金之创设,必须受到“立法院”的预算监督,亦即,特种基金非经“立法院”之同意,不得设立。

此外,依“预算法”第21条之规定,“‘政府’设立之特种基金,除其预算编制程序依本法规定办理外,其收支保管办法,由‘行政院’定之,并送‘立法院’”,承此一规定,“中央政府特种基金管理准则”第7条则规定,“特种基金之设立于完成预算程序后,主管机关应即拟具收支保管及运用办法,报请‘行政院’核定发布,并送‘立法院’”。据此,内部分工上虽由主管机关拟具收支保管及运用办法,报请“行政院”核定发布,但对外而言,其订定之权责仍属“行政院”,“立法院”得透过对于行政命令之审查权,对特种基金进行监督,而特种基金每年均须经过“立法院”审议,虽然其审议密度有限,但可谓因此受有“立法”监督。

(2)行政监督

特种基金之行政监督主要表现在“中央政府特种基金管理准则”第5条所规定之“由‘行政院’核准设立”,以及同准则第7条所规定之“由‘行政院’核定收支保管及运用办法”。至于其管理运用,则主要由各该基金管理委员会负责,但主管机关通常拥有相当之权限,例如,依同准则第13条之规定,“各特种基金之主管机关对所管各特种基金之运用情形,应切实督导考核;其办法,由各主管机关定之”。另依同准则第14条之规定,“各特种基金有关收支之执行成效,得由‘审计部’、‘财政部’或‘中央主计机关’依法随时实地调查”。又基金如执行绩效不彰,或设置目的业已达成时,依同准则第17条之规定,则有可能遭裁撤。

(3)审计监督

“监察院审计部”依据“审计法”之规定,对于特种基金得为合法性监督与效能监督,唯“审计法”中对于特种基金并无特别规定。不过,“中央政府特种基金管理准则”第14条规定,“各特种基金有关收支之执行成效,得由‘审计部’、‘财政部’或‘中央主计机关’依法随时实地调查”,强化审计的要求,特种基金所受之审计监督与普通基金相同。

参见蔡茂寅:“特种基金”,载《月旦法学教室》2004年第16期。

五、代结论:其他地方财政工具的选择与隐忧

“地方自治,以财政民主为核心,财政民主为责任政治之表现,主要在地方课税立法权。”①“大法官释字第550号解释”,揭诸“地方自治团体受宪法制度保障”,地方自治的核心所在,课税“立法”权的实践与否,成为检验地方自治的试金石。②

在“地方”自治团体行使课税“立法权”时,应本于量能课税、受益负担及课税公平的原则处理。对于辖区内税源课税,而不得对于辖区外税源课税,也应避免重复课税以致居民构成过重的负担。如果地方自治团体基于原因者负担的精神,而对于造成地方生活环境特别负担的行为课税(环境税),也符合地方自主课税的精神。③ 此外,“地方税法通则”终于完成“立法”,是故中国台湾地区“地方”自治团体的课税权今后应该能获得某种程度的保障。唯自主课税权的行使虽为保障“地方”财政权乃至“地方”自治权所必需,另外,无可避免地将会增加地方居民的负担,若程度过高,反而有违人权保障的基本要求,值得特为留意,此时国家法就税源以及居民负担仍被期待具有调整的机能。除此之外,“地方”自治团体尚得征收租税以外的种种收入,如规费、清洁费、工程受益费等即是,但若此等收入属于强制性收入,则有法律保留原则的适用,自不待言。④

所谓“公课”是指国家透过公权力所赋予而征收的收入,又称“强制负担”,⑤从人民而言,则为其在公法上的金钱给付义务,⑥主要为税捐与非税公课。前者为典型的公课;后者一般指规费、受益费与特别公课。一般的论述均中央为主,如属地方层级,以应相同。但应重新建立地方公课体系与应有内涵。

但应该要解决的前提是,此种分类,无论是逻辑完整性与严密性均有商榷的必要。⑦本文也认为,通说上所引用的德国法上的公课体系——租税与非税公课(规费、受益费、

---

① 葛克昌:“地方课税权与财政民主”,载葛克昌主编:《行政程序与纳税人基本权》,台湾翰芦图书出版有限公司2005年版。

② 廖钦福:“地方自治团体开征碳税之研究:以高雄市碳税征收自治条例为例”,载《科技法律评析》2010年第3期。

③ 陈清秀:“地方课税立法权之研讨”,载《现代税法原理与国际税法》,台湾元照出版公司2008年版。

④ 蔡茂寅著:《地方自治之理论与地方制度法》,台湾新学林出版股份有限公司2003年版,第277页以下。

⑤ 葛克昌:“人民有依法律纳税的义务(下)——以大法官会议解释为中心”,载《“国立”台湾大学法学论丛》1990年第2期。

⑥ 葛克昌:“论公法上金钱给付义务之法律性质”,载台湾行政法学会主编:《行政法争议问题》(下),台湾五南图书出版有限公司2000年版。

⑦ 蔡茂寅:“原因者付费制度(上)”,载《月旦法学教室》2011年第101期。

特别公课)的四种基本类型,在台湾地区是否可以完全涵盖所有的个案,值得怀疑。① 也就是说,建立台湾地区本土的财政收入体系,并重新思考特别公课在台湾地区“不假思索”的引用,是否得当。②

本文所提出高雄市所开征的地方环境碳税,到后续改开征气候变迁调适费,其起因应在“地方”课税“立法权”受到高度的减损所致,“地方税法通则”原应定位为地方税自治“立法”之准则或框架式“立法”,如此“地方”税之“立法”裁量权应尊重“地方”自治判断,而不能违反“地方”自治本质。③ 对此2004年台湾地区“监察院”所提出“健全地方财政自主透明机制项目调查研究报告”曾指出,“对于有意开征新财源之地方政府,‘财政部’宜持乐观其成之态度,如其所拟自治法规有违法之虞,应详予说明、加强沟通,或给予必要之技术协议及建议”,④诚哉斯言矣。

“司法院大法官释字第426号”针对空气污染防治费,在解释理由书称,“此项防制费既系国家为一定政策目标之需要,对于有特定关系之国民所课征之公法上负担,并限定其课征所得之用途,在学理上称为特别公课”;“特别公课与税捐不同,税捐系以支应国家普通或特别施政支出为目的,以一般国民为对象,课税构成要件须由法律明确规定,凡合乎要件者,一律由税捐稽征机关征收,并以之归入公库,其支出则按通常预算程序办理;特别公课之性质虽与税捐有异……”,其是否为特别公课? 有待厘清。

如其本质应以租税为先,却因“地方税法通则”的限制,经由“财政部”不予备查,转向为特别公课,恐有以下疑虑并且要厘清:

(一)违反租税国家原则与特别公课补充性原则

租税国家理念下,地方财政的收入来源,亦应以地方税的征收为先。现代环境国家的财税基础也应该是环境税,经由环境税的手段改善环境问题,一则取得收入,二则取得

① 廖钦福:“规费法之评析——以规费之概念及分类为中心”,载《财税研究》2004年第4期。例如,“司法院大法官释字第473号解释”,将全民健康保险之保险费称之“分担金”,大法官也引用“公法上金钱给付义务”的概念为其前提,以财产权作为“合宪性”的检验 。在解释文称:“保险费系为确保全民健康保险制度之运作而向被保险人强制收取之费用,属于公法上金钱给付之一种,具分担金之性质”;另外,理由书中称“国家因公共利益之目的而设立机构,为维持其功能而向受益者收取分担金,由于负担分担金之受益者,并非事实上已受领国家之给付,仅以取得受领给付之机会为已足,是收取分担金之原则,系以平衡受益与负担为目的,复因受益者受领给付之机会及其价值如何,无从具体详细确定,故唯有采用预估方式予以认定”,但从上述解释中,有认为其乃表达“保险给付”与“保险费”之间并不区具备“等价性”,而保险费之订定乃是以整个风险共同体之支出为计算基础,与个人的受益多少无关,亦即保险费之对价乃是此期间免予风险之给付,并非具体可受领之给付,其性质为何? 有待探究。进一步参见邓为元:“公课理论之研究——以收取原则为中心”,台湾大学法律学研究所2008年硕士学位论文,第107页以下。

② 廖钦福:“特别公课肥大化:从中油超收空气污染防制费谈起”,载《台湾法学杂志》2010年第149期。

③ 葛克昌:“地方课税权与财政民主”,载葛克昌主编:《行政程序与纳税人基本权》,台湾翰芦图书出版有限公司2005年版,第176页。

④ 转引自“监察院”所提出2004年《健全地方财政自主透明机制项目调查研究报告》。

解决环境问题之支出。①

如将财政收入工具的体系化重新思考,则租税、规费、受益费以外,无法归类者一律归入特别公课,是否妥当,似乎可以有其他的思考。次者,特别公课的概念与类型,在实际的运用上,多以各种“费”名义出现,应就台湾地区特别公课的实际运用,全盘梳理,个别检视与类型化外,并为严格的检讨,其应该是不得已的例外,抑或最后的选项,“补充性原则”在此有其适用的必要性,②更显现其匡正的有力性。③

(二)逃避到特别公课与特别公课的肥大化④

经由“释字第426号解释”的引入与加持,实务上则利用课征特别公课的形式,规避人民对于加税的质疑与抗拒,行政机关规避原来应以税捐方式的手段不用,改采用税捐以外的非税公课(特别是“特别公课”),开始加诸国民或企业,成为负担。

过去刑法学者林山田教授,针对特别刑法的浮滥,提出“特别刑法肥大化”的批评,今日,相较于租税的课征,在财政工具使用的公开信息,显得隐蔽不容易让人察觉的特别公课被大量使用,成为国家财政工具理性使用例外的避风港,似乎与过去鄙弃刑法法典不用,大量运用特别刑法入罪化,有异曲同工之处,本应以(主要)租税或(次要)规费、受益费方式,却逃避遁入特别公课的范畴,此时,“特别公课肥大化”的病症,已经在台湾地区蔓延!

让人担心的是,不断增加的特别公课,将“租税国家”的理念,国家主要收入来源应来自租税的要求,加以稀释。所谓“租税国家”,将有可能转化成“规费国家”抑或“公课国家”(乃至于“特别公课国家”)的疑虑,但人民却不自知。

(三)节能减碳是“中央”还是“地方”的权限⑤

对于“地方”自治团体,可否开征碳税?应该厘清者乃碳税开征目的之所在乃节能减碳,究竟是“中央”专属权限,抑或可能也属于“地方”权限,此与后续碳税开征是否属于“国税”(如将来纳入“能源税法”由“中央”专属“立法”)有关,需先厘清。

关于“宪法”上关于“中央”与“地方”的环境保护权限划分,从“宪法”本文第10章“中央”与“地方”之权限并无清楚规定可供厘清,且普遍性只具有“土地管辖”划分的意义。至于“地方制度法”对于权限的划分,依据“地方制度法”相关规定,该法第18条规

---

① [日]伊藤悟:“环境对策と税财政”,载日本财政法学会:《财政の适正管理と政策实现》,学阳书房2005年版。

② 关于特别公课的课征原则,认为特别公课乃属于为罕见的例外,在租税无法达成时,其方有介入的空间,提出特别公课的补充性原则。参见辜仲明:“特别公课规范概念及基本原则之研究”,台湾中原大学财经法律研究所2001年硕士学位论文,第160页以下。

③ 廖钦福:“特别公课肥大化:从中油超收空气污染防制费谈起”,载《台湾法学杂志》2010年第149期。

④ 同上。

⑤ 廖钦福:“地方自治团体也来节能减碳:开征地方碳税的立法评估”,载《台湾法学杂志》2010年第159期。

定,"下列各款为'直辖市'自治事项……九、关于卫生及环境保护事项如下:(一)'直辖市'卫生管理。(二)'直辖市'环境保护";第19条规定,"下列各款为县(市)自治事项……九、关于卫生及环境保护事项如下:(一)县(市)卫生管理。(二)县(市)环境保护";第20条规定,"下列各款为乡(镇、市)自治事项……五、关于环境卫生事项如下:乡(镇、市)废弃物清除及处理",只可看出乡(镇、市)关于环境保护限于废弃物清除及处理,其余者却均冠以"环境保护"事项,显然不脱将"同一事项"分别为各级"地方"自治团体自治事项的规定与思考模式,未能解决根本性的争议。①

再者,目前台湾地区普遍性的环境法规,均由"中央"制定,可是环境法之执行面大部分在地方("直辖市"与"县、市政府"),但是,"环境法规"之体例上,往往以"本法所称主管机关:在'中央'为'行政院环境保护署';在'直辖市'为'环境保护局';在县(市)为'县(市)政府'"加以规定,而执行经费大都由"地方"支付,"中央"是以补助方式来掌控"地方"。"中央"主管机关于事权掌握上过于积极主动,"地方"主管机关对掌管之权限事项亦过于消极被动。使地方权限仅止于执行,则将与"宪法"保障地方自治不相符。

此外,在"中央"主管机关方面,"行政院环境保护署"之职权依据"行政院环境保护署组织条例"第1条规定,"环境保护署主管全国环境保护事务",问题是难从此规定得知环境保护署之主管范围广至何种程度?"中央"与"地方"主管机关之间权限划分,本质上属于"国家机关"间权力与责任,应该如何适当划分之"宪法"问题②。

面对节能减碳的事项,应该如何划分其事权,如依据"环境基本法"第21条的规定,各级政府应积极采二氧化碳排放抑制措施,并订定相关计划,防止温室效应,就此,地方自治团体可以订定相关计划并开征碳税以为执行?容或有疑问。

又,依据"温室气体减量法"(草案)第1条,其"立法"目的乃为减缓全球气候变迁,降低温室气体排放,善尽共同保护地球环境之责任,并确保台湾地区永续发展。第2条亦与前述为相同"立法"设计,"本'法'所称主管机关:在'中央'为'行政院环境保护署';在'直辖市'为'直辖市政府';在县(市)为'县(市)政府'",无助于问题的解决;至于对于"地方"职权较明确者,主要为订修温室气体减量执行计划与教育倡导二者,③至于执行计划可否当成开征碳税的依据?亦不明确。

职是之故,对于"地方"如以节能减碳为目的,开征碳税将受到"地方税法通则"的阻碍,但是台南市的"反怠速"与台北市的"工商业节能减碳辅导管理"两个"自治条例",却

---

① 蔡茂寅著:《地方自治之理论与地方自治法》,台湾新学林出版股份有限公司2003年版,第107页以下。

② 陈慈阳:《环境法总论》,台湾元照出版公司2003年版,第151~155页。

③ "温室气体减量法"(草案)第10条规定,"'直辖市'、县(市)主管机关应依'行政院'核定之推动'国家'温室气体减量政策方案及'中央'目的事业主管机关订定之行动计划,订修温室气体减量执行计划,报请'中央'主管机关备查";第18条规定,"各级'政府机关'应加强对学校、产业及'国民'于减缓全球气候变迁之认知及减少温室气体排放之倡导工作,并应积极协助民间团体推展有关活动";第19条规定,"各级'政府机关'、公立学校及公营事业机构应倡导、推广节约能源及使用低耗能高能源效率产品或服务,以减少温室气体之排放"。

又可以“立法”完成，正本清源之道，乃将来“立法”时应将节能减碳的事项，清楚加以划分。并非“中央”认为碳税是“国”税就是“国”税。上述“环境法”上权限的划分，如果回到源头，乃地方自治的恒久难题所在，[①]主要有二：一为“中央”与“地方”分权基准持续混淆不清；[②]二为“中央”法律专占侵害“地方”自治权。[③]

① 罗承宗：“鸟瞰后五都时代地方分权法制之困境”，载《新社会政策》2011 年第 17 期。

② “中央”与“地方”权限划分向为一切困境的根源，此问题不但攸关“中央”与“地方”财政收支划分，更是决定“地方”自治能否落实的关键。唯“中央”与“地方”权限不易划分，乃是“地方”自治经久难治之重大课题。平心而论，如学者指摘，上开孙文的“均权理论”仅是玩文字游戏，欠缺实效性，大抵已得验证。反映到法制层面上，迄今中国台湾地区各种法规尚多规定“本法所称之主管机关，在‘中央’为……在省（市）为……在县（市）为……”，造成同一事项各级“政府”俱有管辖权状态。但从理论而言，主管机关应只有一个，究竟是“中央”权限或“地方”权限终该有个明确的决定。传统“多层次权限分配”的“立法”方式并无法解决问题，反而常造成“中央”“地方”推诿卸责的消极权限争议，实不足为取。参见罗承宗：“鸟瞰后五都时代地方分权法制之困境”，载《新社会政策》2011 年第 17 期。

③ 自治立法权乃地方自治的重要核心之一。但是，当地方法律与中央法律抵触冲突时应如何处理，在单一国国家体制下，地方法律不得抵触国家法律大抵是普遍的做法。“地方制度法”虽本此意旨，于第 30 条虽规定：“自治条例与‘宪法’、‘法律’或基于法律授权之法规或上级自治团体‘自治条例’抵触者，无效。”唯值得注意的现象是，一旦“中央法律”内容过于严密时，“地方”“立法”自由形成空间即随之被限缩甚至趋近于零。此时若仍无条件地遵循“地方制度法”第 30 条规定，即会形成“中央”“法律专占”现象，使地方“立法”权徒具形骸。参见罗承宗：“鸟瞰后五都时代地方分权法制之困境”，载《新社会政策》2011 年第 17 期。

第三篇　财产课税与地方税制完善

掠夺之手抑或扶持之手

——论私人财产课税法治化

刘剑文*

税收，是国家或其他公法团体为了取得财政收入或其他附带目的，对满足法定构成要件的人依合宪性的法律强制课予的无对价金钱给付义务。如果说，从税收诞生时起，每个自然人就都或多或少地承担了一定税收负担，那么，现代社会的一种新的发展趋势，则是人们的税痛感愈加强烈。在当代各国税制的变迁中，国家财政收入中以所得额或财产额为课税对象的直接税所占比重大幅上升，一些国家选择以所得税作为本国的主体税种便是这种趋势的体现。由于直接税的税负不可转嫁，其给纳税人造成的税痛感自然也更加强烈。正是在这样的背景下，纳税人产生较强纳税抗拒心理就不那么难以理解了。因此，从这一角度而言，税法上牵治国安邦，下系纳税人基本权利，关乎国家的长治久安。

只是，欲规制越来越多的逃、漏税现象，单纯靠法律法规、政策来"堵"固然重要，在笔者看来，转变理念，加深对私人财产课税本质的认识，制定良法，实现法治，则是长久之计。因此，我们应当也必须明确，对私人财产课税，就本质而言，非为国家面对私人财产所伸出的掠夺之手，而是扶持之手。私人财产课税法治化，便是实现税法对私人财产权"扶持作用"的重要前提和途径。

一、私人财产课税理论的基础

作为私人财产分割的利器，一方面，税法兼具强烈的国家公权力色彩，体现了国家汲取能力和财政权的实现；另一方面，现代税法也突破了单纯强调国家与纳税人之间的权力关系，而以债权债务关系对待之。因此，对税法本质的认识，直接关系到税收活动中税权的分配、对纳税人权利的保护等一系列基本问题。行政权力关系说和税收债权债务关系说这两大理论学说在百年的争论中，虽然后者日渐取代前者，但彼此也自有发展，某种程度上，两学说间呈现殊途同归的景象。

---

* 北京大学法学院教授、博士研究生导师，中国财税法学研究会会长。

本文发表于《政法论坛》2011 年第 4 期。

因此，对私人财产课税，不仅要从行政法理论角度，也要从民法理论角度，才有助于正确认识私人财产课税法治化的理论基础。同时，宪治层面的要求，也是课税法治化重要的理论基础。

（一）税法行政权力关系说的革新

20世纪初期的德国，在传统行政法学占绝对优势的背景下，权力关系说继承了传统行政法的理念，强调国家或地方公共团体在法律关系中相对人民的优越地位，强调税收中的命令服从，不注重纳税人的权利救济。因此，其以行政权力为中心构筑税法的体系，维护行政权力的优越地位，为行政权力的行使提供便利和保障，便成为其制度设计的出发点和归宿。某种意义上可以认为，税收债务关系理论对其的革新，体现的便是对传统行政法思想中“行政权力本位”的批判，它意图提供一种钳制行政权力的机制，更加重视对纳税人权利的保护。

在传统行政法过于强调保障和服务于国家行政权力的20世纪初期，将税法从行政法中独立出来，格外强调税收法律关系中国家或地方公共团体与纳税人之间的平等地位，善莫大焉。但我们仍然要注意到，即便在税法已成为有别于行政法的独立法律部门的今天，在税收法律关系中，仍然随处可见国家行政权力。最突出的表现是，我们虽然否认整个税收法律关系的权力属性，但是在税收程序法领域，权力服从关系还是明显存在的。[①] 值得注意的是，行政法的发展，已从过去单纯强调“管理论”（即强调国家权力发挥作用），转向现在强调“控权论”和“平衡论”，从各种角度对国家权力的行使加以限制，这也导致税收行政权力关系说的理论应相应有所革新。

控权论主张，行政法调整行政主体和行政相对人的关系，重点是控制行政主体的权力，保护行政相对人权益免受行政主体滥用职权行为的侵害，在这个意义上，行政法的性质应当是“the law relating to the control of governmental power”（控制政府权力的法律）。[②] 而这种控权思想在英美国家深入人心。英国著名法学家戴雪极力主张控制政府的行政权力，他有一个著名的主张，不承认英国存在行政法，也不认为英国需要行政法。[③] 美国《联邦行政程序法》（即APA）也是控权思想的制度结晶。众所周知，罗斯福新政使美国走出了20世纪30年代初期的经济危机，其核心特征就是政府权力强势介入国家经济、社会生活的方方面面。针对这种介入，反对派要求从法律上采取措施限制行政权力。1939年成立了由著名律师、法官和学者组成的行政程序委员会，经过长期调查、研究和论证，制定了APA草案并提交国会，历经长期的论证，于1946年通过了该法案。这也标志

---

① 刘剑文、熊伟著：《财政税收法》，法律出版社2007年版，第147页。

② H. W. E. Wade, *Administrative Law*, Clarendon Press, 1989, p. 4.

③ 这是因为，他认为行政权应受统一的普通法和普通法院控制，政府不能享有任何特权，他将法国的行政法和行政法院，误读为“新专制”，将其与英国封建专制时代的特权法庭混淆为一体了。而17世纪的英国资产阶级革命，在法制层面的重大历史举措，便是废除了“星座法庭”等特权法庭，而将政府权力置于普通法的控制之下。这虽然是一个历史的“误读”，但从中我们不难看出，英国行政法学家对“控权”思想的孜孜追求。

着，当代美国行政法占主导地位的是控权思想。

而我国，长期的计划经济时期内，行政法思想由传统的“管理论”理念一统天下。该理论认为行政法调整重点是规范行政相对人的行为，保障行政管理的顺利进行，建立和维护有利于提高管理效率、实现管理任务的法的秩序。① 显然，管理论指导下的行政权力运作，对相对人权益的考虑很少。随着控权论等理论被引入，结合我国国情，20 世纪 90 年代初期，平衡论的理念被提出，并逐渐为多数学者所接受。平衡论既注意到了我国行政权力发挥主导作用的现实情况，又认识到控制行政权力的重要性。与传统行政法相比，它在提出仍要保障行政权运作的同时，尤为强调对公民权的保护。

通过上述分析，我们注意到，无论控权论，还是平衡论，都十分强调对行政权力的限制，对行政相对人权益的保护。这都说明，行政法的发展，早已经远离当初“传统行政法”片面追求保障行政权力运作和行政效率最优的时代了。从行政法视角看，对行政权力的运作施加限制，已是共识。这些对税法行政权力关系理论的革新提出了新的要求，在国家行政权力明显发挥作用的课税环节，限制行政权力、保护纳税人财产权，建构利益协调机制，本身已是税法的题中之意。

（二）税收债权债务关系理论的确立

税收债务关系说本质上是债的关系，即以契约的形式来解读国家与国民之间的税收关系，它体现了国民与国家法律地位的平等，或者说本质上也是人与人之间地位平等的体现。

对于税收债务关系说丰富的理论内涵，限于篇幅，本文不详加讨论，仅详述税收债务关系中的“对价”问题，因为其与本文主旨紧密相关联。一般来说，债务关系都包含“对价”。按照公共财政理论，国家在课征税款的同时，需要给纳税人提供诸如公共服务、基础设施建设等对应的行为，但这些并不能归入私法意义上的“对价”范畴。“对价”作为英美合同法上的概念，是指当事人一方在获得某种利益时，必须给付对方的相应的代价。对价的一个重要特征是，需要具有真实价值，虽然无须完全等价。从这个意义上，国家课征税款，并负有提供公共服务等法律义务，但对其衡量“价值”，既不具有可操作性，也无法理上的支撑，因此，税收仍然是一种无对价的给付。

但是，课税行为虽然没有民法意义上的“对价”，却并不意味着国家取得税款，不需要承担法律上的行为义务。在宪法的层次上，从保护纳税人权利、维护财政民主的角度出发，应该将税收与财政支出结合起来理解，将国家进行合乎宪法目的的财政支出，作为纳税人缴纳税收的前提条件（这也是我们认为这种法律义务近似于“对价”的原因所在）。若财政支出违反了宪法目的，破坏了税收的前提条件，纳税人得通过法律途径，甚至是政治途径予以抵制，或是要求其改正。当然，这一点的实现需要长期的努力，但这却是宪政的题中之意。

① 姜明安主编：《行政法与行政诉讼法》，北京大学出版社 · 高等教育出版社 2007 年版，第 98 页。

因此,从税收债权债务关系理论推演,国家针对私人的课税行为,并不能认为是单纯的"掠夺"行为,而应带有更多的"扶持"色彩,这是"法治"的要求。

(三)私人财产课税的宪法基础

国家与国民间的利益博弈是宪法产生和发展的基础,也是现代法治国家宪法制度的重要内容。① 从本质上说,宪法重点关注的是国民权利和国家权力之间的对立与协调。国家权力是国家这一具有相当规模的社会共同体赖以存续的基础和前提,但(尤其是在现代社会中)国家权力有扩张和被滥用的现实危险;与之相对应的国民权利,是个人在民族国家中具有普遍意义的成员身份的一种确认,更关键的,它是国民基本的生存和发展条件,由于国家权力在这个二元结构中的强势地位,国民权利容易受到侵害。由此,我们不难理解,宪法的要求和最终目的在于维护个人自由,其在限制国家权力过度膨胀的同时保障国民基本权利、促进和保护人权。

具体到税法领域,私人财产权和国家征税权的对立与统一,集中体现了上述国民权利与国家权力的关系。一方面,国家需要通过获取一定的税收收入,作为支持国家和各级政府运作的物质基础,我们称现代国家为"税收国家",其实也可以看出税收对一个国家的重要性。因此,个人通过缴纳税收的形式,将一部分原属于自己的私人财产让渡给国家,不能简单被理解为个人的"牺牲",这既关系着国家物质力量的获得和增长、国家职能的实现,反过来也是个人实现自身生存和发展的保障。但另一方面,我们也要认识到,由于经济资源的稀缺,在国家征税权和私人财产权存在冲突情形的时候,由于国家具备的强势地位,如果宪法不赋予个人基本权利和相关救济机制,就难以形成对国家权力的制衡。在税法领域,这就具体体现为对纳税人财产权的保护,要求我们实现私人财产课税的法治化,通过法律保护的形式实现国民权利、限制国家权力。更进一步,由于政府的存在和运作建基于纳税人的纳税活动,宪治要求政府的财政支出应受到来自纳税人方面的限制。具体在税法领域,纳税人应当有权对其所缴纳的税收的使用和政府的财政支出行为进行监督,使之被合理、正当地使用。

因此,从具体层面到抽象层面,国家和国民之间就税收产生的关系,一方面超越了原本权力关系的定义,另一方面也成为有独立特色的债的关系。②

二、税权结构与私人财产的双重保护

当我们从部门法和宪法的角度对税的本质进行了梳理之后,税就不再只是权力和掠夺的表征,也同时是权利和扶持的表征。而权力和权利这一二元结构彼此的对立和协调,在某种意义上形塑了税权的二元机构。税权的二元结构,也不再简单的是国家权力和国民权利的对立和协调,而是一种在宪政框架下,对税在宏观层面和微观层面的体系

① 刘剑文著:《重塑半壁财产法——财税法的新思维》,法律出版社 2009 年版,第 20 页。

② 郭维真:"以公法之债解读我国社会保险税的建立——以纳税人财产权保护为视角",载《河北法学》2008 年第 12 期。

化构建，从而为私人财产保护体系的构建提供理论和制度基础。

（一）税权二元结构的塑造

按照国家和国民、公法和私法的二元分析方法，可以将法权类型化为国家的法权和国民的法权两类。① 具体在税收领域，我们可以将税权区分为国家的税权和国民的税权。

从权力和权利分野的角度出发，国家的税权包括体现国家税收权力的国家征税权以及体现国家税收权利的国家税收债权，前者是税权实现的手段，后者才是税权实现的目的所在。

国家征税权，作为国家权力之一种，须受到法律的限制，即其包含的具体权力——税收立法权、执法权和司法权均在法律限制范围内。具体而言，税收立法权，受到立法主体、立法程序、立法位阶等诸多法律内容的规制；税收执法权则受到税收实体法和税收程序法的规制；税收司法权同样应受到一国有关司法制度的法律的规范，还应受到有关税收特别法的调整。更进一步地分析，从权力的本源看，国家征税权作为国家权力之一种，是由国民让渡给国家行使的，需要受到国民意志的制约，而法律，便是全体国民意志的体现。因此，对国家征税权的实现进行全程法律“控制”，殊为必要。

国家的税收债权，即为国家对纳税人的税收之债的请求权，国家在行使税收之债请求权时，除了要遵守税法规定外，还需要遵守宪法的相关规定，以进行合宪目的的财政支出作为要求缴纳税款的前提条件。换言之，基于并依据法律规定，是国家税收债权成立的形式表征，而更进一步，从权力来源角度考虑，它还是基于全体国民对部分财产权利的让渡，即对税收债权的集体同意，这种集体同意的表现形式便是法律，既包括税法，也应该包括宪法和有关宪法性法律。

国民的税权可以从宪治和法律两个层面区分，主要分为国民的税收权力和国民的税收权利两大方面。国民的税收权力，基于宪治层面，可归结为国民对税收的同意权。这种“同意权”，至少包括但不限于两方面内容：一是税种的开设、调整、撤销，以及课税程序等有关税收的内容，都需要通过法律规定，不能通过法律之外的其他规范性文件加以规定，因为只有法律保留才能体现国民对税收的“同意”；二是国家进行合乎宪法目的的财政支出，应成为纳税人缴纳税收的前提，若财政支出违反了宪法目的，或是相关级次的政府根本就未提供公共服务，这就破坏了税收的前提条件，国民可以通过法律等途径“不同意”相关具体税收，尽管这一点目前尚停留在应然层面。

国民的税收权利，是指纳税人享有的具体的基本权利，这主要体现在具体的税收债权债务关系中。国民的税收权利也可以分解为纳税人在宪法上的权利和纳税人在税法上的具体权利。前者包括财产权、平等权、生存权等；后者则包括拒绝缴纳超过法定征收期限的税款、申请复议等权利。对国民税收权利的强调，突出表现了税收过程中应注意对私人的扶持，而这种“扶持”的依据，便是相关法律法规。

---

① 刘剑文著：《走向财税法治——信念与追求》，法律出版社 2009 年版，第 109 页。

国民税收权利的根据，可以上溯到国民的财产权利，再进一步回溯到个体人权；国民税收权力的根据，则可以从国民的税收权力上溯到国民的政治权力，再进一步回溯到集体人权进行分析。此处不再赘述。

（二）对私人财产的双重保护体系

作为私人财产保护的集中和抽象化，私人财产权，作为一种排他性的对世权，一般认为不仅包含了排除其他平等主体的侵害，更应包括“权利人得对抗来自公权力侵害”的内容。[①] 在私有财产领域，权利人能够充分地行使自己的权利，政府非因法定事由并经法定程序不得侵害，否则即为侵权。而在国家公权力体系中，课税权最先且最直接与私人财产权发生关联，课税行为本质上说是对私人财产权的一种强制性限制。即便从宪法层面看，国家诸如提供公共服务之类的财政支出是这种课税行为的“对价”使这种限制和剥夺合法化，但税收对私人财产权的限制，却是真实存在的。加之征税权的公权力特质，更使得在遭遇国家征税权不合法或是不合理的侵害时，私人财产权由于处于明显劣势而无力抵抗。既如此，通过将课税行为法治化，来规范国家公权力对私人财产的限制行为，并避免过度侵害现象的出现，就凸显其必要性了。可以说，在税收对私人财产完成初次索取后，在国家征税权实现后，才形成了私法意义上的财产权保护。而“私人财产不受侵犯”，首先应该指的是私有财产不受国家征税权的非法侵犯，只有当税法构建起限制国家征税权非法侵夺的抵御体系时，私人财产权才有得以在私法的规范下获得自由行使的可能。

总之，对私人财产的课税行为，从应然层面看，制度设计和实践运作都应体现国家对纳税人的扶持作用。我们认为，私人财产课税法治化，是实现这种扶持作用的重要条件和最佳途径之一。

三、私人财产课税法治化的要求

无论从权力与权利关系的抽象层面，还是从私人财产权保护的具体层面，实现私人财产课税法治化，是真正达致税收“扶持之手”效用的前提和最优途径。但是，课税法治化是一个系统化进程，它需要法治化理念的确立和相关制度的构建，其中，形式法定与实质公平是重中之重。

（一）税收法定原则

税收法定原则，又称税收法定主义，是税法中最为重要的基本原则，其本旨在于规范国家权力的运用，同时保障纳税人的权益，贯穿于税收立法、执法乃至可能出现的税收纠纷解决的各个环节。税收法定主义的落实，是实现私人财产课税法治化的必经途径，体现了国家通过税收扶持纳税人生存、发展的精神。该原则最早可以追溯到 1215 年的《英国大宪章》，“一切盾金或援助金，如不基于朕之王国的一般评议会的决定，则在朕之王国内不允许课税”。[②]“无代表则无税”（no taxat ion w ithout representation）的思想更是在其

① 刘剑文：“私人财产权的法律保障——兼论税法与私法的承接与调整”，载《河北法学》2008 年第 12 期。

② ［日］金子宏著：《日本税法》，战宪斌、郑林根译，法律出版社 2004 年版，第 58 页。

后数百年英国、美国、法国等国的资产阶级革命中扮演了重要角色。

税收法定原则在许多国家都已作为宪法原则得到确认和规定下来，也成为法治程度的标杆之一，多集中在宪法中有关财税制度的部分，或在有关国家机构、权力分配、公民权利和义务的规定中。例如，《日本国宪法》第84条规定，“课征新税或变更现行的税收，必须依法律或依法律确定的条件”；《意大利宪法》第23条规定，“不根据法律，不得规定任何个人税或财产税”，即属比较典型的规定。

税收法定原则在我国的现行法律依据有哪些呢？一般来说，作为国家与国民之间财产关系最基本的分割，税收法定的法律依据必须从宪法的高度加以确定。我国《宪法》第56条规定，中华人民共和国公民有依照法律纳税的义务。针对本条学界有不同的解读，有学者认为其隐含或揭示了税收法定主义的意旨，[①]从文义解释的角度出发，认为宪法明文规定个人依照“法律”纳税，那么就排除了其他法律文件的可能性，认为这是税收法定主义的表述。但也有学者从体系解释的角度出发，认为单纯看该条的规定，只是对纳税义务的规定，没有解决由谁立法以及个人在税法中的权利的问题，因而不足以成为税收法定主义的依据。

那么，法律层面上是否存有税收法定原则的依据呢？《立法法》第7条规定，全国人大制定基本法律，全国人大常委会制定基本法律之外的其他法律；其第8条中，在“只能制定法律”的事项中，于第8项规定了“基本经济制度以及财政、税收、海关、金融和外贸的基本制度”。但在第9条中，该法又给授权立法打开了口子，“本法第八条规定的事项尚未制定法律的，全国人民代表大会及其常务委员会有权作出决定，授权国务院可以根据实际需要，对其中的部分事项先制定行政法规，但是有关犯罪和刑罚、对公民政治权利的剥夺和限制人身自由的强制措施和处罚、司法制度等事项除外”。我们注意到，本条规定中的“除外”事项，并未包括“税收基本制度”。并且，《立法法》有关税收法定主义的规定，一方面，仅将规范重点放在立法层面，不足以涵摄税收法定主义应包括的多方面内容；另一方面，其本身“基本制度”、“部分事项”等表述，也语焉不详，为国务院争取税收立法权预留了缺口。因此，《立法法》有关规定也不能统筹税收法定主义全局，只是税收法定主义在立法层面的具体适用而已。

《税收征收管理法》第3条规定：“税收的开征、停征以及减税、免税、退税、补税，依照法律的规定执行；法律授权国务院规定的，依照国务院制定的行政法规的规定执行。任何机关、单位和个人不得违反法律、行政法规的规定，擅自作出税收开征、停征以及减税、免税、退税、补税和其他同税收法律、行政法规相抵触的决定。”从内容和立法目的看，该条规定主要针对税收征收程序，规范的是税收征收和税收缴纳行为。而对于税收法定主义重要针对对象之一——授权立法问题，它不可能发挥作用。因此，从效力级次上看，该条规定不足以成为税收法定主义的法律依据。

---

① 饶方：“论税收法定主义原则”，载《税法研究》1997年第1期。

那么,似乎我们又不得不回到存在争议的《宪法》第56条了。从法理上看,宪法的内容主要应包括国家基本制度和公民基本权利两个方面,而宪法的目的,是保护公民的基本权利。无论是公民义务的设定,还是国家机构的设置及职能,都是服务于公民基本权利的保护。我国《宪法》第13条规定了"公民的合法的私有财产不受侵犯",该条文对应宪法保护公民基本权利中的财产权。因此,《宪法》第56条既是对公民纳税义务的确认,也是对国家课税权的限制,该条文中所说的"法律",应仅限于全国人大及其常委会制定的法律。由此,笔者认为,《宪法》第56条是税收法定原则在我国法律中的依据。

当然,税收法定主义的规定,宪法应更加明确。法理上的推导毕竟不如明确的文字更为直观。

税收法定原则的基本内容,学界有较多的关注和讨论。例如,日本学者金子宏认为,税收法定主义包括税收要件法定主义、课税要件明确主义、合法性原则和程序保障原则;①而北野弘久则认为,税收法定主义包括税收要件法定主义和税务合法性原则两方面内容。②

我国学者在这个问题上基本达成共识,即税收法定主义包括三个子原则:课税要素法定、课税要素明确和依法稽征。课税要素法定,从法律位阶的角度出发,要求税法构成要素中的实体法要素必须由法律规定,行政机关未经授权无权在行政法规中对课税要素作出规定。课税要素明确,旨在给纳税人提供较为明确的预期,其要求课税要素必须由法律作出尽量明确的规定。依法稽征,要求税收行政机关必须严格依法征收,不得擅自变更法定课税要素或是法定征收程序。也有学者称其为税务合法性原则。

税收法定原则是私人财产课税法治化的基础,确保国家的课税行为真正发挥对纳税人的扶持作用。但在实然层面,大量税收政策的存在及发挥作用,就是对税收法定主义某种程度上的违反。因此,推进税收法定主义的贯彻需从以下方面逐一努力:第一,在宪法中明确规定税收法定原则,并明确其在保护公民基本财产权利中的基本地位。第二,构建科学、完备的税法体系。我国当前的税收立法呈现分散、不全、立法层次低等弊端,这既不利于税法权威的树立,也违反了税收立法与税收执法相分离的基本原则和国际惯例。因此,我国应抓紧制定统筹税法体系的"税收基本法"(或"税法通则"),并将部分税收行政法规上升为税收法律,制定一些新的税种法,并对落后于时代发展的旧法进行修改。第三,清理现行税收政策。以税收法定主义和税收公平原则为基本标准,并将其中经过税收实践检验证明是合理有效的做法通过立法的方式将其转化为法律。第四,合理配置税权,在纵向层面上以集权为前提进行适度的分权,在横向层面上确保全国人大及其常委会的税收立法权。第五,强化税收执法监督。一方面,税收执法机关不应当成为相关税法政策的制定者,这极易导致税收政策偏向于扩大税收执法机关的权利、缩小或

① [日]金子宏著:《日本税法》,战宪斌、郑林根等译,法律出版社2004年版,第59页。

② [日]北野弘久著:《日本税法学原论》,郭美松、陈刚译,中国检察出版社2008年第5版,第67~68页。

限制纳税人的权利。另一方面，要提高税务人员的专业素养。第六，在条件成熟时建立税务法院（或税务法庭），制定专门的税务行政诉讼程序。[1] 目前，税务行政诉讼适用一般行政诉讼规则，因而人们只能在对具体税务行政行为提起诉讼的同时，顺带对其所依据的较低层次的税收政策的合法性进行审查。而针对现实生活中大量存在的税收政策侵犯不特定纳税人利益的情形，纳税人并不能单独对税收政策本身的合法性问题提请法院裁决。而且，税务行政行为因其本身的专业性和其他行政行为存在较大区别，因此，在条件成熟时考虑建立税务法院或税务法庭，同时制定专门的税务行政诉讼程序，这既能适应税务纠纷增加的需求，又能更好地保障普通纳税人的权益。

总之，从人类法治建设的进程看，税收法定原则的产生和发展，真切地展现了近代史上阶级力量的强弱对比，对民主和宪治在资本主义国家的确立起了极大的推动作用。[2] 而现代法治国家，税收法定原则对于整个法治环境的健全和完善、对于国民基本财产权利的保障，都有着重要的意义。因此，笔者认为，得到普遍遵守的税收法定原则，是实现私人财产课税法治化的重要基础和前提。

（二）税收公平原则

税收公平原则，通常指纳税人的地位平等，税收负担在纳税人之间公平分配。相对税收法定原则的形式层面的要求而言，税收公平则更注重实质，即税收立法、税收执法过程中如何真正体现"公平"这一价值观念。而对公平的追求，与税收法定原则同样是私人财产课税法治化的题中之意，是法治化更高层次的要求。如果没有税收公平原则指引，单纯、片面的税收法定，有可能带来的是"恶法之治"。

简言之，如果说税收法定主义要求的是私人财产课税形式上的法治化，那么税收公平原则则要求私人财产课税在实质上符合法治化的要求。

我们应当如何理解税收公平原则的内涵呢？"公平"是一种价值观念，比较抽象。这也导致人们对税收公平的理解各不相同。对于"公平"的理解和掌握的标准，不同历史时期、不同社会形态或同一社会形态在不同的国家，学者们的认识往往是不同的。最早出现的是绝对公平原则，但现今人们普遍认识到，绝对公平是很难实现的；因此，税收公平原则就由最早的绝对公平原则演变成利益说、负担能力说，并从福利的角度出发使公平的意义与福利观念相结合。

利益说要求按照以税款为基础的财政支出中得到的利益来分配税收负担，但"得到的利益"殊难衡量，且财政支出和税款之间，在更大多数情况下并不存在一一对应关系。因此，利益说不适合作为税收公平原则的普遍体现。相对而言，负担能力说更具有普遍意义，庇古和穆勒引入了相对牺牲的概念，认为具有相同纳税能力者应负担相同的税收，不同纳税能力者应负担不同的税收。这种思想后来演变、发展成税法上的量能课税

① 翟继光："试论税务法庭在我国的设立"，载《黑龙江省政法管理干部学院学报》2003 年第 4 期。

② 刘剑文、熊伟著：《税法基础理论》，北京大学出版社 2004 年版，第 100 页。

思想。

从法理上说,公平本身即包括经济公平和社会公平两个层次。税收的经济公平是市场机制的内在要求,是在平等的竞争条件下,由市场机制所决定的分配原则自发实现的,因而可能会使不同主体获得不同甚至是差异较大的报酬,这是一种较低层次上的公平。税收的社会公平则着眼于将人们的收入差距保持在社会能接受的合理范围之内。税法的扶持作用,主要即体现在实现社会公平上。所得税的累进税制,对纳税能力高的人多征税,对纳税能力低的人少征税,对低于起征点的免征或给予一定的补贴,对丧失劳动能力或不劳动的人给予一定的扣除,都体现了追求税收的社会公平的精神。

在税制改革的实践中,由于直接税和间接税的性质区分,人们往往能注意到直接税对实现社会公平的作用,却忽视了间接税的作用。

直接税体现税收公平是比较明显的。如个人所得税采用累进方式课税,便能直接调节个人的可支配收入。有研究表明,以衡量社会分配不公正程度的基尼系数为例,在实行累进所得税的情况下,税后的基尼系数一般要小于税前的基尼系数。这说明,个人所得税等直接税有助于促进收入分配公平。

间接税主要是从个人收入的使用层面减少货币的实际购买力,进而调节不同个体的可支配收入。比如,对奢侈品课加高于必需品的税率,虽然购买者所负担的税额相对于其收入来说未必是累进的,但是横向来看,奢侈品的消费者多为高收入群体,而低收入群体则基本购买税率相对较低的必需品。因此,通过税率与消费结构的吻合,间接税也具备收入再分配功能,对社会公平的实现也是有重要作用的。

税收公平原则是国家对纳税人扶持之手的基本判断标准。实践中,应当处理好税收公平原则与税收立法合法性的关系。

"税收立法"是从广义上讲的,既包括中央层次的法律、行政法规、税收政策,也包括地方的税收法规和政策。以个人所得税立法为例,我国实行的是分类所得税制,该模式下,实行源泉扣缴,并根据不同所得分别规定按年、月综合计算和按次单项计算。一般认为,实行分类课征制度是导致个人所得税在调节高收入群体时失灵的重要原因之一。① 其原因在于,这种制度设计给部分纳税人的税收规避留下了制度上的运作空间。在总收入相同的情况下,分多次或多月取得收入的纳税人可能不必缴税或是少缴税。同时,纳税人可以通过故意减少当月实际所得,在月工资不变的情况下对一次所得改变发放时间或改一次性发放为多次发放等办法避税。这样看来,分类中的劳务报酬所得、财产租赁所得、稿酬所得、特许权使用费所得等,均可通过上述方法避税。这些显然都会造成所得来源多、综合收入高的人少纳税,而所得来源少、收入集中的人多纳税的不公平现象。而且,不少学者也指出,当前所得税法律制度中,对工资薪酬所得课加税率过重、起征点过低,也是对以工资薪酬为主要(甚至是唯一)所得来源的低收入群体的不公平对待。因

① 刘剑文主编:《WTO体制下中国税收政策合法化问题研究》,法律出版社2007年版,第212页。

此，在承认短期内难以完全放弃分类课征制度的同时，可以考虑构建分类综合课征的新模式，事实上，这也是世界上不少现在实施综合课征制度的国家曾经历过的发展阶段。在这种分类综合所得税制的模式下，我国可以考虑扩大超额累进税率的应用范围，以增强个人所得税纵向调节力度；调整费用扣除项目的具体内容以体现税负公平。①

可以说，税收公平原则内在吻合于税收法定主义，是私人财产课税法治化在实质层面的、较高层次上的要求。保障税收公平原则的实现，需要贯彻、落实税收立法和税收执法两个层面。

在税收立法层面，有横向公平和纵向公平的问题。为实现税负的横向公平，税法对任何课税对象均应同等对待，避免对不同的社会组织或个人实行差别待遇。为此，应保证国家税收管辖权范围内的一切单位或个人，无论收入取得于本国还是外国，均应尽到纳税义务。为实现纵向公平，应考虑纳税人负担能力的差异，在制定税目、税率、征税对象与减免税范围时，应有所区别。②

在税收执法层面，应尤其注意合法性和合理性标准的配合。税收执法的合法性标准，主要要求税收执法要做到主体法定、内容合法、程序合法、依据合法四个方面。而税收执法的合理性标准，则主要针对税务机关的执法人员，在依法征税过程中享有的法律规定范围内的自由裁量权，如税务机关在对纳税人作出处罚时，可以在法定的处罚幅度范围内，作出选择。因此，合理性标准主要是试图给税务执法人员的自由裁量权施加必要的限制，防止其滥用这一权力，给纳税人的权益造成损害。

四、私人财产课税法治化的进路

私人财产课税的法治化由于其涉及诸多方面，无论是理念的确立，还是制度的建构与协调，都决定了其必须遵循一定的进路推进。在分阶段推进的过程中，对核心理念的坚持是必不可少的。

（一）私人财产课税法治化的理念和进路

作为私人财产课税法治化的指导精神，核心理念的明确和坚持其意义自无须赘言。法律的作用之一就是调整及调和种种相互冲突的利益，或者说正义的要求便是“赋予人的自由、平等和安全应当在最大程度上与共同福利相一致”。③ 从私人财产课税所涉及的主体及主体间基本法律关系来看，国家权力和纳税人权利之间的平衡与协调，是私人财产课税法治化的最终目的，也成为其核心理念。无论是基于纳税人与国家之间公法上的债权债务关系，还是基于社会契约论，或者是基于公共物品理论，这一系列理论都从不

---

① 2011年4月，国务院又向全国人大常委会建议将个人所得税工资薪金费用扣除标准提高至3000元。六年之内个人所得税法连续四次修改，这在我国立法史上实属少见，也说明我国对个人收入分配公平正义的重视。

② 刘剑文著：《财税法专题研究》，北京大学出版社2007年版，第198页。

③ ［美］E.博登海默著：《法理学、法律哲学及其方法》，邓正来译，中国政法大学出版社1999年版，第298～300页。

同侧面体现了宪治思想中对权利对正义的关注。可以说，宪治思想构成了课税法治化的基石，无论是对私人财产的双重保护，还是税权的二元结构，以及国家就公共物品的给付义务等，都是建立在对宪政的追求和实现中。而从层次上看，则具体包括：

第一，平衡国家权力和纳税人权利的关系，确保国家税收收入和保护纳税人基本权益之间的平衡，而这种平衡本身也是正义的内在要求，或者说在个人权利和社会福利之间创设一种适当的平衡，乃是有关正义的主要考虑之一。①

第二，国家和纳税人间的税收债权债务关系的思想不能仅停留在理论层面，需要在税收实践中得到强化和遵守。国家对纳税人课征税款，应强调以提供公共物品作为“准对价”。应从观念上明确，国家和纳税人之间的关系须由管理与被管理的关系转变为契约关系。

第三，须明确课税法治化是形式正义和实质正义的统一。既要注重形式上的“有法可依”、“有法必依”，更要追求“良法之治”。前者强调的是法律文本的重要性，后者则立足于通过法律真正实现公平、正义和人权。

第四，宪法的思想在课税法治化的过程中，应扮演重要角色。我们强调对私人财产的双重保护、强调税权的二元结构、强调国家提供公共物品的义务，其实都是建立在宪政思想上的。

此外，在课税法治化的每个具体环节，仍有许多具体的需要遵守的理念，如税收法定原则中，对税收立法高位阶性的强调等。这些内容在本文都有涉及，这里不一一列举了。之所以将上面几点归纳出来，是因为笔者认为，这几点统筹整个课税法治化的全局，可以成为指导课税法治化各环节的理念基础，更为重要，故不惜笔墨，将其整理如上。

我国私人财产课税法治化路在何方呢？我们不妨借鉴日本著名税法学家北野弘久教授关于税收法定主义三阶段划分理论，从而得出实现我国私人财产课税法治化的“三层次论”。北野弘久教授主张，税收法定主义的第一个阶段是传统的税收法定主义理论，仅仅以法定的形式规定税收。对于实体的公正与否在所不问。第二个阶段是税收法律主义，在现代宪法条件下，从约束立法机关课税权并体现量能负担原则、公平负担原则等实体正义的法理出发构建现代税法。第三个阶段则立足于维护纳税人基本权利，立足于租税的征收与使用相统一。② 因此，我们认为，完美地实现这三个层次的要求，是税收法定主义的最理想境界，也是我国税收法治建设的目标，同时也可以理解为私人财产课税法治化“三步走”或称“三层次论”。

三个层次之间是逐层深入的关系：

第一层次，主要强调形式上的税收法定，要求税收活动的各个环节均要遵守法律文

① ［美］E. 博登海默著：《法理学、法律哲学及其方法》，邓正来译，中国政法大学出版社 1999 年版，第 298 页。

② ［日］北野弘久著：《日本税法学原论》，郭美松、陈刚译，中国检察出版社 2008 年第 5 版，第 76 ~ 83 页。

本的规定,既包括对税收立法的要求,也包括对税收执法、税收纠纷解决的要求。虽然其涵盖面极广,包括了税收活动的方方面面,但相对而言,其法治性要求却是较低的,因为其仅仅在形式层面控制了违反税法或其他法律行为的发生,而未对法律文本本身的合法性、合宪性、合正义性等作出判断,在某些极端的情况下,这可能导致纳税人不得不服从"恶法"的情形。这也是为何称税收要件法定等要求是而且仅仅是课税法治化的"基本"要求的原因所在。

第二层次,则要求立法者关注实质上的公平正义和量能负担原则等实质正义的实现,这是较高层次的要求。税收公平原则的基本要求,就是此处所论之"第二层次要求"。从宏观的税收法治建设而论,实质的公平正义至少应包括四方面的价值:一是分税公平,即体制性公平是指政府间的税收分配公平;二是定税公平是即制度性公平是指课税制度设计上的公平,包括传统理论所说的横向公平和纵向公平;三是征税公平是即管理性公平是指税收征收管理上的公平;四是用税公平,即权益性公平是指纳税人在税款使用中的监督权利与平等受益。① 分税公平和定税公平可以被视为对公平正义的实体性推进,征税公平和用税公平则可被认为是公平正义的程序性保障,但无论其具体表现形式差异为何,均体现了课税法治化在实质层面的要求。

第三层次,作为法治化最高层次的要求,是从宪法的角度分析问题的。其重点关注对纳税人基本权利的保护。虽然税收债务关系不具备标准民法意义上的"对价关系",但宪法理念要求我们,应该将税收与财政支出结合起来理解,将国家进行合乎宪法目的的财政支出,作为纳税人缴纳税收的前提条件,这也正是"租税的征收与使用相统一"的题中之义。

从现阶段看,我国的课税法治化建设,首先要力图做到的是形式上的税收法定,即税收立法、税收执法和税收纠纷解决等各个过程都实现(首先是形式上的)法治化。只有首先在形式上实现了课税法治化,我们才具备了追求实质正义和宪政层面保护纳税人权利的条件。当然,在实现第一层次法治化要求的过程中,就应该在制定每一个法律文本时,注意考察立法内容是否在实质上体现了公平、正义,是否真正有利于保护人权?各级政府或政府部门都应养成这样一个思考问题的习惯,即该项财政支出是否符合宪法目的?是否与本地区纳税人利益相关?是否有利于本地区纳税人生活质量的提高或是生活环境的改善?

特别要指出的是,由于第一层次的紧迫性和初始性,笔者接下来对我国课税法治化实现程度的考察,围绕对第一层次,即形式法治要求实现状况的考察展开:一是对静态的法律文本进行分析,看实然法律制度中如何体现私人财产课税法治化的;二是从动态角度考察,我国法律变迁过程如何体现法治化要求,进而实现对纳税人权益的扶持。

---

① 林晓:"税收公平的四种体现与重塑我国的税收公平体制",载《税务研究》2002 年第 4 期。

(二)静态的法律文本

从法理角度出发,法律文本由法律规范组成。所谓"令行禁止",法律规范中,最多的两种即是授权性规范和禁止性规范。本文将分别说明这两种法律规范是如何通过对私人财产课税的法治化,来体现对纳税人的扶持的。

先以企业所得税制度为例,在企业所得税制度中,有关减、免、退税的规定与纳税人的利益息息相关。私人财产课税法治化要求在税法中以法律形式将这些内容规定下来,从而给纳税人带来较为明确的行为预期,有利于纳税人合理安排自己的经营行为,并对税法上的后果有较为准确的估计。同时,减、免、退税的法律规定,本身即体现了对纳税人的一种扶持。

我国《企业所得税法》中,减、免、退税的内容规定较为完备。如该法第 26 条规定了免税的情形,①第 27 条规定了"可以"免征、减征的情形。② 第 28 条则规定,小型微利企业和国家需要重点扶持的高新技术企业的减税情形。此外,该法第 4 章的其他诸条规定,也都是税收优惠的各种情形。这些规定,都以法治化的形式,体现了对纳税人的扶持作用。例如,第 28 条在扶持高新技术企业发展的同时,还有引导资金、人才流向高新技术产业的作用,体现了对整个国民经济结构优化的扶持。

如果说授权性规范较为直接地体现了对纳税人权益的扶持,那么禁止性规范对纳税人扶持的体现,就不是那般明显。禁止性规范,是命令当事人不得为一定行为的法律规定,属于禁止当事人采用特定行为模式的强行性规范。从表象上看,税法中的禁止性规范,是对纳税人行动自由的限制,似乎应当对纳税人不利,如何体现扶持的作用呢?

以反避税规制为例,税法规范之所以比较严厉地打击反避税行为,固然是基于避免或减少国家税款流失的考虑,但其背后蕴含的价值考虑中,也包括了税收公平理念。如果具有同样税收负担能力的两人,是否采用避税手段,成为交纳税款多少的决定因素则显失公平;更进一步,假使此二人同样采取避税手段,区别仅在于前者之行为受税法特殊反避税条款规制(如转让定价之一种),而后者之行为未被特殊反避税条款涵摄,致使前者比后者少缴纳税款,不仅显失公平,更有负面效果——鼓励人们不断"创新避税手段"。因此,除特别反避税条款外,《企业所得税法》第 47 条还规定了具"兜底"性质的一般反避税条款。而税法对避税行为的打击,在限制、规范少数避税行为当事人的同时,也是对其他未采取这种避税行为的企业利益的保护。从更宏观的角度看,对避税这种具有负面法效果的行为给予严厉打击,能使企业经营者在商业竞争中将更多精力投入到企业经营

---

① 第 26 条规定,企业的下列收入为免税收入:(1)国债利息收入;(2)符合条件的居民企业之间的股息、红利等权益性投资收益;(3)在中国境内设立机构、场所的非居民企业从居民企业取得与该机构、场所有实际联系的股息、红利等权益性投资收益;(4)符合条件的非营利组织的收入。

② 包括:(1)从事农、林、牧、渔业项目的所得;(2)从事国家重点扶持的公共基础设施项目投资经营的所得;(3)从事符合条件的环境保护、节能节水项目的所得;(4)符合条件的技术转让所得;(5)本法第 3 条第 3 款规定的所得。

本身，提高企业的经济效率、降低生产成本等，而非投机取巧。这能营造有序、合理的经营、竞争秩序，在提高整个经济运行效率的同时，也对经济中占绝大多数的正当经营的主体提供更好的发展机会，这难道不是一种很明显的扶持作用吗？所谓“正本清源”，大概便是此意。

当今社会的主题是和谐社会的建构，法治化对和谐社会建设的一个重要助力（或曰“保障”）体现在，法治化的进程体现了最大限度地填补制度漏洞，在不同社会主体之间尽量营造公平、有序的竞争环境，使绝大多数成为“社会精英”的公民，是通过诚实、合法的努力取得成功的。这正是和谐社会建设的题中之意。税法，作为与公民切身利益息息相关的法律制度，在和谐社会建设中，无疑扮演着重要角色，某种意义上，我们称税法乃是“顶天立地之法”，可以说既是治国安邦的“为官之道”，也是保护人民的“为民之法”，是和谐社会建设的突破口，都包含了这方面的意思。

（三）动态的法律变迁

法律在制定之后，并非一成不变，尤其是在我国面临社会转型的大背景下，法律的变迁就更为常见了。具体到税法领域，由于其与经济领域关联紧密，而这些领域在近 30 年间发展迅速。因此，税法的变迁较为频繁，既包括一些新的税种法由无到有，也包括对已有法律制度进行修改。

第一，坚持立法程序的法治化。私人财产课税法治化对税收立法在立法程序中的法治化要求，有两方面的含义：一是指立法时都应遵守的基本程序，如我们通常看到的“全国人大表决通过”就是在这个意义上说的。二是指税收立法，即对位阶有较高的要求。由于税收活动影响到国民基本财产权，甚至可能在一定程度上影响到其基本生存权。因此，《立法法》第 8 条规定，税收基本事项需要制定基本法律。这种立法的高位阶限制，体现了课税行为在立法程序上的法治化，是对纳税人财产权益的保护和扶持。只可惜该法第 9 条过于模糊的表述，又为税收领域的授权立法留下了制度上的运作空间。在实践中，就表现为大量的低位阶的税收政策等规范性文件，在税收活动中扮演着相对税收法律更加重要、更加基础的角色。而这无疑对纳税人权益的保护殊为不利。

以近日颇具争议的房产税改革试点为例，在程序上似乎就不甚符合法治化的要求。2011 年 1 月底，国务院召开第 136 次常务会议，同意在部分城市进行对个人住房征收房产税的改革试点，具体征收办法由试点省（自治区、直辖市）人民政府从实际出发制定。重庆市和上海市据此制定征税暂行办法，自 1 月 28 日起开始对个人所有非营业房产征收房产税。

我们注意到，1985 年六届全国人大三次会议授权国务院对于有关经济体制改革和对外开放方面的问题，必要时可以根据宪法，在同有关法律和全国人大及其常委会的有关决定的基本原则不相抵触的前提下，制定暂行的规定或者条例，颁布实施，并报全国人大常委会备案。据此，国务院制定了一系列税收暂行条例，包括 1986 年的《房产税暂行条例》。由此，国务院第 136 次常务会议的决定，属于转授权。此次会议同意在部分城市进行对个人住房征收房产税改革试点，具体征收办法由省级政府自行制定。而重庆和上海的房产税暂行办法也不再只是对《房产税暂行条例》实施的具体解释，而是超越解释性授权的范围，制定了全新的征税规则，即进入了立法性授权的领域。而《立法法》第10条明确禁止立法转授权，[①]国务院无权将全国人大的立法授权转授予地方政府，国务院的此次转授权不应产生法律效力。重庆和上海根据国务院授权制定的房产税暂行办法，在法律效力上有明显瑕疵。

此次试点改革在中国改革开放的进程中并不鲜见，可以说“试点”是我国改革开放以来一直长期存在的有中国特色的制度，并且这种在部分地区“试点成功”后、待“时机成熟”后推向全国的改革模式，确实有其合理性，在改革过程中也确实发挥了很大作用。但无论是改革，还是“试点”，都应该在法律框架内进行，不能逾越法律、行政法规的规定。国务院此次房产税改革在程序上的瑕疵是显而易见的，而且与法治化的要求相悖。

而一项法律制度，即便吻合实质正义的内在要求，如果在制定程序上有悖法治化的要求，那么它就是不完美的。也就是说，正义不仅应得到实现，而且要以人们看得见的方式加以实现。从立法程序的角度分析，授权性原则本身就暗含了禁止空白授权和转授权。前者是授权主体“对其全部或者一定领域的立法权整体、概括的授予，欠缺授权内容、目的和权限范围的限制。空白授权使立法机关的立法权旁落，立法机关实际上放弃了自己的立法职责，导致立法权与行政权不分，破坏民主政治”；[②]后者更是将法律承载的功能变相地削弱。

第二，坚持科学立法、民主立法和开门立法。毫无疑问，面向社会征求民意，这是近年来我国立法过程中出现的亮点，而民众意志在立法过程中被更多地加以考虑，也体现了税法对国民的扶持作用。税法领域，近年来至少两部与纳税人切身利益息息相关的法律，在制定或是修改过程中，听取（不仅“听”，更重要的是“取”了）民众的呼声，显得尤为出彩。

2005年9月27日，全国人大法律委员会、财政经济委员会和全国人大常委会法制工作委员会就个人所得税工薪所得减除费用标准，联合举行了新中国成立以来的第一次全国性立法听证会。本次听证会至公告规定的报名期限截止时共收到4982件公众报名申请，由此可见公众参与的热情。而在本次立法修改过程中公众也确实发挥了自身的作用，有28人在听证会上作为听证陈述人发表了自己的意见，[③]另外，还有18名出席听证会的旁听人提交了书面意见。原草案计划将工薪所得扣除标准由800元提高至1500

① 《立法法》第10条第3款规定，被授权机关不得将该项权力转授给其他机关。

② 胡小红著：《税收立法权研究》，安徽大学出版社2009年版，第110页。

③ 包括20名公众陈述人，草案起草部门财政部、国家税务总局和国务院法制办公室代表各1人，全国总工会代表1人，4个省、自治区、直辖市财政或税务部门的代表各1人。

元，后吸纳公众意见，调整至1600元。虽然只是100元之差，[①]但切实体现了本次《个人所得税法》修改对民众意志的尊重，也很好地体现了税收立法环节的法治化及对纳税人权益的扶持作用。而在2011年4月出台的《个人所得税法修正草案》，采用了向社会公开征集意见，此次修正草案核心便是工薪所得的费用扣除标准，以及“工薪所得”和“个体工商户的生产、经营所得和对企事业单位的承包经营、承租经营所得”的适用级距和适用税率，这不仅体现了对民意的重视，更体现了国民就税收事项的话语权。

2011年2月通过的《车船税法》，其出台过程，虽未召开公众听证会，但也体现出对民意的尊重。[②] 2010年10月的《车船税法草案》（一审稿）出台后，人们普遍认为，车船税税额幅度上调过大，纳税人负担增加过重。意见主要集中在：一是认为2.0升（含）以下小型客车税负过重，二是认为按照排量为标准征税不合理。考虑到社会意见，之后出台的二审稿以及正式通过的《车船税法》，对税额标准进行一定程度的下调，尤其是2.0升（含）以下小型客车的税负，下调幅度更大。1.0升（含）以下的年基准税额保持不变，仍为60元至360元；1.0升以上至1. 6升（含）的年基准税额由一审稿规定的360元至660元降为300元至540元；1. 6升以上至2. 0升（含）的年基准税额由一审稿规定的660元至960元降为360元至660元。此外，对2.0升以上至4.0升（含）排量的客车的税额幅度也做了微调。

以上立法例，我们不难看出，在立法过程中严格恪守法治化要求，确实可以体现对纳税人的扶持作用。因此，立法程序的法治化，应该是私人财产课税法治化的重要组成部分。

从上述对我国课税法治化实现状况的考察（本文考察主要以第一层次、形式法治要求为标准）可以发现，我国税收领域的立法，近年来发展迅速，《企业所得税法》、《车船税法》等的出台，《税收征收管理法》、《个人所得税法》的修改，都体现了这一点。并且，立法技术的规范性也有较大程度的提高。同时，立法过程中，注重听取民众意见也是十分可喜的变化。这都为我国实现形式意义上的课税法治化提供了基础。但是，无论是大量税收基本法律缺位的现实，还是立法过程中“越位立法”、“转授权立法”等违反法治要求的状况，都提醒着我们，中国离税收法治，准确说是最低层次的、形式意义上的税收法治，仍存在不小的距离。

此外，我国在税收立法过程中，对实质公平、正义的关注也有诸多体现，如个人所得税工薪扣除标准的调整便很明确地体现了这点。在制定《车船税法》过程中，对小排量客车降低税负，也是追求税收调节收入这一杠杆作用的体现，本质上也是实质公平的实现。但如果没有一套机制“强迫”立法者在立法环节对实质公平进行细致的考虑，那我们便只能将上述积极现象解读为“偶然”现象，因为这是高度依赖于具体立法者自身素质的，而立法

① 与有些法律在将草案提交全国人大审议时，最后仅仅修改三个标点符号的情形相比，可谓云泥之别。

② 我们所说的“尊重”，非为简单的“征求意见”的姿态或是形式，而是实实在在地根据意见对原草案进行修改。

者素质又是不可控的,难以得到持续保证。因此,可以在成本可控、效用能得到保障的情形下,考虑将基本法律制定过程中举行听证会制度化、常态化,而在制定其他法律或是制定基本法律时暂不具备召开听证会的条件时,应该(而非软约束性的“可以”)通过网络等手段征求民意,(更关键的是)要建立对民意的反馈机制,这样才能保证吸纳“民意”中公正、合理的因素。此外,在法律实施过程中,也应当建立相关评估机制和机构,考察理论中的最优化状态在实践中究竟“成色几许”,是否能真正满足课税法治化的第二层次要求。

至于第三层次的法治化要求,必须承认与理想状态还有较大差距。最为明显的是,各级政府对“财政支出与财政收入挂钩”这一宪法层面的要求缺乏认识。实践中,“政绩观”和“民生观”的对立、博弈,某种程度上即体现了这一点。大多数政府在进行财政支出时,首先考虑的是 GDP、是“政绩”,大量“面子工程”的开工建设即是较好的脚注。“居民实际收入”、“民生”等,似乎并不是许多官员脑海中的“关键词”。实现第三层次的法治化要求,从本质上说,就是税收要“取之于民,用之于民”,从这一点看,我国的私人财产课税法治化,不可谓不任重而道远矣!

五、结语

私人财产课税法治化,强调了对纳税人的扶持,体现了纳税人利益和国家利益的和谐统一。既有利于国家的稳定,社会的和谐,又保障了个人的生存和发展。我们既要注重形式上的法治化,主要是强调整个税收活动都应该尊重税收法定主义,应该围绕法律文本进行;更要注意实质的法治化要求,即在税收立法和税收执法过程中,真正注意税收公平的实现,进而更好地实现正义的价值观念、保护纳税人的人权并促进其发展。

实现私人财产课税法治化,是发挥税收活动对纳税人权益扶持作用的前提条件和重要途径,这是一个系统的工程。而要推进私人财产课税的法治化的实现,需要在观念上,在“国富民强”和“民富国强”之间作出正确抉择,树立“民富国强”的观念,国家能真正做到让利于民,不与民争利。我们需要注意到,民富和国强之间并不矛盾,而是内在统一的。我们也需要思考,什么是国家?国家建立的根本目的是什么?笔者以为,从某种意义上说,国家是为了其国民服务的,国家强大本身并不是目的,只有国家强大了从而得以使其国民拥有享受高质量生活的机会,才是国家强大所追求的目标。人类历史上曾有过不少片面追求“国强”而忽视“民富”的国家,离我们最近的例子大概就是 20 世纪七八十年代的前苏联了,是为当时世界两大超级大国之一,国家实力不可谓不强。另外,国内却是物资极度匮乏,国民经济濒临崩溃,百姓生活困难。这种畸形的发展,最终成为其剧变解体的重要根源。而十四五世纪的欧洲,也有过国家,如法国,片面追求“国富”而忽视“民富”的情形,当时的“国富”主要表现在封建王室的富有,其在给人类留下诸如凡尔赛宫之类奢华的皇宫之同时,不也最终被资产阶级革命推翻吗?所以,民富方能国强,民富和国强须有机结合、统一。现代税法,在国家和国民之间,以税收债权债务关系为纽带,架起了一座桥梁,以私人财产课税法治化为突破口,税收活动最终起到对纳税人的扶持作用,确实是实现“民富国强”的最佳途径。

中国改革开放以来房地产税改革的简要回顾与展望

刘　佐*

一、中国改革开放以来房地产税改革的简要回顾

中国改革开放以后的房地产税改革始于20世纪80年代中后期。当时的背景是中国经济从计划经济转向有计划的商品经济，需要通过包括房地产税的多种税收调节经济、增加财政收入和配合财政体制改革。

1986年9月15日和1988年9月27日，国务院先后发布《房产税暂行条例》和《城镇土地使用税暂行条例》，分别自1986年10月1日和1988年11月1日起施行。上述条例仅适用于国营企业、集体企业、私营企业等内资企业和中国公民，不适用于外商投资企业、外国企业和外国公民。外商投资企业、外国企业和外国公民继续按照1951年8月8日公布的《城市房地产税暂行条例》缴纳城市房地产税，外商投资企业和外国企业继续按照各地依法制定的办法缴纳土地使用费；香港、澳门、台湾同胞和华侨投资兴办的企业，香港、澳门、台湾同胞和华侨，参照上述规定办理。

房产税的征税对象为位于城市、县城、建制镇和工矿区的房产，纳税人为房屋的产权所有人或者承典人、代管人、使用人，计税依据分为房产原值一次减除10%至30%以后的余值和房产租金收入两种，税率也相应分为1.2%和12%两种。国家机关、人民团体和军队自用的房产，由国家财政部门拨付事业经费的单位自用的房产，宗教寺庙、公园和名胜古迹自用的房产，个人所有非营业用的房产，经财政部门批准的其他房产，可以免征房产税。此外，纳税人纳税确有困难的，可以由省级人民政府确定，定期减征或者免征房产税。

1986年9月17日，财政部税务总局发布的《房产税宣传提纲》中说，征收房产税，有利于运用税收经济杠杆促进房屋管理，提高房屋的使用效益，有利于控制固定资产投资规模和配合房产政策的改革，有利于调节收入，并且为实行按照税种划分中央财政收入

* 中国税务报社总编辑、中国财税法学研究会副会长。

和地方财政收入分级财政管理体制创造了条件。

城镇土地使用税的征税对象为城市、县城、建制镇和工矿区范围以内的土地;纳税人为在城市、县城、建制镇和工矿区范围以内使用土地的单位和个人;计税依据为纳税人实际占用的应税土地面积;实行有地区差别的幅度税额标准,每平方米应税土地的年税额标准从0.2元到10元不等(经济发达地区的税额标准可以适当提高,经济落后地区的税额标准可以适当降低)。国家机关、人民团体和军队自用的土地,由国家财政部门拨付事业经费的单位自用的土地,宗教寺庙、公园和名胜古迹自用的土地,市政街道、广场和绿化地带等公共用地,直接用于农业、林业、牧业和渔业的生产用地,财政部规定免税的能源、交通、水利设施用地和其他用地,可以免征城镇土地使用税。经批准开山填海整治的土地和改造的废弃土地,自使用的月份起,可以免征城镇土地使用税5年到10年。企业办的学校、医院、托儿所和幼儿园,其用地能与企业其他用地明确区分的,可以比照由国家财政部门拨付事业经费的单位自用的土地免征城镇土地使用税。下列土地的征免税由省级税务机关确定:个人所有的居住房屋和院落用地,免税单位职工家属的宿舍用地,民政部门举办的安置残疾人占一定比例的福利工厂用地,集体和个人办的各类学校、医院、托儿所、幼儿园用地。

《城镇土地使用税暂行条例》第1条开宗明义地规定,征收城镇土地使用税是为了合理利用城镇土地,调节土地级差收入,提高土地使用效益,加强土地管理。1988年11月6日国家税务局发布的《城镇土地使用税宣传提纲》中说,开征城镇土地使用税的主要作用是,有利于促进合理、节约使用土地;有利于企业加强经济核算;有利于理顺国家与土地使用者之间的分配关系;有利于促进地方税体系的建立,为实行以分税制为基础的财政体制创造条件。

城市房地产税的征税对象为城市的房产,纳税人包括房屋产权的所有人或者承典人、代管人和使用人。计税依据分为房价和房产租金收入两种,税率也相应分为1.2%和18%两种。新建的房屋,可以从落成的月份起免征城市房地产税3年;翻修房屋超过新建费用50%的,可以从竣工的月份起免征城市房地产税2年(但是此项规定不适用于外商投资企业);华侨、侨眷用侨汇购买或者建造的房屋,可以从发给产权证之日起免征城市房地产税5年;个人购置的非营业用房产可以暂免征收城市房地产税;其他有特殊情况的房产,经过省级以上人民政府批准,可以减征或者免征城市房地产税。

20世纪90年代初,中国经济从有计划的商品经济转向市场经济,房地产税制度与经济发展不相适应的矛盾日益突出:对内、对外实行两套税制,过于烦琐;税法不统一,税负不公平;城镇土地使用税的法定税额标准一直没有调整,已经明显偏低。因此,1993年12月25日国务院批转的国家税务总局报送的《工商税制改革实施方案》中设计了房地产税改革的主要内容,包括适当提高城镇土地使用税的税额标准,扩大征收范围,适当下放管理权限;取消对外资企业和外国人征收的城市房地产税,统一实行房产税。但是,为了保证主要改革措施的顺利出台,适当减少震动面,上述房地产税改革措施在1994年税制改革中没有出台。

1996年7月3日,根据同年3月17日第八届全国人民代表大会第四次会议批准的《国民经济和社会发展“九五”计划和2010年远景目标纲要》中提出的调整地方税制结构,健全地方税收体系的要求,国家税务总局印发《全国税收发展“九五”计划和2010年远景目标纲要》,其中提出要修订房产税和城镇土地使用税。

2003年10月14日,中国共产党第十六届中央委员会第三次全体会议通过中共中央《关于完善社会主义市场经济体制若干问题的决定》。决定中提出,实施城镇建设税费改革,条件具备时对不动产开征统一规范的物业税(似应为房地产税,下同——笔者注),相应取消有关收费。此后,财政部和国家税务总局多次提出研究开征物业税或者改革房地产税制问题。

2006年3月14日,第十届全国人民代表大会第四次会议批准《国民经济和社会发展第十一个五年规划纲要》。纲要中提出,改革房地产税收制度,稳步推行物业税,并相应取消有关收费。

同年12月31日,国务院公布《关于修改〈中华人民共和国城镇土地使用税暂行条例〉的决定》和修改以后的《城镇土地使用税暂行条例》,自2007年1月1日起施行。此条例修改的主要内容如下:一是扩大了纳税人的范围,开始对外商投资企业和外国企业征税;二是大幅度地提高了税额标准(每平方米应税土地的最低税额标准从每年0.2元提高到0.6元,最高税额标准则从每年10元提高到30元)。

同日,国务院法制办公室负责人解释说,国务院发布上述决定是为了落实本院当年8月31日发布的《关于加强土地调控有关问题的通知》,加大对建设用地的税收调节力度,抑制建设用地的过度扩张。

2008年12月31日,国务院决定自2009年1月1日起废止《城市房地产税暂行条例》,按照《房产税暂行条例》对外商投资企业、外国企业和外国人征收房产税。

2009年1月20日,财政部、国家税务总局有关司负责人就房产税内外统一问题回答记者提问说,取消城市房地产税,有利于深化税制改革,完善社会主义市场经济体制;有利于公平税负,创造和谐的税收环境;有利于税收征管,强化依法治税。

据财政部、国家税务总局统计,2010年,全国房产税和城镇土地使用税收入分别为894.1亿元和1004亿元,占当年中国税收总额73,210.8亿元的比重分别为1.22%和1.37%,占当年中国地方税总额6849.9亿元的比重分别为13.05%和14.66%。

二、中国房地产税改革的新动向

近来中国社会各界人士对于房地产税改革的议论很多,其中,中央和省级的官方表态和举措似乎更加引人关注:

2010年5月27日,国务院批转国家发展和改革委员会报送的《关于2010年深化经济体制改革重点工作的意见》,其中提出要逐步推进房产税改革。

同年9月30日,财政部、国家税务总局有关负责人就房地产市场税收政策调整答记者问时说，中国现行房产税开征于1986年，基于当时城镇居民收入水平普遍较低等情况，房产税暂行条例规定个人所有非营业用的房产免征房产税。近年来，随着住房制度改革深化和居民收入水平提高，商品房市场日益活跃，改革和完善房产税制度，对于个人所有的住房恢复征收房产税是必要的，既有利于调节居民收入和财富分配，也有利于健全地方税体系，促进经济结构调整和土地节约集约利用，引导个人合理住房消费。从国际经验和公平、规范的角度看，房产税应当对个人所有的住房普遍征收。考虑到这项改革情况复杂，拟先在部分城市对部分个人拥有的住房进行试点，恢复征收房产税，积累经验以后逐步扩大到全国。这是近年来中国官方首次正式对居民住宅征收房产税问题发表比较具体的意见。

同年10月18日，中国共产党第十七届中央委员会第五次全体会议通过中共中央《关于制定国民经济和社会发展第十二个五年规划的建议》，其中提出研究推进房地产税改革。这是一个比较谨慎的提法。

同年12月27日，财政部部长谢旭人在全国财政工作会议上的讲话中论述"十二五"时期税制改革的时候重申了中共中央上述建议中关于房地产税改革的提法，论述2011年税收工作的时候则没有提及房地产税改革。

2011年1月27日，根据国务院常务会议的决定，上海市、重庆市人民政府分别印发《上海市开展对部分个人住房征收房产税试点的暂行办法》和《重庆市人民政府关于进行对部分个人住房征收房产税改革试点的暂行办法》，次日起实施，在全国引起了巨大的反响。同时，可能有人会提出下列问题：

第一，各省、自治区和直辖市是否有权自行决定实施房产税之类的税制改革？回答只能是否定的。因为，目前中国的税收立法权高度集中，包括《房产税暂行条例》在内的所有税收行政法规都是国务院制定的，这些行政法规中任何条款乃至字句的修改都必须由国务院决定，任何地区都不可能超越法律规定的权限，自行制定本地区的税收法规——即使是地方税法规，这种做法与大多数国家的地方税由地方管理、房地产税由市(县)管理的做法是完全不同的。

第二，2011年1月8日，国务院发布《关于废止和修改部分行政法规的决定》，其中将本院1986年发布的《房产税暂行条例》第8条"房产税的征收管理，依照《中华人民共和国税收征收管理暂行条例》的规定办理"中的"《中华人民共和国税收征收管理暂行条例》"改为"《中华人民共和国税收征收管理法》"。这一做法是否意味着国务院授权各省、自治区和直辖市自行决定房产税改革？回答也只能是否定的。因为，《税收征收管理法》只是一部关于税收征收管理的程序法，并不能据此修改任何税收实体法。况且，该法第3条已经明确规定："税收的开征、停征以及减税、免税、退税、补税，依照法律的规定执行；法律授权国务院规定的，依照国务院制定的行政法规的规定执行。任何机关、单位和个人不得违反法律、行政法规的规定，擅自作出税收开征、停征以及减税、免税、退税、补税和其他同税收法律、行政法规相抵触的决定。"由此可见，《税收征收管理法》中并没有授权各地自行改革税制的规定。

第三，在国务院制定新的房地产税法规以前，各省、自治区和直辖市可否先行开展房产税改革的试点？笔者认为，根据中国的经济、税制改革经验，为了积极而稳妥地推进中国的房地产税改革，可以考虑允许在条件比较成熟的城市先行试点，以便为房地产税改革的全面推行探索经验。但是，这种试点必须按照法定程序操作，即应当报经国务院批准以后实施。前述上海、重庆两市对部分个人住房征收房产税试点，就属于这种情况。

2011 年 1 月 31 日，经国务院批准、国务院办公厅印发的《国务院 2011 年立法工作计划》，同年 3 月 5 日时任国务院总理温家宝在第十一届全国人民代表大会第四次会议上所作的《政府工作报告》和时任财政部部长谢旭人在上述会议上所作的《关于 2010 年中央和地方预算执行情况与 2011 年中央和地方预算草案的报告》，同年 5 月 28 日国务院批转国家发展和改革委员会报送的《关于 2011 年深化经济体制改革重点工作的意见》，都没有提及房产税改革的内容。

同年 3 月 14 日，第十一届全国人民代表大会第四次会议批准《国民经济和社会发展第十二个五年规划纲要》，其中提出要研究推进房地产税改革。

同年 4 月 29 日，国家税务总局印发《“十二五”时期税收发展规划纲要》，其中提出要立足于合理配置税权和完善地方税体系，以研究推进房地产税改革、完善资源环境税费制度为重点，健全财产行为税制。

上述情况充分说明，官方特别是决策层对于房地产税改革持积极而谨慎的态度，因为这项改革涉及的范围比较广，相关利益关系比较复杂，必须稳步推进，不能操之过急。

三、中国现行房地产税的主要问题

笔者认为，中国现行房地产税存在的主要问题是，税权比较集中，税制比较陈旧，税基、税率和税负不够合理，相关税费比较庞杂。

（一）税权比较集中

与外国普遍将房地产税作为完全的地方税的做法不同，中国名义上将房地产税列为地方税，其收入也全部划归地方政府，但是房地产税的立法权集中在中央，而且各个税种的征税对象、纳税人、计税依据、税率、减免税等税制基本要素的调整权也绝大部分集中在中央，从而不利于地方因地制宜地通过房地产税增加财政收入和调节经济，也不利于房地产税的完善。

（二）税制比较陈旧

随着中国改革开放的逐步深入，中国的经济体制已经初步实现了从计划经济到市场经济的转变。然而，中国的房地产税还是经济转轨时期的过渡性产物，虽然二十多年来有所改进，但是变化不大，已经不能适应市场经济发展的需要。在房地产市场逐步形成，内外统一，城乡统一，交易方式多样，各种收益增多，房地产价格持续快速上涨的情况下，继续实行城乡有别的房地产税，在城镇按照房产原值征收房产税，按照使用土地税面积征收土地使用税；坐落在农村的房产不征收房产税，农村的土地不征收土地使用税，既不利于统一城乡税制和平衡税负，也不能按照量能负担的原则适当增加地方的税收收入和更好地调节经济。

（三）税基、税率和税负不够合理

1. 税基

对房产租金征收的房产税和营业税计税依据相同，一笔房租收入要同时征收房产税和营业税，租赁双方还要按照与此相关的租赁合同所载金额分别缴纳印花税，税基重叠严重，总体税负过重。

2. 税率

房产税按照租金征收的部分适用税率为12%，这样高的税率是中国在房地产公有制为主体、几乎没有房地产市场的时代，为了限制房产出租和调节少量私人房产主的房租收入设计的；城镇土地使用税各类地区的最高税额标准与现实的地租和各种土地收费水平相比则明显偏低，这样的税率和税额标准已经不能适应目前房地产市场发展的状况。

3. 税负

经营用的房地产征税，自有居住用的房地产不征税；城镇企业的房地产征税，农村企业的房地产不征税；对高档乃至豪华的房地产也没有必要的税收调节措施，税负明显不公平。

（四）相关税费比较复杂

除了前述房产税和城镇土地使用税以外，中国与房地产相关的主要税收还有：对占用的耕地征收的耕地占用税，对房地产转让、租赁征收的营业税和随营业税附征的城市维护建设税以及具有附加税性质的教育费附加，对被转移的土地、房屋权属征收的契税，对房地产转让、租赁合同征收的印花税，对转让房地产的增值额征收的具有所得税性质的土地增值税，对转让房地产的净收益征收的企业所得税和个人所得税。其中，有的税种是经济转轨时期的产物，已经不符合目前市场经济发展的状况，如类似行政罚款耕地占用税；有些税种的设置不符合目前各国通行的做法，如城市维护建设税、土地增值税和契税。

总体来看，房地产转让、租赁环节税负偏重，不利于促进房地产交易的扩大；房地产持有、使用环节税负偏轻，不利于促进房地产资源的合理利用。例如，企业出租房产的租金收入要负担17%（12% +5% =17%）的房产税和营业税，而自用房产缴纳的房产税最多仅为房产原值的1.08%[(1-10%)×1.2% =1.08%]；出售房产要缴纳营业税、城市维护建设税、印花税、土地增值税和企业所得税或者个人所得税；购买房产要缴纳契税和印花税。

另外，中国各级政府和有关部门在房地产方面的各种收费很多（据财政部统计，2010年全国国有土地使用权出让收入多达28,197.7亿元，相当于当年全国税收收入的38.5%和地方税税收收入的4.1倍），管理方面的问题也不少，不仅加重了纳税人的经济负担，而且对税收、财政乃至执政党和政府的形象都产生了很不利的影响。

四、关于“十二五”时期中国房地产税改革的探讨

“十二五”时期中国房地产税改革的出发点应当是，鼓励房地产业和房地产市场的发展，合理开发利用房地产资源，保障民生，符合财政管理体制改革和税制改革的总体目标，规范相关税费关系，兼顾国家、企业、个人的利益和中央、地方的利益，以人为本。

（一）简化税制

可以考虑逐步将现行的房产税、城镇土地使用税、耕地占用税、契税和房地产方面的某些合理的、具有税收性质的政府收费合并为统一的、与各国普遍开征的房地产税基本一致的房地产税，将城市维护建设税和印花税并入增值税、消费税、营业税、企业所得税、个人所得税和房地产税，将土地增值税并入企业所得税、个人所得税和房地产税，同时取消房地产方面的不合理的政府收费。通过上述措施，不仅可以减少与房地产有关的税收和政府收费的种类和金额，减轻纳税人的经济负担，改善纳税人与执政党和政府的关系，而且可以优化税制和税负结构，减少房地产转让、出租环节的税收，增加房地产持有、使用环节的税收，减少间接税，增加直接税。

（二）合理调整税基和税率

1. 税基

可以考虑将房地产税的征税范围逐步扩大到个人住宅和农村地区，并按照房地产的评估值征收。同时，通过规定适当的免税项目和免征额（价值或者面积，或者同时规定价值和面积标准）的方法将低收入阶层排除在纳税人以外。我难以赞同按照住房的面积、套数、价值征收房地产税的主张，因为这些主张在操作的时候很容易引起严重的分歧（如地点偏僻的大房子可能价格偏低，多套住房由于其面积小、建筑陈旧等原因也不一定很值钱），似乎也不符合各国通行的做法。

2. 税率

可以考虑根据不同地区、不同类型的房地产分别设计房地产税的税率，由各地在规定的幅度以内掌握，如中小城市房地产的适用税率可以适当从低，大城市房地产的适用税率可以适当从高；普通住宅的适用税率可以适当从低，高档住宅和生产、经营用房地产的适用税率可以适当从高，豪华住宅和高尔夫球场之类还可以适当加成征税。我难以赞同征收“住房消费税”的主张，因为消费税通常是对特定的消费品和消费行为征收的，不适用于房地产，其他国家似乎也无此类做法。

在设计税基和税率时，应当兼顾纳税人的负担能力和财政收支的需要、中央政府与地方政府的财政收支，并参考其他国家特别是发展中国家、周边国家同类税收的做法，而且试点期间和全面改革初期税基从窄、税率从低为宜。

（三）适当下放税权

可以考虑将房地产税作为中国地方税的主体税种加以精心培育，使之随着经济的发展逐步成为市（县）政府税收收入的主要来源，并且在全国统一税制的前提下赋予地方政府较大的管理权限（包括征税对象、纳税人、计税依据、税率、减免税等税制基本要素的适

当调整),以适应国家之大,各地经济发展水平不同的实际情况,促使地方因地制宜地通过此税增加财政收入和调节经济。

(四)逐步推进

房地产税涉及大量城乡企业、其他单位和个人,房地产的产权登记、价值评估和新的房地产税征收制度的建立、完善也需要一个过程。所以,房地产税的改革应当逐步推进。可以考虑先从大城市起步,取得经验以后在中小城市逐步推广;也可以考虑选择一些大城市、中等城市和小城市同时试点,取得经验以后在同类城市逐步推广。

(五)加强征收管理

加强房地产税的征收管理,堵塞漏洞,减少税收流失。为此,税务机关要加快完善有关管理制度和信息化建设的步伐,并加强与各有关部门的工作配合。

通过上述措施,可以进一步完善中国的房地产税制度,加强房地产税管理,从而适当扩大房地产税收入的规模,提高房地产税收入占地方税收收入和全国税收收入的比重,更好地发挥房地产税的职能作用。这里似乎有必要再次强调,根据房地产税的财产税、地方税性质,外国的经验和中国的实践,房地产税的税基不大,收入不多,地方差异明显,主要作用是适当筹集地方财政收入用于地方建设,对于调节个人财产差距的作用很小,更谈不上宏观经济调控功能。

狂飙之不动产价格及其管制

黄茂荣*

一、不动产的概念及其种类

在中国台湾地区,“民法”第66条第1项将不动产定义为:“土地及其定着物。”其中所谓定着物,主要指附合于土地而不变成土地之成分的工作物:房屋或其他建筑物。由于该项规定将土地及其定着物并列,所以定着物在法律上为独立于土地之物,得为物权之客体。因此,不动产基本上可分为两类:土地及定着物。

关于土地,台湾地区“土地税法”并未加以定义。至于定着物,在税法上不再使用定着物的概念,而直接使用比较通俗之习惯上的用法,称定着物为房屋,并在台湾地区“房屋税条例”第2条将房屋定义为,“房屋,指固定于土地上之建筑物,供营业、工作或住宅用者”,含增加该房屋使用价值之附属建筑物。以上皆为房屋税之课征对象(税捐客体)。

二、不动产税概述

这里所称不动产税是指以不动产之所有(持有)、交易,或交易所得为税捐客体的税捐。以上述不动产的分类规定为基础,税法分别以土地及其定着物之所有(持有)、交易,或交易所得为税捐客体,建立相关之不动产税制,课征财产税、交易税及所得税:土地税、房屋税、契税及土地增值税。土地税含地价税及田赋,此为财产税;土地增值税,此为特种所得税,属于资本利得税。房屋税为财产税,契税为交易税。台湾地区“契税条例”第2条第1款就其征收范围(税捐客体)虽规定为;“不动产之买卖、承典、交换、赠与、分割或因占有而取得所有权者,均应申报缴纳契税。”但事实上对土地与房屋分别课征土地契税与房屋契税,并非将土地与房屋合并为一种称为不动产之税捐客体,课征单一之不动产契税。此外,在开征土地增值税区域之土地,免征契税。① 属于特种所得税之土地增值税排斥属于特种交易税之土地契税,在法律竞合上具有特色。这显示土地契税的税基中事实上含有土地交易所得或是其实土地契税本来就是特种所得税。因为房屋契税的税

---

* 台湾大学兼任教授。

① 台湾地区“行政法院”“判字第722号判决”:“‘契税条例’第二条第一项但书规定‘开征土地增值税区域之土地,免征契税’,显系指免征该区域之土地契税而言,自与系争房屋契税无关。”

率与土地契税相同,这同时彰显,房屋契税与房屋交易所得之所得税间之重复课征问题。该重复课征的正当性建立在,房屋契税以远低地于市价之法定评定价格为税基。因此,利用重复课征,弥补在税基之计算基础的让步,所造成之税收的损失。①

上述税捐为专以不动产为其税捐客体之税捐,习称为不动产税。唯销售房屋者如果是营业人,其房屋之销售并为一般销售税(营业税)的税捐客体。销售房屋之盈余构成之财产交易所得,不论其销售者是否为营利事业,亦为所得税之税捐客体:其为营利事业者,课征营利事业所得税;其为一般自然人者,课征综合所得税。至于买卖土地取得之财产交易所得,因已课征土地增值税,不再重复课征所得税(台湾地区"所得税法"第 4 条第 16 款:个人及营利事业出售土地,其交易之所得免纳所得税)。由于透过上述税捐之课征,还是不能成功实现涨价归公的政策,阻止不了有人从不动产投资或交易取得巨大税后利益,而同时房地价格在台湾地区却脱缰狂飙,于是,在民气可用的氛围下,制定台湾地区"特种货物及劳务税条例"(2011 年 5 月 4 日公布)对于两年内转售房屋及土地的交易,除该"条例"第 5 条所定例外情形外,原则上课征特种货物税。其税基为按实价;其税率为:持有两年内者 10%,持有一年内者 15%。加值型营业税(增值税)之税率为 5%。兹图列如下:

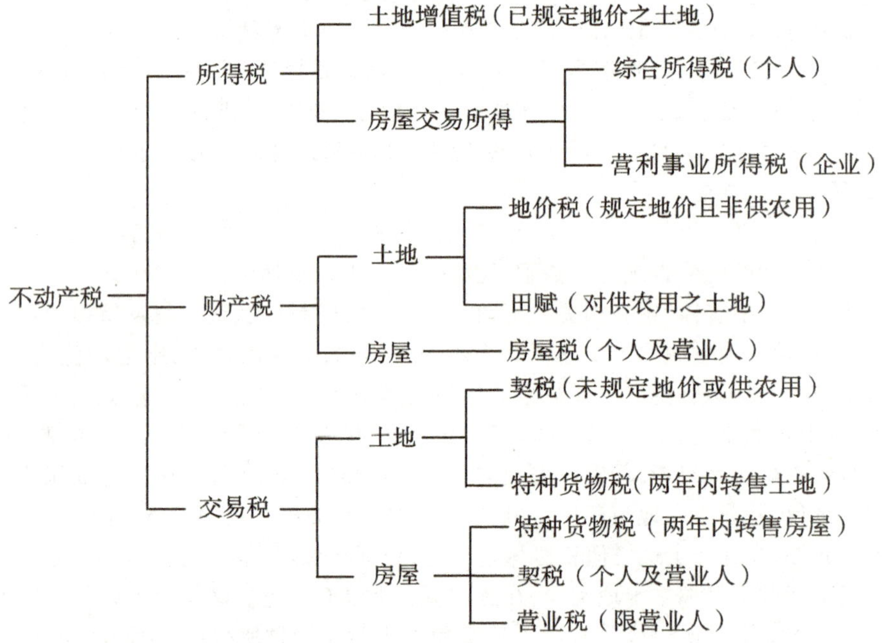

图 1

① Tipke, *Die Sreuerrechtsordnung*, Band II, 1993 Köln, S. 819. "不动产税事实上也由所得支应。对于土地,并课所得税、财产税可掩饰真正之所得税的负担。"

上述税捐除营业税(一般销售税,"加值型及非加值型营业税法"第16条)及特种货物税(特种销售税,"特种货物及劳务税条例"第8条第1项)按实价课税外,其他税捐皆按法定价格计得之虚拟价格或所得为税基。[①] 整个社会的氛围,含各大媒体都相信,这样能够把狂飙的房地价格压制下来。是否果真如此,尚待验证。

三、不动产税之种类

如上所述,中国台湾地区现行与不动产有关之税捐,其种类分布在交易税、财产税及所得税。因此,这些不动产税也分别按其所属之种类,有其不同之课税的正当性。所谓课税的正当性,有时指是否有法律为其依据之民主正当性,有时指其课税是否符合量能课税原则。[②]

(一)交易税

交易税以所得或财产之支用表征支用者负担税捐之能力。因此,自当以支用者为该税捐之最后的负担人。交易税(如营业税)有时规定以销售人(营业人)为纳税义务人,乃基于税捐稽征经济之考虑,所做之稽征技术上的设计。最后该税捐还是被期待经由转嫁事实上归由支用者负担。例如,营业税并以明文规定:"营业人对于应税货物或劳务之定价,应内含营业税(第二项)。营业人依第十四条规定计算之销项税额,买受人为营业人者,应与销售额于统一发票上分别载明之;买受人为非营业人者,应以定价开立统一发票(第三项)"(台湾地区"营业税法"第32条)。

交易税不论是以购买人或销售人为纳税义务人,由于其以销售行为中之履行行为(送货或收款),为其税捐客体,同时也是税捐债务之发生的要件或时点,所以即使各该关于交易税之税捐法规定,以销售人为纳税义务人,该交易税最后还是会转嫁由购买人负担。[③] 因此,学说一般将交易税定性为消费税,盖纵使是多阶段之销售税,其税捐透过转嫁,最后也将由消费者负担。

交易税或销售税是以所得之支用为税捐客体所课征之税捐,是故,对于所得税具有互补的意义。其互补最重要的作用是可以因此分散国家财政收入对于个别税目或税种之过大的依赖。假设不课征交易税或销售税,所得税的税收便必须近乎加倍,才能获得大致相等数额之税收。这在所得税之课征上将引起较大的逃漏诱因,造成稽征的困难。

---

① 在土地,按公告地价课征地价税(台湾地区"土地税法"第15条),按公告现值计算土地涨价总数额课征土地增值税(台湾地区"土地税法"第30条第1项);在房屋,按依房屋标准价格核计之房屋(评定)现值课征房屋税("房屋税条例"第5条),并按房屋评定现值之法定比例计算房屋交易所得(台湾地区"财政部""台财税字第09904906800号";台湾地区"行政院"核定"2010年度个人出售房屋未申报或已申报而未能提出证明文件之财产交易所得标准")。

② Tipke, *Die Sreuerrechtsordnung*, Band II, S. 938ff.

③ 纵使营业人将营业税转嫁给购买人,在凭证上分别载明货款(价款)及税款,在经济学上还是不认为该税款已全部由购买人负担。究竟由哪方负担及其负担比例,视销售之货物或劳务的供给弹性与需求弹性而定(Samuelson/ Nordhaus, *Economics*, 18ed. 2005, pp. 336 - 337; Mankiw, *Economics*, 3ed. 2002 pp. 128 - 130)。

此外，交易税或销售税因为随各笔交易或销售而发生，并以销售人为名义上的纳税义务人，所以消费者在缴纳消费税时，即便知道受转嫁，但一般也较无感觉。① 此外，因为在国际租税上，消费税之税收管辖权通常认为应划分给消费目的地所属之国家或地区（目的地主义），②所以，出口地国家或地区在货物或劳务出口时得将对之已课征之消费税退还，这有利于出口货物在进口国之竞争。是故，对依赖出口之国家或地区而言，将一部分税收分配在消费税，在租税竞争上亦有其必要性。

消费税固有未考虑负担税捐者（消费者）之属人因素及最低生活照顾之需要的制度缺点。但这必须透过整体税制的协调或社会福利制度加以调整。例如，按设算为最低生活的消费所可能发生之消费税负担，在所得税法规定，对于所得低于一定水平者提供所得税之一定可扣抵税额；或在社会福利有关的法律规定，提供与该税额相当之补贴，皆可缓和消费税之累退或对经济困难者之冷感。

对于房屋及土地课征之销售税：房屋有房屋契税；销售人如为营业人，另有营业税。土地原则上无销售税，只有在不课征土地增值税的土地，才课征土地契税。但不论是房屋或土地，依台湾地区"特种货物及劳务税条例"第2条及第7条规定，如果是在经由买卖取得后，二年内转售，另有10%，一年内转售，另有15%之特种货物税。③ 不论是营业税或特种货物税，都是按实价计算税基。

台湾地区"加值型及非加值型营业税法"第16条规定："第十四条所定之销售额，为营业人销售货物或劳务所收取之全部代价，包括营业人在货物或劳务之价额外收取之一切费用。但本次销售之营业税额不在其内。前项货物如系应征货物税、烟酒税或烟品健康福利捐之货物，其销售额应加计货物税额、烟酒税额或烟品健康福利捐金额在内。"台湾地区"特种货物及劳务税条例"第8条规定："纳税义务人销售或产制特种货物或特种劳务，其销售价格指销售时收取之全部代价，包括在价额外收取之一切费用。但本次销售之特种货物及劳务税额不在其内。前项特种货物或特种劳务如系应征货物税或营业税之货物或劳务，其销售价格应加计货物税额及营业税额在内。"该二条规定的内容及架构相近，基本上都在彰显实价课税原则。该二条第1项规定之基础税基的计算范围相同。第2项规定之意旨亦相同，将本税以外课征之消费税皆包括在税基内。以"特种货

---

① 关于营业税之正当性的讨论，请参考 Tipke, *Die Sreuerrechtsordnung*, Band II, S. 886ff。

② 关于目的地主义与来源地主义，请参考 Reiß in Tipke/ Lang, *Steuerrecht*, 20. Aufl. ,2010 Köln, , § 14 Rz. 100ff。

③ 台湾地区"特种货物及劳务税条例"第5条规定，销售因继承或受遗赠取得者（第6款）；营业人兴建房屋（第7款），所有权人以其自住房地拆除改建或与营业人合建分屋（第10款），或都市更新分配取得更新后之房屋（第11款），完成后，第一次移转者；因强制拍卖者（第8款），或因依"银行法"第76条或其他"法律"规定处分，或依目的事业主管机关命令处分者（第9款），免征特种货物。以上各款之共同特征为原始取得，非购买而后转售或非任意转售。其次，出售自用住宅；先买后卖原自用住宅；因调职、非自愿离职或其他非自愿性因素出售原欲更换之新自用住宅，则是基于自用住宅政策，即使有取得后两年内售出的情形，亦免征特种货物税。

物及劳务税条例”所定之货物税系特种消费税或销售税论，在规范逻辑上，依循“营业税法”第16条第2项之规范意旨，特种货物应先适用“特种货物及劳务税条例”课征特种货物税后，再依该项规定，计入营业税之税基，课征营业税。如果系争特种货物皆是“营业税法”及“特种货物及劳务税条例”所定之税捐客体，则该二税捐之课征顺序不影响应纳税额之大小。由于土地依“营业税法”第8条免征营业税，依“特种货物及劳务税条例”应征特种货物税；而房屋，其出卖人如不是营业人，亦免征营业税，但应征特种货物税，所以在营业税及特种货物税的课征，皆应将土地与房屋分别独立课征，[①]才能简单明了，不因规定课征之先后，而有不等之应纳税捐，从而可以符合“营业税法”第16条第2项之规范逻辑，先征特种销售税，再征一般销售税，并将特种销售税（特种货物税税额）计入营业税之税基中。

在交易税（销售税）之税制的规划上，土地（不动产）交易税之课征还有一个根本的问题，在一般销售税或交易税（营业税）之外，是否适合另立土地（不动产）交易税之特种销售税（交易税）的税目？如果适合，是否得与一般销售税（交易税）重复课征，或应仅课土地（不动产）交易税？此外，因为土地（不动产）的销售，不但在相当多数的情形是旧屋的买卖，而且土地一般更是转手多次，所以，对其多阶段之一再课征，税基应如何计算，其进项税额是否应容许扣除，以避免税上加税。这根本涉及，在量能课税原则下土地与房屋之买卖的负税能力何在的问题。[②]

在对旧屋的销售课征营业税时，应特别体谅其销售营业人不容易从其非营业人之前手取得进项税额之进项凭证的问题。这是高价值旧货市场的共同问题。在这种情形，营业人自救之道为：将经销关系安排成中介。[③] 这导致税务干扰民事的法律形式。然该权

① 依德国法，因为建筑物是其定着于土地之权利的成分，所以建筑物不仅在民法上，而且在税法上皆无独立地位（Reiß in Tipke/ Lang, *Steuerrecht*, 20. Aufl. ,2010 Köln, § 15 Rz. 29）。

② Tipke, *Die Sreuerrechtsordnung*, Band II, 1993 Köln, S. 937ff. (951)：“对于用在不动产之取得支出，不应容许以加值型营业税及不动产取得税重复课税。”Reiß 认为，德国联邦政府应放弃目前重复课征加值型营业税及不动产取得税的特别做法，并将不动产取得税并入加值型营业税（*Reiß in Tipke/ Lang*, *Steuerrecht*, 20. Aufl. ,2010 Köln, , § 15 Rz. 4）。德国不动产取得税，在买卖的情形，依 § § 8 I,9 GrEStG，以对价为税基，其规定内容与加值型营业税法第10条第1项及第2项所定对价之范围相同（§ 10 I, II UStG）（aaO. Rz. 37）。其税率目前为3.5%（aaO. Rz. 43）。

③ 为合理处理旧货商之加值型营业税的课征问题，《德国营业税法》第25a条规定，其应纳税额之计算，从税额扣抵法，改为税基扣抵法：旧货之销售额按卖价减买价之差额计算之（第3项）。然后，再将该销售额乘以应适用之税率计得其应纳税额。该明文规定消除旧货商无进项税额可供扣除的困扰，从而使其不必再从事可能属于伪装之中介或代理的协议（Reiß, in Tipke/ Lang, *Steuerrecht*, 18. Aufl. ,2005, § 14 Rz. 144）。该条规定显示，一个现代的、进步的法治国家，在行使国家课税权制定税捐法的时候，如何主动为纳税义务人在遵守税捐法时可能遭遇的困难设想。如无该体谅的规定，可以想象，纳税义务人必须想办法避开不合理的税捐规定，而税捐稽征机关又会认为该规避行为是一种脱法行为，补税送罚随之而至。于是，产生许多征纳争讼，徒增税捐法之遵守成本。可以预期的是，经济成长率一定不如理想。对于勤劳聪敏的民族，这会是最大的可惜。在国家发展好不容易逐步取得接近现代的成就时，一定要体认到，没有细腻的现代法制，不容易化解散布于各阶层的矛盾，整合全民族的意志，全面达到现代化的目标。

宜的安排并不一直适合于每一个案的情形。

对于上述问题，“特种货物及劳务税条例”决策，在已有营业税（一般销售税）、房屋契税（特种销售税）的现状下，对于房屋及土地新增与前述二税并同课征之特种货物税。其中，营业税及特种货物税皆采实价为税基，其税率分别为5%及10%或15%。唯必须注意：营业税及特种货物税之实价虽皆为销售毛额。但在加值型营业税得扣抵进项税额（“加值型及非加值型营业税法”第15条第1款），而在房地之特种货物税并不承认得扣抵进项税额。这虽似釜底抽薪，根本消除房地买卖之进项税额的扣抵问题，但这其实是无视于问题之存在的解决方法，终非正办。德国不动产取得税虽亦以销售毛额为税基，且不承认进项税额之扣抵，但相较于其加值型营业税之一般税率19%，将其税率定在3.5%，已考虑到不能扣抵进项税额之不合理。①

针对该特种货物税只对两年内转售之土地与房屋课税，纳税义务人的回应自然是：避免在两年内为转售交易。是故，该税具有短期之市场闭锁效果，难以产生课税收入。盖由于房地产价格恒涨，而且涨幅通常高于一年定期存款之年利率，所以，除非压缩对于投资性购买且处在空屋状态之对象的融资，使其必须以自有资金进场交易持有对象，以将这些投资性对象逼入市场；②否则，该闭锁效果对于投资性或投机性交易之影响不大。这除显示税捐工具的设计还必须有更准确的针对性外，金融工具可能比税捐工具有效果。至其针对性之提高，有赖于正确之市场的区隔：用益市场与投资市场、初级市场与次级市场、普通市场与豪华市场。

销售税之课征的直接影响为销售价格，从而使交易数量低于、价格高于免税的情形。所以，认为透过加重房地产交易之销售税，能够压低房地价格，长期而论，恐难如愿。至于在短期，是否能够因此使投资性或投机性交易退出市场，降低炒作性喊话引起购买方之恐慌及减少炒作性行情的影响力，以使房屋价格比较理性的，在比较接近于竞争市场的环境中，由真正之供需形成均衡价格，尚有赖于配套消除信息不对称之市场形势的努力。

按该特种货物税是销售税，在制度上，虽被假定将转嫁给购买人，但基于土地在供给上有完全不具弹性的性质，所以，经济学家认为，在课征该种税捐后，在总需求不变的情

---

① 在德国，不动产取得税开征于1919年，自第二次世界大战后至1982年年底由邦法规定，其行政高权及收益高权属于邦（Art. 108 II,106 II Nr. 4 GG）。自1970年起联邦有竞合的立法权，并在1983年制定联邦法取代各邦之不动产取得税法，除加以统一外，并删除大部分的免税规定。税率并因此而由7%降为2%。后来由于大幅度废止财产税，又将税率调升为目前之3.5%（§ 11 I GrEStG）。依Art. 105 IIa S. 2 GG，各邦有权提高该税之税率。然到目前为止，只有柏林及汉堡将该税率提高为4.5%。

② 按土地资源有限，必须地尽其利。因此，在有必要对于不动产市场进行调控时，首先必须将市场区分为需用性及投资性市场。并至少在融资上给予差别对待，以防止囤积居奇。其次为调高空屋之财产税（地价税、房屋税）税率。最后才是对于其财产交易所得，按持有期间及涨价百分比，适用适当税率课征所得税。但也不能因此提高合理使用中之土地与房屋的地价税、房屋税。否则，脱离生产力之偏高房地价格，必然导致偏高之地价税、房屋税。一方面给物价带来通膨压力；另一方面给景气适应中的企业带来困难。

形，土地的价格还是会维持在原来之均衡价格，只是土地所有权人之卖地所得将因实际上不能将该土地交易税款转嫁购买人，而减少其土地价款之收入。① 是故，单纯对于土地课征之税捐，被经济学家认为是最不会因课征税捐而降低经济效率的税捐。② 这对于“无壳蜗牛”一时虽然没有什么好处，但至少能够减少地主的所得，增加“国库”的税收。如果政府将因此增加的收入，用来补助“无壳蜗牛”购得或租得住宅，或帮助微型企业，取得办公处所，则该税捐之课征，最后便将透过补贴的方式，有利于“无壳蜗牛”，协助其形成财产。不过，如果房地之供给不是完全不具弹性，则开征新税或加重旧税，在供需双方调适于新的税捐环境后，基本上会引起量缩价升的结果。③ 增加的税捐负担，有一部分由

① Mankiw, *Economics*, 3ed., 2002:“什么决定土地及资本之所有者因其对于生产过程之贡献而得赚得之数额？为回答这个问题，必须先区别两个价格：购买价格及租赁价格。土地或资本之购买价格指一个人为不定期取得生产因素所支付之价格。租赁价格指一个人为在一定期间内使用该生产因素支付之价格。把该区别记在心中是重要的，盖这些价格由有些不同之经济力量所决定。……土地及资本之需求正与劳力之需求一样取决于其租赁价格。……亦即一个企业将增加其使用之土地及资本的数量至该因素之边际产出的价值等于该因素之价格。如是，每一因素之需求曲线反映该因素之边际生产力。……这样就可以思考土地及资本之购买价格。租赁价格与购买价格显然是相关的。如果一笔土地或资本能不断产生有价值之租赁所得，则购买者会愿意为之支付较多的购买价格。正如我们所见，任何一点之均衡租赁价格皆等于该因素之边际生产的价值。所以，一笔土地或资本之均衡购买价格系于其边际生产之现在价值及其在将来可期待之边际生产的价值。”

② Samuelson/ Nordhaus, *Economics*, 18ed., 2005, pp. 265 - 266; Mankiw, *Economics*, 3ed., 2002 p. 168.

③ Samuelson/ Nordhaus, *Economics*, 18ed., 2005, pp. 75 - 77. 在中国台湾地区于 2011 年 6 月 1 日施行“特种货物及劳务税条例”，对于房屋或土地之所有权人，于持有期间两年内转售房屋或土地者，课征 10% 或 15% 之特种货物税后，房地市场亦显示该量缩价升的趋势。例如，根据中国台湾地区房仲业者中国台湾地区房屋其自 2011 年 6 月 1 日至 6 月 30 日之房屋成交数据统计显示，于“特种货物及劳务税条例”实施后，中国台湾地区六大都会区之房价均微幅上涨，且新北市及新竹县、市之交易量较该“条例”实施前之交易量分别下滑 5.6% 及 7.8%，已呈现量缩价升之趋势（请参考 Tipke, *Die Sreuerrechtsordnung*, Band II, 1993 Köln, S. 813f）。请参照中国台湾地区房屋 2011 年 7 月成交资料统计：

表 1　台湾地区房屋 2011 年 7 月成立资料统计

单位：平/万元

行政区	房价月增减幅	交易量月增减幅	6 月房价	7 月房价
台北市	1.18%	8.8%	50.8	51.4
新北市	5.80%	-5.6%	27.03	28.6
桃园县	3.94%	9.1%	12.7	13.2
新竹县、市	1.52%	-7.8%	15.9	16.14
台中市	3.6%	10.8%	14.5	15.02
高雄市	4.01%	12.9%	9.9	10.3
平均	4.01%	5.64%		

台湾房屋研究中心制表

注：1. 房价以成屋计算；

2. 统计期间自 2011 年 6 月 1 日起至 6 月 30 日止。

卖方,另一部分由买方负担。(供给或需求)弹性大的负担少,(供给或需求)弹性小的负担多。除有供给或需求不具有弹性的情形外,原则上不可能仅由卖方或买方单独负担。[①]是故,如果寄望于开征新税或加重旧税来压抑房地价格,最后恐会大失所望。

(二)财产税

财产税之课征的实质正当性建立在对价原则上。这里所称之对价不是指稽征机关与纳税义务人间有若双务契约之当事人间的给付与对待给付的对价关系。以不动产税为例,是指地方政府在土地之开发、外围道路兴建维修、自来水之供给、污水道之兴建、垃圾之清运处理以及其他地方性之基础建设。当为这些建设透过工程受益费或规费之征收还是不能筹足所需经费时,便必须透过征收不动产税予以补足。由于不动产税特别是其中之财产税之课征,只要其收入能确实用在增进地利有关之公共财的支出上,无负面的经济作用。[②] 不过,也必须注意到财产税事实上以财产孳息或其用益之负面外部成本(社会成本)为其税基的本质,先天上不能用为平抑不动产价格,或财产重分配之社会政策的工具。倒是可以对于低度使用之不动产(如对空屋或低密度之住宅)课以较重之差别税率,以平均地权。但由于在租赁,不动产税将转嫁给承租人,所以不适合对于自用及非自用住家给予差别待遇。否则,承租人事实上负担之不动产税将高于自用住宅之所有权人。[③]

关于不动产,目前属于财产税之税目有:地价税、田赋及房屋税。其中,田赋在停征中。由于财产税实质上与所得税构成重复课征,以及其形式上以财产为税捐客体,而实际上其税基之计算,又以法定评定价格推算之当有孳息为基础,所以,在税制上存在诸多缺点。是故,在经济发达国家如德国之学者,已开始对于是否适宜课征财产税提出质疑。德国已废止一般财产税。不过,即使如此仍尚留存有土地税(grundsteuer)及事业税(gewerbesteuer)等特种财产税。此外,关于土地税及事业税之课征的正当性,也不再建立在财产孳息较诸劳务收入有较大之负税能力,所以得先对之课征财产税,而后就其税后孳息再课征所得税的观点上,而改从不动产之开发或用益会产生负面外部性的观点,论述有必要将该外部性所产生的社会成本,透过财产税或环保税等的课征予以内部化。

---

① 关于弹性与税负之归属,请参考 Samuelson/ Nordhaus, *Economics*, 18ed., 2005, pp. 336 - 337; Mankiw, *Economics*, 3ed., 2002, pp. 128 - 130。

② Tipke, *Die Sreuerrechtsordnung*, Band II, 1993 Köln, S. 809ff.

③ Tipke, *Die Sreuerrechtsordnung*, Band II, 1993 Köln, S. 814f.

在实施两税合一之一般所得税制后，[①]从重复课税的观点，财产税之课征的合理性一定的程度受到质疑。唯由于财产税中之地价税及房屋税属于地方税，且地价税及房屋税之税收和占地方全部税收的比例一直都维持在40%以上，如在2010年约为44.41%，[②]所以，在目前在台湾地区“中央”与“地方”财政同感困难的情形下，要废止房地之财产税几无可能。能够着力者仅剩其相关规定的合理化，特别是将其税收与交通建设、下水道及污水防制支出相配合。[③]

按目前关于地价税之规范规划，固显然从土地应按其可能孳息之负税能力的观点定其税率。但为配合平均地权而累进课征的构想，使得应按土地用途，分别规定其应适用之税率的基本原则，隐而不彰，以致本来应按不动产之用途（税捐客体类型），在逻辑层次、水平分别定其应适用之税率之规范构造，转成以地价税之基本税率为基础，规定普遍适用累进税率为原则（台湾地区“土地税法”第16条），不适用累进税率为例外之特别税

---

① 台湾地区“所得税法”导入两税合一制前，在自然人投资于公司的情形，就其投资发生之盈余，首先在企业（营利事业）的层次，对其盈余课征营利事业所得税，而后在股东的层次，再对其自然人股东之受分配股利课征综合所得税。以自然人股东为出发点观之，这有若先对其股份课征以营利事业所得税表现出来之孳息所得税，而后再对其受分配股利课征综合所得税。由此可见，其重复课征的税制结构与不动产税类似。为消除或减轻该重复课税的情事，台湾地区“所得税法”增定第66条之1至第66条之9，导入两税合一制，基本上将营利事业所得税（企业所得税）吸收至综合所得税（个人所得税），对于投资于营利事业之个人只课征综合所得税。营利事业缴纳之营利事业所得税，以股东可扣抵税额的方式随同股利分配给股东。因此，公司股东所获分配之股利总额或合作社社员所获分配之盈余总额，应按股利凭单所载股利净额或盈余净额与可扣抵税额之合计数计算之（台湾地区“所得税法”第14条）。从而个人有营利所得（股利所得）者，在综合所得税的申报上，容许自其应纳税额扣除股东可扣抵税额。

② 载 http://www.mof.gov.tw/public/Data/statistic/Year_Fin/99% E9% 9B% BB% E5% AD% 90% E6% 9B% B8/htm/33010.pdf，访问时间：2011年9月6日。

③ 国家财政收支虽然说是以统筹统支为原则。但为维持财政收支对于不同产业之中立性及资源之配置效率，还是应注意取之于一定产业，用之于一定产业。在财税的建制上，这即是受益原则。其对应之课税原则为对价原则（Äquivalenzprinzip）。“这涉及税捐国家是否应转变为规费国家的根本问题”（Lang, in: Tipke/Lang, *Steuerrecht*, 20. Aufl., 2010, § 1 Rz. 45; § 4 Rz. 86）。在此意义下，利用累进税率，量能课税之课征结果主要当用在利益不容易个别归属的行政上。例如，国防及社会救助。统筹统支与税捐中立，其实不能偏废，也不尽然冲突无解。税捐中立本来就蕴含平等。这与平等意义下之量能课税并不矛盾。倒是统筹统支，只是国家财政收支之技术性的规范要求，当中并未建入实质正义的价值。是故，实际上受益原则（benefit principle）及量能原则（ability-to-pay principle）皆不能完全说明一个税制结构（tax structure）或处理税捐政策之全部功能。“受益原则会理想地配置为支应公共服务之费用而课征之税捐，但不能处理为移转给付及再分配之目的之财政需要而需课征之税捐”（Richard A. Musgrave, Peggy B. Musgrave, *Public Finance in Theory and Practice*, 5ed., 1089, p. 219）。

捐优惠的垂直规范构造。[①] 因此，产生以原则与例外之逻辑形式，表现出来之过度复杂的构成要件规定。以致为其减免，必须制定土地税减免规则的地步。这大大提高土地税之征纳及争讼成本。

其实，归纳台湾地区“土地税法”中关于地价税及田赋的规定，首先应将土地按其法定用途分成供农业使用之土地及非供农业使用之土地，以决定应课征田赋或地价税之土地的分野。在田赋尚未停征的时期，如此规定的作用，本来也即在于豁免农业用地适用累进税率。这样的规划思想，后来也大量适用在工业用地及矿业用地。不过，因为对于工业用地及矿业用地的规定，不是从将之当成一个重要税捐客体类型的构想出发，而把它当成只是例外于一般用途之土地的特别态样，规定其不适用累进课征原则。其结果，虽然土地必须经编定为工业用地或矿业用地才可供工业或矿业使用，且土地经编定为工业用地或矿业用地后，即仅可供工业使用或矿业使用（台湾地区“土地税法”第10条第2项、第18条第2项、“土地税法施行细则”第13条）。但经编定为工业用地或矿业用地之土地所有权人还是必须填具申请书，向主管稽征机关申请核定，始能适用“土地税法”第18条规定之特别税率计征地价税（“土地税法施行细则”第14条）：“工业用地、矿业用地，按千分之十计征地价税。”这不但徒增征纳双方的遵守成本，而且引起不少莫须有的税务争讼。盖纵使担心有人可能将工业用地或矿业用地转供其他用途使用，这可待真有该等情事发生，再予处理不迟，大可不必以例外当原则，一概采取事前审理的管理方式。或谓对于工矿用地一概按其法定用途照工矿用地之税率课税时，不能适当响应空着不用的情形。这种情形应由工矿主管机关按相关工矿法规办理，“税捐法”不是其适当之法源依据。

在上述观点下，关于地价税，在逻辑层次，应自始按土地之用途，水平分类，按其用途类别分别规定其应适用之税率。对于不同用途种类的规定间无普通与特别关系。在这样的规范规划下，如有必要，最后一样可以将在政策上认为应适用累进税率的土地用途勾画出来。

---

① 台湾地区“土地税法”第16条第2项规定：“前项所称累进起点地价，以各该‘直辖市’或县（市）土地七公亩之平均地价为准。但不包括工业用地、矿业用地、农业用地及免税土地在内。”自该项规定观之，似自始将工业用地、矿业用地、农业用地及免税土地排除在累进课征的原则之外，而其实，以工业用地为例，台湾地区“财政部”“台财税字第09504528400号”：“四、公司所有坐落工业区或工业用地之土地，如原持工厂登记证向税捐稽征机关请准按工业用地课征地价税，而嗣后工厂登记证被注销，则参照‘工厂管理辅导法’第20条（原‘工厂设立登记规则’第13条）规定：‘工厂歇业者，应将工厂登记证缴销；其不缴销者，由主管机关公告注销之。工厂有下列情形之一者，视同歇业：一、有事实足以认定工厂已停工超过一年者。但工厂有正当理由无法复工，报经主管机关核准者，不在此限。二、工厂主要生产设备已搬迁，经主管机关认定无继续制造、加工之事实者。’其工厂用地即属未依原核定之规划使用，亦即其适用特别税率课征地价税之原因、事实消灭，依‘同法’第41条第2项规定，土地所有权人应即向主管稽征机关申报，并自次年（期）起改按一般用地税率课征地价税。”其未申报者，依台湾地区“土地税法”第54条第1项第1款，认定为，纳税义务人于减免地价税之原因、事实消灭时，未向主管稽征机关申报，除追补累进差额之应纳部分外，处短匿税额三倍以下之罚锾。

此外，由于目前的大地主已渐渐由自然人转为法人，而法人的社员或股东数却往往成千上万，所以，不区别自然人与法人，继续以一个人拥有多少价值之土地来决定其应适用之累计税率，①已经不很切合实际。真正需要管理的是，自然人所有非供生产用途之土地的课税问题。这当中有住家用或自用住宅土地之优惠税率以及豪宅之课税问题。在此，最好将土地与房屋之课税问题分开。也就是说，在地价税的考虑上，不需要卷入豪宅的论点。只要以房屋之实际营建价格认定其税基，以可归属于一个自然人之使用面积及用途，决定其应适用之税率，课征房屋税，豪宅之房屋税问题自然获得解决。

最后剩下来的是地价税之税基，亦即其地价要如何评定。关于地价的评定，常常听到一个理想，期望评定价格能够接近市价。过去，由于地价税系以土地之当有，而不以其实有之孳息为其实质上的税捐客体，而每一笔土地之孳息，在不同地区，或甚至在相同地区都可能有很大的出入。因此，其法定价格一般都朝低评定。② 这在一个法定评定价格一起适用于含遗产及赠与税（台湾地区"遗产及赠与税法"第 10 条）之数种税捐法的情形，引起是否妥当的疑问。至于在财产税本身，这倒不是一个大问题。盖应纳税额取决于税基及税率。如果认为法定评定价格过低，还可在税率调整。如无不动产集中交易市场的建置及如无利用课自不动产之所得税税收对于不动产用益市场的制约机制，则在与不动产有关之税捐，其税基宁可与其市价脱钩，并采低于市价之法定评定价格为其计算基础的策略，以避免为不动产税之课征，产生由政府机关对外宣示其关于不动产市价的意见，造成法定评定价格对于市价之促涨的副作用。这种疑虑的存在，从公有土地之标售，曾有多次成功地被用来炒作地价行情可以为证。

（三）所得税

不动产交易产生之所得的课税，主要有土地增值税（台湾地区"土地税法"第 28 条）及房屋交易所得之一般所得税。其中，土地增值税采分离课征，不与纳税义务人之其他所得合并申报课税；房屋交易所得则采综合课征，与纳税义务人之其他所得合并申报，累进课征一般所得税。在不动产之所得的课税上，主要存在的问题是，土地增值税是否适宜分离课征，以及土地涨价所得及房屋交易所得的计算，是否适宜以法定评定价格，而不

---

①　台湾地区"土地税法"第 16 条地价税基本税率为 10‰。土地所有权人之地价总额未超过土地所在地"直辖市"或县（市）累进起点地价者，其地价税按基本税率征收；超过累进起点地价者，依下列规定累进课征：（1）超过累进起点地价未达五倍者，就其超过部分课征 15‰。（2）超过累进起点地价五倍至十倍者，就其超过部分课征 25‰。（3）超过累进起点地价十倍至十五倍者，就其超过部分课征 35‰。（4）超过累进起点地价十五倍至二十倍者，就其超过部分课征 45‰。（5）超过累进起点地价二十倍以上者，就其超过部分课征 55‰（第 1 款）。前项所称累进起点地价，以各该"直辖市"或县（市）土地七公亩之平均地价为准。但不包括工业用地、矿业用地、农业用地及免税土地在内。

②　Tipke, *Steuerrechtsordnung*, Band II, 1993 Köln, S. 794f.："一般承认财产税只是名义如此，该税其实应以财产之孳息支付之。一个充公性之财产税与基本法第十四条不符。各种财产及其财产孳息并不完全处于相同比例。有些大财产只产生比例上微少的或甚至无孳息，而也有孳息丰厚之小财产。是故，平均的当有孳息一直必须在比率上从低评定。"

以实际交易价格为其计算基础。

1. 分离或综合课征

将土地涨价总数额与其他所得合并计算土地所有权人之综合所得总额，课征一般所得税，以充分考虑其属人因素，应当是一个合理的改制方向。关于自用住宅、工厂用地及自耕农业用地之土地增值税，在配合迁徙引发之先卖后买或先买后卖的需要，已有不限次数之退还规定时（台湾地区“土地税法”第35条），[①]其实已无为其特别规划其他减免规定的必要。对于因迁徙而发生之土地交易，在先卖后买或先买后卖时，所以退还其因卖出而缴纳的土地增值税（A），乃因其土地涨价的财产增益又被锁入实质交换后之土地中，最后没有透过市场获得实现，以货币形态构成其可支配所得。这样的规定在此限度，言之成理。有疑问的是，其需要的配套规定为何？对此，台湾地区“土地税法”第37条规定，在下述两种情形追缴原退还税款：自完成移转登记之日起，5年内再行移转重购之土地，或改作其他用途。该条所称移转，含配偶间之移转，[②]而不

---

① 台湾地区“土地税法”第35条规定：“土地所有权人于出售土地或土地被征收后，自完成移转登记或领取补偿地价之日起，二年内重购土地合于左列规定之一，其新购土地地价超过原出售土地地价或补偿地价，扣除缴纳土地增值税后之余额者，得向主管稽征机关申请就其已纳土地增值税额内，退还其不足支付新购土地地价之数额：一、自用住宅用地出售或被征收后，另行购买都市土地未超过三公亩部分或非都市土地未超过七公亩部分，仍作自用住宅用地者。二、自营工厂用地出售或被征收后，另于其他都市计划工业区或政府编定之工业用地内购地设厂者。三、自耕之农业用地出售或被征收后另行购买仍供自耕之农业用地者。前项规定土地所有权人于先购买土地后，自完成移转登记之日起二年内，始行出售土地或土地始被征收者，准用之。第一项第一款及第二项规定，于土地出售前一年内，曾供营业使用或出租者，不适用之。”

② 台湾地区“财政部”2001年6月18日“台财税字第0900453106号函”：“‘土地税法’第三十七条有关追缴原退还税款规定之‘立法’意旨，系为避免当事人于退税后即将另购之土地再行移转或转作其他用途，以逃漏土地增值税，并从事土地投机；又‘民法’亲属编修正（1985年6月5日）后，以妻名义登记之自用住宅用地，于出售后二年内以夫名义重购土地，或先以夫名义重购后二年内再出售以妻名义登记之土地，因该土地已属妻所有，故应不得适用重购退税，前经‘本部’1996年9月18日台财税第八六〇五三四五六八号函释有案；土地所有权人因重购自用住宅用地，经核准依‘土地税法’第三十五条规定退还土地增值税后，其重购之土地自完成移转登记之日起，五年内赠与移转登记予其配偶，如不依同‘法’第三十七条规定追缴原退还税款，则夫售地而妻购地或妻售地而夫购地此种原不适用退还土地增值税之情形，即可利用此一方式申请退还税款后再行登记到夫或妻之名下。是类情形，仍有取巧逃漏土地增值税之虞，且依现行‘民法’规定，其产权已由受赠配偶取得，系属实质移转，依‘土地税法’第三十七条规定，仍应追缴原退还税款。”该函释的见解，从夫妻各有独立之权利能力论之，固有理由。然从下列规定观之，似不尽然：（1）“土地税法”第9条规定，该“法”“所称自用住宅用地，指土地所有权人或其配偶、直系亲属于该地办竣户籍登记，且无出租或供营业用之住宅用地”。同“法”第17条第3款规定，“土地所有权人与其配偶及未成年之受扶养亲属，适用第一项自用住宅用地税率缴纳地价税者，以一处为限”。归纳之，在自用住宅的认定上，夫妻一体构成一个税捐报缴单位。（2）依“所得税法”第15条的规定，夫妻强制合并申报综合所得税。依上述规定，关于“土地税法”第35条及第37条的适用，应将夫妻视为一体规范之，比较合理。不同的看法，可能从“民法”第1030条之1所定夫妻剩余财产差额分配请求权立论。认为，依该条规定，该请求权之范围既然不包含“夫或妻受妻或夫赠与之财产在内”（台湾地区“最高法院”“台上字第3601号民事判决”），则关于台湾地区“土地税法”第35条及第37条的适用，夫妻自当分别对待。

含继承。[①] 关于就自用住宅，是否有改变用途之认定，有不按户籍，而采按实际使用情形，实质认定者。[②]

按土地增值税税基之计算本来具有接续性，所以，只需在其再行移转时，追缴其原退还税款，不适宜再有期间及改作其他用途的限制。盖其期间的限制，对于期限内移转或改作其他用途者，不当限制其再为迁徙或用益方法之调整的需要，这有碍于土地资源之最适配置，不利于整体的经济福利；对于期限外移转或改作其他用途者，不追缴其原退还税款，过度给予税捐的让步。设有改变用途者，其实也可以等到其最后移转时，始对其追缴退还之税款。无须在其一有改变用途，即追缴税款，以提高土地所有权人调适其土地资源之最佳配置的可能性。唯这为目前实务所不容。[③]

假设有土地所有权人一再迁徙，且符合台湾地区“土地税法”第 35 条规定之退还要件，应如何处理？在其卖出时，首先按该笔土地独立计算其应缴之土地增值税（B），并追缴因其购买该笔土地，当时退还给他之土地增值税（A）。假设土地所有权人后来符合第 35 条规定之退还要件，再买土地，则在该次购买，该土地所有权人得申请退还之土地增值税的最高限额为土地增值税（A）与土地增值税（B）之和。其结果，只要土地所有权人先后买卖之土地间有迁徙意义下之替换关系，其依第 35 条规定申请退还之土地增值税的税款可能逐次累计下来。

另一个问题是，上述迁徙意义下之替换关系可否在土地间转移。例如，甲先卖 A 笔自用住宅用地后，再买 B 笔供自用住宅用地使用，并依第 35 条规定申请退还其因卖出 A 笔土地而缴纳之土地增值税（A）。后来甲另买 C 笔土地，取代 B 笔供自用住宅用地，并

---

① 台湾地区“财政部”1991 年 12 月 18 日“台财税字第 800460190 号函”：“土地所有权人因重购自用住宅用地退还土地增值税者，其重购之土地，自完成移转登记之日起，五年内因继承而移转时，可免依‘土地税法’第三十七条规定追缴原退还税款；但继承人继承土地后，于上述期间内再行移转或改作其他用途时，仍应向继承人追缴。”依该函意旨，该土地等于带有公法上的或有负担。当其实现，减损遗产的价值。

② 台湾地区“财政部”1994 年 8 月 11 日台“财税字第 831605979 号函”：“土地所有权人重购自用住宅用地，经核准依‘土地税法’第三十五条规定退还土地增值税后，于重购土地起五年内，经稽征机关清查发现因子女就学需要，将户籍迁出又重迁回而事实上仍居住于该地，在本部 1985 年 12 月 27 日台财税第二六八一〇号函（编者注：本函因另有核示而予免列）停止适用后，追缴其原退税款，核与‘土地税法’第三十七条规定之立法意旨不符。此类案件，除行政诉讼判决确定之处分，依‘行政院’1972 年 6 月 26 日台财第六二八二号令（1994 年版税捐稽征法令汇编第二页）规定办理外，其余应由追缴退税款之稽征机关主动查明，确无出租或供营业使用情事，实际上仍作自用住宅使用并未改作其他用途者，退还已追缴税款。”

③ 台湾地区“财政部”1993 年 7 月 21 日“台财税字第 821491827 号函”：“‘土地税法’第三十七条规定，土地所有权人因重购土地退还土地增值税者，其重购之土地自完成移转登记之日起五年内再行移转时，应追缴原退还税款。揆其‘立法’理由系‘为避免当事人于退税后即将另购之土地出售，以逃漏土地增值税，并从事土地投机，故明定本项限制条文’。本案纳税人出售甲地重购乙地，依规定申请退还甲地已纳之土地增值税，嗣乙地于五年内再行移转，被依法追缴甲地原退还税款后，复于二年内再购买丙地，申请依同‘法’第三十五条规定退税时，为避免逃漏土地增值税，并防杜土地投机，参照上开立法意旨，应不得再以被追缴税款之甲地作为原出售土地，予以核算退还土地增值税。”

改变B笔土地之用途。设C笔土地依其公告现值计算之价值不低于B笔土地时，可否将实质上记存于B笔土地之土地增值税(A)改记存于C笔土地。依现行台湾地区“土地税法”的规定，不行；但值得考虑实行。① 其理由为，即便实行可改变土地增值税(A)记存之土地，亦不影响将原土地所有权人之一定土地价款闭锁在原规划用途的土地中。从而除实质上最后依然可以实现原政策之规划目的外，并可以更弹性的满足土地所有权人之经济规划上的需要。这符合在不损及量能课税原则的前提下，更高程度的降低遵守成本，增进经济效率，以满足稽征经济原则。

2. 推计课税或核实课征

在土地增值税的课征上，一直有土地涨价总数额的计算，应以实际交易价格为基础，核实课征，或应以公告土地现值为基础(台湾地区“土地税法”第30条、第30条之1、第31条)推计课税的争论。

土地增值税之税基(土地涨价总数额)的计算有接续性：在一笔土地之第一次交易，以其原规定地价；曾经移转之土地，以其前次移转现值(台湾地区“土地税法”第31条第1项第1款)为其取得成本。所谓前次移转现值是指前次核计土地增值税之现值。其例外为，因继承取得之土地再行移转者，其最后移转现值，指继承开始时该土地之公告现值(同条第2项)。因该例外规定，继承有重新设定土地之公告现值的效力。这使土地增值税之税基的计算因继承而不接续。这是土地税法上会使国家税收利益遭受损失的规定。

因为实际交易价格通常高于土地之公告现值，亦即交易过之土地的所有权人取得该土地的成本高于土地之公告现值，所以，现在如果突然要求改以本次交易之实际交易价格，为其土地涨价总数额的计算基础，则因其前次核计土地增值税之现值为公告现值，而非上次的实际交易价格，其结果是，在本次计得之土地涨价总数额必然包含历次交易前手之实际交易价格超出前次核计土地增值税之公告现值的部分，亦即等于在本次交易中，一次对于本次的出卖人追征对于历次出卖人少征的土地增值税。这是任一土地所有权人原则上无法负担的税负。是故，基于土地增值税税基之计算的接续性，一时恐怕还是必须依照原来的规定，这等于在土地增值税之税基的计算一般的采推计原则。能够补救的只有逐步逼近市价。不过，必须注意，逼近可能对于不动产有促涨的副作用。是故，与不动产财产税之税基的计算一样，在税制的规划上，适合采偏低之推计的税基，然后配以适合之税率控制规划的税收。乍听之下，核实课征虽然比较符合量能课税原则，但顾

① 类似的情形，台湾地区“奖励投资条例”第38条第1项第2款曾规定：“二、原供该事业直接使用之用地随同一并移转时，经依‘法’审核确定其现值后，即予办理土地所有权移转登记，其应缴纳之土地增值税，准予记存，由合并后之事业于该项土地再移转时，一并缴纳之。合并之事业破产或解散时，其经记存之土地增值税，应优先受偿。”依该条规定，台湾地区“财政部”1986年8月28日“台财税第7565136号”函释：“自营工厂用地依‘土地税法’第三十五条第一项第二款重购土地退还土地增值税者，其重购之土地自完成移转之日起五年内，因经营之需要经‘经济部’项目核准与其他营利事业合并而一并移转时，应优先适用‘奖励投资条例’第三十八条第一项第二款规定，而无‘土地税法第’三十七条追缴原退还税款之适用。”

虑市场心理的反应，可能必须以迂回的方法，透过税率之调整，达成预定的税收目标。

（四）小结

由以上的说明可见，透过不动产交易税、财产税及所得税的课征，固可以增加税收，但不足以抑制不动产的交易价格。是故，要抑制不动产的交易价格必须分析不动产产业的特性，有针对性的另谋政策工具，始能达到调控不动产交易价格的政策目标。

四、不动产产业的市场地位

不动产中之土地不但与人力、资本和技术并列为四大生产要素之一；而且，土地更以其生活及生产活动空间之必要性、稀有性、区位性及普遍的需求性，而一般的具有难以替代性的特色，形成有土斯有财之根深蒂固的经济经验与确信。其结果是，土地之市场价格不仅至少会随物价之变动而调整，而且调整得比其他财产高，导致价格恒涨的现象。除了在战乱的特殊情形，相对于黄金，不动产有带不走的缺点外，在一般的经济动荡中，不动产常常有最好的保值能力。此外，相较于另一保值商品：黄金，不能在持有中产生孳息；投资于不动产，除在最后卖出时可能有财产交易所得外，在土地持有中，还能透过用益产生天然或法定孳息。能产生孳息，保值性又高，降低不动产之炒作成本与风险。于是，土地自然成为货币供给过剩时，多余资金之避风港，容易产生投资性之非用益性的假性需求及囤地炒作。这时，如果不透过相关促使地尽其利的土地政策，一方面，将会产生土地资源浪费的情景：富者，空屋处处；贫者，一屋难求。另一方面，土地价格跟随炒作，愈炒愈高，导致受薪者倾毕生之积蓄，亦不足以购得合宜的栖身之地。于是，如何调控不动产市场，使其价格合宜，人人有屋住，成为经济及社会政策下之重要课题。

不动产中之房屋，其构成之不动产产业，由于开发、兴建阶段聘雇劳工多，产业关联效果大，影响营建机械设备、建材、室内设计、施工及相关公共建设之土木工程，所以常常被寄望为降低失业率、维持经济景气、带动经济发展、提高经济成长率的“火车头”产业之一。因此，对于不动产产业的调控，比较多的情形是，不动产产业景气一发生困顿，政府便剑及履及降低土地增值税（土地资本利得税），而且常常一降就是对折或对于建筑业者或购屋者提供融资的利息补贴，以抒困。反之，在不动产价格飙涨，房价年所得比节节升高时，单单2010下半年六个月间即从7.7倍标到8.9倍。

为对抗房价的涨升，目前政府已采取的措施，比较受注视者为课征众人皆认可之特种货物税，并一般相信借此能够遏阻狂飙的房价。然由于该期待与经济法则相背，自然只能引起量缩价升的结果，难以有效煞住狂飙的房价。开征新税，要真能有助于抑制房价，还要看如何支用该新税之税收，以增加能够抑制房价之房屋的供给而定。

五、不动产之投资所得及其价格

投资所得由财产孳息及财产交易所得构成，如股票有股利及股票交易所得，债券有利息及债券交易所得，土地有租金及土地交易所得，房屋有租金及房屋交易所得。上述交易所得在“所得税法”上概称为财产交易所得（台湾地区“所得税法”第9条），亦称为资本利得。一般而言，财产之市场价值应当是其孳息之资本化的数值。所以，一笔财产在孳息所得之外,会有财产交易所得,在市场上,总是彰显该种财产之一件值得注意的(特殊)现象:资本化的倍数较高。有较高财产交易所得之财产的资本化的倍数既然较高,其孳息的产出相较于其资本价格的比例通常较低。资本化的倍数,通常参考当地定期存款利率及该财产所处市场之风险及特殊之获利能力。

要使不动产能地尽其利,必须使不动产与其他货物一样,能够物尽其用,货场其流。也就是说,使不动产能供适当使用,一方面避免发生囤积居奇,另一方面让不动产不因信息的封闭而提高交易成本,滞碍其流通。

六、不动产产业的现况与社会和谐

不动产产业现况之特征为价格飙涨。台北中心市区每平方米大约在新台币 30 万元,板桥县政中心周围,每平方米大约在新台币 18 万元。在台北每平方米大约新台币 10 万元以下的房屋已很难找到。相对于"全民"年平均所得每人 60 万元,人口数 20% 之最低所得阶层年平均为每人约 30 万元,人口数 20% 之最高所得阶层年平均为每人约 180 万元。与该所得水平相较,房价显然过高。这自然使无自用住宅者人心惶惶。影响治安及年轻人的进取心。然而,另外,只要豪宅推出,就像豪华轿车进口的景象一样,很快销售一空,似有供不应求之势。这对社会各阶层的冲击,难以言宣。人民虽然大部分善良,但长此以往,待父兄历代的积蓄化光时,将会是一个让受薪者看不到希望的时代。社会将因此动荡。社会和谐将遥不可及。

令人困惑的是,台湾地区本有洞烛机先之平均地权、涨价归公及地尽其利的土地政策及土地税政策,为何几十年间一样陷入这样的困境,难以自拔!

回想当年,台湾地区成功解决农地的问题:不但"三七五"减租,还耕者有其田。此外,台湾地区其实也不曾让需要兴办工厂者要不到工业用地,或在工业用地之购买遭受到地价飙涨的困扰。

有鉴于此,必须想出什么经济调控的方法,把房价压下来,解决大众之居住问题。

七、不动产市场之调控的必要性

在市场经济,商品价格含房地价格皆由市场的供需所决定。所以,在市场经济之信念下,通常认为,让市场自由决定商品之价格,最能有效率地使用稀有的资源,在房地市场,最有效率满足各方对于房地之需要。

不动产市场失效之特征为,太高的价格及太少的房屋供给。[①] 因此,过一段期间,通常为 7 年,台湾地区房地价格便狂飙一阵,从 1986 年起飙,越飙越厉害,从 2011 年 9 月 1 日我国台湾地区发行之《经济日报》A 版 20 面即有 9 面满版之房屋销售广告可知,最近这一波飙涨几乎已到泡沫化之失控边缘。不动产市场机能既已失效,便产生由政府加以调控的必要性,以管住脱缰狂飙之房地价格,并实现下列目标:(1)衡平生产要素价格,在

① Samuelson/ Nordhaus, *Economics*, 18ed., 2005, p. 36:"太高的价格及太低的产出构成之典型是伴随不完全竞争之无效率性的特征。"

土地及其他因素提供者间，营造合理分配生产成果的环境；(2)扶持有正面外部性之弱势产业（如书局等文化事业）能在文教区立足；(3)照顾薪资所得者的生活，使其住者有其屋。

管制价格为各种经济管制中之最不得已的选择。盖无论如何，商品或服务的价格如果不是透过供需，由市场形成，必难以达到有效率的生产与分配。因此，虽然最后希望透过经济引导或调控，合理解决房地之供需及价格，但不能直接对于房地价格加以干预，而必须正确调查分析房地市场所以失效的因素，以对症下药；否则，一切人为的调控措施不仅难以收效，而且必然会影响到房地产业之经济效率。

八、房地价格之调控的现状

对于商品或劳务之价格的调控方法，最直接者为限制商品或劳务之下限或上限价格。下限价格如高于均衡价格，会导致需求不足；[①]上限价格如低于均衡价格，会导致供给不足。[②]

可能施之于房地价格者为上限价格的管制。下限价格的管制，不曾直接实施于房地市场。在台湾地区实施于房地市场之上限价格的管制为租金。关于耕地之租金，“耕地三七五减租条例”第2条第1项规定：“耕地地租租额，不得超过主要作物正产品全年收获总量千分之三百七十五；原约定地租超过千分之三百七十五者，减为千分之三百七十五；不及千分之三百七十五者，不得增加。”该“条例”公布施行于1951年6月7日。关于房地租金的上限，[③]台湾地区“土地法”（2011年6月15日修正公布）第94条规定：“城市地方，应由政府建筑相当数量之准备房屋，供人民承租自用之用。前项房屋之租金，不得超过土地及其建筑物价额年息百分之八。”第97条规定：“城市地方房屋之租金，以不超过土地及其建筑物申报总价年息百分之十为限。约定房屋租金，超过前项规定者，该管

① 下限价格最有名且争论最多者为基本工资（台湾地区“劳动基准法”第21条规定：“工资由劳雇双方议定之。但不得低于基本工资。”）其缺点是可能使边际劳工找不到工作，提高失业率（Samuelson/ Nordhaus, *Economics*, 18ed., 2005, p. 255）。

② Mankiw, *Economics*, 3ed., 2002, pp. 114－118.

③ 台湾地区“最高法院”1970年度“台上字第793号民事判例”：“房屋及基地之租金数额，按其地区，于‘土地法’第九十七条及‘实施都市平均地权条例’第五十八条，分别定有限制。当事人间约定之租金超过此限制者，出租人对超过部分无请求权，法院就出租人超过部分之请求，予以驳回，与行政机关强制减定前开超限租额，并行不悖。［房屋连同基地出租时，除基地租金适用前条规定外，房屋租金以不超过该房屋价额年息百分之十为限。前项房屋价额，由直辖市及县（市）政府查估之。］”台湾地区“最高法院”1979年年度“台上字第3071号民事判例”：“基地租金之数额，除以基地申报地价为基础外，尚须斟酌基地之位置，工商业繁荣之程度，承租人利用基地之经济价值及所受利益等项，并与邻地租金相比较，以为决定，并非必达申报总地价年息百分之十最高额。”

'直辖市'或县(市)'政府'得依前项所定标准强制减定之。"①

关于土地之租金,在台湾地区透过上述的上限规定,为何曾经一度间接成功的管住耕地的价格。而同样有租金限额的规定,为何不曾成功管住房地价格,还是发生房价狂飙,使一般受薪者无力购买栖身之住宅?其理由为,耕地有自耕面积三公顷的限制。农作物的产出除受农产品市场的制约外,还有田赋征实。要之,耕地之用途受法律限制,只可供农业使用,不自用,便必须出租,别无出路。而出租又有租金限额。是故,不论是出租或自耕,耕地所有权人来自耕地之孳息所得基本上受制于天,又受制于人为的经济管制。其结果,耕地之孳息大致有一个常数。于是,将该孳息资本化出来的耕地价格大致上也稳定,难以脱离管制的范围。反之,房地市场就远为复杂。耕地价格只是单纯的土地问题,而建地价格除与房屋纠缠在一起外,不但没有强制出租的制度搭配租金限制,而且在工业化及都市化后,与日俱增之房地需求,民间过剩资金欠缺投资项目之加入炒作,以及宽松之货币政策,更是火上加油,使影响都市土地之价格的因素更是难以捉摸。此外,本来希望透过都市更新增加房屋供给,以缓和涨势,却反因成为炒作题材及建商额外获利,提供卖方价格抗跌之奥援,造成都市房价的涨势,随着新开发区之推案,一波接过一波。诡异的是,新开发区之入住率,虽常低于六成,而价格一样,随着开发进度,一期高过一期。这是政策手段没有针对问题特征所造成的结果或反效果。

此外,值得思考的是,同样的市场环境,工业兴办人或交通事业为何基本上未遭遇相同的困难:因为有"国家"为其征收私人土地或以公告现值出售或出租公有土地为其解决需地的问题。

九、应当如何调控

(一)调控目标

不动产市场之调控目标,有时置重于房价飙涨的遏阻,希望使之趋于合理;有时置重于税捐正义,希望对于由房地交易取得之资本利得,如实课税,以使其所得者,平等量能负担税捐。该调控目标可谓众人之普遍的愿望。可谓民气可用。需要补充者,只有因此增加之税收该支用到那些施政项目。盖国家税收一般固当依循统收统支的原则,但鉴于与不动产有关之税捐,其税捐客体具有地缘性,所以,如能将其税收指定使用于与都市计

---

① 为防止巧取租金,规避租金上限的规定,台湾地区"土地法"第98条规定:"以现金为租赁之担保者,其现金利息视为租金之一部。前项利率之计算,应与租金所由算定之利率相等。"第99条规定:"前条担保之金额,不得超过二个月房屋租金之总额。已交付之担保金,超过前项限度者,承租人得以超过之部分,抵付房租"租金之巧取的有效规范,为租金上限政策成败之所系。台湾地区"最高法院"1965年年度"台上字第1528号民事判例""市场摊位之承租人,不仅在其承租之摊位得以营商,并得享受整个市场之特殊利益,其应付租金不仅为使用摊位之对价,且包括此项特殊利益之对价在内,自非普通之房屋兼土地之承租可比,固不受'土地法'第九十七条及'实施都市平均地权条例'第四十八条所定,房租及地租最高限制之拘束。"

划有关之事务，[1]并兼顾落实社会福利住宅之开发兴建与流通，[2]当更有助于抑制房地价格之飙涨或缓和其飙涨所引起之社会的不安。

（二）调控工具

对于不动产市场有调控作用之工具，传统上注重于金融及税捐工具，而比较少利用市场结构及市场行为的调控。由于金融及税捐工具一般固然能够影响不动产市场的供需，但是如果没有其产生之补贴或负担之归属的解析，不容易准确地帮助到想帮助的群体。结果是，不动产价格依然飙涨如故。

通常容易将不动产市场简单看成一个市场，而其实以不动产开发兴建与销售为业务之初级市场及以转售流通为业务之次级市场，不但其营运的机制，而且其分别对于国民经济也有不同的意义。因此，经济行政在市场结构上应将之划分为两个市场，分别管控或调控。此外，不动产之购买人，其购买目的主要亦有自用及投资的差别。投资者间，亦可能有将不动产当黄金，购而不用，只是待价而沽，甚至囤积居奇。因此，有所谓以囤地或养地为业的投资者。此种不动产的经营方式与地应尽其利的原则，最相违背。所以，在次级市场，必须特别将此种市场行为分离出来，加以规范。对之，虽不可禁止，但应在融资或税课上给予特别对待，以寓禁于征。此外，为规划准确有效之调控工具，必须建立不动产集中交易市场，以提高信息之透明度，消除存在于不动产市场之信息不对称的情形，从而根本除去使不动产市场之竞争机能失效的原因。

人需有栖身之地，微型企业需有工作的场所。而土地这一生产因素，在利伯维尔场底下，难以避免受到已经经营有成者的控制。所以，国家有储备一定数量之土地资源，帮助这些处于市场劣位者，生存或力争上游的必要。为维持社会和谐，促进大同，这是一件重要的工作。是故，在不动产市场之调控，除经济因素之考虑外，还必须注入社会因素，始能圆满。

（三）房地价格飙涨之基本因素

必须注意者为，房地价格所以飙涨之根本因素为：（1）在房地市场，由于信息不对称，

---

① 例如，台湾地区“都市计划法”第 15 条第 1 项所规定之下列事务：“四、住宅、商业、工业及其他土地使用之配置。五、名胜、古迹及具有纪念性或艺术价值应予保存之建筑。六、主要道路及其他公众运输系统。七、主要上下水道系统。八、学校用地、大型公园、批发市场及供作全部计划地区范围使用之公共设施用地。”

② 社会福利住宅在台湾地区称为“国民住宅”。其主要相关规定下：“国民住宅条例”、“国民住宅贷款办法”、“国民住宅出售出租及商业服务设施暨其他建筑物标售标租办法”、“国民住宅小区管理维护办法”、“辅助人民自购国民住宅贷款办法”、“贷款人民自建国民住宅办法”、“奖励投资兴建国民住宅办法”、“内政部营建署预拨台湾省各县市国民住宅业务周转金支用要点运用办法”、“2011 年国民住宅出售出租对象家庭收入标准”、“台湾省国军老旧眷村重建对较低收入原眷户辅导办理国民住宅贷款要点”。从其相关“法规”之绵密，可谓台湾地区已有相当完备之社会福利住宅“法规”。

形成不完全竞争市场,导致市场失效。① 使不动产业者,含开发兴建业者及承销业者有机会哄抬房地价格。(2)虽区分土地与房屋,认定其财产交易所得课征所得税(就土地之交易所得课征土地增值税,就房屋之交易所得,课征所得税),但未配合其区分,深究房屋之财产交易所得的真正来源,以致在税基之计算上,容任土地之交易所得分散至房屋交易所得。盖原则上房屋只会折旧,真正能够随时间之经过而涨价者为土地。此外,对于土地交易之增值所得,在制度上要有具有可操作性的设计。例如,应有能掌握实际交易价格,以计算其土地交易所得的配套制度如不动产实价登录制度。不过,在转型中,不动产实价只适合逐步施行于土地交易所得,而不适合施行于其财产税(地价税及房屋税)。因为房地价格既然偏高,其孳息之实际的负税能力便不一定跟得上来。此外,为防止金融机构助长不动产价格之飙涨,并避免在不动产经济的泡沫涨破时,波及金融产业酿成金融危机,也不得按实价核贷。必须在比较高的限度让不动产业以自有资金营运。防杜之制度的漏洞存在于对于购买人之贷款。针对该漏洞,必须区分自用性及投资性交易,差别其融资政策。投资性交易者应等同于不动产业者,应促使其以自有资金投资。(3)利用税捐工具对于房地市场进行调控时,没有配套考虑减免税捐时,其税式支出的归属流向卖方;重课税捐时,没有配套规划新增税收之支应项目,以补助低收入者之财产的形成或住宅之取得或租用。为社会福利住宅之兴建、承购及流通,不但必须建立与其他不动产互相区隔之社会福利住宅市场,而且也必须透过符合经济学原理之可操作性的制度设计,确保社会福利住宅在落成时及往后维护时应有的质量。(4)融资补贴未区分自用性市场及投资性市场,以致配合激励房地产市场之融资,流入投资性市场,形成空屋一片,待价而沽,融资政策反而促进房价之涨升。(5)未区分房屋之初级市场(开发市场)及次级市场(转卖市场)分别其调控方法,以致难以规划不影响投资开发及成屋流通之调控措施。(6)没有建立经济有效之房地产业数据的收集系统,以致不能打破房地产市场在买卖双方之信息不对称的形势,使房地产市场的竞争机能不够不完全,充满误导行情之恫吓性的广告。(7)产品标示,特别是公设比所造成之虚坪的问题。这使价格之比较产生困难。

---

① Samuelson/ Nordhaus, *Economics*, 18ed., 2005, pp. 36 – 38:使市场失去效能的因素包括:(1)不完全竞争:由于市场之自然独占性质、国家设置市场进入的障碍或供需双方有信息不对称的情事形成存在所谓卖方市场或买方市场的状态,使一方能够单边主导价格。其极致为独占。在房地产市场虽非独占市场,但长期而论,由于信息不对称及资力,使房地产市场总是由卖方,特别是房地产业者主导。(2)经济活动之外部性。外部性有正面的与负面的。正面的,如教育或研究、发展;负面的,如污染。房地产之外部性主要为其开发带来之环境负担或公共设施之需要。这些负面外部性引起之社会成本如不内部化由其开发者负担,房地产开发业者,将可以从社会无偿获得经济利益。(3)公共财。这指私人不能、不愿或不得提供之服务,如灯塔及高速公路网的兴建与运作、天气预报、公共卫生、基础科学之研究、国防及贫病的救助。当有不完全竞争及外部性妨碍市场之竞争机能,政府必须透过经济管制,维护市场之竞争机能。此外,市场竞争及私有财产之保护引起之财富集中,产生的贫穷问题,也必须利用社会救助的方法提供帮助。为支应矫正市场失效所需之费用,人民必须对国家支付税捐。如何课税及如何使用税款,对于不同的经济部门会有不同的影响。

（四）调控目标为何不能达成

目前常被提出之房地政策或措施对于房价之抑制为何无效？其理由为：（1）利用对于需求方融资补助，帮助其取得自用住宅或减轻其租赁房屋的租金，固有助于减轻其负担，但对于压低房地价格，不但同样没有帮助，而且其对于购买方补贴的结果，一样具有拉抬房价的作用。盖提供低利融资给购屋者，因其作用为提高需求，帮助建商开拓有能力的购屋者，有若抱薪救火，使房价更是居高不下。（2）价格过高，固应透过对其财产交易所得核实课征所得税，达到课税的公平。但这对于压低房地价格并无帮助。[①]（3）利用提供土地或容积的方法，增加住宅的供给，特别是福利房或社会房之供给，本来固当具有抑制房地价格的作用，但因甘霖难以普降，所以有幸获配者固然有若中了乐透，但这些房地因为数量有限，马上并入原来的主流市场，一转手后，除了在价位上马上与既有市场看齐外，因其成本低，反而更有抗跌性。这可以说明为何单纯之国民住宅措施不能缓和不动产价格之飙涨，或给予高百分比之容积奖励后之都市更新房屋的价格马上倍增，且居高不下。因为获利者无资金压力，可以待价而沽，成为维持炒高后之房价的援军。

（五）调整工具之重新规划

基于以上的认识，要使调控措施有效，必须进行市场调查，透明化市场信息，重新规划调控工具，从市场结构及市场行为之调控着手，如区隔市场（初级市场与次级市场，用益性市场与投资性市场），消除不动产市场关于空屋存量、质量规格、市场行情等信息之不对称情形，限制对于次级市场之投资性融资；不动产交易所得税之课税所得应有足够的比例或数量，用于社福住宅的兴建，并建立互相区隔之不动产集中交易市场及社福住宅之集中交易市场等，以提高政策工具之效用的准确度。

房地市场的失效，既然源自信息不对称，则其对策首先应置于如何增进房地市场之重要信息的透明化，而后是正确增加房地的供给。例如：（1）公开成片开发区之小区规模、小区环境、开发商余屋、空屋率（入住率）、交易行情，以促进竞争。（2）区分土地与房

---

① 最近改用对房屋交易所得课税，以抑制短线炒作房地产，抑制投机性或投资性的房地产需求，试图从需求之压抑降低市场价格。其具体规定略为，除销售之房屋为自用住宅，且该房屋非属自用住宅之所有权人或其配偶购买房屋及其坐落基地，致共持有二户房地，自完成新房地移转登记之日起算一年内出售原房地，或因调职、非自愿离职或其他非自愿性因素出售新房地，且出售后仍符合前款规定做自用住宅使用者外（第5条），“特种货物及劳务税条例”第11条规定，购屋转售，且其销售持有期间在两年以内之房屋者，其应征之特种货物税额，就销售时收取之全部代价，包括在价额外收取之一切费用计得之销售价格（第8条规定），按税率为10%。但持有期间在一年以内者，按税率为25%，计算之（第7条）。

屋,建立只有土地才会涨价而房屋只会折旧,①以建立对于所谓之房地涨价真相的正确认识。唯如有投入有益费用,则在增益其价值的限度,得计入其残值。另如,因成本之推动,其重置成本大于取得成本者,亦得按重置成本对于取得成本之比例调整其残值。后一调整通常比较简单的,按物价指数加以调整的方式表现出来②(台湾地区"土地税法"第32条参照:"原规定地价及前次移转时核计土地增值税之现值,遇一般物价有变动时,应按政府发布之物价指数调整后,再计算其土地涨价总数额。")(3)将房地市场区分为初级(开发)市场及次级(转售)市场,分别调控。(4)管理上要掌握:新开发房地之成本结构及定价有关信息。如有超过预期投资报酬率之利润,应建立超额所得税制,以附征特种所得税的方式,高成数的将之归公。(5)审批开发计划时,应按其开发计划掌握开发质量外,并以自动申报预期之投资报酬率的方法,确实管控其投资报酬率,并借助于审批之投资报酬率的调整,调控开发市场之投资意愿与供给。(6)管制房屋的销售及广告的方式,以及承销费用占房地产之开发费用的比例,以防止引人错误之广告及不合理之开发成本。(7)建立房地集中交易市场,透明化交易条件及价格,降低交易成本。以提供对于房地初级(开发)市场及次级(转售)市场之调控所需的信息基础。(8)按原则上房屋只会折旧土地才会涨价的观念,正确对待房地次级(转售)市场呈现之房地转售的交易所得。按适当税率课征房地交易所得税,以调控房地次级(转售)市场,在不根本影响置产意愿之前提下,基本消除从土地涨价获取资本利得的想法。使土地财产之购置与其他财产之购置一样,主要是为了用益,而非为将来之涨价利益。(9)为防止低利融资辅助购置房屋的政策受到滥用,对于空屋之融资应采加速到期条款,收回贷款,以紧缩投机客之信用。(10)房屋租金应按银行定期存款利率加法定比例为其上限。(11)制定财产形成法,补助一定所得以下之受薪者储蓄购买社福住宅。对于该储蓄政府提供一定比例之相对本金或利息的补贴。必要时,辅以社福住宅之集中流通市场,方便由于变更工作地点

① "房屋税条例"第10条第1项规定:"主管稽征机关应依据不动产评价委员会评定之标准,核计房屋现值。"第11条第1项规定:"房屋标准价格,由不动产评价委员会依据下列事项分别评定,并由直辖市、县(市)政府公告之:一、按各种建造材料所建房屋,区分种类及等级。二、各类房屋之耐用年数及折旧标准。三、按房屋所处街道村里之商业交通情形及房屋之供求概况,并比较各该不同地段之房屋买卖价格减除地价部分,订定标准。"由该项规定可见,关于房屋标准价格虽当按其建造材料所构成之取得成本与耐用年数及折旧标准评定,且"房屋标准价格,每三年重行评定一次,并应依其耐用年数予以折旧,按年递减其价格"("房屋税条例"第11条第2项)。但第1项第3款规定,"按房屋所处街道村里之商业交通情形及房屋之供求概况,并比较各该不同地段之房屋买卖价格减除地价部分,订定标准",又将房屋价格与地价混淆在一起。盖"房屋所处街道村里之商业交通情形及房屋之供求概况"与房屋在建造上之取得成本无关。区位影响者为土地之价值,而非房屋之价值。

② 台湾地区"财政部""台财税第33328号函":"一、被继承人遗产中有未公开上市之公司股票者,其股票价值依遗产及赠与税法施行细则第二十九条第一项规定,以继承开始日该公司之资产净值估定之,其于计算公司之资产净值时,对于公司资产中房屋及土地之估价,其房屋部分以自其实际成本中,按期扣除折旧之价格为准,土地则以实际成本为准,但如因物价上涨等因素,有重行估定其价值之必要时折旧性质资产之房屋,可依'营利事业资产重估价办法'办理土地则依'平均地权条例'所规定之公告现值调整其账面价值。"

所需之买卖。(12)随同农林渔牧工矿业之审批,附带审批土地,供业主兴建员工住宅,供员工承购。该住宅纳入制定财产形成及社福住宅体系管理。(13)社福住宅必须划入特别市场管理、流通,除违规没入,以杜绝场外交易外,必须原价变现,并在一定资格者间流通。取得配给一定社福住宅购买权利者,该权利具有属人性及继承性。在甲地让出社福住宅,本于该权利可以在乙地购买相同等级之社福住宅。没有够资格者受让时,可以按其残值卖回社福住宅管理机关。

论财产税属性下的房产税改革

潘明星* 王杰茹**

经国务院同意,上海、重庆于2011年1月28日施行的房产税改革试点,引起了社会各界的广泛关注。本文从税收分类的基本原理出发,分析了试点房产税的商品税属性、房产税的功能以及财产税属性下的房产税改革思路。

一、试点房产税:属于财产税抑或商品税

房产税属于财产税,这是税收学的常识。财产税不同于商品税、所得税:商品税是以商品销售环节为课税环节,以销售价格(或销售价格中的增值额)为计税依据的税收,如增值税、消费税;所得税是对企业或居民的收入总额扣除成本费用和商品税(增值税除外)后的余额即利润额课征的税收,如企业所得税和个人所得税;而财产税是以财产为征税对象的税收,以征税对象的非流动性为特点,属于对社会财富的存量课税,它通常不是课自当年创造的价值,而是课自往年度创造价值的各种积累形式,如车船税、房产税、土地使用税。

就目前上海、重庆试点的房产税来看,其财产税属性不足,商品税属性显著。上海市试点的房产税,其征税对象为上海居民家庭新购第二套及以上住房和非上海居民家庭的新购住房。税率为,一般适用税率暂定为0.6%,但对应税住房每平方米市场交易价格低于上年度新建商品住房平均销售价格两倍及以上的,税率可暂减为0.4%。计税依据为,参照应税住房的房地产市场价格确定的评估值,试点初期暂以应税住房的市场交易价格的70%计算缴纳。免税住房面积的计算:对居民家庭新购且属于第二套及以上住房的,合并计算的家庭全部住房面积人均不超过60平方米的,其新购的住房暂免征收房产税;人均超过60平方米的,对属新购住房超出部分的面积,按规定计算征收房产税。房产税按年计征。①

---

* 山东财经大学财税学院书记,教授、硕士研究生导师。

** 王杰茹,山东财经大学财税学院2010级财政学硕士研究生。

本文发表于《财政研究》2012年第8期。

① "上海市开展对部分个人住房征收房产税试点的暂行办法",载上海市政府网站,访问时间:2011年1月28日。

重庆市试点的房产税规定,在重庆市主城九区内向个人房产征收房产税。首批纳入征税对象的住房包括:个人拥有的独栋商品住宅和个人新购的高档住房(高档住房是指建筑面积交易单价达到上两年主城九区新建商品住房成交建筑面积均价两倍及以上的住房),在重庆市同时无户籍、无企业、无工作的个人新购的第二套及以上的普通住房。税率为,独栋商品住宅和高档住房建筑面积交易单价在上两年主城九区新建商品住房成交建筑面积均价三倍以下的住房税率为0.5%,三倍(含三倍)至四倍的税率为1%,四倍及以上的税率为1.2%;在重庆市同时无户籍、无企业、无工作的个人新购的第二套及以上的普通住房,税率为0.5%。计税依据为,应税住房的房产交易价,条件成熟时,以房产评估值作为计税依据。免税住房面积的计算,以家庭为单位,一个家庭只能对一套应税住房扣除免税面积。纳税人在试点前拥有的独栋商品住宅,免税面积为180平方米;新购的独栋商品住宅、高档住房,免税面积为100平方米。在重庆市同时无户籍、无企业、无工作的个人的应税住房均不扣除免税面积。房产税按年计征。①

从上海、重庆房产税试点方案可以看出,尽管方案中都规定了一定标准的免税房产,但从总体上看,试点的房产税都是以商品房为征税对象、在商品房销售环节、以商品房销售价格为计税依据的课税(这是商品税的基本特征),而把作为财产存在形式的存量房产(这应是房产税的基本征税对象)基本排除在课税范围之外。这使试点房产税没有多少财产税属性,②而商品税属性显著,甚至被人称为“高端住房特别消费税”。③

应该看到,相对于商品税而言,财产税的运行需要更高的征管要求和征管成本。因为财产税的征收存在特殊的信息成本和财产价值的重估成本。以房产税为例,要对存量房产征税,就必须掌握现存房产的准确信息,并评估出各时期房产的价值,显然这种税收征管的基础性工作在我国短期内是难以完成的。从这个意义上,现行房产税试点方案绕开了存量房产征税及其价值评估这个房产税最核心、最具挑战性的内容,而选择只对新交易的商品房征税,这虽然可以使房产税试点顺利推行,却导致了对房产税功能以及房产税改革认识上的分歧。

二、试点房产税功能的争议分析④

房产税功能是目前学术界争论较多的问题之一。有的学者认为,房产税具有组织财政收入的功能,不应该承载如调控房价、引导住房消费、调节收入差距等功能。⑤ 笔者认为,调节经济是商品税的固有功能,既然如上分析,试点房产税具有商品税的属性,其具

---

① “重庆市人民政府关于进行对部分个人住房征收房产税试点的暂行办法”,载重庆市政府网站,访问时间:2011年1月28日。

② 只有房产税试点方案中的“按年计征”属于财产税的特征。

③ 徐阳光:“房地产税制改革的立法考量”,载《税务研究》2011年第4期。

④ 《上海市开展对部分个人住房征收房产税试点的暂行办法》开宗明义的房产税功能定位为:“为进一步完善房产税制度,合理调节居民收入分配,正确引导住房消费,有效配置房地产资源。”

⑤ 徐阳光:“房地产税制改革的立法考量”,载《税务研究》2011年第4期。

有调节功能也就顺理成章。换个角度看,正是在国家调控房地产市场的背景下,承载着调控房价、引导住房消费、调节收入差距等调控预期,才把试点房产税设计成了商品税的属性。

其实,即便是财产税属性的房产税,除组织财政收入功能外,也还具有调节功能。只是受制于不同时期的现实条件,其调节功能发挥的有效程度不同而已。

(一)关于房产税的组织财政收入功能

相对于其他税种的组织财政收入功能,房产税更鲜明地体现了税收是政府购买公共产品的成本费用的内涵,体现了征纳双方权利与义务对等的税收理念。作为房主来讲,有权利享受政府提供的公共产品(道路桥梁、公园、治安),同时有义务依法向政府缴纳购买这个公共产品的成本费用——房产税;作为政府特别是地方政府来讲,有义务为房主提供必要的公共产品和公共服务,同时有权力依法向房主收取购买这个公共产品的成本费用——房产税。正是基于"成本—收益"原则,按房产价值或面积征收的房产税成了分摊公共产品成本的较好选择。

在此理念下,地方政府加大基础设施等公共产品投资,提升了住房周边的品质,房产升值,房主受益,房产税增加,政府有财力又可以增加公共产品投资,如此形成良性循环。因此,房产税常作为地方主体税种并被视为一种善税,美国等国家即是如此。

在我国,改革房产税、健全财产税制体系是完善我国地方税制体系的重要内容。然而,鉴于我国长期的计划经济体制,私人房产极少,也就没有对私人房产征税的制度。直到 1986 年的房产税改革,仍将个人自住房列入免税范围。随着住房商品化改革和房地产业的迅速发展,房地产税制改革已经提上议程,[①]并在局部地区进行了试验。而这次上海、重庆的房产税试点,是在房价上涨过快的背景下,作为国家"一揽子"调控措施(即"新国八条")的组成部分施行的,不仅使房产税试点方案偏离了财产税属性而具有商品税的特征,而且其具有的组织财政收入和调节经济的功能也需重新考虑。

就组织财政收入功能来看,房产税能否成为地方政府的主体税种,还受制于以下因素:

一是房主是否有纳税能力。因为房产税的特点是征税对象与税源的分离,征税对象是房产,但房产税的最终来源是纳税人的收入。我国是持"居者有其屋"消费观的国家,居民自有住房率很高,但很多家庭是集三代之力买房,还有很多家庭是贷款买房,有住房并不代表有纳税能力。因此,房产税必须对个人基本住房给予免税,这样,应税房源的有限性会抑制房产税收入的规模。

二是土地财政的制约。房产税属地方税种,收入归地方政府使用,从一般意义上地

---

① 2003 年 10 月 14 日,党的十六届三中全会通过的中共中央《关于完善社会主义市场经济体制若干问题的决定》中指出:"实施城镇建设税费改革,条件具备时对不动产开征统一规范的物业税,相应取消有关收费。"这里的"物业税",就是房产税。

方政府理应是房产税改革的积极支持者。但在我国目前的土地供给制度和土地补偿制度下，地方政府能够从土地价格上涨中得到更多的土地出让金收入，从大规模房地产开发中取得数额可观的税费收入。2010 年仅全国土地出让金收入达到 2.7 万亿元，许多地方土地出让金收入占地方财政收入的比重在 50% 以上，而房产税占地方财政收入的比重仅为 3% 左右。① 可见，对地方政府而言，房产税是一个微不足道的小税种，房产税的财政贡献度较低，但土地出让金收入却是地方政府非常重要的收入来源。当然，假若将来将个人自住房纳入房产税的征收范围，其房产税的财政贡献度虽可能有所提高，但考虑到房产税的征管难度大、征税成本高，以及房产税开征对当地房地产经济和政府收入的影响，很难有理由让地方政府去积极地推进房产税改革。

（二）关于房产税的调节功能

房产税的调节功能包括两个方面：调节收入分配和调节经济运行。就调节收入分配来看，房产税作为财产税属于直接税，征税对象是房产，但其税源是纳税人的收入，由于税负难以转嫁，纳税人缴纳房产税直接减少其税后收入，房产税征收过程实际上就是收入再分配过程。而且，房产是目前我国公民主要的财富存在形式，房产多、档次高，代表经济实力强，多纳税减少其税后可支配收入，以调节贫富差距。② 但同时应该看到，在我国现实经济社会条件下，房产税的调节作用受到制约：一是富人拥有的房产价值可能只占其全部资产的一部分，而金融资产、知识产权、艺术品、贵金属等有形和无形财富在富人财富中占有较大的比例。二是通过贷款购房的纳税人不仅没有纳税能力，还承担着贷款的利息；工薪阶层缴纳的房产税来源于工资收入，或相当于提高了所得税。三是房产税的税基评估难度大、成本高，公平性难以保证，这些都制约着房产税调节收入差距功能的发挥。

房产税调节的另一方面是调节经济运行，即调节房地产市场需求与供给，引导投资行为，调控房产价格。对于房产税能否调节房产供求，学术界有不同观点。③ 笔者认为，尽管房价上涨的根本原因在于房地产市场的总需求大于总供给，政府在住宅用地供应和利用规划方面不合理，在保障性住房建设方面投入不够，等等；但房产税调节房产供求及房价的功能仍然是客观存在的。

因为，如果不开征房产税，购买房产在持有环节成本为零，在房价上涨过快的情况下，购买多套住房可坐享房价上涨收益，投资投机需求必然膨胀，会拉动房价更快上涨，如此恶性循环。如果开征房产税，等于设置了房产持有环节的成本，购房收益因此减少甚至亏损，投资投机需求受到抑制；多套住房房主也会因为增加的房产税成本而考虑出售多余的房屋，从而增加了房源供应。可见，开征房产税，既抑制购房需求，又增加房源

① 张德勇："进一步完善房产税的几个问题"，载《税务研究》2011 年第 4 期。

② 上海、重庆试点房产税，都规定房产税收入用于保障房建设，更有"劫富济贫"的效果。

③ 夏商末："房产税：能够调节收入分配不公和抑制房价上涨吗"，载《税务研究》2011 年第 4 期。

供给,从而缓解住房供求矛盾,抑制房价。

从这次试点房产税规定来看,更是直指投机需求和高房价。例如,上海市试点房产税规定,仅对上海居民家庭新购第二套及以上住房和非上海居民家庭的新购住房征收房产税,并实行了差别比例税率,一般适用税率暂定为0.6%,应税住房每平方米市场交易价格低于本市上年度新建商品住房平均销售价格两倍及以下的,税率暂减为0.4%。重庆市试点房产税规定,只对在重庆市主城九区个人拥有的独栋商品住宅和个人新购的高档住房和在重庆市同时无户籍、无企业、无工作的个人新购的第二套及以上的普通住房征税,也实行差别比例税率,独栋商品住宅和高档住房建筑面积交易单价在上两年主城九区新建商品住房成交建筑面积均价三倍以下的住房税率为0.5%,三倍(含三倍)至四倍的税率为1%,四倍及以上的税率为1.2%。

显然,上述房产税规定如果征收到位,房产投机成本较高,房产的投机收益预期也因此受到抑制,对平衡房产供求、抑制房价的作用是有效的。当然,媒体评论的"房产税是降低房价的杀手锏"等说法可能言之过激,"房产税抑制房价的作用不如限购令有效"等说法也有道理,但房产税作为国家"一揽子"调控措施之一,发挥着抑制房产投机和房价的作用确实是客观存在的。据《证券日报》报道,重庆房产税改革政策实施三个多月以来,高档住房交易出现了量价齐跌的局面,约束高档住房和引导个人合理住房消费的调控作用逐步显现。①

---

① 2011年4月25日,时任重庆市国土房管局局长张定宇在新闻通报会上介绍说,目前,重庆房产税政策对高档住房的约束效果逐步显现,集中体现在对高档住房的"消费购买约束"、"价格约束"、"开发供应约束"三大方面效果明显:

一是通过对高档住房的"消费购买约束",起到了引导住房合理消费的作用。张定宇介绍说,房产税实施后,高档商品住房项目访客量出现明显下降。据调查,多数高档商品住宅项目楼盘访客量下降30%~50%。1月28日~4月30日,高档商品住房成交25.66万平方米,占商品住房成交量的7.8%,较去年高档住房成交面积占比下降3.1个百分点。群众住房消费观念有所转变,部分购房者改变了买大房、买贵房的消费倾向,在一定程度上约束了投资投机性购房需求。

二是通过对高档住房的"价格约束",起到了遏制高档住房带动房价上涨的作用。张定宇说,房产税实施后,受高档住房消费需求下降的影响,房地产开发企业对高档住房的定价更趋理性,价格上涨预期不断下降。1月28日~4月30日,主城区应税住房交易价格有所下降,应税住房成交建面均价13,140元/平方米,较房产税实施前(1月1日~1月27日)同类房屋成交建面均价14678元/平方米下降10.48%。

三是通过对高档住房的"开发供应约束",优化了商品住房供应结构。张定宇介绍说,房产税政策实施后,部分开发企业开始调整产品户型结构,将大户型住房比例降低,减少大户型住房的供应量,增加中小户型住房的供应量。据统计,2011年一季度主城区建筑面积200平方米以上的高档住房新开工面积与2011年四季度相比下降了4.5%。2~4月,建筑面积户型在100平方米以下的住房上市量同比增加了20%。

张定宇表示,房产税政策实施后,增加了高档住房购买者的持有成本,政府通过对占有公共资源多的高收入者进行征税,并将税款全部用于住房保障建设,起到了调节收入分配的作用,对改变地方政府税收结构、完善财税体系具有重要作用。载http://roll.sohu.com/20110526/n308544698.shtml,访问时间:2011年5月26日。

三、财产税属性下的房产税改革思路

综合近期以来学术界关于房产税功能等问题的争论，从税收学的角度看，都源于试点房产税将本属于财产税类别的房产税设计成了商品税。下一步完善试点房产税的思路，就是恢复房产税的财产税属性。在财产税视角下，试点房产税的完善主要涉及两大问题：一是对存量房产征税，二是以房产评估价值为计税依据。① 这是房产税改革的难题，也是完善地方税制体系、健全公共财政体系必须解决的重大课题。

（一）关于存量房产征税的问题

在财产税视角下，存量房产是房产税的基本征税对象。要对存量房产征税，其前提是掌握现存房产的准确信息，这就必须建立健全我国房产登记制度。目前，我国《城市房地产管理法》等法律规定有关于房屋权属登记的规定，但规定比较简单，不能适应房产税管理的需要。特别是自我国推行住房商品化改革以来，住房种类繁多，产权管理状况各异，有商品房、经济适用房、房改房、两限房、公租房、廉租房，等等。这些房源在房产主管部门登记情况不一，税务部门难以准确掌握纳税人的房源信息，给房产税改革带来了很大障碍。

针对这种情况，对存量房产征税必须做好以下工作：一是开展房源登记普查。实行房产登记实名制，掌握房源准确状况，摸清城乡居民拥有可应税房产的数量、价值、底数，特别是个人或家庭在多地拥有多套房产的情况。二是以税务部门为核心，建立房产税信息系统。由各级政府牵头制定完善的房屋产权登记信息管理制度，建立详细的房屋权属及面积台账等房地产档案，并以金税工程为纽带，在税务、住房和城建、国土资源、统计、财政等部门之间，实现信息共享，建立房产税信息系统，满足开征房产税的需要。

（二）关于按房产评估价值计税的问题

对存量房产征税，就必然涉及房产价值的评估问题。因为形成于不同时期的房产，其价值是在变化的。如果按原价计征房产税，会带来税负不公平。因此，建立健全房产评估体系是对存量房产征税、推进房产税改革的至关重要的环节。其核心是建立一套完整的计税价格评估管理制度和管理机构，完善评估技术标准，建立评估结果申诉机制。

首先，要建立起权威的房产评估机构。由哪个部门负责房产价值评估，各国做法不一：在英国开征的住房财产税，其住宅房产的价值是由其国内收入署内设的房地产估价部门进行评估；美国各地政府都拥有自己独立的房地产估价部门。就我国而言，无论是由税务机关实施评估，或是由社会中介机构实施评估，还是由房产、地产等部门内设或关联的专业评估机构评估都各有利弊，需要趋利避害决定之。

其次，应建立健全申诉机制和行政复议制度。由于房产税涉及千家万户的切身利

---

① 事实上，上海、重庆试点房产税都规定了以评估值为计税依据。例如，《上海市开展对部分个人住房征收房产税试点的暂行办法》规定："计税依据为参照应税住房的房地产市场价格确定的评估值，评估值按规定周期进行重估。试点初期，暂以应税住房的市场交易价格作为计税依据。"

益，有关纳税人可能对评估结果存在异议，相关的房地产评估纠纷可能增多，通过建立申诉机制和行政复议制度，使纳税人得到方便公正的上诉机会和权益，确保评估结果的公允、真实、客观、公正，以缓解征纳矛盾。另外，应加强房产评估理论和方法的研究，逐步形成一套健全、规范的房产评估制度和体系，提高评估结果的客观性、公正性和合理性。

综上分析可以看出，建立房产登记制度、完成房源普查工作、建立房产评估机构和评估体系，是一项长期的复杂的基础性工作，不是一朝一夕所能完成的。相应地，对存量房产征税也不能急于求成。但存量房产征税作为房产税改革的方向，可先从经营性房产入手，因为经营性房产现在是征税的，又具备纳税能力，可在现行《房产税暂行条例》的基础上，着力推进房产清查登记和房产价值评估两项工作。待经营性房产征税取得经验后，再向非经营性房产的房产税推广。

另外，就抑制高档房消费来看，可对高档房开征消费税，对高档住房在销售时一次性征税。这既符合消费税对奢侈品、高档消费品征税的原则和设计理念，设计上也比较简单，仅在《消费税税目税率表》上增加一个“高档住房”税目即可。这样，可解决试点房产税的承载功能过多的问题，房产税改革可在财产税视角下，着力推进存量房产清查登记和房产价值评估登记工作，把房产税设计成公共财政体制下地方财政的主体税种。

财产税的若干基本问题探析

徐 妍*

一、什么是财产税:财产税的本体探析

(一)财产税的概念与分类

财产税,是以财产为征税对象,并由对财产进行占有、使用或收益的主体缴纳的一类税。① 它不是税种名称,而是对"财产"征税的税种归类,即一个税系。无论哪一种类型的税制结构设计,对财产的保有、转让及收益的课税都构成税制体系的重要组成部分。特别是在现代税制体系中,对财产的课税是税制体系的三大支柱之一。②

依据不同的标准,财产税可以进行多种形式的类型划分。依据征税范围的不同,可分为一般财产税和特别财产税;依课税对象,可分为静态财产税和动态财产税;依计税依据,可分为财产价值税和财产增值税;依征收是否具有可持续性,可分为经常财产税和临时财产税;依财产性质,可分为动产税和不动产税。

其中,一般财产税,又称综合财产税,是对纳税人的全部财产进行综合计征的财产税,但实际上并非以全部财产额为计税依据,而是要减去一定的宽免额或扣除额。基本上分为选择性的财产税和净财富税,亦称净值税或财富税,以个人资产总额减去负债后的净额作为课税对象,设免税、扣除额及给予生活费豁免等。不动产税是以土地及建筑物等不动产为课税对象的税收,是财产税系中最重要的部分。不动产税的课税环节既包括房地产的持有,也包括房地产产权交易和取得(出售、出租、抵押、继承和赠与等)。不动产税可按课税依据分为三类:不动产保有税、不动产转让税、不动产所得税。通常说的不动产税是指不动产保有税,属于静态财产税类。一般认为,只有静态财产税制才是真正意义上的财产税。③因此,广义的财产税是对财产税的相关税种的总称,包括对存量财产、财产收益、财产所得、财产利得等征税。狭义的财产税是指对存量社会财富的征税,

---

* 中国政法大学比较法学研究院副教授、硕士研究生导师,法学博士。

本文发表于《税务研究》2010 年第 8 期。

① 张守文著:《财税法学》,中国人民大学出版社 2007 年版,第 325 页。

② 谢伏瞻主编:《中国不动产税制设计》,中国发展出版社 2006 年版,第 10 页。

③ 同上,第 11 页。

即对不动产保有环节的征税,如房地产税、物业税。本文所讨论的财产税仅限定在狭义的范围内。

(二)财产税的产生与作用

财产税是一个古老的税种,最早的税收形式是属于财产课税的土地税与人头税。财产税作为最古老的税种,在人类社会早期几乎占据了国家税收收入的全部。据《通典·食货·赋税》记载,禹"定九州岛,量远近,制五服,任土作贡,分田定赋,什一而税",以土地出产向部落酋长(禹、舜)进行定量贡纳,开创了后世土地税的先河。在古希腊、古罗马时期,即已开征了一般财产税。进入现代社会,财产税在整个税收收入中的比重有所下降,但各国税收实践证明,财产税仍然是现代税收体系的重要组成部分,作为地方税的主要税种和地方政府取得财政收入的重要手段,在组织财政收入、公平社会财富分配以及优化资源的配置等方面,具有重要的作用,仍具有其他税种无法取代的作用。据统计,全世界有130多个国家课征各种形式的财产税。在20世纪末的10年里,为适应经济全球化的挑战,英国、印度尼西亚、肯尼亚、日本、荷兰等国先后进行了财产税制的改革,在中东欧经济转型国家,财产税制改革还被看做推进国家政治经济制度变革的重要步骤。①

(三)财产税的特点

同其他税类相比,财产税主要具有如下特点:首先,财产税主要是对社会财富的存量征收,即这些财产通常没有参与再生产的循环,大多是对财产本身的数量和价值征税。但财富的存量,并不等于绝对地不发生转移,只是相对于对财富流量征税的流动性强的所得税、商品税而言。财产类税收的纳税人不一定是财产的所有人(如遗产税),而所得类税收的纳税人则多是所得的拥有者。其次,财产税多属于直接税。财产税中的大多数税种都具有直接税的性质,即对使用、消费过程中的财产征收基本上不与其他行为发生经济关系,因而税负很难转嫁。另外,财产税大多是经常税。财产课税的主要税种在长期的发展过程中,一直被作为经常性财政收入,是地方财政收入的主要来源。

二、为何要课征财产税:财产税的价值探析

由于财产税表现为直接对财产进行课税,会影响纳税人的财富价值,那么,此种公权力对私有财产的侵犯是否具有正当性一直是具有争议的话题。

(一)财产税具有社会、道德和政治意义上的公正性

支持征收财产税的理论认为,通过征收财产税可以减少财产的集中度,改善由于财富集中在极少数人手里会产生的副作用。因为极端的财富可能会以合法的或者非法的手段干预政府,在某种意义上说也就是享有特权,这种影响可能会导致政府行为按照有利于保护这些富有的特权人物的利益方向发展。另外,一部分人行使特权也可能被视为对民主的侮辱。此外,有些人可能将在某一个特定的国家存在的财产的两极分化视为道

① 郝琳琳:"财产税的功能探析",载《法学杂志》2010年第1期。

义上的冒犯。[①] 因此，征收财产税符合税收的利益交换原则、按能力纳税原则和社会公正原则。

1. 征收财产税符合利益交换原则

利益交换原则起源于洛克和休谟的社会契约论，发展于边沁等功利主义派的“最大幸福原则”。既然国家为财产所有人提供了财产保护形式的利益，那么，财产所有人也应该向国家提供保护劳务所发生的费用，即交纳财产税。而且，财产的价值会由于当地政府提供的公共物品的改善而提高。因此，各地房价会有差异。征收与其增值相等的财产税来弥补政府提供公共物品的消耗也是公平的。[②]

2. 征收财产税符合按能力纳税原则

衡量纳税人的纳税能力有主观标准说和客观标准说。主观标准说根据纳税人由于纳税而感受到的牺牲度（sacrifice）而确定，实际上很难操作。所以，现实中更多地使用客观标准说，通常认为财产、收入和消费的总和构成了衡量财富多少的标准，通过这种客观标准来综合衡量纳税人的财富能力，进而确定其纳税能力。其中，财产是最重要的标准，财产的增加意味着纳税人收入的增加或隐含收入的增加，而且这种增加的收入更为持久，相应的税收负担能力也就越高。因此，有能力的纳税人应交付财产税，有更高能力的纳税人应该交付更高的财产税。

3. 征收财产税符合社会公正原则

一方面，收入高的家庭买房的价格也就越高，交的财产税也就越多。另一方面，财产带来的非勤劳所得比勤劳所得不但要持久，而且花费的精力和费用也小。例如，一个通过 20 万美元投资获得 2 万美元收入的人与一个依靠其劳动而获得 2 万美元收入的人相比，他们的税收负担能力显然是不同的。此点被财产税的拥护者认为所得税并不能对全部财产及相关权利征收，而且调节作用有限。再有，对于转移的财产征税有助于给下一代带来更大的机会均等。一个有产者与无产者的贫富差距会随着时间的推移而进一步扩大，这是任何一个国家的社会政策目标所不允许的。对这种通过“家庭彩票”获得的财产征税被认为比其他类型的税收更为公平。通过为每个新一代创造一个更为平等的竞争场所以促进机会均等的主张。虽然经济学家认为财产税无论如何不能筹得足够的税收使竞争场所平等；但是，对财产的转移征税至少能够有助于防止“财产的极度集中代代相传”。[③]

因此，财产税被认为是国家对社会财富进行分配的重要手段。通过征收财产税，国

---

① V. 图若尼主编：《税法的起草与设计》，国家税务总局政策法规司译，中国税务出版社 2004 年版，第 315 页。

② 王乔、席卫群主编：《比较税制》，复旦大学出版社 2004 年版，第 197 页。

③ V. 图若尼主编：《税法的起草与设计》，国家税务总局政策法规司译，中国税务出版社 2004 年版，第 316、317 页。

家将一部分社会资源从社会成员手中转移至国家,形成国家的财政收入,以满足国家执行公共职责及进行收入再分配的需要。同时,又与一定的经济政策和社会政策相配合,实现国家的经济调控职能和社会政策职能。

但是,财产税的这种具有社会、道德和政治意义上的公正性却遭到了一些质疑。有学者认为,这种将道义施加于国家的有关财产税的公正观在实践中也可能实现,也可能无法实现。不仅如此,财产税在道义上的公正观也可能与在国家中占统治地位的社会文化背道而驰。更多的持有保守观点的人,如哈耶克认为,政府不应该为促进公平的实现而试图过多地干涉或侵犯个人的财产权。经济学家也认为,无论是从实践经验还是从理论的角度来讲,至少现存的财产税没有对现实的财产分配产生很明显的作用。① 对继承财产征税可能会增加继承人的劳动动机也有反对意见。为没有实现的价值征税,也有悖于公平原则。

(二)征收财产税具有效率性

从整体征税效率上进行分析,财产税有时比所得税更有效率,而且会促进所得税的征收。因为财产税比所得税在工作于不工作之间的选择影响力较小,财产税不是对生产活动而只是对积累资本征收的。② 有学者认为,在不影响宏观税负的前提下,对财产征税可以降低边际所得税率。财产税的征收使得在不提高边际税率的前提下增加了所得税的税收收入。而且,财产税的征收也有利于其他税种的管理,为所得税的征收提供信息。与所得税税基不同,财产税税基能确保因逃税或避税的原因而未对所得税税基征收的税,可能通过财产税予以征收。这尤其表现在因财产增值而取得的收益中。在大多数税收制度中,都有因变卖财产而取得增值却未承担税负的情况。财产转让税可以视为对所得税的补充。另外,不动产的不可移动性、税收透明度高,有利于提高地方财政的效率。

但也有相反观点,如财产税会促使资金外逃,直接资本的总回报率上升可抵消税收。财产税要取得很大数额的税收,征税成本高、管理和市场评估是不可回避的难以完全解决的"瓶颈",将是十分繁重的工作或产生重大的消极经济影响。因此,财产税可能需要主要以社会的和政治的理由来证明其正当,而不仅仅是因为税收的理由。

(三)征收财产税总体上有利于经济发展和社会的进步

财产是衡量个人纳税能力的尺度之一,有财产者就有纳税能力。因此,不管按财产价值课征还是对财产的收益征税,都符合平等负担原则。财产税的税源充足,收入稳定。由于得自财产的收入比平时挣得的收入更为长久,以财产的价值的收益为计税标准,税源才充足。因为财产具有相对稳定性,按财产的价值课税,不易受经常性变动因素的影响,税收收入比较稳定可靠。财产税会使资源得到合理配置,能使闲置的资源得到重新

① V. 图若尼主编:《税法的起草与设计》,国家税务总局政策法规司译,中国税务出版社2004年版,第315页。

② 同上,第317页。

利用。另外,纳税人还可能用扩大再生产、投资能力、增加收益等办法,尽量抵消由财产课税带来的损失。财产税是直接税,最终的负税人就是纳税人。在国家的财政有一定需要时,能真正增加有产者的负担,相对减轻无产者的负担。所有这些都有利于经济的发展和社会的进步,有利于节制社会财富分配不均的现象,矫正社会的奢侈浪费之风,从而缩减贫富差距。

但也有反对的声音。比如,财产价值估算不但难以确定,而且人为的估算方法给税务人员徇私舞弊、贪污违法的腐败行为提供了很大的空间。财产税事实上对投资、工作和储蓄的积极性是一种打击,人们为了逃避它,不是减少投资、工作和储蓄,就是增加即时消费,这会妨碍资本的形成和积累,影响经济的发展。在资本欠缺的发展中国家,这种阻碍作用可能会更为明显。另外,财产税的某些税种可能是得不偿失的税种。以1998年为例,美国的遗产税虽筹集了230亿美元的财政收入,但其征收成本却高达480亿美元。显然,征收成本远大于税收收入,这对经济是不利的。①

总之,赞成和反对征收财产税具有同样好(或坏)的理由。然而,即使财产税没有对财产分配产生过重要影响,但毕竟还是比没有财产税多一些积极影响。伴随着财富产生了安全、独立、影响力和社会权力的大小,它们都不仅仅是通过收入流量的多少来衡量的。财富构成了独立的、适于按年度征收的财产税的税基。至今没有一个国家真正取消财产税,随着经济的发展,各国财产税的课征形态日益丰富,课征制度也不断得到变革。

三、如何征收财产税:财产税的应用原则探析

(一)谁有权决定征收

对公民的财产征税,会影响到公民所实际拥有的财富的大小,我国《宪法》第13条明确规定,公民的合法的私有财产不受侵犯,因此,是否对公民的财产进行征税应格外慎重。谁来决定征收,谁负责征收成为摆在面前的首要问题。这涉及税权的划分问题。

财产税的课征要遵循税收法定主义,没有明确的法律依据,国家就不能课赋和征收税收,国民也不得被要求缴纳税款。这是整个税法体系的最高法定原则,是民主和法治等宪法原则在税法上的体现。按照我国《宪法》第58条和《立法法》第7条的规定,全国人民代表大会和全国人民代表大会常务委员会行使国家立法权。《立法法》第8条中规定,基本经济制度以及财政、税收、海关、金融和外贸的基本制度,只能制定法律。《宪法》第100条规定,省、直辖市的人民代表大会和它们的常务委员会,在不同宪法、法律、行政法规相抵触的前提下,可以制定地方性法规,报全国人民代表大会常务委员会备案。因此,我国的税收立法权属于中央,省和直辖市政府拥有有条件地制定地方性法规的权力。财产税的立法权应属于中央政府,地方政府在一定条件下拥有地方税的立法权。

但是,依据《税收征收管理法》第3条的规定,税收的开征、停征以及减税、免税、退税、补税,依据法律的规定执行,法律授权国务院规定的,依据国务院制定的行政法规的

① 王乔、席卫群主编:《比较税制》,复旦大学出版社2004年版,第206页。

规定执行。任何机关、单位和个人不得违反法律、行政法规的规定，擅自作出税收开征、停征以及减税、免税、退税、补税和其他同税收法律、行政法规相抵触的决定。本条规定中只涉及了“法律”和“行政法规”，并未涉及“地方性法规”，这实际上未赋予和承认地方省级政府的税收立法权。

从我国目前的实际情况来看，对财产税的开征和免征的权力应集中在中央，需要从法律上进行明定对公民的哪些财产进行征税。而财产税是地方税的重要税种之一，财产税特别适合由地方政府征收，因为税基无法迁出地方，应逐步扩大地方政府对地方税所拥有的税权。财产税的税收执法权也应由地方税务机构享有。

（二）根据什么进行征收

关于计税依据，发达国家普遍以市场价值（评估值）作为财产课税的计税依据，发展中国家则普遍以土地面积或财产账面价值为计税依据。以评估值作为计税依据的好处是，随着经济增长而具有弹性，可以随土地房地产价格的升值相应增加税收，有利于有效组织收入。同时，以价值为核心能够准确反映真实的税基，比较公平合理。缺点就是需要定期对财产进行评估，税收征管成本较高。随着政府行政能力的增强和不动产价值评估体系的建立，以不动产评估价值作为征税依据是一个发展趋势。①

的确，对财产进行评估可谓阿喀琉斯之踵。德国的财产净值税经德国联邦宪法法院宣告为违宪，现已取消。但实际上，德国取消财产净值税并不是因为对财产征税违宪，联邦宪法法院并没有宣布国家财产税法的干预是不允许的，而是把法律对统一估价的财产（尤其是房地产）和非统一估价的财产（如有价证券）进行区别征税的规定视为违反平等原则的行为（《德国联邦宪法》第3条第1款），造成了不平等而违宪。② 评估对于财产税的征收至关重要。评估机构的设立、评估依据和方法都是值得讨论的重要问题。

（三）怎样征收

财产税在具体的征收环节中应体现公平原则和实质课税原则。公平包括实体的公平和程序的公平。另外，还应体现效率原则。开征财产税可能会对投资、储蓄和工作积极性造成一种打击，从而对本国的经济发展产生负面作用，如何使那些占有财产多但创造收入能力弱的人出让财产，让那些能力强的人占有财产，这样就可以提高财产的利用效率，使社会新创价值增加。③

同时，还要兼顾比例原则，即管理主体在管理过程中所采取的措施，不仅必须限定在法定范围内，而且还应当与要达到的管理目的保持合理的比例关系。也就是说，如果在法定范围内存在若干种手段可以达到同一管理目的，那么公权力主体就必须选择对相对人权益侵害最小的方式，因此又被称为“最小侵害原则”或“禁止过度原则”。财产税在

① 谢伏瞻主编：《中国不动产税制设计》，中国发展出版社2006年版，第25页。

② Dieter Birk, *Steuerrecht*, C. F. Mueller, s. 21.

③ 王乔、席卫群主编：《比较税制》，复旦大学出版社2004年版，第198页。

征收的过程中如何做到既达到了税收的目的，又对纳税人的财产侵害最小，是一个需要把握的重要问题。要汲取西汉时期的算缗和告缗制度的教训，不可对纳税人造成过度侵害，影响国家的财政收入和社会安定。①

综上所述，财产税问题敏感而又复杂，我国目前财产税中的相关问题已引起社会各界的广泛关注和争论，财产税的改革势在必行。笔者认为，应将我国现行房产税和城镇土地使用税合而为一，变成统一的房地产税；将企业应税房地产的计税依据由房地产原值、土地面积、租金收入统一调整为房地产的评估值，实行比例税率；对个人住房恢复征税，以评估确定的房地产市场价值为计税基础；完善相应的评估机制，出台"资产评估法"，以期建立一个科学、合理、公平、有效，适合我国社会主义市场经济体制要求的财产课税体系。

这对加快和稳定经济建设具有重要的意义，但不要片面理解开征属于财产税中的不动产保有税——物业税可以起到房地产内在价格稳定器的作用。物业税仅是影响房地产价格中的一环，而且还不是具有决定意义的。因此，从各国财产税改革的经验来看，开征物业税在完善税制、增加地方政府收入等方面有着良好的作用，但未必能够起到充分地稳定房地产价格的作用。对于我国财产税制的改革，应遵循财产税的基本原理和适用原则，风物长宜放远量。

---

① 何奇："西汉税收政策对我国财产税改革的启示——基于算缗、告缗制度的经验分析"，载《企业导报》2009 年第 5 期。

我国房地产税法律问题研究

杨秋林*

2011年1月27日,上海与重庆两城市几乎同时宣布启动房产税改革试点,2011年1月28日起试点征收房产税,继2011年1月26日出台"新国八条"楼市调控政策后,一直备受各界关注的房产税改革终于落地。但奇怪的是,房地产市场波澜不惊,对抑制房价上涨作用不大。两地对房产征税的具体做法是:上海对新购属于该居民家庭第二套以上的住房,人均60平方米超出部分征收0.6%的房产税;重庆对主城九区内存量增量独栋别墅、新购高档商品房,外地炒房客在重庆购第二套房征收0.5%~1.2%的房产税。对于上海、重庆两地的试点征收房产税可能不会立即起到抑制房地产价格上涨的作用,但对于完善房地产税的立法却具有象征意义。①

2011年上半年以来,我国经济持续低迷,税收吃紧,房地产税再一次被提上议事日程。据房地产动态政策设计研究组的测算,比照上海和重庆的房产税征收税率,如果在全国对所有住宅开征房产税,预计每年房产税规模约为5000亿元,房产税像个超大馅饼一样吊了起来。②

一、我国目前房地产税费的现状

我国现行的房地产税费制度相当复杂,涉及的房地产税的法律法规主要有《关于国有土地使用权有偿使用收入征收管理的暂行办法》、《耕地占用税暂行条例》、《契税暂行条例》、《印花税暂行条例》、《土地增值税暂行条例》、《营业税暂行条例》、《城市维护建设维护税暂行条例》、《企业所得税法》、《个人所得税法》、《房产税暂行条例》。相关的税费主要包括土地出让金、耕地占用税、契税、印花税、土地增值税、营业税、城市建设维护税、企业所得税、个人所得税、房产税。其中,土地、房产等不动产的开发流通环节的税费主要有土地出让金、耕地占用税、契税、印花税、土地增值税、营业税、城市建设维护税、企业所得税、个人所得税等,而土地、房产等不动产的保有环节的税费有城镇土地使用税、房

* 江西省社会科学院研究员,法学博士。

① 余丰慧:"房产税狼来了,高房价怕不怕",载BWCHINESE中文网,访问时间:2011年2月15日。

② "房产税像个超大馅饼:全国每年可征5000亿元",载新华网,访问时间:2012年12月26日

产税、城市房地产税。可见,我国房地产税法的特点是,以开发流通环节的征税为主,以保有环节的征税为辅。保有环节的税种配置不合理、税基过窄的特点,既不符合国际上税法改革的潮流,也不利于我国现行房地产业长远稳定的发展,而且土地出让金制度所带来的土地财政更严重地阻碍了我国财政税收现代化、法治化发展的进程。①

我国房地产税收法律体系涉及的10个税种大都在交易环节,即不卖不税、不租不税,一旦租售则数税并课。② 从2005年房地产税负的结构来看,在交易环节中,仅城市维护建设税就高达31%,加上印花税及契税中与房地产税相关的部分,其所占比例大大超过保有环节中城镇土地使用税及房产税的22%。在重交易、轻保有的情况下,一方面,房地产交易税种多、税负重,且间接税具有转嫁性,这部分税负最终由购房者承担,直接导致房地产价格的上升;另一方面,房地产保有成本极低,不仅会导致房地产闲置,还会引发投机或出于投机目的的囤积行为,结果房地产资源向少数人手里集中,而需求者难以获得该资源。③ 虽然在开发环节,土地增值税和耕地占用税占不到12%,但土地开发要承担巨额的土地出让金,导致房地产开发环节的税收及相关租费负担也远远超过了保有环节。④ 目前,在我国商品房的房价构成中,税费所占比重为50%~60%(土地出让金30%~40%),建筑成本和开发商利润占40%~50%;而国外的房地产,其建筑安装成本一般占房价的70%,税费和利润占30%。⑤ 而且,费重于税,"我国的房地产税费构成中,税收、收费、土地出让金所占比重分别为20%、30%、50%"。⑥ 可见,房地产业的基本要素就是土地,卖房子就是卖土地。房地产业产生的级差暴利,除了地方政府财政收入外,都被少数房地产商拿走了。⑦ 房地产行业已经成为中国财富的主要集中地。而随着房价暴涨,"没有房子的人"已被远远甩出财富形成的大门之外。

二、现行房产税法律体系中存在的问题

房地产税的出台,需要客观的政治、经济文化等各方面的条件为基础,涉及社会的各个方面,如果不具备这些条件,房产税即使立法也难以达到目的。⑧ 目前存在的问题具体如下:

(一)经济改革尚不到位,收入分配不公有所扩大

资源价格改革滞后,形成资源级差收益。资源定价制度不合理,没有正确反映资源

---

① 李伯桥、涂琳芳:"税收公平下的房地产税法改革探析——由空转到实转物业税引出",载《广东法学》2011年第1期。

② 王军:"拆迁条例的盈利模式",载《瞭望》2010年第2期。

③ 目前居民住宅的总市值估计超过100万亿元,达到GDP的三倍,是目前贫富差距过大的最主要特征。

④ 北京大学中国经济研究中心宏观组编:《中国物业税研究》,北京大学出版社2007年版,第23页。

⑤ 杨志勇:"物业税能否彻底改变地产运营格局",载《现代商业银行》2006年第12期。

⑥ 刘隆亨著:《财产税法》,北京大学出版社2006年版,第344页。

⑦ 据2009年福布斯中国财富排行榜统计,前400名富豪中,房地产商占154名;在前40名巨富中,房地产商占19名;在前10名超级富豪中,房地产商占5名。

⑧ 许善达:"房产税不符合当前国情",载《财经》2011年1月9日版。

的市场供求关系、资源稀缺程度和生态环境成本。一些资源性行业企业以低成本甚至无偿使用矿产、土地、水域等国有资源,侵占了正常经营收益以外的资源收益,形成不合理的级差收益。同时,垄断行业缺乏市场竞争机制,企业依靠垄断获取超额利润。由于多方面原因,有些领域没有引入公平竞争机制,一些垄断行业市场准入门槛过高,一些企业依靠垄断地位获得超额利润,但绝大部分并未上缴国家、回馈社会,其中有相当部分以各种形式转化为工资福利。一些行业市场准入门槛过高,挤压了民营经济的市场空间,固化了行业收入差距拉大的格局。① 此外,城乡二元结构严重分割,抑制城乡收入同步增长。我国农业和农村发展长期滞后,根本原因在于由城乡二元经济结构所派生的经济社会管理体制尚未打破。由此导致农村生产要素持续流失,对农业的资金技术支持明显不足的局面尚未根本改变。

(二)税制结构不合理,难以加大对收入分配的调节力度

税制结构不合理体现在以下几个方面:

第一,直接税比重过低,调节收入分配功能薄弱。1994 年实施的税制改革,由于过于注重税收组织财政收入的功能,忽视了税收调节收入分配的功能,因而强化了税收组织收入的功能,弱化了调节收入分配的功能。在现行税制结构下,偏重于组织收入功能的增值税、消费税、营业税等间接税占全部税收收入的比重偏高,而体现调节收入分配功能的所得税和财产税等直接税占全部税收收入的比重偏低 2009 年,全国间接税、直接税收入分别占全部税收的 58.8% 和 27.7%,而作为目前调节居民收入主要税种的个人所得税收入仅占全部税收的 6.3%。这与世界发达国家以直接税为主(约占全部税收收入的 70%)、间接税为辅(约占全部税收收入的 30%)的税制结构及其发展趋势正好相反。

第二,个人所得税分项征收,难以加大对收入差距的调节力度。现行个人所得税采取的分类征税模式,对不同类型所得采用不同的适用税率、费用扣除标准,现行税负相差很大,劳动所得税负重于非劳动所得。由于实行分项征收,可以多次扣除费用,易使高收入者、多来源收入者分解收入、隐蔽收入,又不能解决高收入者税负相对较轻的问题。加之税收征管存在漏洞,使工薪阶层负担了个人所得税税额的 60% 以上,难以充分发挥个人所得税调节收入差距的重要作用。

第三,税制结构不健全,缺乏调节力度大的税种。在西方发达国家普遍存在对调节收入分配力度较大的财产税,如房产税、遗产与赠与税,但由于种种原因,目前在我国遗产与赠与税尚未制定出台,房产税的征收范围又太窄,我国的房产税名义上是以房屋财产为征税对象,但实际上其征收范围仅限于城镇的经营性房屋,即按经营性房屋的计税余值或租金收入为计税依据,向产权所有人征收的一种税。对于拥有多套住宅、豪华别墅的富人,只要其房产不属于经营性用房,包括非出租用房,就不用缴纳房产税,因而没有起到调节收入分配的作用。由于税制结构不合理,缺乏调节力度大的税种,难以加大

① 汪仲启:"收入分配改革不能'扬汤止沸'",载《社会科学报》2010 年 4 月 22 日版。

税收对收入分配的调节作用。[①]

（三）财产税法体系不健全，遗产与赠与税尚未开征

财产税作为一个税系，包括一系列税种。同一税系里的税种，在功能、地位、性质等方面有着共同之外，但又因具体课税对象、课征范围等不同存在差异。财产税究竟应当包括哪些税种，国内外相关文献并未达成共识。我国学界有如下观点：(1)财产税仅包括房地产税和契税；[②](2)财产税包括房产税、契税、车船税以及遗产税和赠与税；[③](3)财产税包括房产税、资源税、土地税、契税、车船税以及遗产税；[④](4)财产税包括房地产税、车船税、资源税等静态财产税和遗产税、契税等动态财产税。[⑤] 我认为，财产税是对"财产"本身征税，而不是对"财产"的获取或收入征税。对财产所有者来说，真正拥有这笔财产只有在财产的保有阶段，而不是财产转入或转出环节，即产权变更阶段。因此，真正意义上的财产税应是在财产保有环节对所有者征税。我国目前与财产相关的税种很多，[⑥]但保有环节的城镇土地使用税和房产税却形同虚设，难以对存量财产，特别是不劳而获、投机钻营取得的"血色"、"金色"、"灰色"甚至"黑色"收入进行征税。另外，我国尚未开征遗产税与赠与税，导致其"劫富济贫"的调节功能缺位。

（四）财产税计税依据不合理，财产评估制度不健全

由于土地、房屋等财产的市场价值反映了财产作为经济资源的真实价值，它不仅包括土地的级差收益，而且包括土地、房屋的时间价值。因此，各国普遍以财产的市场价值作为财产税的计税依据。但我国目前的财产税却是以土地的面积和房产的原值或租金作为计税依据，不能合理地反映土地的级差收益和土地、房产的时间价值。同时，为调节土地的级差收益，采用不同城市、不同地段设置不同税率的方法，结果造成税率档次设置不合理，随意性大，操作起来缺乏客观标准，从而难以很好地发挥财产税促进社会财富公平分配的作用。

三、完善我国房地产税立法的设想

经验表明，通过财税手段调节楼市价格并非房地产税立法就可以达到目的的，还要辅之以金融政策、社会保障法律政策及其他一系列相关法律才得以完成。

（一）建立和完善公共财政体系，完善财政法律法规

现阶段合理调节财政分配、加强财政法制建设的重点应当是，理顺财政分配关系，加强宏观调控职能，加大收入分配调节力度，缓解收入分配不公矛盾，促进发展方式转变，

---

① 俞光远："深化收入分配改革，加快财税法制建设合理调节收入分配"，载《中国法学会财税法学研究会2010年会论文集》。

② 杨秀琴、钱晟著：《中国税制教程》，中国人民大学出版社1999年版，第3页。

③ 徐孟洲著：《税法》，中国人民大学出版社1999年版，第255页。

④ 张守文著：《税法原理》，北京大学出版社1999年版，第270页。

⑤ 刘剑文著：《财税法学研究述评》，高等教育出版社2004年版，第364页。

⑥ 如资源税、耕地占用税、城镇土地使用税、土地增值税、房产税、契税、车船税、车辆购置税。

加快和谐社会建设,[①]其主要内容包括以下几个方面:

1. 制定"国民收入法"

"国民收入法"的主要内容应包括:第一,有关组织国民收入的基本原则,比如组织税收收入和非税收收入的基本原则、基本程序和基本比例关系。第二,有关国民收入分配的基本原则,比如各级政府财政支出的基本原则、基本程序和基本比例关系。第三,有关确认各种分配比例关系的基本原则、基本方法和基本程序,包括积累与消费分配比例、中央与地方分配比例、地区间城乡间阶层间分配比例、按劳按资按能间分配比例、经济增长与工资增长以及社保医疗教育等公共服务分配比例,等等。第四,有关监督政府和部门执法评价机制及违法违规的责任及追责程序。比如,改变地方政府考核内容与办法,增加收支的透明度,实行一票否决和追究连带领导与用人责任制,定期公布官员尤其是一把手财产家庭成员收支等事项,使监督具有可操作性和实效性。[②]

2. 制定《中央财政与地方财政关系法》和《转移支付法》

制定《中央财政与地方财政关系法》和《转移支付法》,理顺政府间的分配关系,促进财政公共服务水平均等化。具体设想为:首先要及时制定《中央财政与地方财政关系法》,理顺和规范财政分配关系。为了理顺财政分配关系,合理调节财政分配,必须制定《中央财政与地方财政关系法》。应当重新明确划分中央与地方政府的财权与事权,尤其是需要确立各级政府预算内独立的收入来源和支出责任,要完善分税制财政体制,加大对基层、贫困地区和中西部地区的财力支持。其次要抓紧制定《财政转移支付法》,促进财政公共服务均等化。为了避免体制分配的负面影响,适时调整体制分配政策,改变体制分配一体化问题,在体制上对县乡经济和欠发达地区经济给予体制优惠,放宽上划比例,适当扩大地方留成比例,促进地方经济发展。

3. 制定《公共财政法》和《财政支出管理法》

制定《公共财政法》和《财政支出管理法》,优化公共资源配置,促进发展方式转变,合理调节财政分配,促进财政转变职能,推动发展方式转变,提高财政资金的使用效益,大力发展社会生产力是调节收入分配、实现共同富裕的物质基础。具体方案为:

第一,及时制定《公共财政法》。为了合理调节财政分配,促进财政职能和发展方式的根本转变,必须制定《公共财政法》。具体内容包括:构建公共财政框架,确定公共财政的适用范围、基本原则,坚持五个"统筹"发展,理顺财政分配关系,调整财政收支结构,促进财政职能转变,加强公共服务功能,优化公共资源配置,特别要加大财政对科学、技术、教育和国民薄弱部门的公共投入,为实施科教兴国战略、转变发展方式创造良好的条件,促进经济全面可持续协调发展。

---

① 范毅:"中国宪法文本上的'财政'概念群",载《财贸研究》2008 年第 6 期。

② 俞光远:"深化收入分配改革,加快财税法制建设合理调节收入分配",载《中国法学会财税法学研究会 2010 年会论文集》。

第二，抓紧制定《财政支出管理法》。要坚持以人为本、全面协调可持续发展的科学理念，明确财政支出管理体制，划分财政支出管理权限，规范财政支出的方向范围、原则要求、方式方法和监督管理，综合运用财政支出、税收、国债、财政补贴、转移支付等财税政策工具，加强和改善宏观调控，严格支出监督管理，提高财政资金的使用效益，推动增长方式由低效粗放型向高效集约型转变，加快经济结构战略性调整，促进产业结构升级换代；要实行依靠科技进步和自主创新的财税倾斜政策，引导企业加快技术改造，提升技术水平和竞争力，大力开发和使用资源消耗低、污染排放少、生态环境友好的先进适用技术。

第三，及时制定《财政监督法》。为了严格财政管理监督，严肃财经法规，促进依法理财，提高财政资金的使用效益，必须制定《财政监督法》。要明确财政监督的适用范围、基本原则，规范财政监督的实施主体、主要内容和运行程序，加强财政监督管理，严格依法理财，强化财经法纪，整顿财经秩序，堵塞收入流失，严厉打击非法暴富活动，坚决取缔非法收入，从源头上遏制违法乱纪活动，为促进财经秩序的根本好转和经济持续协调发展提供良好的法制环境。

第四，修改和完善预算法律制度。全面修改《预算法》，制定《部门预算法》和《财政监督法》，改革收入分配制度，扭转收入差距扩大趋势。理顺预算分配关系，合理调节预算分配，既是深化收入分配机制改革的重要内容，又是公平收入分配、扭转收入差距扩大趋势的必要途径。

第五，完善财政转移支付法律制度。制定《财政转移支付法》和《财政补贴法》，规范完善财政转移支付制度，促进公共服务均等化。深化财政转移支付制度改革，完善财政补贴制度，既是改革财政分配制度、合理调节财政分配的有机组成部分，又是实现公共服务支出均等化，促进各地区、各部门全面协调发展的主要手段。

（二）加快税收法制建设，合理调节税收分配

现阶段合理调节税收分配，加快税收法制建设的重点应当是，促进税制结构调整，加大收入分配调节力度，缓解收入分配不公矛盾，促进发展方式转变，加快和谐社会建设。修订《个人所得税法》，制定《物业税法》、《遗产与赠与税法》，加大对收入分配的调节，扭转收入差距扩大趋势。合理调节税收分配，核心在于公平收入分配。这既是调整税制结构，加快税收法制建设的主要目标，又是加大收入分配的调节力度，扭转收入差距扩大趋势的重要手段。为了合理调节税收分配，尽快扭转收入差距扩大趋势，需要重点制定和修改以下税收法律：①

1. 完善个人所得税税制改革

当前运用税收调节个人收入差距，重点应当是减轻或者免除低收入者的税收负担，

① 孟庆瑜著：《分配关系的法律调整——基于经济法的研究视野》，法律出版社 2005 年版，第 23 ~ 27 页。

加大高收入者的税收负担,对中等收入人群实行低税率政策。[①] 另外,工资薪金与劳务报酬同属于劳务所得,在税收上应同等对待。参照大多数国家的经验,对工薪与其他个人劳务所得应实行统一税率。可以适当增大个人所得税的累进程度,尤其是增大高收入者的税负,使高收入者作出更多贡献,减轻较低收入者税收税负,以体现公平与效率原则。同时,建立综合征收与分项征收结合的税制模式。所谓综合和分类相结合个人所得税制,是指对不同所得按分类所得税制模式征税后,汇总纳入全年各种所得额,如达到一定程度,再以累进税率征税的一种所得税课征制度。该模式与综合税制和分类税制相比较,坚持按支付能力课税,体现了税收的公平原则;把源泉课征和申报缴纳两种征管方式上有机结合起来,能最大限度地控制税源;也符合宽税基、减税制的指导思想,是国际税制改革的方向。[②]

2. 加快房地产保有阶段的税收立法,制定《物业税法》

降低土地出让金水平,降低房地产开发成本,稳定并降低房价,完善房产保有税,考虑开征物业税,为老百姓造福……诸如此类的呼声越来越高。物业税是一个地方公共财政账户,该账户的"加"来自纳税人财产"减",该账户的"减"主要表现为地方公共福利的"加"。通过一"减"一"加",物业税在实现地方财政收入目标的同时,自然兼顾起调节贫富差距的目标。由于经济发展,不动产价值增加,物业税会随着不动产价值的增加而增加。在平衡由这种原因而导致的贫富差距上,物业税优于所得税。物业税开征后,可将城镇土地使用税、房产税统一其中,更好地发挥公平财富分配和优化土地资源的功能。

物业税是把房产和其他资产合并起来、统一征收的税收。也就是说,将现行的房产税、城市房产税和土地出让金等的税收、收费合并集中起来,由企业单位和居民个人的房产保有者缴纳的税收。为了发挥物业税调节财富分配的功能,抑制房价的过快上涨,扭转收入分配差距扩大的趋势,必须制定"物业税法"。

3. 完善个人财产税体系,开征遗产税和赠与税

在我国收入分配的税收调控体系中,财产税是重要的辅助税种。要通过完善财产税体系,更好地发挥财产税对个人财产和收入分配的调控作用。首先,要完善房产税制。逐步扩大房产税的税基,全面征收房产税,将城镇居民自有住房、农村的非住宅和非农业用房屋纳入征收范围;在以财产价值为税基的情况下,把目前按照房产的原值征税改为以房地产的现值或市场评估值为税基;合并房产税和城市房地产税,对内外资企业统一课征;适当提高房产税的负担水平,增强房产税的调控功能,可在全国范围内规定统一的比例税率(或三个档次的累进税率)。税率的设置要体现针对性,对高档别墅征税,可实行五级左右累进税率,对居民住房征税时,可设置一定的起征点,切实保障低收入者的利

---

① 谭伟著:《中国收入差距——增长"奇迹"背后的利益分享》,中国发展出版社 2009 年版,第 59 页。

② 柴今:"个人所得税瞄准收入分配不公——评近期加强高收入者个人所税税征管措施",载《经济日报》2001 年 8 月 30 日版。

益。其次，适时开征遗产税和赠与税。开征遗产税和赠与税是完善财产税体系的重要内容，也是健全收入分配税收调控体系的重要举措。应在借鉴国际经验的同时，充分考虑我国经济社会发展的水平和特点，尽快开征遗产税和赠与税。考虑到目前我国关于财产继承、处理方面的法律法规还不健全，许多公民在遗产处理上缺乏法治意识，又未建立个人收入申报和财产登记制度，这个制度可以缓行。[①]

（三）建立税费统一的法律制度

有关税费统一的法律制度设计问题主要是土地出让金的取缔，交易、流通环节与保有环节和各种税的整合以及中央政府和地方政府如何分配房地产税各税种的征收权问题。对此，可以借鉴韩国对房地产税费大力整合的经验，结合我国的实际，提供一个房地产税整合的框架。在推进土地政策与增加地方政府财政的立法目的的房地产税的改革中，应当考虑取缔土地出让金，可以将土地出让金、耕地占用税、城市建设维护税和房产税合并入物业税体系，继续保留契税、印花税，将企业所得税、个人所得税、土地增值税、营业税一起并入房地产交易增值税体系，并在适时开征房地产空置税，以抑制房地产业的投机行为，这样的整合既有利于整合税制，又便于征管，而且也不会增加普通住房人的负担。

这样来完善中央政府与地方政府对于房地产税的财权的分配法律制度，主要是考虑到现行的法律政策不能有效地调控房价，地方政府不能有效提供保障房及相应的公共物品及公共服务。只有地方政府的财权、事权和财力相匹配，才能抑制地方政府的“土地财政”的继续实行，推动房地产税法的有效改革，具体操作则由法律规定。立法上是否考虑规定由地方政府征收物业税、物业空置税、契税和印花税，而由中央政府和地方政府共同征收房地产交易增值税。

（四）完善有关房地产投资的法律制度

房地产税法改革不是一时之事，而是长期的法律制度的完善，目的是保障房地产产业的正常健康良性的发展。从长远看来，过去投机于房地产市场的资本在经历房地产税法改革后会有大量的剩余，这部分资本的闲置将不利于我国经济持续稳定的发展。这时，立法上就要完善相关的法律制度，在房地产税法改革的同时，完善相关的投资法律制度，如房地产用于投资实体经济，则可以适当减税等，以保证这些从房地产市场上撤下的资本能够得到充分有效的利用。

（五）完善房地产登记评估法律制度以及信息管理法律制度

完善房地产登记评估法律制度以及信息管理法律制度应做到以下几点：其一，房地产登记制度不仅是确认纳税人的依据，也是对课税对象进行评估和确定税基的前提。登

① 中共中央《关于建立社会主义市场体制经济若干问题的决定》第 25 条规定：“国家依法保护法人和居民的一切合法收入和财产，鼓励城乡居民储蓄和投资，允许属于个人的资本等生产要素参与收益分配。逐步建立个人收入应税申报制度，依法强化征管个人所得税，适时开征遗产税和赠与税。”

记资料可以显示出一定时期房地产在不同地点和收入群体之间的分布情况,又可以作为制定调控政策的基础资料。因此,在物业税开征之前,要完善现行房地产登记制度。应建立适用于目前房地产投资、交易、持有和评估的健全指标体系。其二,房地产评估体系是开征房地产税持有税及流通交易税的关键环节,权威的评估不仅仅来自评估部门对房地产本身的科学合理的市场价的评估,还需要对所有者的购房资金的合法来源以及正当使用进行评价,只有这样才能遏制房地产市场的投机性,鼓励真正的投资。因此,在房地产评估上还得用法律赋予相关部门查明购房资金来源的权力。其三,发挥计算机和互联网的优势,提高信息在税收部门和相关管理部门的共享水平,并能及时更新。物业税的征收是一个庞大的系统工程,住处系统的支持不可或缺。例如,"空转"过程中深圳和北京的信息系统建设均已颇具规模。物业税住处系统的数据需实现两种连接:一是和原有系统的纵向对接,二是各部门信息系统的横向对接。法律应以制度保障这些数据的合法合理使用,除了可用于税务、司法等部门外,其他任何人和任何部门都不得查询,这是我国《物权法》保护私权的需要。同样,有权部门在查询之后,也无权将该信息泄露给其他任何人,否则也应承担相应的法律责任。

四、结论

针对目前国内房价不断上涨的形势,许多人认为应当通过征收房产税来抑制不断上涨的房价,以保障中低收入的人群能够买得起房,能够保障这一部分人的居住权。多数人认为政府对居民住房征税的目的是要压低房价,笔者认为这不能作为房地产税立法的长远目标,房产税立法的目的应该是把中央政府推进房地产税改革和宏观调控结合起来,财税部门应该把这一目标作为推进税制改革的一项重要任务来抓。有学者片面地认为应尽快开征房产税,增加住房人持有环节的成本,可以有效遏制房地产买卖投机,同时,又可以让大量空置房进入二手房产市场和租赁市场,增加房产供应量,缓解房地产总体供需矛盾。根据各国的经验,房产税是政府稳定房地产市场最主要的经济手段。① 房地产税立法还应当考虑对我国目前的土地问题、财政收入问题,以及对土地与财政收入的混合政策问题进行全面考虑,确定最终的目标,从而保证房地产市场平稳健康的发展。②

---

① 贾康:"中美专家激辩房产税:要不要开征?什么时候开征?",载《扬子晚报》2010年7月9日版。

② 李炜光:"上海重庆房产税改革回避土地问题",载《小康》2011年2月10日版。

房产税试点立法与税收立法权的法律规制

沈理平*

2011年1月，上海、重庆两地市政府根据国务院会议精神，先后颁发了《上海市开展对部分个人住房征收房产税试点的暂行办法》和《重庆市关于开展对部分个人住房征收房产税改革试点的暂行办法》，正式开始对个人拥有的住房进行房产税改革试点。该试点立法引起了人们的广泛关注，人们不仅关注房产税作为政府调节房地产市场的政策工具的实质效果，更有有识之士对地方房产税立法的合法性提出质疑。那么，地方是否享有房产税的立法权？如果享有，其权从何来？权限如何？此次重庆、上海试点立法的合法性质疑缘何而起？本文借此问题进行探讨，以期能够厘清围绕房产税所引发的税收立法权的法律语境，进而提出自己的粗浅看法。

一、我国地方税收立法权的法律依据

地方税收立法权是相对于中央税收立法权而言的。具体是指地方有权机关根据宪法、法律和法规的规定，结合本地实际情况，制定仅适用于本地区的地方性税收法规、税收规章的权力。其具体权限范围，既受制于一国的立法体制，更与一国的税权划分制度密切相关。

在我国，地方立法权是建立在中央和地方适当分权基础上的一个多层级的立法权体系。根据《宪法》和《立法法》的规定，享有地方立法权的机关主要是地方国家权力机关和地方国家行政机关两类。其中，所谓“地方”，主要是指省级以及省级人民政府所在地的市和国务院批准的较大的市的国家机关。在其机关内部，人大及其常委会作为地方权力机关可以制定地方性法规，政府作为地方最高行政机关可以制定地方性规章。地方性法规在不与宪法、法律、行政法规相抵触的前提下，可以就下列事项作出规定：(1)为执行法律、行政法规的规定，需要根据本行政区域的实际情况作具体规定的事项；(2)属于地方性事务需要制定地方性法规的事项。地方政府规章在不与法律、行政法规和本省、自

---

* 广东技术师范学院政法学院副教授。

本文原载《特区经济》2012年第1期。

治区、直辖市的地方性法规相抵触的前提下,可以就下列事项作出规定:(1)为执行法律、行政法规、地方性法规的规定需要制定规章的事项;(2)属于本行政区域的具体行政管理事项。从上述规定可以看出,针对与地方事务相关的事项制定地方性法规和地方规章是地方立法权的应有之义。

具体到税收事项,地方是否享有税收立法权呢?对此我国法律法规没有明确规定。但从《宪法》和《立法法》的规定看,在法律或行政法规就某个税种作出基本制度规定后,地方权力机关或者地方政府根据其享有的地方立法权,应该有权在该税收基本制度规定之下,针对该税收基本制度在本区域内的实施,作出大量补充性、技术性与细节性的规定,以弥补上位法条文规定的不足、增强该税收法律规范的覆盖密度。在此范围内,地方立法权所享有的税收事项的立法权限,应该没有什么疑问。可以说,它是地方的法定职权。

当然,正如《宪法》和《立法法》的规定,地方在行使其税收事项立法权时,应当符合上位法的规定,不得与其相抵触,否则,构成了对立法体系的超越,破坏了国家法制的统一。①

也许有人认为,根据1993年国务院《关于实行分税制财政管理体制的决定》的规定"……中央税、共享税以及地方税的立法权都要集中在中央,以保证中央政令统一,维护全国统一市场和企业平等竞争",地方并不享有税收立法权,包括地方税的税收立法权。其实,该决定中的税收立法权是指税种及课税要素的创制性立法权,并不包括地方所享有的法定范围内的补充性或解释性立法权。实践中,省级政府也享有一定的税收立法权就是明证。②

二、房产税试点立法的合法性之争

此次上海、重庆两地房产税立法,明确规定了房产税的征税对象、税率、减免条件等课税要素,从立法内容上,属于对税收事项的创制性立法,同时从立法主体上,又可以定性为地方政府行政立法,即地方政府制定规章的行为。其合法性争议的实质在于,两市的立法行为,是否应当被理解为属于"为执行法律、行政法规、地方性法规的规定需要制定规章"而构成《房产税暂行条例》第10条规定意义上的一种在本地方适用的施行细则,或者是否应当被理解为对于《房产税暂行条例》第5条关于"个人所有非营业用的房产免税"规定的公然违反。如果理解是肯定的,则两地的立法行为是职权立法,因为超越了上位法《房产税暂行条例》关于"个人所有非营业用的房产免税"的规定而构成越权立法,

① 朱炎生:"税收法定主义与中国的税收立法",载《第三届中国财税法博士论坛暨海峡两岸学术研讨会论文集》。

② 省级政府享有的税收立法权包括屠宰税、宴席税的开征停征权,城镇土地使用税、车船使用税、房产税、城市维护建设税等地方税实施细则的制定权与解释权,在国务院规定的税率幅度内具体适用税率的确定权,在中央规定的幅度内确定本地增值税、营业税起征点的权力等。

属于违法行为；如果理解是否定的，由于依据是国务院的指示，根据有关行政授权理论，被授权单位有权在授权范围内为行政行为，包括行政立法行为，则两地的立法行为是合法行为，此处权且称为授权立法行为。

主张两地行为是授权立法行为，一个必需的前提是，国务院享有税收立法权，否则授权无从谈起。那么，国务院享有税收立法权吗？其享有的税收立法权是职权性立法权还是授权性立法权？对此，又存在两种相反的观点：一种观点认为，根据税收法定原则，税收立法权应当专属于全国人大及其常委会。目前国务院享有的税收立法权是授权性立法权，因为1985年全国六届人大三次会议决定，授权国务院对于有关经济体制改革和对外开放方面的问题，必要时可以根据宪法，在同有关法律和全国人大及其常委会的有关决定的基本原则不相抵触的前提下，制定暂行的规定或者条例，颁布实施，并报全国人大常委会备案。根据该授权决定，国务院获得了税收立法权，并随后制定了一系列税收暂行条例，包括1986年的《房产税暂行条例》。另一种观点认为，宪法并未确定税收法定主义是中国税收立法的原则，[①]目前国务院享有的税收立法权是职权性立法权，依据是《宪法》第89条的规定，在不与全国人大及其常委会制定的法律或决定相抵触的条件下，国务院享有"根据宪法和法律，规定行政措施，制定行政法规，发布决定和命令"的权力。该项权力中当然包括制定和发布税收方面的措施、行政法规、决定和命令的权力，也包括修改《房产税暂行条例》的权力。1985年全国人大的授权决定在严格意义上并非"授权立法"而仅是"授权变法"，只是从立法范围上扩张了国务院原本就有的税收立法权。[②]

对国务院税收立法权性质的不同主张导致了对房产税试点立法合法性的不同认识。如果主张国务院的税收立法权是授权性立法权，根据《立法法》关于"被授权机关不得将该项权力转授给其他机关"的规定，国务院不得将税收立法权再行转授。那么，重庆、上海根据国务院的授权（国务院第136次会议精神）而进行房产税立法，无疑是违法的；如果主张国务院的税收立法权是职权性立法权，根据《宪法》第85条、第89条的规定，国务院作为国家最高行政机关，"统一领导全国地方各级国家行政机关的工作，规定中央和省、自治区、直辖市的国家行政机关的职权的具体划分"，当然可以将自己享有的职权授予地方政府行使，那么，重庆、上海的试点立法无疑又是合法的。可见，"合法"与"违法"之争不过是源于人们的认识不同。

三、地方税收立法权的法律规制

不论人们如何认识，一个不容忽视的事实是，重庆、上海两地已经事实上行使了地方税收立法权，而且根据该税收立法，两地相应的税收征管也在平稳进行之中。人们甚至

① 朱炎生："税收法定主义与中国的税收立法"，载《第三届中国财税法博士论坛暨海峡两岸学术研讨会论文集》。

② 周刚志："不能简单地说房产税改革试点不合法"，熊伟主编：《税法解释与判例评注》，法律出版社2011年版。

可以顺势推测，如果两地试点卓有实效，不排除国务院进而授权其他地区地方政府进行类似的房产税立法用以调控当地房地产市场的可能。毕竟，房产税也是一种经济调控工具，更主要的是，房产税是地方税，“在改善地方财力方面的功效日益凸显……在不改变现行利益分配格局的前提下，房地产税可以增加地方政府的财政收入，成为地方稳定的财源。中央无须做出牺牲，而地方获得了相关的利益，可谓皆大欢喜。”①但从纳税人角度，在宪治条件下，在税收关系日益成为国家和民众的主要关系、住房日益成为民众文明生活必需品的时候，地方政府未经民意、违反上位法规定、通过政府规章的方式针对个人住房征税，无论如何都有点差强人意，由此引发人们的合法性质疑也就不足为怪了。

更进一步，上海、重庆房产税地方试点立法之外，新疆资源税试点也在推行，地方税收立法权似乎有借国务院行政授权而扩大之势。因此，为了保护纳税人权利，有必要对税收立法权进行严格规范，在宪法和法律的框架内对其加以控制和约束。为此，笔者认为，可以从以下几个方面入手：

第一，严守税收法定主义，立法机关切实履行税收立法职责。

税收法定主义是指税法主体的权利义务必须由法律加以规定，税法的各类构成要素皆必须且只能由法律予以明确规定；征纳主体的权利义务只以法律规定为依据，②此处的“法律”仅指由代表民意的国家立法机关制定的或由其授权制定的规范性法律文件。换言之，若无法律规定，国家不得向民众征税，民众亦无纳税义务。税收法定主义被西方税法学界视为现代税法的最高原则和税法领域的“帝王条款”。③

我国《立法法》第8条规定：“下列事项只能制定法律……（八）基本经济制度以及财政、税收、海关、金融和外贸的基本制度……（十）必须由全国人民代表大会及其常务委员会制定法律的其他事项。”该规定表明，我国税收基本制度的立法权，即有关课税要素、纳税人权利义务等内容的立法权，必须且只能由国家立法机关行使，未经国家立法机关授权，行政机关不得在行政法规中对课税要素作出规定，地方性法规、部委规章及地方性规章等其他法律性文件亦不能擅自规定课税要素。《立法法》的规定体现了税收法定主义。

《立法法》不是宪法本身，但却是宪法性文件，它的规定具有宪法性效力，理应成为税收立法的最高行为准则。但实践中，目前除了《个人所得税法》、《企业所得税法》、《税收征收管理法》三部法律外，其他的税收法律文件都是以行政法规或规章的方式存在的。而这些行政法规或规章广泛涉及课税要素、纳税人权利义务等内容，客观上造成国务院享有税收基本制度立法权的假象。同时，“地方服从中央”的宪法精神又使这种假象通过国务院授权的方式蔓延到地方。可以说，正是立法机关的职能缺失，导致了我国税收立法实践与税收法定主义相去甚远，也是人们质疑此次房产税试点立法合法性的根本性原因。

---

① 熊伟：“论房地产税改革应当缓行”，载《财税法学动态》2011年第1期。

② 王鸿貌：“税收法定原则之再研究”，载《法学评论》2004年第3期。

③ 王士如：“中国税收立法的宪政思考”，载《政法论坛》2009年第1期。

第二，明确税收立法权限的法律界定，完善授权立法监督机制。

此次重庆、上海两地房产税立法试点引起合法性质疑的另一个重要原因在于我国立法机关和行政机关的税收立法权限缺乏明确的法律界定。虽然《立法法》第 8 条规定有关税收的基本制度由全国人大及其常委会制定，但对于税收基本制度以外的税收事项是否可以由行政机关确定却没有明确规定。实践中有一种理解认为，国务院应该有权确定税收基本制度以外的税收事项，根据需要或者自行立法，或者自行授权省级政府依照法定权利办理，必要时也可以建议全国人大及其常委会授权省级人大常委会决定。如果从地方自治的角度，对于针对本地区的特定税收事项，省级人大也应当有权制定相应的税收法规，对于具有全国意义但需要在地方先行试验的税收立法，也可以由国务院授权省级政府制定相应的税收规章。[①] 实践中的理解使原本应当居于从属地位的税收行政立法权占据了主导地位。为此，明确税收立法权限的法律界定，就要求强化国家立法机关即全国人大及其常委会的税收立法职能，建立健全税收基本法；同时，严格审查 1985 年的授权决定，及时把成熟有效的税收行政法规上升为法律，

1985 年全国人大作出的“一揽子”授权决定，使国务院事实上全面享有了税收立法权，进一步模糊了立法机关和行政机关的税收立法权界限。但鉴于税收授权立法有其存在的必要性，[②]我国《立法法》也已从宏观层面上建立了授权立法制度，因此，除了加强对以往授权立法的检查监督以外，未来对确需授权立法的税收事项，应严格依照《立法法》的要求，明确授权的目的、范围。同时，在立法过程中强化公众参与机制，诸如公布草案、公众评议、听证会，使公众对授权立法是否越权、内容是否公正等进行有效监督；事后，再由专门机构对授权立法进行专门监督，从而保障税收授权立法权始终在宪法允许的框架内进行。

第三，限制地方税收立法权，加强地方税收立法监督。

我国是一个地区经济发展极端不平衡的国家，政治上又实行单一制，实行税收立法权集中在中央、限制地方税收立法权的制度，一方面，可以保持税收制度的全国统一性，防止地方政府在税收问题上各自为政，从本地区利益出发，制造税收壁垒，阻碍生产要素的自由流动；另一方面，在现行分税制财政体制下，一些地方税是地方政府稳定的收入来源，限制地方税收立法权，可以最大限度抑制地方政府为增加地方财政收入而征税的冲动，保护纳税人利益。

当然，在宪法和法律框架内，在不与上位法抵触的前提下，地方仍可以拥有一定范围的补充性税收立法权，诸如就一些地方税的税率、税目调整和减免等在授权范围内制定

---

① 李玉虎：“论房产税地方立法的正当性：基于重庆的实践”，载《第三届中国财税法博士论坛暨海峡两岸学术研讨会论文集》。

② 税收授权立法可以充分发挥行政机关的优势，一方面弥补立法机关立法数量上的不足，另一方面使税法更具可操作性和适用性。

地方性法规和地方政府规章的权利。但需要正视的问题是，目前地方有限的税收立法权绝大部分是由政府或政府组成部门行使，地方人大及其常委会很少参与，①以致地方税收立法权失去了当地人民的民主参与和监督。因此，在限制地方税收立法权的同时，有必要在地方税收立法中强化税收法定主义，加强监督。

此外，考虑各地区资源状况和经济发展水平以及国家产业政策等，对确需在某些地区进行新税试点，包括开设新税种或设定新税目等，例如，此次在重庆、上海开设的房产税，可以由国家立法机关根据《立法法》关于授权立法的规定，授权地方人大及其常委会在法律规定的范围内进行创制性立法。如此，不仅可以达到限制地方税收立法权的目的，而且可以使地方政府更加灵活地运用税收杠杆调控区域经济运行，取得最大社会效益。

① 例如，国务院制定的有关城镇土地使用税、房产税等税种的暂行条例中，均规定由省级人民政府制定实施细则，而将地方权力机关晾在一边，

论我国个人房产税应定位于合理利用资源

刘汉霞*

目前,世界上大多数成熟的市场经济国家都对不动产征税,尤其是对私有房地产征收的物业税成为地方政府的稳定财源。我国从2003年10月在中共十六届三中全会通过的中共中央《关于完善社会主义市场经济体制若干问题的决定》中提出要在"条件具备时对不动产开征统一规范的物业税"开始,房产税的改革问题一直处于人们热议的焦点。虽然物业税的"空转"在若干城市试点了数年,甚至上海和重庆都在2011年1月推出了征收房产税的地方法规,但推广至全国似乎还需要很长一段时间。究其原因,除了征收技术上的难题未能有效解决外,在征税目的上的摇摆和对房产税的错误定位导致人们对房产税正当性的怀疑,进一步导致该税遵从度的降低、征纳成本的增加,进而阻碍了房产税改革的进程。本文将从合理利用资源的角度论证将房产税定性为资源税的理论基础和现实基础,以期抛砖引玉,与方家共同探讨我国房产税改革问题。

一、我国房产税的改革历程

房产税是世界各国普遍征收的一种财产税,主要以房产为征税对象,按照房产的计税余值或出租房产取得的租金收入,向产权所有人征收的一种税。

在我国,房产税最早出现在20世纪50年代。原政务院在1950年颁布的《全国税政实施要则》中规定开征房产税,在1951年8月8日原政务院公布的《城市房地产税暂行条例》中将房产税并入城市房地产税。20世纪80年代,鉴于城镇土地属于国家所有,利用者没有土地所有权,我国将城市房地产税分为房产税和城镇土地税两个税种,并于1986年颁布了《房产税暂行条例》。同时,城市房地产税仍保留,继续对外商投资企业、外国企业、外籍个人征收,直至2009年1月1日我国宣布废除《城市房地产税暂行条例》,结束了对外资企业及外籍个人征收城市房地产税的历史,外资企业及外籍个人开始

* 华南理工大学法学院(知识产权学院)副教授、硕士研究生导师。

本文为广东省哲社"十一五"规划课题(GD10XFX06)及广州市社会科学规划课题(11B01)的研究成果之一,原载《华南理工大学学报》(社会科学版)2012年第3期,收入本文集时略有修改。

享受与内资企业和国内居民同等的房产税待遇。[①]

在国外,房产税的主要征收对象是私有房屋的所有人,而我国现行房产税主要是对生产经营性房产征税,个人所有的非营业用房产(即个人住房)免税。随着住房市场化改革的推进,私人拥有的商品房增多,房价不断上涨,对个人住房征税的问题也随之提上了议事日程。在2003年10月召开的中共十六届三中全会《关于完善社会主义市场经济体制若干问题的决定》中首次出现了"物业税"的概念,主要针对土地、房屋等不动产,要求承租人或所有者按年缴纳一定税款,应缴纳的税值会随着不动产市场价值的升高而提高,因此也有人将物业税称为财产税或地产税。2007年1月25日,国税总局下发的《2007年全国税收工作要点》将"研究物业税方案"列入当年工作范围。2009年5月25日,在"物业税空转"约三年之际,国务院批转发展改革委《关于2009年深化经济体制改革工作的意见》,其中提到"深化房地产税制改革,研究开征物业税"。

按照财政和税务系统的一些专家的设计,现行的房产税、城市房地产税、城镇土地利用税、土地增值税以及相关收费将被合并,转化为房产保有阶段统一收取的物业税。但考虑到从我国香港特区借用的"物业税"概念并不能确切表达我国房产税改革的设想,有些学者建议用"不动产税"或"房产税"的替代"物业税"。从2010年起,中央出台的政策性文件开始采用"房产税"概念。

2010年5月温家宝主持召开国务院常务会议,审议并原则通过《关于2010年深化经济体制改革重点工作的意见》(国发〔2010〕15号),提出要深化财税体制改革,逐步推进房产税改革。2010年6月1日,国务院同意发改委逐步推进房产税改革意见。2010年11月底完成的《全国房地产业发展"十一五"》规划(建议稿)明确表态赞同开征房产持有环节税。

2011年1月26日,"新国八条"楼市调控政策出台。2011年1月召开的国务院常务会议同意在部分城市进行个人住房征收房产税改革试点,具体征收办法由试点省(自治区、直辖市)人民政府从实际出发制定。

2011年1月底,重庆市政府、上海市政府先后正式试点开征房产税。2011年1月27日《上海市房产税实施细则》公布,2011年1月28日《重庆市个人住房房产税征收管理实施细则》公布。

从我国房产税改革的历史和现状来看,我国房产税改革将朝着以下趋势发展:

第一,征税范围扩大化。根据我国现行《房产税暂行条例》,对位于城市、县城、建制镇和工矿区范围内的房产每年征收房产税,不在开征地区范围之内的工厂、仓库等不征收房产税。但个人所有非营业用的房产免交房产税,对个人住房用于出租或其他经营目的的,要征收房产税、城镇土地利用税或城市房地产税,但对个人自有自住住房免税。近年热议的物业税及近年试点的房产税就是针对原来免税的个人自有自住住房。

① 薛钢:"房产税改革中需要注意的若干问题",载《领导之友》2011年第3期。

第二，税基计算动态化。根据我国现行《房产税暂行条例》，对外资企业征收统一的房地产税，对内资企业是房、地分开的，而且没有充分考虑地段的因素，没有几年重评一次税基的规定。因此，不动产税在我国目前的总税收中还是一个很小的部分。未来的房产税将根据市场价格计税，并将成为地方稳定重要的税种。

第三，纳税环节合理化。从国际比较的角度看，我国涉房税负不仅不算低，而且已经很高，与房地产开发和交易有关的税费高达60多种，占房价的比例可达约四成。但这些税收都集中在房产的开发和交易环节，持有环节的税种很少，导致房屋保有零成本，推动囤积房产的积极性。针对个人住房的房产税将摒弃以往重交易环节的模式，向重保有环节的征税模式转变，有助于我国税收制度的优化。

二、对目前房产税改革目标的存疑

如果从20世纪80年代算起，我国房地产税的改革历经三十多年，但从来没有哪次改革像近年的房产税改革那样触发公众广泛的关注，不仅因为正在进行的针对保有阶段的房产税改革触动着各种主体的切身利益，而且因为目前经济环境下的房产税改革承载着人们太多的期望。从目前学界比较流行的关于房产税改革目标的理解和阐释上可见一斑。

（一）打压不断高企的房价

自从20世纪90年代我国推行住房商品化政策以来，房价连续多年上涨，房价问题一直是人们关注的重点。1999年全国商品房销售均价仅为2053元/平方米，但2009年5月已达到4834元/平方米，增长了135.46%，年均增长率为12.31%，远超过同期GDP年均增长率。国际上公认的房价上的“合理的价格水平”，应该是相当于每户居民3～6年的平均收入。2006年年初，如果要买一套90平方米的公寓房，在韩国首尔地区，需要7.7年的总收入，其他地方大城市为3.8年，中小城市为2.6年。而在美国和英国，则分别只需要2.7年和4.1年全部收入。在我国则需要8年以上的全部收入。按照国际惯例，当一个地方房价收入比超过5的时候，就被认为该城市房屋购买力“极低”；超过6的时候，就会被公认为属于房地产泡沫区；当房价收入比超过7以后，就会被世界上公认为“国际房价最难承受地区”。

我国房价的疯涨，除了人口红利带来的刚性需求拉动的原因外，最主要的是投机炒作推动的结果。虽然2010年4月开始至今，中央政府不断出台房地产调控措施，且出台措施越趋严厉，但国家统计局的数据显示，2011年8月，70个大中城市的新建住宅价格8月全面上涨，北京的房价同比上涨了1.9%，上海的房价则上涨了2.8%，上涨最快的城市是南昌，同比上涨了9.1%。如果以国家统计局公布的数据，2010年我国城镇居民全年人均可支配收入为19,109元，如果按照国际公认的合理的房价收入比3～6来算，三口之家买一套90平方米的小康住房的“合理价格”为229,308元。而2009年全国住宅销售均价达到4600元/平方米，2010年全国住宅销售均价达5104元，而在2011年的杭州、上海、深圳等发达地区，每平方米2万元以上的房产比比皆是。因此，按照我国的目前消费水平，普通居民拥有一套住房几乎是终生的梦想。

房价太高必然会直接影响居民对其他用品的消费,对拉动内需有害无益。对于中低收入家庭,高房价还具有“挤出效应”,即房价超出了中低收入家庭的购买力,中低收入家庭正常住房需求无法通过市场途径得到满足。因此,开征物业税将抑制投机活动,并促使物业因持有成本上升而加快流通,从而增加住房供给,有利于房价理性回归。同时,物业税一旦推出很可能取消土地出让金、房产税和土地增值税等税费,房地产开发成本将大幅下降,房价也必然随之下降,降低了购房“门槛”,有利于解决中低收入家庭的“住房难”问题。①

(二)增加地方财政收入

从国际比较的角度看,中国涉房税负不仅不算低,而且已经很高,与房地产开发和交易有关的税费高达六十多种,占房价的比例可达约四成。但是,由于分税制的限制,地方政府从中分得的收入很少,而城镇化建设的加快迫使地方政府必须加大城市建设的投入。在这种“两难”情形下,不必上交中央财政的土地出让金成为地方政府方便快捷的资金来源。地方政府通过“卖地”筹集城市建设资金,促成“土地财政”模式的流行。但土地资源毕竟是有限的,“土地财政”模式运行至今几乎到了山穷水尽的地步。有专家统计,我国土地出让金约占到地方财政收入的30%以上,但是,随着城市化的快速推进,城市中心区域可供出售土地大幅减少,甚至出现“无地可卖”的境地,而郊区土地因耕地保护政策也很难大规模上市交易,地方政府来自土地的财政收入将越来越少。而与之同时,城市中心区域土地价格已大幅升值,而政府在现有的土地税制下根本无法分享土地保有阶段增值收益。而且,受金融危机的影响和冲击,2008年下半年以来我国土地交易价格明显回落,2009年3月全国土地交易价格指数仅为98.9%。1999~2008年我国土地价格均出现不同程度上涨,1999~2004年土地价格持续上涨,2005~2006年小幅回落,2007年再次大幅上涨,但2008年受金融危机影响快速回落,2009年第一季度出现了负增长。土地价格下降使地方政府财政收入减少,再考虑到可供出售土地面积的减少,“土地财政”将越来越少,地方政府只有开拓新税源才能弥补“土地财政”的减少,才能提供更多更优质的城市公共产品。如果开征房地产税,基于土地等不动产价值征收,税收额相对稳定并可长期持续,或可成为未来地方政府提高财政收入的一项更好选择。有学者估算我国开征房地产税的收入规模区间是2000亿元到6000亿元之间,占地方税收的比重可达23.9%到71.4%,能够成为地方的主体税种。另一些学者测算房地产税改革后其税收总额将占市级地方财政收入的10%~20%,将成为地方财政收入的重要来源,但房地产税改革对发达程度不同地区的地方政府影响不同。

(三)调节贫富差距

税收本该是调节收入分配差距的重要杠杆,然而,我国的财税政策对收入分配的调

① 苏多永、张玉香:“物业税开征原因、模式选择及实施方案——基于民生视角的制度安排”,载《上海房地》2010年第1期。

节却一直收效甚微。我国目前个人所得税的税基是个人的货币收入，以实物形式表现的福利和职务消费等构成个人实质性收入的部分没有纳入征税范围，“灰色收入”亦无纳税的可能。因此，真正高收入者其税负反而会较低。高收入群体的税收“管不住”已经成为各级税务部门面临的普遍难题。目前，我国房产税以房产的计税价值或租金收入为计税依据。其中，按房产计税价值征税，主要依照房产原值一次减除10% ~30%后的余值计算缴纳。由于没有考虑房屋升值带来的“溢价”，在房价疯涨环境下的原值计税法已不符合现实。

房地产税根据评估价值征收，能很好地与支付能力相匹配，理论上对房地产保有环节征税是对资本征税，具有调节贫富差距的累进税作用。[①] 由于我国没有财产税，房产税更多是作为一种调节贫富差距的手段。只有这样，房产税的开征才可以不受到太多利益因素的干扰，才不会继续停留在“雾里看花”的状态。否则的话，现阶段的房产税就是一种为了打压房价的特别消费税或取得地方收入的临时税，不利于我国建立常态的财产税制，更遑论与国际税制接轨。[②]

但是，2011年我国在上海、重庆进行了房产税改革试点，从试点情况来看，上述目标的实现差强人意：

首先，课税税率方面，现行房产税试点的效果难以达到抑制房价的作用。比如，上海的房产税税率只有0.6%，而大多数非高档住房（房价低于全市上一年度均价两倍的商品住房）只适用0.4%的税率，国际上房产税税率基本在1%左右。不仅如此，上海的税基还要根据市价打七折。在一些高档社区，房产税的缴纳额与物业费加水电费差不多，对高收入人群无威慑力。虽然房产税改革试点向社会传递的是政府抑制房价的倾向，但无论从上海等一线城市的房价来看，还是从山东临沂等二三线城市的房价来看，在大户型或豪华型房价没有降低的情况下，中小户型的房价仍有涨幅，而且处于持续引涨的地位。因此，在当前的房地产市场条件下，房产税难以直接发挥抑制房价的作用[③]。因此，有学者指出，如果真要抑制炒房和降低房价，最好是开征高档房产“特别消费税”（如10万~20万元/平方米的住房交20%消费税，20万~30万元/平方米的住房交50%消费税，30万元/平方米以上的住房交80%消费税，在交易环节一次征收），不仅能起到抑制房价的作用，还会为建设保障房和廉租房提供可观的建设资金。[④]

其次，在房产税的覆盖面方面，上海实施的方案是对新购住房征税，存量房不征税，重庆虽然没有对存量房免税，但也只对极少数别墅征税。因此，对囤房的打击相对有限，调节财富分配的功能基本落空，可以增加的税源也较少，土地利用格局基本难以发生大

① 高培勇：“调整收入分配亟待启用直接税”，载《群言》2011年第1期。

② 薛钢：“房产税改革中需要注意的若干问题”，载《领导之友》2011年第3期。

③ 吴能宽：“房产税改革能否抑制房价”，载《税务研究》2011第5期。

④ 卫祥云：“房产税改革厘清三大问题”，载《新经济导刊》2011年第7期。

的变动。

最后，上海房产税率暂定为0.6%，重庆的房产税率定为0.5%～1.2%。这样低的税率，其实对地方财政收入也无多大意义。据媒体报道，上海房产税开征三个月，约有二十笔应征房产税已经缴纳，所收税款不及一套房，重庆市已经入库的房产税试点征收税款也只有区区几十万元。

总体来说，两地的房产税的试点方案与预期目标相差较远，这主要是为了使试点顺利起动而不会造成太大市场波动和社会震动的稳妥考虑，上海和重庆改革步伐很小很谨慎。与国际上通行的房产税相比，两地实施的实质上只是"房产消费特别税"，并非真正意义上的房产税，因此，涉及面小、力度有限，不可能同时实现抑制房价、增收、均贫富的三大目标。况且，真正的房产税也应以这"三大任务"为目标。很多学者曾就此发表异议，在此不赘述。

三、房产税定位于合理利用资源的理论基础

笔者认为，房产离不开土地，土地是一种有限的稀缺资源，在我国城市的土地是全民所有制的，超出实际需要的占有无异于资源浪费，因此，如果将房产税的功能定位于合理利用资源也许更合理。其法理基础和经济基础如下：

（一）房产税定位于合理利用资源的法理基础

1.住宅权是公民的基本人权之一

衣、食、住、行是人类生存的基本物质需要，是保证劳动力的再生产的基础条件，其中，栖身之所是使人们能够休养生息的必要条件。适当的生活居住空间是公民生存权的体现，拥有住宅权是实现人权的基础条件之一。早在1919年德国就在《魏玛宪法》第155条规定，"国民每个家庭能获得健康之住宅及生活空间"。1946年《世界人权宣言》明确宣布："人人有权享有为维持他本人和家庭的健康和福利所需的生活水准，包括食物、衣着、住房、医疗和必要的社会服务。"1966年《经济、社会和文化权利国际公约》则进一步规定："人人有权为他自己和家庭获得相当的生活水准，包括足够的食物、衣着和住房，并能不断改进生活条件。"至今有50多个国家的宪法规定了公民的住房权①。

在现代社会，住房不应仅仅理解为四面墙壁和一个屋顶，也不应仅仅被视为商品，而应被看作促进正义、平等、和平的工具。住房权的保障对象并非住宅，而是适当住房。基于此，住房权亦称适当住房权，是指公民获得可负担得起的适宜于人类居住的，有良好的物质和基础设施服务设施的，具有安全、健康、尊严，并不受歧视的住房的权利。②

① 张小罗、周刚志："论公民住房权：权利内涵及其实现之道——以长沙市为个案分析对象"，载《法学杂志》2009年第1期。

② 谢雄军："欧爱民：我国公民住房权保障的宪法学透视"，载《中南林业科技大学学报》（社会科学版）2011年第2期。

2. 解决民生问题是现代政府的宪法责任

公民享有住房权意味着政府的宪法责任，政府必须采取适当措施，在财力所及范围内尽可能地保障公民享有住房权，让老百姓有适当居住条件是政府解决民生问题的根本任务之一。党的十七届五中全会以及"十二五"规划中都突出强调保障和改善民生的重要性，将改善公民的居住条件纳入各级政府工作职责范围内。为履行宪法责任，政府应以民生为导向，在住房的建设、分配和消费方面应遵循以下管理原则：一是满足需要。不是满足少数人的需要而是以满足整个社会需要为取向，也不是仅仅满足居住需要，而是以满足生活、生产、生态需要为综合目标。二是消费适度。从国情出发建立科学合理的住房建设和消费模式，引导理性消费，促进人与自然的和谐。三是公平正义。不仅强调代内公正，同时也包括代际公正，实现房地产业的可持续发展，促进社会和谐。民生地产的外延不仅包括住宅地产，同时还涉及与民生相关的商业地产、工业地产、公共地产（如交通、教育、医疗、文化）。从民生地产出发，不仅要解决城镇人口的住房问题，还要为他们创造更多的就业机会，提供相应的公共服务，营造绿色宜居的生态环境，使民生得到多方面的改善。①

（二）房产税定位于合理利用资源的经济学基础

1. 土地具有不可再生资源的特性

一般认为，人类参与下可以重新产生的资源是可再生资源，如农田，如果耕作得当，可以使地力常新，不断为人类提供新的农产品；而石油、煤炭等属非再生的耗竭性资源。为促进人类合理高效地利用，对可耗竭的资源如矿产征税是世界上大多数国家的共同做法。然而，土地虽然不属于消耗性资源，但适宜人居的土地资源是有限的，更因为附着了建筑物的土地限制了其他功能的发挥，建筑物拆除后也不可能使其恢复到原来的用途，土地其实也具有不可再生的特点。

2. 房产税是资源所有者实现利益的体现

世界上大多数国家均通过立法确认矿产资源作为社会财富归国家所有或全民所有，国家有权通过出让开采权或征收矿产税获得利益。与其他国家土地所有制不同的是，在我国，土地是国有的，对土地利用者征税是国家行使资源所有者权利的当然途径。当资源价格在一定时期大幅上涨而产生超额利润时，政府就有必要采取措施对这部分超额利益进行分配。所以，认为征收了土地出让金就不应该征收房产税的观点是不对的。因为"税"不等于"财产利用的对价"，"土地出让金"的性质是土地利用权的价格，即凭借所有者的身份对利用权持有人收取的地租。而房产税，其性质是不动产保有环节上利用权持有人所必须缴纳的法定税负，收取者凭借的是社会管理者的政治权力。"租"与"税"者是合理匹配，并行不悖的关系，不存在所谓不可克服的"法理障碍"。"重复征收"问题在

① 张道航、张文雷："坚持科学发展 实现住有所居——解决城镇居民住房问题的政府视角"，载《宁夏党校学报》2009 年第 2 期。

复合税制自身就必然存在,只是设计合理与否的问题,"租"与"税"的所谓"重复"更不应看做什么硬障碍。[①]

3. 房地产的增值包含着级差地租

众所周知的事实是,地段越好的地方房价越高,而地段好的地方往往也是公共投入较大的地方,地段升值与公共产品质量的提高(如公共设施配备、环境保护程度)正相关。受地理位置影响,房价升值差异较大,这实际上是由级差地租的作用所致。级差地租是资源价值的部分,与利用者无关,国家作为资源的所有者应通过制度设计将级差地租收归国有,对级差地租的调节是资源利益分配中的核心问题。

四、房产税定位为合理利用资源的现实考虑

对个人拥有的超面积住房征收房产税是我国现实情况下的必然选择,因为:

(一)高房价与高空置率并行

一般地,人们常用年收入与房价的比例衡量房价的高低。在发达国家,房价收入比为1.5~5.5,在发展中国家为4~6,在一些发展中国家,可能超过6。根据上海易居房地产研究院2010年5月20日发布的报告显示,2009年我国房价收入比达8.03,京、沪、深、杭四地纯商品住宅的房价收入比均超过14。[②] 由此可见,我国的住房价格已远远超出居民收入可承受的范围,现实中涌现的"蚁族"、"蜗居"、"裸婚"等新名词也形象地反映了人们面对高房价的无奈和愤怒。同时,与高价并行的高空置率则无情地揭示了贫富分化导致的资源利用不公平、低效率的社会现实。《中国城市状况2010—2011》白皮书宣称,2008年全国城镇居民人均住房利用面积达23平方米(人均住房建筑面积接近30平方米),城镇居民的自有住房拥有率已达87.8%。但是,住房占有差异明显,贫富差距很大。一边是部分中低收入家庭和大批"新城镇居民",尤其是"蚁族"住房窘迫;另一边是在部分大城市出现大量空置房,住房空置率已接近或超过国际警戒线。

虽然导致这种两极化现象出现的原因很多,但现有房地产税制无疑有不可推卸的干系。在现有税制下,房产的持有成本几乎为零,这使房地产投机成分增加,突出表现在投资房地产不是为了获取稳定的租金回报,而是为了获取高额的买卖差价,在这种投资心态下,出现了大量商品房空置的现象。2010年4月,有媒体报道,上海、北京和深圳等城市的房屋空置率已达到40%。更刺激国人神经的是,有报道称我国高达6540万套住宅电表连续6个月读数为零,空置房足以供2亿中国人居住。[③] 虽然上述数据缺乏权威性,但我国房屋空置率畸高是一个不争的事实。

---

① 贾康:"房产税是否对房价有影响",载《决策探索》(上半月)2011年第2期。

② 魏宗凯:"易居报告称:2009年我国房价收入比达8.03创新高",载 http://news.xinhuanet.com/fortune,访问时间:2011年7月9日。

③ 苏文洋:"国家电网称全国有6540万套住宅电表连续6个月读数为零",载 http://news.163.com,访问时间:2011年7月29日。

房屋空置浪费了稀缺的土地资源，造成资源享有的不公平，贫富差距加大。如果开征房产税，将改变房产的“零成本”持有模式，房产持有成本的上升将能够有效地打击开发商的“捂盘”行为和居民“囤积居奇”的投机行为，从而加速房产流转，商品房可出售和可出租房地产均将大幅增加，促使房价理性回归和租金下调，有利于解决“有房无人住，有人无房住”的内在矛盾。

（二）财产税的征税成本高昂

按房地产评估值征税是国际上的普遍做法，以市场价值作为计税基础符合市场经济的基本原则。依照各国现行税制，每一笔土地及房屋都得征税，都得根据政府定期查定之价格加以计算征定。为了课税的目的，政府通常会在每隔一阶段就会对所管辖区域内之房地产进行一次估价，每幢房产纳税应根据查定价格加以计算。而这种查定的价格，在进行下一次查定价格之前，没有重大事故发生，不得变更。政府在查定房地产价格时可能有以下的几种方法：一是市场交易法，二是成本法，三是资本法。[①] 以上三种方法的采用都需要一定的基础条件，如良好的土地和建筑物记录、准确评估房地产的价值、税务部门掌握真实的市场交易信息。但是，在我国，这三个条件在近期内都不可能实现。如果要准备这些基础需要投入大量的人力、物力，可能征收的房产税还不足以支付征税的成本。但如果按照地段的均值征税不仅可以节约纳税成本，还可以适当降低居住密度，使城市人口分布合理化。

综上所述，笔者认为，在我国对个人拥有的房产课税应从国情出发定位于合理利用土地资源，以有效解决“富人有房无人住，穷人无钱住不起”的窘境。如果将人均居住面积定为60平方米，允许人们自愿选择征税起点以下的房产（如可以选择保留地段好的房产），其他超面积的房产按照地段或区域的一般价格征税。这样不仅可以在尊重居民选择权、保障其财产权的前提下提高纳税遵从度，还可以节约征税成本，提高征税效率，促进城市的健康发展。

---

① 易宪容：“中国需要公平的房地产税”，载 http://www.gf.com.cn/cms/newsContent.jsp?docId=808591，访问时间：2011年7月29日。

房地产交易:如何从营业税纳入增值税

杨小强* 冯俊文**

本文研究的是关于中国房地产交易如何从营业税纳入增值税的立法问题。①增值税兼并营业税以及不动产税的开征,直接触及中国房地产税制改革的核心,在房地产的保有环节将会以不动产税为主体税种,在房地产的交易环节将以增值税为主体税种。这就涉及现有一些税种的合并,以消除重复征税。在新增值税法的设计中,针对土地、房产以及相关服务如何进行增值税处理,在法律理论上和技术上都面临困难与挑战。本文通过研究旨在提出一个基本的理论框架。

一、未来房地产交易的主体税种——增值税

(一)《营业税改征增值税试点方案》

2011年11月16日,我国发布了《营业税改征增值税试点方案》(财税〔2011〕110号),为我国营业税改征增值税指出了路线图。该《方案》指出,根据党的十七届五中全会精神,按照《国民经济和社会发展第十二个五年规划纲要》确定的税制改革目标和2011年《政府工作报告》的要求,制订本方案。其基本原则是,统筹设计、分步实施,正确处理改革、发展、稳定的关系,统筹兼顾经济社会发展要求,结合全面推行改革需要和当前实际,科学设计,稳步推进。

在现行税制下,销售不动产课征营业税,营业税税率为5%。但在营业税改征增值税之后,销售不动产将课征增值税,而且原则上适用增值税一般计税方法。这在《营业税改征增值税试点方案》中得到了明确确认。

《营业税改征增值税试点方案》规定,在税率上,在现行增值税17%标准税率和13%低税率基础上,新增11%和6%两档低税率。租赁有形动产等适用17%税率,交通运输

---

* 中山大学法学院税法教授,博士。

** 美国纽约普华永道会计师事务所,美国西北大学法学院国际税法硕士。

本文原载《政法论丛》2012年第5期。

① 增值税(fvalue added tax)主要是欧盟国家、非洲国家等的称谓。在新西兰、澳大利亚、加拿大、新加坡等国家则称为商品与服务税,或翻译为货物与劳务税(goods and services tax)。中国现行增值税主要是从欧洲引进。

业、建筑业等适用11%税率，其他部分现代服务业适用6%税率。在计税方式上，交通运输业、建筑业、邮电通信业、现代服务业、文化体育业、销售不动产和转让无形资产，原则上适用增值税一般计税方法。金融保险业和生活性服务业，原则上适用增值税简易计税方法。在计税依据上，纳税人计税依据原则上为发生应税交易取得的全部收入，对一些存在大量代收转付或代垫资金的行业，其代收代垫金额可予以合理扣除。

（二）房地产交易的增值税适用

考察中国现行的房地产税制，不动产保有阶段的税收主要是房产税、城镇土地使用税；而涉及房地产交易的税收主要有营业税、契税、印花税、城建税、教育费附加，以及交易所得收入产生的个人所得税和企业所得税。对房地产交易合同的课税，[①]主要则是营业税、契税、印花税、城建税、教育费附加。随着增值税的改革与立法，未来增值税法将全部覆盖营业税课税范围，因而未来房地产交易的主体税种将由营业税变成增值税。这就涉及增值税处理房地产交易的制度设计，也涉及增值税与契税、印花税等的关系问题。

增值税是对货物与劳务的消费课税。理论上说，增值税应该覆盖到销售货物和提供劳务的所有领域。但目前，中国增值税征税范围偏窄，交通运输业、建筑安装业、销售不动产、转让无形资产等仍然属于营业税征税范围，这就破坏了增值税的抵扣链条，增值税与营业税交叉时难以准确界定各自的征税范围，过多的争议直接降低了税务行政效率，不符合简便征管原则。[②]营业税由于其税制的不公平性，将最终退出历史舞台，为增值税所取代。[③]

不动产交易如何纳入增值税处理，一直是国际增值税法上的难题。通常的实践是对住宅建筑物与租金采取免税，对办公建筑则全额征税。例如，对商业建筑物征税，租金与建筑服务将被视为增值税的进项税额，公司有权得到抵扣；相反，对商业建筑物免税将招致困扰，因为增值税的链条将被打破，层叠税的问题将随之产生。对住宅建筑物和住宅租金免税，通常是出于技术和公平的考虑。从技术上言，对物主自行居住的租金价值难以计算，这需要广泛的信息和主观的评估。但是，如果对住宅建筑物予以免税，住宅租金也必须免税，否则只是惠泽物主自行居住，却对租赁形成歧视。[④] Cnossen 就房地产业的增值税处理提供了概括性的指引。他认为，对不动产增值税处理最理想的方案就是奉行

---

① 依据《城市房地产管理法》第2条第3款的规定，“本法所称房地产交易，包括房地产转让、房地产抵押和房屋租赁”。

② 全国税收“五五”普法丛书编委会组织编写：《增值税转型知识读本》，中国税务出版社2008年版，第75页。

③ 营业税是中国特有的流转税，在发达国家没有这种税制。营业税以毛收入为计税依据，具有明显的不公平，因而将逐步为增值税所取代。参见专论 Xiaoqiang Yang, Merger of Business Tax into VAT in China, *International VAT Monitor*, IBFD, Amsterdam, Number 2, 2009。

④ Tuan Minh Le, *Value Added Taxation: Mechanism, Design, and Policy Issues*, Paper prepared for the World Bank course on Practical Issues of Tax Policy in Developing Countries, Washington D. C., April 28 – May 1, 2003.

统一与中立的原则,即对所有的建筑活动、所有的租赁和销售都予以征税,并采纳标准税率,而不是广泛地免税或应用优惠税率,前者将更公平,更有效率。①

对不动产适用恰当与可行的增值税存在诸多困难:第一,物主自行居住房产是个问题。房产的长久性特点本身对增值税适用不构成障碍,问题在于房产漫长的使用期限,加上缺乏纳税主体之间正常的市场交易行为,直接带来了行政上的问题。假设所有的房地产都被视为租赁,增值税的适用则没有任何问题。第二,房地产在增值税纳税主体与非纳税主体之间的交易存在问题。同一房地产可以在增值税纳税主体生产货物与提供服务中使用,也可以在最终消费时使用。因为增值税之目的只是对房地产的当前消费价值征税,所以必须要有机制去确保纳税主体能够得到抵扣,并只对消费性服务课税。第三,在任何经济体系中,房地产均扮演着消费与投资的双重角色。在理想的增值税体制下,房地产的"消费性利益"与"投资性利益"应该有明确区分。②

二、房地产交易的国际增值税立法③

(一)《德国增值税法》

按照《德国增值税法》,不动产的界定要依照民法来判断,而且必须区分土地、建筑物以及商业设施。受领或转让长期租赁权被视为不动产给付(即货物给付);转让其他涉及不动产的对物权,如用益权,则被视为服务给付。增值税是对货物给付与服务给付的课税。

1. 应税交易

《德国增值税法》第3.2.1条款被广泛地用于货物给付,同样也适用于不动产给付。不动产交易要课征增值税,其必须前提是,该货物给付是纳税人在其商业活动中实施。只有当不动产被视为商业资产时,才发生增值税纳税义务。但自欧盟法院(ECJ)判例Seeling(C-269/00)伊始,即使是供私人目的之用的不动产,也有可能被视为完全的"商业不动产",但商业用途必须要达到10%以上。纳税人也许会选择将财产的一部分归属于他的商业。将私用的财产归属于商业会带来增值税义务(自我给付),自用是一种虚构的应税服务。非商业用途的不动产,不会招致增值税缴纳义务。

2. 免税交易

按照《德国增值税法》第4(9)(a)条,属于不动产转让税法项下的交易在增值税法上免税,如最常见的交易是销售不动产。该免税条款也包括受让与转让长期租赁权。但免税不适用于下述两种情形:(1)提供商业设施;(2)对于是否缴税有税收选择权的不动产

① Cnossen, Sijbren, VAT Treatment of Immovable Property, *In Tax Notes International*, Vol. 10, 1995.

② Robert F. Conrad, *Value Added Taxation and Real Estate*, Report No. DRD224, World Bank, February 1987.

③ 本部分全部参考国际财政文献局(IBFD)的增值税数据库资料,由作者进行整理。作者是国际财政文献局《国际增值税观察》(International VAT Monitor)杂志的中国通讯员,得到授权查阅相关资料。

给付。

3. 强制销售

如果销售不动产是被迫的，如归还银行贷款而行使抵押权，则银行可能获得税收选择权，因为银行重新获得财产，通常会继续实施一个应税销售给付，该给付有增值税抵扣权。相较于一般规则，在反向征收机制下，购买方必须缴纳增值税。如果购买方实施的行为属于增值税的应税行为，他就有权按照一般规定将反向征收的增值税作为进项税额抵扣。

4. 自我给付

按照《德国增值税法》第3(1b)条，永久性地转移货物，将商业资产变更为私人用途，被视为货物给付应缴纳增值税。例如，在经营活动中修建一座房子用作商业用途，但随后决定据为己用。另外一种自我给付，如某不动产本来是商业性资产，现转为私人用途。自我给付应课征增值税，进项税额不得抵扣。

5. 共同所有权转让

不动产共同所有权的转让，被认为是一种服务给付。这种服务给付，原则上免纳增值税。但如果满足《德国增值税法》第9(1)条之要件，则当事人对是否纳税有税收选择权。

6. 营业转让

根据《德国增值税法》第1(1a)条，在商业过程中将营业或营业的一部分转让给另外一位纳税人，无须缴纳增值税。在许多案例中，依据政府法令与案例法，税务机关认为销售已经租用的不动产是一种营业转让。

7. 租赁

增值税法对于租赁并没有给出定义。根据民法与欧盟法院判例法，租赁指的是出租人在一定期间内以一定价格，将某种货物或财产或其一部分之使用权提供给承租人使用。租赁典型例子如租赁房屋、办公场所、展览摊位、室内网球场、游泳池、停车场所，以及辅助性服务（如供热、供水、清扫、提供空调）。依照《德国增值税法》第4(12)(a)条的规定，作为主要规则，不动产租赁免纳增值税。但例外的是，以下租赁要缴纳增值税：(1)宾馆、船舶或旅馆为短期停留人员提供起居室或卧房；(2)租赁停车场所；(3)租赁机器与商业设施，包括不能移动者；(4)租赁短期露营地和提供假期商务；(5)拥有税收选择权下的租赁；(6)租赁运动场所（如网球场）属于混合性服务，依照德国联邦税务法院2001年5月31日之判决，应全额缴纳增值税。联邦税务法院于2007年7月19日之判决，认为保龄场馆租赁应缴纳增值税。

8. 税收选择权

《德国增值税法》第9(1)条规定，给付人在不动产给付时可以放弃增值税免税。应税给付选择权的前提是，买受人必须是纳税人，财产将用做商业活动。在不动产租赁中，出租人与承租人可以放弃免税。但承租人要享有税收选择权，则承租人必须是纳税人，而且不动产需用于其营业,并且至少95%的进项可以抵扣。如果是出租人,必须证明两个要件均满足。租赁不动产作为寓所时,实际上放弃免税权并不可能。

9. 用益物权

纳税人将不动产的用益物权让渡给第三人,依据《德国增值税法》第4(12)(c)条规定被视为一种服务,通常免纳增值税。当然,如果满足《德国增值税法》第9(2)条之规定,即用于商业目的且至少95%的进项可以抵扣,则当事人可以同意放弃免税而就服务缴纳增值税。

10. 抵扣

对于不动产交易,增值税进项抵扣方面并没有特殊的规定,适用进项抵扣的一般性规定。如果不动产被用来从事应税活动,进项税额是可以抵扣的。如果不动产被用来从事免税商业活动,进项税额则不得抵扣。在免税活动中,纳税人购买不动产,在反向征收机制下,纳税人得缴纳增值税。如果不动产被用来从事应税与免税双重目的活动,则增值税抵扣要按照比例划分来抵扣。

11. 调整

《欧盟增值税指令》第187条关于调整之规定(即资本货物方案)已经写入了《德国增值税法》第15a条。资本货物方案从2005年1月1日始得到扩充。对于不动产、不动产的构成部分、购买后的建筑成本或翻新成本以及不动产上的服务给付,税收调整的期限是10年,初次使用年份为第1年再加上后面9年。购买不动产的增值税支出平均地分摊到10年调整期内,即每年为1/10。财产初次使用,在财产投入使用的第1年,就可以按照应税活动的分配比例来抵扣增值税。每年年底,必须就本年度的比例与购买年度的比例做一比较。如果两个比例出现不同,就要对支付作出调整并报告税务当局,调整后的增值税抵扣要获得税务局允许。但是,如果调整的数额在1000欧元或以下数额的,调整不需要经过税务局同意。在调整期间,如果不动产被给付(即实施应税行为)的,则给付人在给付时点被视为使用完不动产的所有调整期。如果财产给付是免税的,则该财产被视为用于免税目的,对10年调整期的剩余则无权予以增值税抵扣。如果对调整期的剩余视为免税使用对交易当事人不利,当事人也可以选择为财产应税给付,但前提是财产购买必须是用于商业活动。

12. 房地产转让税

购买不动产(不能是商业设施)的法定权利或经济所有权,同时要负担转让税。对不动产的同一个交易,既要缴纳增值税又要缴纳房地产转让税,这种重复征税并不触犯欧盟法律(ECJ case C-73/85)。但从2010年起,如果同一控制下的两个公司合并,该两个公司均为同一母公司100%持股的,该项公司合并不需要缴纳房地产转让税。

(二)《荷兰增值税法》

《荷兰增值税法》对于不动产的定义与民法保持一致。按照民法,不动产包括土地、建筑物以及附着于上的种植物(如树木、植物、庄稼)。《荷兰增值税法》第3.2.1条规定货物给付，该条也同样适用于不动产给付。

1. 应税给付

以下交易视为不动产给付：(1) 转让所有人对货物的处分权。(2) 在分期付款合同项下的货物交付。(3) 加工承揽合同项下的货物交付。(4) 法定机构代表国家进行的货物征收或没收。(5) 基于装配、附加、安装或组合合同的货物转移。(6) 将货物移做私人使用或免税目的使用。(7) 设立、转让、变更和放弃对物权，但抵押与地租例外。不动产销售如果是通过代理人或拍卖行进行的，一般被视为构成两种给付，从委托人至代理人/拍卖人，然后从代理人/拍卖人至客户。

2. 免税给付

《荷兰增值税法》第 11(1)(a) 条规定了不动产给付免纳增值税。但增值税免税不适用于以下情形：(1) 给付新开发或重建的不动产，而且该不动产是第一次投入使用之前，或给付日为不动产第一次投入使用，或不动产第一次投入使用之后两年内。(2) 由纳税人给付，而且受让人有权抵扣至少 90% 以上的进项。(3) 给付建筑用地。

3. 开发

开发和再开发是增值税法重要的考虑，不动产在开发或再开发的两年内，应该缴纳增值税。给付未开发的不动产通常是免税的，给付已开发或再开发但未使用的不动产和建筑用地通常是应税的，已开发或再开发两年内的不动产给付使用的为应税，已开发或再开发两年后的不动产给付使用的既可以免税也可以应税。

4. 自我给付

根据《荷兰增值税法》第 3(3)(b) 条，自我给付发生在纳税人个人或企业在自己的企业已经制造或生产货物，但从第三人购买这些货物的进项税额不能完全抵扣。该条款指的是部分不用纳税或免税的纳税人。部分不用纳税或免税的客户委托就土地等货物进行的合同工作、货物生产、建筑或开发等也视为是自我给付。

5. 时间共享

时间共享通常是对某项财产采取财产所有权共有的形式，但限制财产所有人各自对财产的使用时间。共享权的转让，通常被视为不动产给付，要缴纳增值税，除非销售不符合常规交易原则。

6. 营业转让

按照《荷兰增值税法》第 37d 条的规定，转让营业或部分营业给另外一个纳税人，不需要缴纳增值税。按照荷兰最高法院的观点，出租人将已经租赁的不动产销售给承租人的，也视为一项营业转让。

7. 租赁

《荷兰增值税法》没有给出租赁的定义，一般与民法做同样理解。按照《荷兰增值税法》第 11(1)(b) 条的规定，不动产租赁免纳增值税，除非所有人/出租人和承租人/房客向税务局提交一份联合请求，说明承租人有权抵扣至少 90% 以上的进项税额，则可以不免税。如果不动产用做寓所，则不可能有税收选择权。但增值税法规定，下列不动产租赁不能免税：（1）机器和商业设施的租赁；（2）宾馆、寄膳宿、旅馆、露营地和商业场所等的短期租赁；（3）停车场和船舶停靠泊位等的租赁；（4）保险箱的租用；（5）请求放弃免税而选择应税的租赁。在某些情况下，对租赁不动产提供的辅助性服务也可能被视为增值税的给付，如最高法院认为，租赁毗邻的车库构成房屋租赁的一部分。

8. 应税给付选择权

根据《荷兰增值税法》第 11（1）（a）（sub 2）条的规定，在不动产给付方面，转让人与受让人可以以联合请求方式放弃免税权。该请求书必须由转让人与受让人双方签署，而且必须包含识别不动产的相关信息，如地址和土地登记号码。税收选择权有一个前提，就是购买方将该财产用于相关活动，并有权抵扣 90% 以上的增值税税额。请求书提交给相关税务机关的时间，必须在财产被实际给付或被转让。从 2009 年起，在公证文书里可以包括税收选择权内容。如果采纳税收选择权，适用反向征收规则时，增值税的缴付义务就转至由受让人承担。如果对一个免税给付错误地授予税收选择权，买方有责任调整因此产生的增值税。当然，如果买方濒临破产，给付方就应承担责任，除非其能证明自己的行为是善意的。

9. 抵扣

增值税法对于不动产给付的进项税额抵扣没有特别规定，还是适用进项抵扣的一般性规定。如果不动产用于应税活动，则进项增值税可以抵扣。如果不动产用于免税商业活动，则进项增值税不得抵扣。若不动产同时用于免税与应税活动的，则增值税进项抵扣要按比例分摊。

10. 调整

《欧盟增值税指令》（2006/112/EC）关于资本货物方案已经写入了《荷兰增值税法》第 13 条。不动产的调整期限是 10 年，分摊年份从使用第 1 年开始起算加上随后的 9 年。每年分摊采购不动产的增值税总金额的 1/10。从财产第一次投入使用起算，在整个经济寿命中，增值税进项抵扣要按照免税与应税给付的比例分摊。在每一分摊年末，必须就本年度比例与购买年度比例作比较。如果比例不一致，就每一调整必须报告税务局，或调整抵扣获得税务局许可。但是，若比例在 10% 以内，调整则无须报告税务局。

11. 不动产转让税

购买不动产的法定权利或经济所有权，必须缴纳转让税。因此，不动产的同一项交易可能存在增值税与转让税的双重课税。为了避免双重课税，已经引进了一项防冲突措施，当增值税应税时，转让税则免税。除非转让人已经将不动产作为商业资产使用，或受让人已经完全或部分地抵扣了进项税额。

（三）《加拿大商品与服务税法》

加拿大的增值税规则要比其他国家的体系复杂，其原因在于并存的三套增值税体制，包括由联邦政府征收的商品与服务税（GST）、由联邦以及部分州共享财政的统一销售税(HST)以及在魁北克省独有的魁北克销售税(QST),政策的探讨大部分以 GST 及 HST 为主,而两者均覆盖加拿大境内的不动产销售。

就 GST 以及 HST 而言,其下关于不动产的定义十分广泛,其几乎涵盖所有类型的土地、建筑物以及附属权益,同时也包含对移动房屋、租赁权益甚至包含不动产期权。作为一般规则,所有涉及上述不动产的建筑、转让、对换、销售均与征税,除非另有免税规定。而应税的交易主要分为四类:(1)商用不动产销售;(2)商用不动产租赁;(3)新建居住用不动产销售;(4)整体翻新居住用不动产销售。最主要的免税交易为销售以及租赁在用居住不动产,而其他的免税交易包括涉及农用不动产、个人销售空置土地以及绝大部分与公共服务相关的不动产给付。

对于商用建筑不论新旧,将一律以应税销售处理。而对于新建的居住用建筑以及整体上翻新的建筑将以整体销售价格征收增值税。对于自建然后租赁的,将要求建筑者自行评估完工后的增值税进行缴纳,其后租客所交付的租金将不再缴纳增值税以避免双重征税。而将商用不动产回居住用,不论是否进行翻新或者翻新是否涵盖不动产的整体部分,均将视同自建。

尽管对于新建的不动产销售将征收增值税,但是由于社会因素的考虑以及需要为公民提供合理价格的住房,加拿大在 GST 及 HST 体系中引入了新住宅购买税收回馈(new housing rebate)以及新住宅租赁税收回馈(new residential rental rebate)。以前者为例,该项措施将为购买者返还部分的在购房或租赁过程中所支付的增值税项。申请税收优惠的个人的首次置业需要满足如下情形之一:(1)新建居住用不动产;(2)购买由开发商在租赁的土地上开发的新建不动产;(3)公益性住房;(4)自建居住不动产;(5)购买或租赁以居住用途为由的土地。如果适用税收优惠,回馈的税额将视乎不动产的价格而定,对低于 35 万加币的不动产而言,将返还 36% 联邦所应得商品与服务税,对统一销售税另有比例规定且因应区划不同而有所差异。

商用不动产的增值税在抵扣方面亦有一定的限制,主要将抵扣幅度限制于不动产的商用部分,按实际比例抵扣,但如果商用大于 90% 的一般视为整体商用而不做限制。对于公共服务机构,只需商用大于 50% 即可视为整体商用并予以全额抵扣,但对金融机构则全面以实际使用进行限制。对于在综合不动产中如何划分商用及非商用区域,法例并没有提供具体的方法,仅要求公正、合理和一致的区分。实际操作中,主要是利用实用平方来进行划分。

在大多数情形下,建筑商销售新建或整体翻新的住宅综合性建筑,将被视为应税,其相应的判断基准是:(1)销售已经实际发生,相对于存在一个租约、证照或类似的安排;(2)该财产是住宅综合性建筑;(3)给付者是住宅综合性建筑的建造者。[①]

商品与服务税(GST)适用于加拿大发生的应税给付,应税给付必须是在商业活动中

① 载 http://www.cra-arc.gc.ca/E/pub/gm/19-2-1/README.html。

实施。所谓商业性活动(commercial activity),在加拿大《消费税法》(Excise Tax Act)中有界定,包括"(C)主体实施了不动产的给付(不属于免税给付),包括该主体在实施给付过程中或与实施给付相联结所完成的一切"。同样地,以销售不动产形式实施给付,除非该给付属于法定特别免税范围,均构成商业性活动应该征税。大多数不动产销售的免税规定在(Part I of Schedule V),这些免税包括:销售以前占有的住宅综合性建筑物,销售某些类别的租赁土地,销售农地给关联人,有某些例外因素的个人或个人信托销售不动产。①

(四)澳大利亚不动产增值税——"按利计征"特别安排

澳大利亚的商品与服务税(GST)对其应税的商品及服务给付以10%的税率征税,其亦适用于与已注册的纳税人的不动产给付。但对以下五种情形予以特殊处理:(1)对商品与服务税合营(GST joint-venture)中的纳税人内部交易不予征税;(2)对商品与服务税集团(GST group)中的集团内交易不予征税;(3)对营业经营整体转让中的不动产适用营业整体转让规定以零税率处理;(4)农业用不动产转让予以免税;(5)对居住用不动产的转让免税但新建居住用不动产除外。②

在一般规定以外,考虑到不动产市场往往涉及大额的资本,以及将商品与服务税引入不动产市场将引起的税负转嫁从而使得不动产价格上扬的风险,同时为了减轻不动产交易的税负,澳大利亚方面在对不动产开征商品与服务税的同时引入了可由纳税人自行选择适用的"按利计征"特别安排(margin scheme),其后由于该安排被用于不动产商品与服务税的避税筹划,在2005年就该安排进一步引入了反避税的规定。

2005年前的"按利计征"安排,可以由不动产的给付方单方面选择适用,但其后的修正案为避免给付方与购买方的争议,规定要求由双方达成一致选择适用。当双方选择适用"按利计征"的安排时,给付中的商品与服务税应纳税额将以减额税基进行计算,但与此同时,购买方将不可主张抵扣购买所支付的进项税额。对于一些自用、投资的购买方来说,原本不是注册的商品与服务税纳税人,所附税额已不可抵扣,放弃原本就没有的税收抵扣优惠就可以换取更低的税负,因此大部分的此类购买者会主张适用"按利计征"的安排。但对于商业企业以及其他一些注册的纳税人的购买方而言,由于进项税额均可抵扣,一般不选用特殊安排。

依照一般的商品与服务税规则并以10% 的税率计算,应纳税额为不动产转让价格的1/11,但当适用"按利计征"安排时,应纳税额为不动产转让利润的1/11。利润依照不动产在商品与服务税引入前后的存在与否适用不同的办法进行计算。对于在2000年7月1日的现存不动产,利润为转让价格减去7月1日当日的不动产估价或给付方注册为

---

① 载 http://www.cra-arc.gc.ca/E/pub/gm/19-4-1/19-4-1-e.pdf。

② GST Act. Sec. 51-30(1). 其中整体翻新的不动产转让以及租期长于50年的租赁服务视同新建居住用不动产的给付。

纳税人当日的价格，以其中较晚的日期为准，这一方面主要考虑仅对法例实施以后的不动产增值部分进行征税，也不会对在建不动产受到不公正的税收待遇。另一方面对于引入商品与服务税以后所购买或取得的不动产的后续交易，利润额则为供给对价（购买方所支付的对价）与收购对价（给付方取得不动产时支付的对价，而非评估价格）的差额，若给付方在收购当日未注册为纳税人的话，其可选择适用以注册当日的估价为收购对价。

"按利计征"的安排对于一般的不动产购买方十分有利，因为其通过以利润额代替交易对价总额从而显著地减少了商品与服务税应纳税额，但是这种优惠亦仅限于非注册纳税人的购买方。而在引入"按利计征"安排以后，由于与商品服务税对五项特定不动产交易的特殊免税处理的交叉适用，从而产生了一系列的利用"按利计征"计划来减免税负的税收筹划。

其中一些的避税筹划主要利用了在商品与服务税合营及集团内部交易的免税规定。例如，由于对新建不动产不予免税，对于新建不动产，集团内部会先行进行内部交易并主张由于该转手行为该不动产已不属新建，再转让给集团外部的购买方，从而适用免税的规定。除此以外，集团内部通过购买即将完工的不动产，以一定的高价转让给集团内另一方并由另一方予以完工再出售给集团外购买方，由于"按利计征"采取差额征收方法，集团内部高额的收购价格则可以减少利润的幅度。同理，亦有在集团内部采取仅部分支付合同价格价款的方法来人为提升收购价格，利用集团内部的免税规定而达到避税的目的。针对上述情形，2005 年的修订引入反集团避税规则，规定集团内部新建不动产即使转让不可改变其新建不动产的性质，集团外部销售的供给价款以集团收购不动产的价格并以实际支付价格为准。

除了反避税规定以外，2005 年的修订进一步将"按利计征"适用安排的范围拓展到共有不动产以及不动产继承当中，亦对估价的方法作出进一步的补充，其中对利用专业价格评估师进行评估的要求，以及利用"完工价格"进行评估的方法作出了进一步指引。尽管规定在进一步完善，但仍有利用营业经营整体转让进行不动产避税的筹划，目前该反避税规定仍在酝酿当中。

（五）小结

不动产交易纳入增值税课税范围是世界性难题。我国计划将营业税全面纳入增值税，既要吸取国际经验，也面临国内法的一些特殊问题，如中国土地属于国家所有或集体所有。房地产税收一般属于地方税，但一旦并入增值税，则成为中央与地方共享税，直接影响中央与地方的财政分配。增值税是技术性很强的法律问题，因而很多规定都可以直接借鉴国际的有益经验，如对自我给付的处理、"按利计征"、资本货物方案等都可以学习。

三、中国房地产交易纳入增值税处理的理论框架

房地产交易由现行营业税过渡至增值税，无疑丰富了增值税的内容，使增值税在中

国税制中变得更为重要。但国际实践显示，房地产交易要纳入增值税处理，仍然存在诸多困难，因而就房地产增值税处理问题进行理论探讨，在中国显得非常迫切。

（一）不动产的定义

讨论房地产的增值税处理，总体上涉及土地、房产以及相关的服务，首先必须对不动产进行定义，这是房地产的核心概念。对于不动产，在中国的《物权法》中没有专门进行界定，反而是在《增值税暂行条例实施细则》第23条进行了定义："前款所称不动产是指不能移动或者移动后会引起性质、形状改变的财产，包括建筑物、构筑物和其他土地附着物。"该定义与中国民法上的定义是基本一致的。但从未来增值税合并营业税后的征收范围来看，增值税课税的对象不仅包括不动产，还会包括土地使用权的交易、空间使用权和相应的物业服务等。

（二）增值税与其他税种的关系

1. 增值税与房产税的关系

房地产纳入增值税处理，与房产税会发生部分交叉。如房屋租赁，在增值税法上视为服务，而房产税对房产的租金课以12%的税收。换言之，在房屋租赁问题上，未来的增值税与房产税都得予以征税，发生交叉现象。但必须区分的是，增值税与房产税是有区别的，房产税主要是对房产保有阶段的课税，日后将会为不动产税取代；增值税则是对房地产交易环节的课税，将取代营业税成为房地产交易的主体税种之一。增值税是对最终消费者征税，会发生转嫁；但房产税是对房屋产权人征税，一般不发生转嫁。增值税属于流转税，房产税属于财产税类型。因此，租赁作为增值税法上的一种服务，将主要归入增值税课税范围。

2. 增值税与资源税的关系

自然资源虽然附着于土地，但由于其可移动，且移动不一定损害其价值，所以民法上一般不将其归入不动产范畴。在税法上，对自然资源的交易，也往往不列入不动产税的课税领域，而是单独制定资源税。例如，中国的《资源税暂行条例》第1条规定，在中华人民共和国境内开采本条例规定的矿产品或者生产盐的单位和个人，为资源税的纳税义务人，应当依照本条例缴纳资源税。

3. 增值税与土地增值税的关系

《土地增值税暂行条例》第2条规定，转让国有土地使用权、地上的建筑物及其附着物并取得收入的单位和个人，为土地增值税的纳税义务人，应当缴纳土地增值税。土地增值税与增值税名称上容易混淆，但实际上有本质区别。土地增值税的增值额与增值税的增值额有所不同，前者以征税对象的全部销售收入额扣除与其相关的成本、费用、税金及其他项目金额后的余额，与会计核算中计算会计利润的方法基本相似。后者只扣除与其销售额直接相关的进货成本价格。①

---

① 中国注册会计师协会编：《税法》，经济科学出版社2009年版，第224页。

4. 增值税与印花税的关系

在中华人民共和国境内书立、领受《印花税暂行条例》所列举凭证的单位和个人，都是印花税的纳税义务人，应当缴纳印花税。与作为流转税的增值税不同，印花税是一种行为税，大多数合同的双方当事人均要贴印花，不动产交易合同也不例外。

5. 增值税与契税的关系

按照《契税暂行条例》的规定，在中华人民共和国境内转移土地、房屋权属，承受的单位和个人为契税的纳税人，应当依照本条例的规定缴纳契税。所称转移土地、房屋权属是指下列行为：国有土地使用权出让；土地使用权转让，包括出售、赠与和交换；房屋买卖；房屋赠与；房屋交换。土地使用权转让，不包括农村集体土地承包经营权的转移。增值税的纳税义务人是卖方，只是税负转嫁给买方，而契税的纳税义务人直接就是买方，有所不同。但总体来说，契税与增值税的机理有很大相似之处，都是对房地产交易课税，由受让方承担最终税负，因而未来增值税是否要合并契税，避免重复征税，是个问题。

（三）对财政分配体制的影响

在大多数国家，财产税一直为地方政府提供稳定与可靠的税收收入来源。财产税随着财产价值的增值而增长，因为财产价值总是伴随时间的流逝而增加。地方政府能依赖这种稳定的来源去增加税收收入，不需要冒着政治代价去单纯提高税率。由于财产税的税基不能移动，地方政府可以就此测算出每年的收入额，所以财产税比其他任何税收都显得可靠。还有，财产税的行政管理与纳税人的遵从相对容易且不那么昂贵。财产税的另一个优越之处是难以逃税，因为纳税人不能轻易地隐藏或转移其财产。但由于财产税的明显特征，纳税人感受强烈，不像流转税具有隐蔽性，所以公众一直忌恨财产税。这种负面情感影响对税收的评价。①

在中国，营业税是第一大地方税，增值税是中央地方共享税（中央分配比例75%，地方25%）。增值税兼并营业税后，房地产交易的主体税种就由营业税变更为增值税，显然地方税收收入就会受到严重影响，地方税务局的职能也面临挑战，所以现有的财税分配体制必须配套改革。房地产税在大多数国家都是地方税，是地方政府大额与稳定的收入，交由地方税务局征收也符合便宜效率原则。房地产交易纳入增值税范围，如何处理中央与地方的税收分配关系，也是一个需要研究的重要问题。

（四）新房与旧房买卖

新房买卖中一般是开发商为卖方，开发商为增值税纳税义务人，缴纳增值税对于制度设计是可行的。但在旧房买卖关系中，卖方很多将是个人，个人卖出旧房，销项税额是其卖出旧房收取的全部价款与价外费用，进项税额是买方买进房屋所负担的税额，但时间久远，实际情形是买进的进项发票常出现遗失而不能得到应有的抵扣，买方的抵扣权成为虚幻。因此，对于旧房买卖，如何确保卖方的抵扣权是个突出的问题，建议一般情形

---

① David Brunori, *Local Tax Policy: A Federalist Perspective*, The Urban Institute Press, 2003, p. 7.

还是以进项发票抵扣，如果进项发票遗失，则能否以产权登记部门的完税凭证资料作为证据？因为现行物权登记，往往以完税为登记必备前提，产权登记部门一般保留有完税相关凭证。能否将产权登记部门与税务机关相沟通，在信息交换与证据取用上相互协力与认同。

中国房产的来源途径多样，有自建房产、买进房产、集资建房、房改房等，在新增值税法处理上要有历史衔接。在新增值税法中，对于住宅房产与营业房产是否要区分对待，国际经验是不同处理。还有，旧房经过实质装修的，卖出时以新房对待，但涉及翻新的程度考虑。征收增值税一般有起征点规定，但对于房地产交易一般不适用。

（五）房屋租赁

根据欧盟《第6号增值税指令》，不动产租赁免纳增值税，但纳税人双方可以约定放弃免税权选择缴税。①中国现行税法规定，不动产租赁缴纳营业税，属于服务业，税率为5%。但对按政府规定价格出租的公有住房和廉租住房暂免征收营业税，学生公寓按限定价格收费的租赁免纳营业税，对军队空余房产租赁收入暂免征收营业税。在未来的增值税法中，是否承继这些免税规定？笔者的观点是，从保持增值税中性的意义出发，一般不规定租赁的免税，以保证增值税抵扣链条的贯通。

（六）货物资本方案

英国在2002年引入并采用了新的资本货物增值税处理方案（capital goods scheme），依据该方案，如果纳税人购买、自建用于提供应税给付的资本货物，纳税人可以在合理保存凭证的前提下就该资本货物已经征收的增值税主张分期抵扣全部的进项额。其中涵盖的资本货物包括价格超过25万英镑的土地、建筑物权益，构筑建筑物、翻新建筑物、进行土木工程项目所接受的货物或服务以及船舶及飞行器，亦包括超过5万英镑的电脑及相关设备。而资本货物的抵扣优惠不包括任何非用于商业目的货物及服务给付，以及采购仅用于再次销售的资本货物。依照规定，在资本货物首次投入使用的时候对该资本货物进行评估，并依据首次评估价值确定每年所可以进行抵扣的额度，其后每年依据实际基本货物的使用情况作出调整，非商业使用部分将不可抵扣。关于抵扣年限，电脑及相关设备为5年而其他资本货物为10年，对于使用年限少于3年的货物将不作为资本货物处理。笔者建议，中国新增值税法亦可以考虑引进上述国家采纳的资本货物方案，②并对购进不动产的进项税额分期抵扣，并允许调整，将有利于将不动产整合到增值税的体系中去。

四、结论

本文讨论未来房地产业的增值税处理问题。增值税将合并营业税，随之房地产交易

---

① Council Directive 2006/112/EC of 28 November 2006 on the common system of value added tax，http://eur-lex.europa.eu/LexUriServ/LexUriServ.do? uri = CELEX:32006L0112:EN:NOT.

② VAT on property brief，http://www.deacy.ie/uploads/Property.pdf.

与服务提供的主体税种也将变成增值税。增值税是对消费课税，由最终消费者承担税负，增值税只对销项税额扣除进项税额后的增值额征税，有效地避免了重复征税。房地产交易包括土地、房产以及相关的服务。由于中国的物权体系复杂，其交易也受到现行复杂法律制度的制约，因而要进行增值税处理房地产交易的制度设计，是个复杂的体系工作。同时，必须承认，增值税是在尊重物权交易法律制度的基础上进行课税的。

房地产业的增值税处理，必须先勾勒出应税交易与免税交易、销项税额与进项税额、评估与特殊的一些行政程序。笔者以现行法为基础，认为应税交易主要包括销售不动产、国有土地使用权出让、国有土地使用权转让、空间使用权转让、针对不动产与土地使用权提供的应税劳务等。从追求税收中性的目标出发，限制免税交易范围，主要限定在以下范围：国有土地使用权的无偿划拨，不动产、土地使用权的继承转让或赠与给非营利公益性组织，国家对不动产、土地使用权的强制征收或征用等。限于本文篇幅，对于增值税处理中如何计算销项税额、销售额、进项税额等具体的制度设计，文章不做详尽讨论。

区域经济转型的财税法思考

——以加强对不动产税的征收管理为重点

杨广平*

一、问题意识

众所周知,“土地财政”目前已经成为桎梏我国经济均衡、协调和可持续发展的一个消极要因。为此,国家力图通过各种措施和途径以消除其带来的负面影响,其中,通过“理顺各级政府间的财政分配关系、健全公共财政体系和完善财政税收制度,积极构建有利于转变经济发展方式的财税体制”,①则是从财政法角度思考的一个重要途径,也是国家为实现未来预期的社会经济发展目标的重要法律保障。

土地财政问题的历史形成背景和社会关系都非常复杂,从财税立法角度需要思考和解决的问题涉及诸多方面,例如,如何划分中央与地方的事权与财权、调整两者之间的财政分配关系,如何做到既能实现结构性减税等财政政策目标,又能合理培育新的税源以确保财政收入,如何实现各个税种在税负分配上的合理性和均衡性,如何实现公平、中立、效率和简化的税制理念,如何建立完善的地方财政制度体系。由于篇幅有限,笔者仅从如何取保稳定、可持续的地方自主财源这一切入点进行思考,试图找到解决土地财政问题、实现转变区域经济发展方式的一个突破口。

笔者认为,确保稳定和可持续的税源是地方政府提供公共服务所需财力的重要保障,而我国现行的地方税制设计并不合理,如不动产税;②同时,一些具有重要意义的地方税尚未开征,如作为调节财产性收入差距和确保地方财政收入的赠与税和遗产税。在世界各主要发达国家的税制结构中,不动产税的税收收入占财产税收入的比例非常高,以

* 南开大学法学院副教授、硕士研究生导师,南开大学法学院东北亚财税法研究中心主任,法学博士。
该论文获“中央高校基本科研业务费专项资金资助”。

① 《国民经济和社会发展第十二个五年规划纲要》。

② 于我国《物权法》中对“不动产”有专章规定,本文同样使用“不动产税”这一法律概念来代替目前比较通用的“房地产税”一词,以保持税法和民商等私法在整个法律环境中法的统一性和协调性,使税法本身具有法的稳定性和可预见性。

日本为例，约占67%，[1]成为地方税的重要税源之一。因此，强化对不动产税的征管可以改变目前我国地方自主财源贫乏的现状，同时也是缓解因土地财政问题引发的经济结构不合理状况的思考途径之一。本文的论证思路如下：在设计不动产税制时，首先要明确不动产税制设计的基本价值取向和功能，其次需要思考不动产税与其他税种在税负分配上的均衡性和合理性，在此基础上分析我国当前不动产税制设计上存在的财税法问题，并对具体税制设计提出几点意见。

二、对不动产税的价值取向和功能之思考

不动产税是在财产性课税中所占比重较大的一个税种，同时也是确保基层地方政府取得财政收入的主要财源。不动产税作为一种财产税，在制度设计上首先应该考虑的一个问题是"不动产税作为财产税的基本价值取向和功能是什么"。

笔者认为，思考不动产税制时既需要考察财产税作为税的一般性价值取向和功能，同时还需要从财产税本身的特性出发予以考察。从税的价值取向和基本功能上看包括：(1)为政府提供基本公共服务筹集资金和取得财政收入；(2)所得再分配；(3)进行宏观经济调控(景气调整)等要素。[2] 从不动产税作为财产税的角度看，其具有"应益税"的特性：[3]第一，它是不动产所有者向地方政府提供公共产品和公共服务所支付的对价，税负实际上是根据不动产所有者获得公共服务的受益程度来确定的，因此为确保地方政府提供公共产品和公共服务所需的财政资金，在设计不动产税制时的基本目标首先就是保证地方政府获取稳定的自主财源。第二，在社会经济发展过程中不可避免地会带来所得收入差距的扩大，并逐渐转为财产上的贫富差距，因此不动产税制设计的第二个目标就是调节国民在财产上逐步扩大的贫富差距。第三，由于不动产既具有一般商品属性，同时又具有公共属性，过度占有土地及房产等资源会导致公共资源的稀缺和资源利用的不合理，因此不动产税制设计的第三个目标就是调节资源配置。在思考中国不动产税制设计时，笔者认为应该以上述不动产税制的基本价值取向和预期实现的基本功能为基础。

三、不动产税的税制设计与税负均衡性之思考

在"公平、中立、效率及简化"的基本税制理念下，[4]在综合考虑我国的不动产税制设计问题时，笔者思考的第一个问题是"如何使国民的各种税负分配比例保持一定的合理

---

① 日本财务省《我国税制概要——国税与地方税税目》。

② ［日］金子宏著：《租税法》，弘文堂2010年第15版，第1～8页。

③ "应益税"是根据课税对象接受地方政府提供的公共服务的受益程度大小而确定税额所课征的一种税。参见［日］桥本彻编著：《地方税的理论与课题》，税务经理协会1995年版，转引自［日］川田阳子、若山浩司："现行固定资产税的特性和问题点"，载 Annual bulletin of the Research Institute of Management and Information Science，2001 第12期。

④ ［日］石光弘著：《税制ウオッチング——"公平・中立・简素"を求めて》，中央公论新社2001年版，第19～24页；［日］税制调查会："これからの税制を考える—经济社会の构造变化に临んで—"，1999年1月24日。

性和均衡性”，这种考虑基于以下理由：

（一）基于经济结构变化之思考

一般认为，作为税负对象的税源通常表现为三个方面，即作为基本税源的所得（inflow）、作为所得支出部分的消费（outflow）和作为所得积蓄部分的资产（stock assets）。由于各国的社会经济发展水平、所处的政治环境以及历史文化背景不同，这三方面税负的分配比例也存在较大差异。当前世界各主要经济发达国家税制结构模式的共同特征是，大多数国家都选择以所得税为主体税或以消费税为主体税或以二者兼顾为主体税的模式，相对来说，资产税则在各国税收中所占比重均较低。① 一般而言，各国在其本国的产业经济高速发展时期，为向经济主体（特别是对作为资金需求方的企业进行设备投资）提供生产所需资金，国家的经济产业政策更倾向于鼓励国民将所得储蓄起来，通过银行等金融机构对经济主体进行间接融资。然而，随着经济全球化、证券资本市场资产证券化、各国放宽对本国金融以及对动产或不动产投资的限制等经济要素和政策要素的发展变化，资金剩余方无论是在资金利用对象上，还是在剩余资金的持有方式上，或是在剩余资金的投资地域上都发生了巨大变化，特别是对股票、债券等动产和房屋、土地等不动产的跨国、跨地域持有比重日益增加。②

（二）基于财政关系变化之思考

随着举国体制（中央集权）高度集中发展的产业经济增长逐渐滞后，地域经济的发展日益显著，地域性社会关系（包括家庭结构、人口结构）逐渐发生变化，各国的政府间的财政关系逐渐由中央集权向地方分权转变，确保和扩充地方自主财源已成为各国关注重点和财政税制改革的方向。同时，随着地方政府事权的扩大，提供的公共产品或公共服务也随之增加，并且由于资产（特别是土地、房屋等固定资产）与地域关系最为密切，因此按照“应益课税”的原则，强化对不动产税的课征既可成为基层地方自治团体稳定的自主财源，反之又可提高纳税者对政府使用公共财的监督意识。

（三）基于税收关系变化之思考

个人所得税的税率结构日益简单化，企业所得税率呈现降低的趋势，消费税率也逐年提升，各国政府面临的突出问题是很难再通过所得税和消费税的调整获取更多的财政收入。为了平衡财政收入和确保稳定的税源，在制定税收政策及税制改革上需要对所得、消费和资产的税负进行重新分配，并应重新考虑三者之间在税负分配上的合理性与均衡性。

---

① 以日本2010年税收收入统计为例，其中所得税（51%）和消费税（31.6%）占税收总收入的80%左右，而资产税只占17.5%（其中固定资产税所占比重为11.7%）。参照日本财务省《我国税制概要——国税与地方税税目》。

② Kim Geum-Nam, A Comparative Study of Real Estate Taxation Systems: Centering on the Future Direction of Real Estate Taxation Systems in Korea, *The Hitotsubashi Journal of Law and International Studies*, 7(3)2008.11, 817 - 904.

（四）基于社会问题之思考

目前所得税的再分配功能日益低下，[①]而消费税又具有明显的累退性，国民在所得收入上的贫富差距逐渐转变为持有资产上的贫富差距。因此，各国政府都试图通过税收政策的调整或税制改革，使国民在所得、消费和资产方面的税负比例更趋于合理化和均衡化。例如，日本税制调查会于2000年出版的《咨询·问答·报告书》中就指出："……这三种税的各个税目既有各自的长处，但同时又都存在一定的问题。如果税收收入过度依赖于某一特定的税目的话，则作为该税目课税对象的纳税人就会产生过重的税负感。因此，有必要对所得、消费和资产的课税进行合理地分配，在整体上使税制体系保持均衡性。"[②]

基于上述思考，笔者思考的第二个问题是"应如何强化对资产税的课征"。资产课税通常以不动产税、遗产税和赠与税为主，而其中不动产税的税负分配所占比例最高，以日本为例，不动产税（日本称之为"固定资产税"）占整个资产税的比例为68%左右，而遗产税或赠与税仅为10%。[③] 因此，强化对不动产税的课征可以在整体上提高资产税的税收比率，进而可以在一定程度上实现税负的均衡分配。一般而言，不动产课税涉及三个阶段：不动产取得阶段（此阶段通常以取得不动产的交易额为计税依据课征不动产登记税、印花税等），不动产保有阶段（此阶段通常以不动产的评估值为计税依据课征房产税、土地税等）和不动产转让阶段（此阶段通常以转让不动产的所得额为计税依据课征所得税等）。另外，还有些学者将上述三阶段分类合并为两阶段，除了"不动产持有阶段的课税"外，将不动产取得阶段和转让阶段的课税统一称为"不动产交易阶段的课税"。[④]

目前，在中国税制结构中，就不动产课税而言一个比较突出的问题是不动产交易阶段的课税较重，不动产持有阶段的课税较轻，即"重交易、轻保有"，因此，从"中立、公平、效率及简化"的税制理念出发存在许多问题。这是因为，不动产课税阶段的税赋较重，会加大交易成本，不利于不动产的合理转移和有效利用；而不动产保有阶段税负过轻，不动产保有成本过低，就会妨碍人们对资产持有（不动产和其他资产之间）的正常合理的选择意愿，不利于税制保持中立性；同时，不动产保有阶段的低课税也不利于促进地方政府（特别是基层地方行政机构）提高公共产品和公共服务的意识，无法更好地体现不动产保有税的"应益课税"原则（benefit theory）。因此，针对上述问题，中国国内许多学者都呼吁要平衡不动产交易阶段和不动产保有阶段的税负分配比率，使之合理化和均衡化。因此，"如何使不动产交易阶段和保有阶段的税负分配达到均衡性和合理性"则是笔者思考

---

① 张文春："个人所得税与收入再分配"，载《税务研究》2005年第11期。

② ［日］税制调查会编：《我国税制的现状与课题——面向21世纪的国民参与和选择》（2000年）。

③ 日本财务省《我国税制概要——国税与地方税税目》。

④ ［韩］韩相国："韩国房地产税制发展历史及改革现状"，载《中韩房地产税制发展历史和改革现状》，韩国租税研究院2008年版。

的第三个问题，也是本文力求探讨的重点。本文的观点是，为了实现不动产保有阶段与交易阶段的税赋均衡，从而进一步调整所得、消费、资产三方面的税负分配比例，在整体上使税制体系保持均衡性，需要强化对不动产保有阶段的课税，特别是应强化对不动产税（土地税和房产税）的课征。

强化对不动产税的课征需要从多角度进行综合论证，本文仅从以下角度进行概括性论述：调整政府间财政关系和分配财权事权的角度、财产税与其他税种的税负分配的角度、不动产保有与不动产取得和不动产转让各阶段的税负分配的角度，等等；同时，结合国内学者的诸多论证，对不动产制度设计提出几点建议，如强化对不动产税的税收征管、不动产登记制度和不动产评估制度以及政府部门间的不动产信息共享平台的建立。

四、不动产税制存在的基本问题一 ——税负分配合理性与均衡性问题

笔者认为，随着中国经济发展和国民收入所得的提高，体现国民财富水平的标志越来越和不动产紧密地联系在一起，特别是中国实行住房制度改革以来，房产既是一般居民所得支出的主要去向（投资对象），也是其预期消费支出的保障和家庭财富的重要组成部分。而目前的不动产税税制设计上只重视对不动产交易的过程进行调控，而未考虑不动产交易的结果即不动产的保有，只重视所得和消费的税负分配，而没有重视财产的税负分配，这种税制设计的结果致使国民所得的贫富差距在一定程度上或许得到抑制，而财产的税负差距（或在保有财产上出现贫富差距）却再不断扩大。由于不动产税收制度倾向于实现限制不动产投机和抑制不动产价格方面的功能，而未采取任何应对措施增加财产保有的成本，从而使税制本身不仅达不到预期的效果，反而加速了所得差距向资产差距的转化。①

另外，目前所制定实施的不动产税税制（包括税收政策）不具稳定性，没有形成一个基本的和稳定的不动产税制调控导向，因而导致在市场低迷、经济不景气时采用过于宽松的不动产税收制度或政策来刺激和鼓励居民对不动产的购买需求，在经济过热时又采取税收紧缩政策或税制，采取加重不动产交易阶段税负的措施抑制交易。笔者认为，第一，不动产税收政策在设计上并没有充分认识到不动产既具有商品属性，同时又因资源稀缺性而具有的部分公共产品属性和社会保障属性。② 第二，基于我国人口多、土地资源属于稀缺的公共资源、可利用耕地在减少等基本国情，应从既满足居民基本住房需求，又要节约、保护和充分合理利用土地资源的角度出发，确定稳定的不动产税收政策以及税

① 由于在不动产交易环节存在税负的转嫁，越是在税收上加重交易环节的税负，越会提高不动产的交易价格。而这将导致不动产保有阶段房产的市场公允评估价格抬升，房产本身的税收负担能力随之增强。但目前的税制设计使不动产的保有财富增值的同时却未能承担相应的税负，导致对不动产的保有需求扩大，房产投机行为也不能得到有效抑制。

② 张妍妍、朱方明："当前中国房地产市场调控的理性思考"，载《西南民族大学学报》2011 年第 5 期；张鑫："从住房的属性看楼市政策调整"，载《理论参考》2010 年第 6 期；丁道韧："房地产的公共性是解决房地产症结的关键"，载《管理观察》2008 年第 10 期。

制方向。第三，在处理不动产税制和不动产税收政策的关系上，应强化不动产税（不动产保有阶段）发挥其作为财产税的基本功能，确保地方政府取得稳定的自主财源和调节日益扩大的财产上的贫富差距，使地方政府的财政收入和居民的税负都保持均衡性。第四，还应使不动产税制中具有一定的政策性调节功能，针对某些市场投机行为以及不合理的过度占有土地资源和房产资源，通过在税制中制定不动产特别措施加以解决。①

五、不动产税制存在的基本问题二——财权分配与确保地方自主财源问题

中国很多学者认为，当前不动产调控政策无效的重要原因在于执行力不足，而执行力不足的主要原因又在于中央政府和地方政府之间存在利益博弈，认为在政策调控过程中由于存在地方利益的阻碍而导致中央和地方的调控目标出现偏差；②地方政府的角色是双重的，它既是调控政策的执行者，又是土地市场的供给者和房产市场的利益主体，而地方政府为追求 GDP 增长率以实现地方政府政绩（增加房地产投资有助于推高 GDP 指标）和为谋求切实利益（从地价和房价上涨中获取巨额土地出让金），因此，在执行不动产的调控政策往往表现得较为消极。③

同时，在财政分权方面，中国自 1994 年实行分税制改革改革以来，④税收的立法权主要集中在国家，地方自治团体的税收立法权很小。虽然城镇土地使用税和房产税（城市房地产税）确定为一种地方自主税源，但是实际上由于上述不动产保有阶段的制度设计存在缺陷，无法形成稳定和有效的地方自主财源。随着经济的发展，地方事权不断扩大，作为自主财源的地方税（特别是不动产保有阶段的税种）无法体现其应有的税收效果，无法满足不断增长的自主财政支出需求。同时，虽然国家在《城镇土地使用税暂行条例》中规定了各省、自治区和直辖市政府拥有一定的权力，可以根据实际情况设定相应幅度的

---

① 岳树民："我国房地产市场调控政策"，载《涉外税务》2010 年第 7 期。

② 李洪林、彭立强："中国房地产市场政策调控效果研究述评"，载《华东经济管理》2011 年第 8 期。

③ 郭庆然："我国房地产调控政策改进策略探讨"，载《商业经济研究》2009 年第 3 期；肖婧："中央与地方在物业税税权划分中的博弈行为研究"，载《海南金融》2008 年第 3 期；陈应庚、马义华："我国房地产税制改革问题研究"，载《统计教育》2007 年第 7 期。

④ 1994 年的分税制财政体制改革将增值税、资源税和证券交易税作为中央与地方共享税，从 2002 年起又将企业所得税和个人所得税作为中央与地方共享税，这种做法使主体税种全部共享，地方财政自主税源寥寥无几，而与此同时，地方政府相对支出比重则相对增加。1958～1985 年，地方政府的收入占比明显高于支出占比；1985～1993 年，地方政府的收入占比与支出占比大体相当；而到了 1994～2003 年，地方政府的收入占比明显低于支出占比。这意味着地方政府用不到一半的相对收入支撑着 70% 以上的相对支出责任；地方行政机构运转方面的支出压力较大。陈弦："不动产税制改革与政府转型"，载《宏观经济研究》2009 年第 6 期；邓菊秋："不动产税应成为我国市级财政的主体税种"，载《财经科学》2007 年第 7 期。

税额,[①]但是地方政府的自主课税权极为有限,无法通过立法方式强化自主税源的取得。因此,地方政府只得通过改变自主财源的形式、扩大收费或地租(土地出让金)规模来解决地方财政支出问题。[②] 笔者认为,这种地方财源取得方式就使在地方自主财政收入中费用和地租占有很大比例,直接导致了房产在不动产交易阶段的税费负担过重,引发房产价格的攀升,并降低了不动产在保有阶段的财产税功能。

六、现行不动产税制设计的问题所在及其调整方向

(一)不动产保有阶段税制设计之思考

1. 课税范围

针对目前不动产保有阶段的土地和房产存在征税范围狭窄、税收优惠范围过大等问题,随着中国住房制度改革和土地使用权制度改革的深入,房产的产权逐渐明晰,应适时将现行的房产税、城市房地产税、土地增值税以及土地出让金等收费合并,转化为不动产保有阶段统一课征的不动产税。不动产税的征税范围不仅包括城镇的土地和房产,同时还应扩大到到农村的宅基地和房产;同时,个人和其他经济组织在中国境内利用的土地和拥有的房产原则上都课征不动产税。[③]

2. 课税标准

针对课税标准,在设计不动产税制时的思路应以土地和房产的市场价值为基础,以此来代替以面积为计税依据的土地课税和以房产取得价格为计税依据的房产课税,并以此实现财政收入的弹性变化和适应地方政府的财政支出需求。中国现行房产税是以房产余值为计税依据的,这既不能准确反映财产的现有价值,又无法随房产市场价值的变动而变动,而城镇土地使用税是以土地实际占用面积为计税依据,不能发挥其调节土地级差收入的作用,也无法对土地闲置现象和土地投机行为发挥应有的调节作用。因此,将目前房产税和土地税的计税依据改为市场公允的评估值计征纳税,使房产税收入与房产的市场价值紧密关联,这样既可以确保丰富、稳定的税源,又可以有效地促进土地资源

---

① 例如,《城镇土地使用税暂行条例》第5条规定:"省、自治区、直辖市人民政府,应当在本条例第四条规定的税额幅度内,根据市政建设状况、经济繁荣程度等条件,确定所辖地区的适用税额幅度。市、县人民政府应当根据实际情况,将本地区土地划分为若干等级,在省、自治区、直辖市人民政府确定的税额幅度内,制定相应的适用税额标准,报省、自治区、直辖市人民政府批准执行。经省、自治区、直辖市人民政府批准,经济落后地区土地使用税的适用税额标准可以适当降低,但降低额不得超过本条例第四条规定最低税额的30%。经济发达地区土地使用税的适用税额标准可以适当提高,但须报经财政部批准。"

② 现行税制涉及房地产的有14个税种,各种收费则高达80~150项之多,如目前地方政府征收的费用包括土地出让金、城市基础设施配套费、能源交通基金、地方重点建设基金、国家预算调节基金、城市教育附加费,这些税费负担主要均集中在房产交易阶段,致使房价建筑成本只占到了40%,税费及其利润则占到了60%。

③ 马克和:"完善我国现行不动产税制的基本构想",载《中央财经大学学报》2004年第6期;赵海燕:"关于不动产征税范围的思考——兼论居民住宅征税问题",载《经济研究导刊》2006年第4期;郑宏陆、易丽、潘海燕:"房地产保有环节税收改革的设想",载《税收征纳》2006年第9期。

的有效利用,发挥财产税的资源配置功能。①

3. 税率

简化税率是各国税制改革的方向,因此,在设计不动产税的税率上应由多重、复合型税率向单一税率、低税率方向调整,以此增强税收的合理性和提高不动产税的征管效率。由于不动产税在中国还比较陌生,人们的传统观念中对不动产税还有抵触情绪,因此,在最初开课征时设计的税率范围不宜过高,同时,鉴于中国目前的税收征管技术和相关配套措施并不完善,在设计不动产税的税率时,笔者认为应采用统一比例税率的模式。在国家立法层面确定统一的税率范围,并允行地方政府根据本地区的财政经济状况在规定的税率范围内自行确定,给予地方政府一定程度的自由裁量权。各地方(市县级)政府在此范围内就房产税而言,合理设计房产税的税率结构,应根据不同纳税人的税负能力和不同的房产使用类型设计不同的税率,为保证人们基本住房的需要,可规定有限的减免税条款,对人们拥有的自住房的一定价值予以免税,超过免税价值部分,征收保有阶段的房产税。同时,对中低收入者的自用房地产还可制定相应的减免政策,减轻中低收入者的居住成本。②

4. 不动产税收收入的归属

中国的地方政府实际上分为四个层级(省、地级市、县与县级市以及乡镇),不动产税作为地方税,其税收收入究竟归属为哪一级政府?这是一个值得思考的问题。如前所述,由于不动产税是以房产和地产为征税对象的,其税基具有不可移动性,房产和土地分布在最基层的政府辖区内,只有最基层的地方政府才能详细掌握税源的分布状况、不动产的保有和变化情况、当地经济发展与不动产价格变化的联动性、不动产保有与地方基层政府提供公共服务和公共产品之间的受益性和受益程度,这为地方基层税务机关核实房价地价、有效行使税收征管权提供了便利。③ 因此,笔者认为不动产税的税源应当分配给最基层的行政单位。

(二)不动产保有阶段税制相关配套制度之完善

在中国的不动产税制设计问题上,除了税制本身的调整外,其他一些必要的配套措施也必须同步进行调整,建立与不动产税制相匹配的不动产评估机制、不动产登记机制、不动产信息共享机制等。

---

① 陈少英:"启示与借鉴——以发达国家和地区房地产保有阶段税收法律制度为视角",载《河南省政法管理干部学院学报》2011 年第 1 期。

② 刘明慧、崔惠玉:"建立房地产保有环节课税制度的探讨",载《税务研究》2007 年第 6 期;国务院发展研究中心课题组编写:"不动产税的税种、税率设计和税收归属的探讨与建议",载《中国发展观察》2006 年第 8 期;陈少英:"启示与借鉴——以发达国家和地区房地产保有阶段税收法律制度为视角",载《河南省政法管理干部学院学报》2011 年第 1 期。

③ 国务院发展研究中心课题组编写:"不动产税的税种、税率设计和税收归属的探讨与建议",载《中国发展观察》2006 年第 8 期。

1. 房地产价格评估机制的确立

不动产的评估是不动产税制体系中的核心，它既能反映不动产的实际价值，同时又是公平税负的重要依据，通常由具有一定权威性和公正性的专门机构，每隔一段时期（一般为3～5年）对土地和房产等进行一次价值评估。①

2. 不动产登记制度

不动产登记制度是确定不动产税源的基础，税务机关可以通过不动产登记全面、真实地掌握纳税人的土地和房产的整体情况及变动情况，有效地督促和提醒纳税人按时申报纳税。不动产登记包括建立土地台账和房产产权登记，以此为基础建立起一个较完备的不动产登记数据库，不仅包括现有房屋及地籍登记信息（如纳税人识别号、房地产的结构、用途、建成年代、土地容积率等信息）数据外，还应包括从土地出让、房地产开发、取得和转让不动产的交易各阶段的相关信息。②

3. 建立统一标准的不动产信息化共享平台

对不动产税的课征需要诸多政府行政部门的协力合作，这些政府行政部门包括房屋管理部门、土地管理部门、公安管理部门、工商管理部门等，单凭不动产所有者自行申报纳税，不易全面真实地掌握不动产相关信息，也不利于确定不动产的评估价格，这会给不动产税的征收管理带来诸如监管不力、征税成本过高、征管效率低下等问题。而目前存在的问题是，中国的土地、房产交易及房产登记管理部门以及其他行政部门之间并未建立相关土地和房产的信息共享平台，同时，各个政府行政管理部门虽然逐步建立起本系统内部的信息化管理系统，但是各个部门之间的信息化标准不同，因此无法实现不动产税的信息化共享和对接。③ 因此，如何协调各个政府行政管理部门的信息共享和建立统一标准的电子信息化数据系统将成为今后课征不动产税需要克服的关键技术障碍。

---

① 从2003年5月开始，财政部和国家税务总局就分三批在北京、辽宁、江苏、深圳、重庆、宁夏、福建、安徽、河南、大连10个省区市和计划单列市的32个县、市、区开展了房地产模拟评税试点工作，主要做法是对房地产的相关数据资料进行搜集、基础数据的采集收录工作，统计物业数量，进一步测算、评估、制作报表，为将来的征收提前做好工作。在此基础上，应由税务部门与不动产评估机构共同组成联合评估机构，这样既有税务部门的专业和信息优势，又有不动产评估机构的专业优势。崔志坤："中国开征物业税（房地产税）的路径选择"，载《财政研究》2010年第12期。

② 金梅："以不动产税为核心的房地产税制改革"，载《经济视角》2010年第1期。

③ 孟春、李洺："世界主要国家不动产税改革经验、教训和借鉴"，载《中国市场》2010年第6期。

第四篇　地方政府融资与地方财政法治

我国地方政府性债务风险控制的财税法研究

华国庆*

由美国次贷危机引发的全球金融危机还未谢幕，迪拜债务危机、欧洲一些国家主权债务危机、美国债务危机等相继爆发，给这些国家带来了一系列严重的社会问题。在我国，自改革开放以来，为发展地方经济、履行公共职能，不少地方政府通过融资平台等各种方式举债，以弥补财政资金的不足，导致各级地方政府以不同形式存在大量的债务。快速膨胀的庞大的政府性债务，已经成为地方沉重的财政负担，如若不能有效化解，极易形成债务危机，成为我国经济安全与社会稳定不容忽视的潜在威胁。鉴于此，以下本文从财税法的角度拟就我国地方政府性债务风险控制进行探讨。

一、地方政府性债务的内涵及其分类

（一）地方政府性债务的内涵

准确界定地方政府性债务，首先必须厘清政府性债务与政府债务之间的关系。因为无论在学界还是实务界，政府性债务与政府债务这两个概念经常被混用。从我国地方性法规来看，2010 年 10 月颁布的《沈阳市政府债务管理办法》使用的是“政府债务”一词，其第 2 条规定：“本办法所称政府债务，是指由政府及其所属部门、单位，经批准依法举借或者合法担保以及在特定情况下需由政府偿还的债务。包括政府内债和外债。”2011 年 1 月颁布的《兰州市政府性债务管理暂行办法》使用的是“政府性债务”一词，其第 3 条规定：“本办法所称政府性债务，是指由区级以上人民政府及经市政府授权的其他工作部门和所属单位直接举借或者通过合法担保形式形成的，以及在特定条件下需要由政府偿还的债务。”虽然两个地方性规章使用的名称不尽一致，但其表述并无多大差异。

我们认为，地方政府性债务不同于地方政府债务。“政府性债务”包括了两个部分：一个是“政府债务”，即政府负有无条件的偿还责任的；另一个是政府的“或有债务”，就是政府负有条件的偿还责任。从会计学来讲，“直接债务”和“或有债务”是不能直接相加的，应当分开说。“或有债务”是有条件的，当特定法律实体还不起债务的时候，才成为政府债务。“或有债务”包含两部分：第一个是政府担保，担保的对象一旦出现了债务危

* 安徽大学法学院副院长、安徽大学经济法制研究中心主任，教授、博士研究生导师。

机,那么偿债的责任就转移到政府身上。第二个是所有权关系,如说地方的城投公司、投融资平台,政府与其的关系是所有者和经营者关系。二者是两个不同的法律主体,在民事责任方面是分开的,不能混为一谈,不能说企业的责任就是政府的责任。但因为这些企业是经营者,尽管其具有独立的民事行为能力,独立地承担责任;但如果债务上出了问题,偿还不了,毫无疑问政府作为所有者要替他偿还。① 鉴于此,地方政府性债务的范围更广,其涵盖了地方政府债务。

一般而言,只有地方政府及经地方政府授权的部门和单位依法举借或者通过合法担保形式形成的债务,地方政府才负有偿还责任。但在一些特殊情况下,基于履行社会稳定职能、维护社会公众利益,对一些非地方政府及其授权的部门和单位依法举借或者通过合法担保形成的债务,地方政府也需要承担救助职责。鉴此,我们认为,地方政府性债务,是指为行使政治、经济、社会管理职能以及提供公共服务职能,地方政府及经地方政府授权的部门和单位依法举借或者通过合法担保形式形成的债务以及可能承担一定救助责任的用于公益性项目的其他相关债务。

(二)地方政府性债务的类型

按照不同的标准,可以将地方政府性债务划分为不同类型。国务院办公厅 2011 年 2 月 13 日发布的国务院办公厅《关于做好地方政府性债务审计工作的通知》之附件《地方政府性债务审计工作方案》,依据债务的主体、偿债资金的性质、法定偿债义务这三个要素,将地方政府性债务分为以下三种类型:

1. 地方政府负有偿还责任的债务

地方政府负有偿还责任的债务,是指地方政府(含政府部门和机构)、经费补助事业单位、公用事业单位、政府融资平台公司和其他相关单位举借,确定由财政资金偿还,政府负有直接偿债责任的债务。具体来说:一是地方政府债券、国债转贷、外债转贷、农业综合开发借款、其他财政转贷债务中确定由财政资金偿还的债务;二是政府融资平台公司、政府部门和机构、经费补助事业单位、公用事业单位及其他单位举借、拖欠或以回购等方式形成的债务中,确定由财政资金(不含车辆通行费、学费等收入)偿还的债务;三是地方政府粮食企业和供销企业政策性挂账。

上述债务判断比较简单,其标准就是由地方财政资金偿还亦即由地方政府负有直接偿债责任的债务。

2. 地方政府负有担保责任的债务

地方政府负有担保责任的债务,是指因地方政府(含政府部门和机构)提供直接或间接担保,当债务人无法偿还债务时,政府负有连带偿债责任的债务。具体来说:一是政府融资平台公司、经费补助事业单位、公用事业单位和其他单位举借,确定以债务单位事业

① “政府性债务与政府债务的区别”,载 http://www.go24k.com/news/201107/0911413191340.shtml,访问时间:2011 年 8 月 4 日。

收入(含学费收入)、经营收入(含车辆通行费收入)等非财政资金偿还,且地方政府(含政府部门和机构)提供直接或间接担保的债务。二是地方政府(含政府部门和机构)举借,以非财政资金偿还的债务,视同政府担保债务。

上述债务虽然不是由地方政府直接举借,但地方政府对此负有债务偿还担保责任。从会计学上来说,其属于"或有债务"的范畴。或有负债是由某种事件引起的可能发生也可能不发生的债务预期,对政府而言,这种债务是否发生和预期将引发的债务额度是不确定的。

3. 其他相关债务

其他相关债务,是指政府融资平台公司、经费补助事业单位和公用事业单位为公益性项目举借,由非财政资金偿还,且地方政府(含政府部门和机构)未提供担保的债务(不含拖欠其他单位和个人的债务)。从法律上来说,地方政府对该类债务不承担偿还责任,但当债务人出现债务危机时,地方政府基于社会稳定等可能需要承担相应的救助责任。

其他相关债务,其判断标准有三:第一,债务主体是政府融资平台公司、经费补助事业单位和公用事业单位;第二,非财政资金偿还,且地方政府(含政府部门和机构)未提供担保的债务;第三,公益性项目,亦即是指为社会公共利益服务、不以营利为目的,且不能或不宜通过市场化方式运作的政府投资项目,如市政道路、公共交通等基础设施项目以及公共卫生、基础科研、义务教育、保障性安居工程等基本建设项目。

上述地方政府性债务中,第一类、第二类属于显性负债,第三类属于隐性负债。显性负债,即政府直接承担的债务,也就是由法律或正式契约关系明确规定的须由政府偿还或由政府承担风险责任的债务。隐性负债,是指并不由法律或正式契约关系明确规定须由政府来偿还的债务,而是由于公众期望、政府压力以及出于维护稳定的需要,由政府承担道义责任或期望责任而须偿还的债务。①

二、我国地方政府性债务的现状及其原因分析

(一)我国地方性政府债务的现状

由于统计口径、统计方法以及资料获取来源不同,有关国家机关、研究机构对我国地方政府性债务情况的认识不完全一致。为加强地方政府性债务管理、建立规范的地方举债融资机制、有效防范和化解潜在风险,国务院决定,由审计署于2011年统一组织全国各级审计机关对全国地方政府性债务情况进行一次全面审计。同年,审计署发布了《全国地方政府性债务审计结果》(2011年第35号),全面说明了我国地方政府性债务的基本情况、存在的问题等。从《全国地方政府性债务审计结果》来看,我国地方政府性债务具有以下几个特点:

---

① 许忠达:"地方政府性债务的形成原因及风险防范对策",载《财会研究》2005年第7期。

1. 地方政府债务规模急剧扩大①

1997 年以来,我国地方政府性债务规模随着经济社会发展逐年增长。1998 年和 2009 年债务余额分别比上年增长 48.20% 和 61.92% 。2010 年的债务余额比上年增长 18.86% 。截至 2010 年年底,全国地方政府性债务余额 107,174.91 亿元,其中,政府负有偿还责任的债务 67,109.51 亿元,占 62.62% ;政府负有担保责任的或有债务 23,369.74 亿元,占 21.80% ;政府可能承担一定救助责任的其他相关债务 16,695.66 亿元,占 15.58% 。

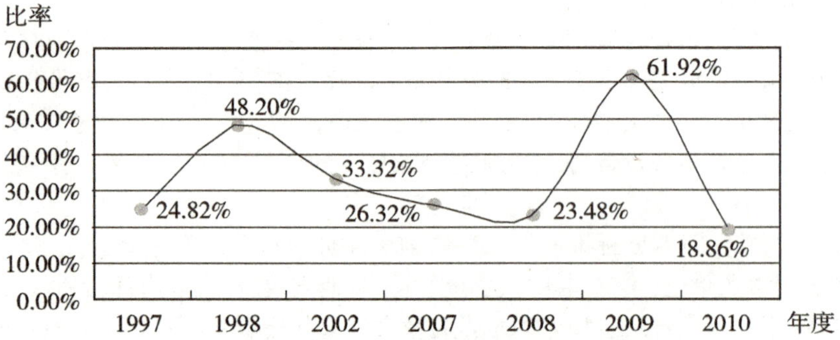

图 1 1997 年以来全国地方政府性债务余额增长率变化情况

注:上图 2002 年增长率为 1998 年至 2002 年年均增长率,2007 年增长率为 2002 年至 2007 年年均增长率。

2. 多头举债,渠道混乱

由于中央政府不允许地方政府以直接融资方式(中央财政转借的国债资金、专项借款和外债等除外)获取资金,地方政府就以分散在各部门或机构的各种贷款以及为其他单位或项目提供担保的方式筹集资金;多数地方政府的举债主体也有多家,不仅政府借债,其下属部门、事业单位也各自借债,有的是通过金融机构借款,也有政府担保的企业借款,还存在向个人、单位集资的现象,其中多数行为缺乏明确的法律依据,甚至是不合法的。②

从举借主体看,2010 年年底地方政府性债务余额中,融资平台公司、政府部门和机构举借的分别为 49,710.68 亿元和 24,975.59 亿元,占比共计 69.69% 。③

---

① "2011 年第 35 号:全国地方政府性债务审计结果",载 http://www.audit.gov.cn/n1992130/n1992150/n1992500/2752208.html,访问时间:2011 年 8 月 2 日。

② 审计署审计科研所课题组编:"我国地方政府债务问题、成因及对策研究",载《审计月刊》2010 年第 8 期。

③ "2011 年第 35 号:全国地方政府性债务审计结果",载 http://www.audit.gov.cn/n1992130/n1992150/n1992500/2752208.html,访问时间:2011 年 8 月 2 日。

表 1

单位:亿元

举债主体类别	三类债务合计		政府负有偿还责任的债务		政府负有担保责任的债务		其他相关债务	
	债务额	比重	债务额	比重	债务额	比重	债务额	比重
融资平台公司	49,710.68	46.38%	31,375.29	46.75%	8143.71	34.85%	10,191.68	61.04%
地方政府部门和机构	24,975.59	23.31%	15,817.92	23.57%	9157.67	39.19%	0	0
经费补助事业单位	17,190.25	16.04%	11,234.19	16.74%	1551.87	6.64%	4404.19	26.38%
公用事业单位	2498.28	2.33%	1097.20	1.63%	304.74	1.30%	1096.34	6.57%
其他单位	12,800.11	11.94%	7584.91	11.31%	4211.75	18.02%	1003.45	6.01%
合计	107,174.91	100.00%	67,109.51	100.00%	23,369.74	100.00%	16,695.66	100.00%

3. 地方政府债务清偿能力不足

在10.7万亿元地方政府性债务中,大多数地方政府利用融资平台公司举债,其中约四分之一的债务是以土地作抵押的,70%以上的债务用于市政建设、交通运输、科教文卫、农林水利建设等公益性和基础设施项目。政府举债的两个高峰分别是在1998年亚洲金融危机爆发和2009年国际金融危机爆发期间,当年举债作为抵押物的很多土地价值目前已超过债务加利息的总和,不存在资不抵债的问题。① 但应当注意的是,有7个省、10个市和14个县本级,债务余额与当年可用财力的比率超过100%,最高的达364.77%。正因为财政偿债能力不足,"借新还旧"成为地方政府性债务的主要偿还方式。2009年通过举借新债偿还债务本息2745.46亿元,占其全部还本付息额的47.97%。在我国目前的财政体制下,不少地方政府尤其是县级政府财政捉襟见肘,由其承担债务偿还之责,无疑是不现实的。

4. 地方政府性债务管理混乱

目前我国地方政府债务管理的基础工作还很薄弱,政府债务的统计、核算、计量体系尚未建立,决策层对于债务的整体情况很难准确地把握。由于各级地方政府债务的真实规模无法统计,以致政府债务的负债率、偿债率等监控指标也无法运用,债务预警机制也无法建立。从预算管理的角度来看,政府预算只反映了一般预算收支、基金预算收支、国债转贷收支等事项。地方政府的大部分借款收支事项,并没有纳入政府预算核算。此外,因信息披露机制不完善,缺乏对地方政府的信用评估,缺乏针对地方建设项目的社会

---

① 孙鑫:"如何看待地方政府性债务风险",载 http://finance.ifeng.com/stock/special/sxmgwhzg/20110810/4373741.shtml,访问时间:2011年7月28日。

经济效益进行的评价制度。由于缺少债务的管理规范,从项目审批到资金使用、偿债来源,都有着极大的随意性。更为重要的是,目前各级地方政府均缺乏一个统一的组织机构来全面管理地方政府债务。尽管财政部门在制度上被明确授予全面管理政府债务的职能,但事实上地方财政部门只能对部分直接由财政部门偿还的债务进行管理。从长远来看,如果这些制度性的问题不予以很好的解决,地方政府债务的累积可能造成的后果是十分严重的。①

不可否认的是,在我国现行财政体制下,地方政府性债务对于弥补地方财力不足、保障地方政府履行职能、推动地方经济社会的发展发挥了一定的积极作用。但毋庸讳言的是,地方性政府债务如果不能得到有效控制和解决,将会产生一系列风险。具体来说,第一,对地方政府而言,扩大了经济发展的结构性矛盾,给当地财政背上了沉重的负担,恶化了政府信用环境,使后续的政府投资项目筹资、经营变得困难重重,甚至政府官员将背负骂名。第二,对国家而言,地方政府留给银行大量的呆、坏账,还得靠中央政府解决,可能积累庞大的金融风险,处理不好债务危机很可能变成金融危机,成为影响社会稳定的隐患。② 第三,地方债务风险最终可能由中央政府埋单,债务重组的负面影响总体看较大。从以往的情况分析,一旦地方政府债务面临违约风险,并波及银行体系的稳定,中央政府势必会予以援手,以清理债务等债务重组形式来化解地方政府债务的违约风险,结果是这一债务风险最终将转嫁为由全体国民承担。③

(二)我国地方性政府债务产生的原因分析

上述问题的产生,究其原因是多方面的,从财税法的视野来看,主要包括以下几个方面:

1.分税制财政管理体制改革存在重大缺陷

1994年我国实施了分税制财政管理体制改革,以税收收入的划分为主线,初步确立了我国分级财政管理体制,并规范了中央和地方之间的分配关系。但我国1994年分税制财政管理体制改革是在未明确中央与地方事权的前提下进行的,使这项改革从一开始就存在重大缺陷。第一,地方政府事权过大,财权过小。1994年分税制财政管理体制改革,将一些主体税种、容易征收的税种确定为中央税,而将一些零星分散、难以征管的税种确定为地方税。与此同时,由于中央政府与地方政府之间的事权划分并不十分清晰,实践中中央政府往往将其本应承担的事权交由地方政府承担,使地方政府不得不负债维持运转。第二,省以下地方政府间的财政体制较普遍地带来财权重心上移而事权重心下压。尽管中央财政近年来加大了对下的转移支付规模,但省以下体制的规范性太弱,省

① 牟放:"化解我国地方政府债务风险的新思路",载《中央财经大学学报》2008年第6期。

② 范景致:"用责任和智慧舞转政府债务'双刃剑'",载《中国审计报》2010年7月5日版。

③ 乐嘉春:"警惕地方政府债务的三大潜在风险",载《上海证券报》2011年7月15日版。

对下均等化的转移支付规模偏小，力度不够，仍然不足以解决问题。[①] 这是地方政府性债务形成的体制性原因。

2. 中央政府不合理的政策安排

2009 年，受全球金融危机影响，我国经济增幅急剧放缓、企业盈利下滑，地方政府收入相应减少。同时，为应对全球金融危机，地方政府被要求刺激经济，不仅要对中央政府的 4 万亿元经济刺激方案提供配套资金，而且也要推出地方性的经济刺激方案。尽管中央政府提供了一定的融资帮助，比如，代表地方政府发行了 2000 亿元国债，但大多数资金仍然以地方融资平台等方式取得，绝大多数地方融资平台在 2009 年大举借贷，地方政府负债迅速攀升。2009 年地方财政收入 32,808.74 亿元，而财政支出达到 60,593.8 亿元，财政赤字突破 25,000 亿元，巨大的赤字主要依靠地方融资平台贷款解决。这些投融资公司以兴建基建项目为主，向国家开发银行、商业银行举借了大量资金，项目由于受各级地方政府实际控制，所以其形成的债务成为了地方财政的隐形负债。[②] 在 2009 年之前，中央政府及其相关部门制定的各项评比达标如“普九”，也是造成地方政府性债务不断攀升的原因之一。

3. 财税法律不健全

财税法律不健全也是我国地方政府性债务产生的不可或缺的重要原因之一。具体来说，第一，举债作为地方政府的一项重大财政行为，理应纳入预算的统一管理和监督。这是保证地方财政健全、维护纳税人利益之必需。但在我国，除地方政府债券和各种财政转贷外，大部分地方政府性债务收支未纳入预算管理和监督，不仅使得社会公众难以通过预算约束地方政府的举债行为，而且对举债后各项资金的使用也无法进行有效监督。第二，我国《预算法》第 28 条规定：“地方各级预算按照量入为出、收支平衡的原则编制，不列赤字。除法律和国务院另有规定外，地方政府不得发行地方政府债券。”从该规定来看，地方政府债券并没有被绝对禁止。就法律程序而言，只要有特别立法，或者国务院特别许可，地方政府就可以发债。但问题是，我国既没有有关地方政府发行公债的特别立法，国务院也未作出允许地方政府发行公债的特别许可，地方政府在缺乏法定的直接融资渠道的情况下，只能通过变通手段或违规操作等进行负债。第三，在现行政治体制下，我国政府官员的产生机制存在缺陷，受“政绩意识”的驱使，再加上缺乏财政投资法律规范，一些地方政府毫无顾忌地大量举债。一些地方政府领导为追求“政绩”，在自身财力不够的情况下，通过各种方式举债，盲目上项目，求速度，大搞“形象工程”、“政绩工程”，即使未来不能偿还、投资失败，也不必为此承担任何政治责任。相反，为提升我国香港特别行政区体育水平、促进公共设施建设以及增加旅游收入，我国香港特别行政区政府决定申办 2023 年亚运会，但值得一提的是，此次申办亚运会不仅在征询民意时遭到了

① 孙勇：“地方政府债务风险问题初步分析”，载《金融会计》2010 年第 3 期。

② 张成：“基于化解我国地方政府债务风险的研究”，载《改革与开放》2011 年第 2 期。

不少香港市民的反对，而且香港特区立法会财务委员会于2011年1月14日否决了特区政府提出的以60亿港元经费申办2023年亚运会的拨款申请。第四，2008年，由美国次贷危机而引发的全球性金融危机也给我国经济发展带来了严重的不利影响。在此背景下，我国实施积极财政政策，国务院同意地方发行2000亿元债券，由财政部代理发行，列入省级预算管理。这是继1998年之后我国再次通过中央代地方发债方式帮助地方解决融资问题。但我国此次地方公债是在尚未制定公债法律规范的情况下发行的，不仅缺少明确的法律依据，而且缺乏法律的有效约束。①

4. 地方政府性债务管理不规范

地方政府除财政部门管理一部分政府性债务外，大量债务体现在政府的其他部门、单位以及融资平台公司。从举债主体看，政府部门和机构举借债务占主要地位，经费补助事业单位次之，公用事业单位和融资平台公司为公益性（基础性）建设项目举借债务也占一定比例。从债务来源看，既有银行贷款，又有发行债券、上级财政转贷等。这些单位各自举债，多渠道融资，使政府不仅直接或间接地成为债务主体，承担偿债责任，而且难以全面、准确地掌握债务的整体运行情况，导致借债主体分散，还款主体错位，绝大部分债务最后由财政部门被动"兜底"。②

5. 地方政府性债务的风险预警和控制机制空缺

为了克服中央政府为地方政府提供隐性担保而产生的道德风险——地方政府通过过度举债享受债务短期收益而未来债务成本由中央政府承担，西方发达国家中央政府都制定了地方政府债务风险预警机制，对地方政府债务进行监控。如果哪个地方政府可能出现债务风险，便及早采取措施进行防范、控制和化解。目前，我国地方政府债务形式多种多样，隐蔽性强，透明度低，对于地方政府的负债项目缺乏统一的统计口径和统计数据，不仅负债的真实规模无法准确统计，而且负债率、债务率和偿债率等监控指标也无法运用，地方政府债务风险预警机制无法建立，这大大削弱了中央政府对地方政府债务风险的监控，使地方政府债务管理在某种意义上处于无政府状态。③

三、我国地方政府性债务风险控制的对策建议

所谓地方政府债务风险，是指地方政府无法清偿到期债务的偿债风险以及由偿债风险引发的其他风险。在国外如美国，因债务危机而引发政府关门的事件频频发生，尤其是最近的债务危机已导致美国政府信用下降。在我国，如何解决地方政府性债务并切实防范由此产生的风险，已经引起了中央政府以及社会各界的强烈关注。2011年7月6日召开的国务院常务会议在部署2010年度中央预算执行等审计查出问题的整改工作时，

---

① 华国庆："中国地方公债立法研究"，载《安徽大学学报》（哲学社会科学版）2010年第4期。

② 阎晓峰："地方政府性债务风险管理问题研究"，载《财金研究》2010年第21期。

③ 范柏乃、张建筑："地方政府债务与治理对策研究"，载《浙江大学学报》（人文社会科学版）2008年第2期。

把“有效化解地方政府性债务风险”列为各项整改工作的首要任务。为此,国务院召开常务会议提出了“一揽子”解决方案,按照分类管理、区别对待的原则,妥善处理债务偿还和在建项目后续融资问题。继续抓紧清理规范融资平台公司。金融机构要切实加强风险识别和风险管理,严格落实借款人准入条件,按照商业化原则履行审批程序。坚决禁止政府违规担保行为。同时,要研究建立规范的地方政府举债融资机制。

我国地方政府性债务解决的路径虽然是多方面的,但从财税法的角度来说,我们认为,主要包括以下几个方面:

（一）完善分税制财政管理法律制度

1. 明确划分中央政府及地方各级政府的事权

明确划分中央政府及地方各级政府的事权是分税制改革的前提。但从目前来看,中央政府与地方各级政府的事权并没有得到明确划分,政府在市场经济条件下所享有的职能也未明确界定。这必然使分税制不可能达到预期的效果。只有事权得到了明确,才能对政府的财权作出相应界定。其中,最关键的是在加快政府职能转变、明确政府和市场作用边界的基础上,按照法律规定、受益范围、成本效率、基层优先等原则,界定政府间事权和支出责任。而事权配置最为关键的是制定相关法律,将中央政府与地方政府的事权以法律的形式加以明确规定。

2. 合理划分中央政府与地方政府的财权

财权是事权行使的物质保障和基础。根据事权确定的各级公共支出必须以相应的财权为保障,否则,公共产品的提供只能是一纸空谈。事权与财权的统一,既是世界各国划分税权的共同原则,也是我国实行分税制的指导思想与初衷。继续坚持这一原则,在合理界定各级政府事权的基础上,合理划分财权,使得事权与财权统一起来,既是深化分税制改革的要求,也是合理划分中央与地方财权的前提。当前,亟须研究的是如何确立与事权相匹配的地方税收体系。

3. 赋予地方以相应的税收立法权

目前,我国实行高度集中的税收立法体制,税收立法权高度集中于中央,这突出地表现为我国目前几乎所有税种的税法、条例及实施细则都由中央制定和颁布,地方原则上无立法权。税收立法权的过度集中,一是使地方政府不能对一些地域性的较为零散的税源立法征税,影响了地方政府开辟税源、组织财政收入的积极性,也制约了地方税制结构的灵活性和多样性,造成各地区间的苦乐不均。二是地方对于分权的客观需要导致了地方政府的越权行为,扰乱了分配秩序。鉴于此,我国“十二五”规划提出:“逐步健全地方税体系,赋予省级政府适当税政管理权限。”也就是说,中央仍将集中管理中央税、共享税的立法权、税种开征停征权、税目税率调整权、减免税权等;但对于一般地方税税种,则在中央统一立法的基础上,赋予省级人民政府税目税率调整权、减免税权,并允许省级人民政府制定实施细则或具体实施办法。我们认为,对于一般地方税税种,仅仅赋予省级人民政府税目税率调整权、减免税权是不够的。相反,应当赋予地方以相应的税收立法权,对一些区域性、地方性税种,由地方各级权力机构通过立法的方式决定是否征收以及确定征税对象、税率等税法要素。

4. 制定"财政转移支付法"

迄今为止,我国财政转移支付仍然处于无法可依的状态。财政部发布的《过渡期财政转移支付办法》虽被废止,但其确立的财政转移支付的形式、方法等仍然沿袭至今。目前,我国财政转移支付存在诸多问题,例如,现行转移支付中税收返还额度的确定主要采用"基数法",导致财政转移支付不公平;又如,财政转移支付缺乏法定性、公开性和透明度,使得财政转移支付随意性很大,对财政转移支付资金的使用也无法进行有效监督;再如,结构安排不合理,具有均等化作用的一般转移支付比例偏低。鉴于此,有必要尽快制定"财政转移支付法",构建与公共财政要求相适应的财政转移支付法律制度,如归并完善转移支付方式,将与财力均等化政策目标不相适应的税收返还并入一般性转移支付,逐年降低并最终取消税收返还;用"因素法"替代"基数法";设置专门的财政转移支付管理机构。为落实科学发展观,推动公共服务均等化进程,财政研究于2011年6月10日发布了《2011年中央对地方均衡性转移支付办法》。这为未来我国财政转移支付法的制定具有一定积极意义。

此外,"省直管县"财政管理体制改革正在全国推行,该项改革对于解决县级政府财政困难、化解县级政府性债务等具有积极意义,但此项改革必须与政府层级改革相配套,才能发挥其应有作用。

(二)建立规范的地方政府举债融资法律制度

由于现行规定未赋予地方政府举债权,对地方政府业已存在的举债融资行为缺乏规范,各地举债融资渠道和方式不一,且多头举债、举债程序不透明。从审计情况看,大多数地方政府是通过融资平台公司等变相举债的,一些是由政府机构违规提供担保来获得债务资金的,有的政府部门和单位甚至直接举借债务。此次审计发现,有7个省级、40个市级和107个县级政府及所属部门,在国务院《关于加强地方政府融资平台公司管理有关问题的通知》(国发〔2010〕19号,以下简称国务院《通知》)下发后,仍以出具承诺函、宽慰函等形式,或以财政收入、行政事业单位国有资产等,违规为融资平台公司等单位举借债务提供担保464.75亿元。[①] 为解决这些问题,有必要建立起规范的地方政府举债融资法律制度。

1. 修改《预算法》,赋予省级政府适度举债权

2008年全球性金融危机爆发后,国务院同意地方发行2000亿元债券,由财政部代理发行,列入省级预算管理。这是继1998年之后我国再次通过中央代地方发债方式帮助地方解决融资问题。2009年地方公债的发行,对于规范地方政府融资行为、减少中央政

① "2011年第35号:全国地方政府性债务审计结果",载 http://www.audit.gov.cn/n1992130/n1992150/n1992500/2752208.html,访问时间:2011年8月2日。

府财政风险尤其是缓解金融危机的影响等具有十分重要的意义。但此次地方公债仅是在特殊情况下发行的,带有应急之性质。我们认为,地方公债的发行虽然也存在诸多问题,但毕竟利大于弊,故有必要修改《预算法》,赋予省级政府适度举债权。与此同时,建立对地方公债的约束和监督机制,防止地方政府滥用举债权,造成更大的财政风险。

2. 制定有关地方公债方面的法律规范

制定有关地方公债的法律规范,以规范地方公债的发行、流通、转让、还本付息以及资金使用行为,是不少国家或者地区的做法。从域外来看,日本于1947年制定了《地方财政法》(后于2004年最终修订)。我国台湾地区于2002年也颁行了“公共债务法”。2000年5月,巴西政府颁布了《财政责任法》,规定了包括一整套对地方政府借款进行控制的极为严格的措施。主要包括:地方政府供应商与合同承包方不得向地方政府或者其关联实体提供信贷;地方政府对外借款额(除上述的企业和供应商外)必须小于或等于资本性预算的规模;举借新债不得超过经常性净收入的18%,偿债成本不得超过经常性净收入的13%,州政府债务总额必须低于经常性净收入的200%,市政府债务总额则必须低于经常性净收入的120%;借款政府的财政收入超过非利息支出(保持基本盈余);曾违约者不允许借款;政府签发的担保余额必须低于经常性净收入的25%;短期收入预借不得超过经常性净收入的8%;除展期以外,禁止发行新的债券;债券到期时至少偿还余额的5%,如果借款政府的偿债支出小于经常项目净收入的13%,则必须在债务到期时偿还10%以上的余额,或者将偿债支出提高到经常性净收入的13%;即使债务规模已控制在上述限额内,地方政府还需满足一定条件,并经参议院决议通过才可举借新债;州及市政府换届前的八个月内不允许举借新债等。此外,法律还对银行贷款作出规定,地方政府债务余额与银行净资产的比重必须小于45%;对于违规举债、突破赤字上限或者无法偿还联邦政府或任何其他银行借款的州,各银行禁止向其贷款;巴西国有与地方政府所属银行也不能发放政府贷款。① 巴西的做法值得我国未来借鉴。

在我国,目前亟须研究制定《地方公债法》,就地方公债的发行、审批、流通、偿还、监管等作出明确规定,使地方政府举债权在法制的框架范围内行使。

3. 建立统一的债务管理机构

在地方政府债务管理法律法规尚未建立和完善期间,应由省级以上政府制定专门的具有指导性的政府债务管理办法,明确债务管理机构和债务责任主体。考虑到各级财政部门是政府债务的直接担保者和承贷者,对政府债务借、用、还等负有无法推卸的责任,而且政府债务的规模和效益与各级财政状况等紧密相关;因此,应建立以财政部门为主的地方债务管理体制,明确财政在地方政府债务管理中的主体地位,加强财政对地方债务集中、统一管理的力度,从根本上消除当前地方政府债务分散管理的弊端。②

① 廖晓军主编:《财税改革纵论:财税改革论文及调研报告文集》,经济科学出版社2009年版,第321页。

② 朱起进、丁凤琴:“地方政府性债务的财政思考”,载《经济研究参考》2011年第10期。

(三)建立地方政府性债务风险的约束与监督机制

1.建立地方政府性债务信息公开法律制度

地方政府举债作为一种有偿的借贷行为,举债规模是否适当、举债资金如何使用等,不仅关系到地方政府财政是否健全、举债目的是否正当,而且也关系到地方区域内全体纳税人的利益,鉴于此,不少国家建立了地方政府性债务信息公开制度。例如,澳大利亚建立了较为完整的地方政府债务报告制度,地方政府必须将借款委员会批准的借款分配及其调整情况真实、完整地反映在地方政府预算报告中。澳大利亚州政府要求地方政府除了报告直接债务外,还需要披露或有负债。①

改革开放尤其是社会主义市场经济体制确立以来,我国不少地方政府通过各种方式直接或者间接举债,但地方政府性债务规模、资金如何使用、如何偿还等长期处于不公开的状态。2008年5月1日开始实施的《政府信息公开条例》除第12条将债权债务作为乡镇政府重点公开的内容外,并未明确将地方政府性债务作为地方政府信息公开的重点内容。为落实人民的知情权、监督权以及各级权力机关、财政机关等对地方政府性债务进行有效监管,故有必要在地方公债立法中就地方政府性债务的信息公开问题作出具体规定。通过公开,将政府举债行为以及资金使用等纳入人民监督的视野,落实并实现人民之知情权、监督权。

2.完善预算法律制度

加强预算管理和预算约束力,是有效控制地方政府债务规模膨胀的最主要手段。经过长期的探索,美国已经形成了一套比较行之有效的加强地方政府债务管理的预算制度体系。在美国,几乎各州的宪法或法令都要求实施平衡预算规则,先由州长递交平衡预算执行议案,在经过州立法机构通过后,由州长签署发布。除印第安纳、得克萨斯、佛蒙特、弗吉尼亚和西弗吉尼亚5个州外,其他45个州都要求州长每年向立法机关递交平衡预算议案,其中,15个州的宪法和法令对此都有明确要求,其余30个州则只在宪法或法令中作出了规定。第二级次的财政限制体现在州立法机关颁布的平衡预算法案上。目前,美国41个州有此要求,其中,11个州的宪法和法令都有明确要求。倘若预算执行过程中出现财政赤字,州政府可以举债,并将当前赤字转到下一财政年度。由于财政年度末期没有限制性财政约束,这些州在法律上将允许出现赤字,这是另一类型的"事先规则",有8个州施行该规则。第三级次的限制是允许州政府年末有赤字,但必须反映在下一财政年度的预算中,并确保能够偿还,这种规则被称为"事后规则",美国的10个州施行该规则。平衡预算规则中最严格的限制是立法机关颁布平衡预算法令,要求预算执行中出现的赤字必须在财政年度末期予以消化,并禁止结转到下一年度。政府借债只允许在预算周期中出现。这种"事后规则"对平衡预算有严格的要求,它在美国的35个州中

① 董彦岭、刘青:"国外地方政府债务管理模式:比较与借鉴",载《青岛行政学院学报》2010年第4期。

施行。[①]

在我国，鉴于现行《预算法》存在诸多缺陷，故《预算法》的修改已经被纳入了全国人大常委会立法规划。《预算法》需要修改的内容很多，其中，有必要将地方政府性债务纳入预算统一监督、管理之中。具体来说：第一，将包括政府发行公债在内的政府举债纳入预算收入的范围；第二，政府举债应当经过地方权力机关财政预算审批，亦即只有经过地方权力机关批准地方政府方能举债；第三，地方政府如果需要调整债务规模，需要制定债务调整方案并报权力机关审批；第四，对地方政府举债后资金如何使用，地方政府应当将审计后的情况向地方权力机关报告，主动接受地方权力机关的监督。

（四）建立地方政府性债务的风险评估和预警机制

风险评估和预警制度旨在通过可量化的风险指标，评估和预警债务风险，是债务风险控制的核心制度。比较典型的风险评估预警制度主要有美国俄亥俄州模式和哥伦比亚"红绿灯"模式。美国俄亥俄州模式将地方政府债务与其财政状况联系起来，由州审计局用三类财政状况指标衡量州以下地方政府的债务风险水平，风险高的地方政府被列入"预警名单"进行监控；严重的则被列入"危机名单"，由州专门对其成立的"财政计划和监督委员会"特别监控，以督促其在规定期限内化解危机。哥伦比亚"红绿灯"模式将地方政府债务与其偿付能力联系起来，用利息支出率和债务率两个指标来确定地方政府处于"红灯区"还是"绿灯区"。进入"红灯区"的地方政府被严格禁止举借新债。[②]

上述国家的做法值得我国借鉴。在我国，一些地方政府也开始着手建立政府性债务的风险评估和预警机制。例如，《辽宁省政府债务管理办法》（2008 年第 219 号）第 14 条规定："……债务率超过 100% 的，应当经省财政部门审核后，报省政府批准……"第 33 条规定："政府应当建立政府债务预警机制，根据政府债务风险情况，制定有效的防范和化解措施及应急预案。"《内蒙古自治区政府性债务管理暂行办法》第 39 条规定："各级政府应建立政府性债务预警机制，根据政府性债务风险情况，制定有效的防范和化解措施及应急预案，并报上级政府财政部门备案。自治区设立负债率、财政债务率、财政偿债率、债务拖欠等政府性债务监测指标，按年度以盟市为单位进行考核监测。负债率为年末政府性债务余额与当年地区生产总值的比值，安全线为 10%；财政债务率为年末政府性债务余额与当年可支配财力的比值，警戒线为 100%；财政偿债率为当年还本付息额与当年可支配财力的比值，警戒线为 15%。凡负债率、财政债务率、财政偿债率或者到期债务，出现严重拖欠等债务监测指标中有一项指标超出警戒线的盟市，不得举借新债。特殊情况需要举借新债的，须经自治区财政厅报自治区人民政府批准。"但上述地方性法规存在不少缺憾：一是即使突破警戒线，但经过政府审批后仍然可以举债；二是对超过警戒

---

① 廖晓军主编：《财税改革纵论：财税改革论文及调研报告文集》，经济科学出版社 2009 年版，第 314 页。

② 财政部预算司："国外地方政府债务管理经验比较与借鉴——国外地方政府债务管理情况综述"，载《经济研究参考》2008 年第 22 期。

线违法举债的,未规定相应的法律责任。这使地方政府性债务的预警机制流于形式。

在建立地方政府性债务预警机制的同时,还有必要引入信用评级制度。这实质是让债券发行人的信用状况、募集资金使用、收益和风险等信息公开化。对于地方债而言,则是对地方政府在地方债使用上的监督市场化,这必然促使地方政府规范其行为,有效率地使用所募集资金,这也将带动政府行为的公开化、透明化,提高政府的执政能力。① 为保证信息评级的独立、客观、公正,我们认为,应当由中央政府挑选的中立的政府信用评级机构对地方政府发债信用进行评级,公布拟发债地方政府的信用等级。

(五)建立地方债偿债基金制度

从国外来看,对建立地方债偿债基金制度采取的举措主要有四种方式:一是在发行地方公债时,由地方财政提供担保。二是建立地方公债保险制度。例如,美国地方公债的保险业务始于1971年美国地方公债保险公司的成立,目前已有数十家专业的地方公债保险公司,并成立了行业性组织"金融担保保险协会"(AFG)。自20世纪90年代以来,50%以上的地方公债都参加了保险。三是建立地方公债偿债基金。四是发新债还旧债。这几种方式对我国未来具有一定的借鉴意义。但目前,在我国,地方财政为地方公债发行提供担保为《担保法》所严格禁止,地方公债保险制度短期也很难建立。而发新债还旧债虽然不失为一种路径选择,但在目前缺乏有效制度约束的情况下,如果允许发新债还旧债,无疑会加大地方政府发债冲动,从而引发更为严重的地方财政危机。其结果很有可能是中央政府为地方公债埋单。鉴于此,建立地方公债偿债基金,确保到期债务的及时偿还,则为一种比较好的选择。地方各级政府部门应通过年度预算安排、财政结余调剂以及债务投资项目效益的一定比例的划转等途径,建立财政偿债基金,专项用于地方政府公债的偿还。②

除上述举措外,我们认为,解决地方政府性债务问题,还有必要进一步改进与完善地方政府绩效评估体系、完善官员考核与监督机制以及完善法律责任制度,其中最为主要的是宪政责任制度,使地方政府真正成为责任政府。

---

① 邓少平:"地方债不能忽视信用评级",载《中国证券报》2009年3月26日版。

② 华国庆:"中国地方公债立法研究",载《安徽大学学报》(哲学社会科学版)2010年第4期。

浅析我国地方政府债务的成因及应对之策

刘映春[*]　佟　轶[**]

我国中央政府对于地方政府举债一直持非常谨慎的态度。但在经济转型、深化金融体制改革,特别是近几年中央政府投资增长过程中,地方政府投资大都存在不同程度的层层扩张问题,各级地方政府普遍举债度日或负债运行,致使地方政府多年累积的债务迅速膨胀,"地方债务危机"再次被推到舆论的风口浪尖。分析地方政府巨额债务的成因并探讨其解决之道,已成为事关我国经济安全和社会稳定的重要问题。

一、我国地方政府债务现状分析

我国地方政府债务从其规模上看有以下两个特点:第一,债务规模庞大。审计署发布的公告显示,截至2010年年底,全国地方政府性债务余额107,174.91亿元,①远远超过2010年全国地方财政收入(约7万亿元)的规模。地方政府所负债务的总体规模已经相当庞大,地方财政超负荷运转的现象普遍存在,形势不容乐观。第二,债务隐蔽,统计困难。由于目前地方政府举债大多违反《预算法》、《担保法》等相关法律的规定,在举债问题上大都巧借名目,遮遮掩掩,再加上缺乏必要的信息披露机制,谁也说不清楚规模究竟有多大。很多学者和媒体对审计署报告中的数字提出了质疑,认为其中可能存在低估和遗漏的情况。

我们再从结构上分析。据审计署的报告,在10万亿元的地方债务中,政府负有偿还责任的债务67,109.51亿元,占62.62%;政府负有担保责任的或有债务23,369.74亿元,占21.80%;政府可能承担一定救助责任的其他相关债务16,695.66亿元,占15.58%。②可见,直接显性债务占地方政府债务总额的大部分,但是值得我们更加关注的却是政府负有担保责任或者承担一定救助责任的或有债务。

政府负有担保责任的债务主要是地方政府融资形成的债务,即通过政府融资平台公

* 中国青年政治学院教授、硕士研究生导师。
** 中国青年政治学院经济法学硕士研究生。

① 审计署2011年第35号《全国地方政府性债务审计结果》。
② 审计署2011年第35号《全国地方政府性债务审计结果》。

司为基础设施及公益项目融资,由地方财政直接或者间接承担偿债责任或提供担保。政府融资平台主要包括城市建设投资公司、城建开发公司、城建资产经营公司等。审计署的报告中称我国地方政府融资平台有6000多家,但是有人认为我国此类融资平台已有9000余家甚至是1万家以上。[①] 而这些地方政府融资平台的贷款余额也众说纷纭。审计署的报告称,至2010年年底,我国融资平台公司所负债务近5万亿元,其中政府负有偿还责任和担保责任的合计近4万亿元。而据中金公司的一份研究报告预测,到2011年年底,中国地方政府融资平台贷款将达到10万亿元,美国花旗银行甚至认为这个数字将达到12万亿元。[②] 可见,我国地方融资平台数量多、规模大,其风险不容忽视。

如审计署在其报告中所说,地方政府性债务资金在弥补地方财力不足、应对危机和抗击自然灾害、改善民生和生态环境保护、推动地方经济社会的持续发展等方面发挥了积极作用。但是,从长远来看,地方政府的巨额债务对我国的财政、金融和社会都可能带来极其严重的不良后果:第一,审计署的报告显示,未来两三年之内,大量地方融资平台的贷款将到期。而今后两年内,地方债务的积累仍会维持在很高的水平,地方政府的偿债能力受到广泛质疑。目前地方债务的主要债权人是商业银行、政策银行等金融机构,届时一旦爆发债务偿还问题,很可能会出现银行不良贷款激增的现象,影响银行信贷安全。第二,目前我国地方政府的财政收入中,“卖地”收入仍然占据相当大的比例。如果爆发政府债务偿还危机,地方政府很可能通过重新活跃房地产市场和土地交易市场,来重振或盘活目前已陷入泥潭的政府财政,并以此作为降低地方政府的巨额债务风险的积极救助机制,从而影响目前房地产调控的效果。第三,不断加重的地方政府尤其是乡镇政府的债务负担,严重弱化了地方政府的财政吸取能力,导致地方政府缺乏履行其正常职能所需要的基本手段与能力,影响了地方政府的正常运转。

二、我国地方政府债务成因分析

(一)政策方面的原因分析

政策方面的原因主要有三个方面:国债转贷政策、农村税费改革政策以及积极的财政政策。1998年以后,国家开始实行国债转贷政策,具体做法是由财政部转贷给省级政府,然后由省政府统一调配。按照规定,国债基金必须用于地方公益项目和卫生行业。一方面,这些项目基本上属于公益或者收益很低的事业;另一方面,由于缺乏后期配套的资金,很多地方不得不选择举债来维持项目的建设,导致捉襟见肘的地方财政只能依赖银行贷款,形成负债。

为了减轻农民负担,中央政府不断加大农村税费改革力度,这些政策虽然减轻了农

---

① “审计署新闻发言人就地方政府性债务审计情况答问”,载 http://www.gov.cn/jrzg/2011-07/11/content_1903696.htm 访问时间:2011年9月1日。

② 孟元新:“我国地方政府债务危机绝不只是财政管制危机”,载 http://finance.ifeng.com/news/special/dfzwwj/20100807/2488575.shtml,访问时间:2011年9月1日。

民负担，但却导致了县乡两级财政收入的减少，而上级政府为此增加的转移支付资金又不足，致使地方政府债务规模不断扩大。

为了追求经济发展的速度，地方政府纷纷出台各种措施鼓励投资，大兴土木。尤其是2008年金融危机爆发之后，世界各国包括我国都实行了增发国债和扩大财政赤字为主要内容的积极财政政策，通过发行地方政府债券来拉动经济增长，2009年和2010年财政部已两次代发地方政府债券共计4000亿元。与之前国债转贷的做法相比，这两次中央代发地方债的特点比较明显，以前是中央政府发行国债后"转贷"地方，现在变为"代理"发行；在债务清偿问题上，地方政府也成了"显性的债务人"，明确地方政府承担还本付息的责任。这些积极的财政政策虽然一定程度上促进了我国经济的发展，但也使一些地方政府赤字严重，债务沉重。

（二）体制方面的原因分析

政府机构烦冗，职能越位，开支过度。目前，我国地方政府的层级设置过多，管理链过长。政府运营过程中不可避免地会出现机构庞大、机构臃肿的现象。此外，地方政府职能越位，违背市场经济运行规律，过度干预市场的现象普遍存在。烦冗的政府机构和过于宽泛的政府职能导致地方政府的运行成本过高，地方财政入不敷出，只能扩大债务规模来履行其职能。

分税制体制改革不彻底，地方政府财权和事权不匹配。一方面，我国自1994年开始实行的分税制在一定程度上明确了中央和地方的财政分配关系，但省以下各级政府的事权与财权划分却并未清晰。而且，在分税制改革后，存在中央与地方财权与事权分配的不合理性，中央将财权大部分收归中央，而未将事权进行合理分配，地方政府承担的经济结构调整、基础设施建设、生态环境优化和社会保障等任务日益繁重，财政支出压力剧增，财权与事权出现极大缺口。另一方面，我国地方税制结构不合理，主要表现即是税权划分不合理。税权主要包括税收立法权、司法权、征管权、支配权。我国税收立法权全部集中在中央，地方没有税收立法权，没有税目、税率的调整权及开征、停征权。地方税制的不健全使得中央与地方税收收入差距很大。① 地方政府预算内收入的主要财源只是大税种的小部分，小税种的大部分，税源零散、稳定性差，没有形成一个完整的地方税收体系。这样，地方政府财政收入的主要来源不足，难以满足履行支出职责的需要，导致地方政府债务增加。②

政府债务监管机制滞后。西方发达国家中央政府大都制定了地方政府债务监管机制和风险预警系统，及时对地方政府可能出现的债务风险进行防范、控制和化解。而我国在政府债务监管过程中缺乏有效的监督管理机构。此外，目前我国地方政府债务种类繁多，或有债务比重大，而政府债务统计口径又不统一，中央政府难以全面掌握地方政府

① 李永刚："中国地方政府债务负担及化解对策"，载《上海财经大学学报》2011年第2期。

② 于海峰、崔迪："防范与化解地方政府债务风险问题研究"，载《财政研究》2010年第6期。

债务的真实规模,无法建立地方政府债务风险预警机制。债务监管机制和风险预警机制缺失的直接后果就是地方政府举债的无序化和不透明,最终导致地方债务规模失控。

政府投融资体制改革滞后。在我国经济体制转轨中,原有的计划经济体制下的政府融资体制已经打破,新的适应市场经济的政府投融资体制还未建立。如前所述,地方政府承担的经济结构调整、基础设施建设、生态环境优化和社会保障等任务日益繁重,这些都需要巨大的财政支出作为保障。而地方政府的财政收入又捉襟见肘,这对政府的融资筹资能力是巨大的考验。由于现行法律规定地方政府不得在财政运行中开列赤字、不得发行地方债券、不得提供担保,入不敷出的地方政府只能通过组建城市建设投资公司、城建开发公司等融资平台向金融机构融资,形成了大量的隐形债务。实践中,这些融资平台和融资渠道管理分散,经营混乱,问题重重:首先,地方政府融资平台的很多建设项目既不产生效益,也没有可靠的还款来源,完全依赖地方政府其他收入偿还或地方的土地财政收入偿还。而鉴于目前的房地产宏观调控形势,土地出让的收入必将大大减少,其用途也受到了来自中央的更多限制,这些融资平台和地方政府的偿债能力很难应付巨额债务产生的偿债压力。其次,虽然我国《商业银行法》第21条明确规定,商业银行的贷款等业务要严格遵循"审慎"的原则,但是现实中,商业银行、政策性银行等金融机构对地方政府融资平台的贷款申请不仅不纳入严格的审贷程序,而且以各种形式加大地方政府投融资平台或其他政府融资中介的授信权限。其结果就是很多不具有偿债能力的融资平台或是缺乏科学论证、效益低下的投资项目获得大量贷款,最终由地方政府承担相应的偿还责任,导致地方政府债务负担加重。最后,地方政府融资平台的决策主体、偿还主体、责任主体大多不明。融资平台公司自恃有地方财政作为保证,地方政府未直接向金融机构贷款而又缺乏债务承担的意识与风险意识。结果就是举债行为不规范,随意性、盲目性大,对于债务资金的使用也缺乏统一的整体规划,债务风险不能得到及时有效的化解,最终可能引发地方政府债务危机。

(三)法律制度方面的原因

目前,我国对地方政府债务进行规制的法律主要有两部,即《预算法》和《担保法》。实践中,这两部法律主要存在以下缺陷:首先,相关规定与现实中的实际情况脱节。《预算法》第28条规定:"地方各级预算按照量入为出、收支平衡的原则编制,不列赤字。除法律和国务院另有规定外,地方政府不得发行地方政府债券。"该条法律体现的宗旨即是禁止地方政府举债,但是现实中市场经济的发展与其规定矛盾很明显,地方政府财政收支严重失衡,只能举债度日,而相关法律却又禁止地方政府举债,地方政府只能以各种名义规避相关的法律。比如,该法虽然禁止地方政府发行债券,但没有明确禁止其他形式举债,因此地方政府往往通过变通手段或违规操作等进行负债,投融资平台等地方融资中介即是地方政府应对此问题的一种手段。其次,未规定相应的法律责任,难以有效约束相关主体。《担保法》第8条规定:"国家机关不得为保证人,但经国务院批准为使用外国政府或者国际经济组织贷款进行转贷的除外。"本条法律虽然明确禁止了地方政府的或有债务，但是未规定相关主体违反此条法律的责任。因此，政府提供担保和变相担保的情形在实践中普遍存在，早已突破了不允许地方政府提供担保的法律禁令。最后，没有法律对地方政府现存的债务进行规制。

上述缺陷导致的后果也很明显：一方面，相关法制的缺失以及地方政府的规避法律行为使得地方政府债务在借、用、还三个环节上都无法可依，各种融资平台与地方政府责任不明确，融资渠道混乱，如果发生债务偿还困难问题极易发生纠纷。另一方面，与现实情况脱节的法律规定也制约着中央和地方政府的举债行为。比如，2009 年、2010 年由财政部代发的地方政府债券，虽然经过了国务院的批准，但是并未满足《预算法》第 28 条中"法律另有规定"和"国务院规定"两个条件，其发行的合法性受到了广泛的质疑。

三、应对地方政府债务危机的对策

（一）适度举债，缩小负债规模

在政策方面，应当转变经济增长方式。经济增长方式的转变我们已经倡导了很多年，但是从现实来看，我国目前的经济增长方式仍然主要依靠投资和出口的拉动，这也是地方政府有强烈的投资冲动的主要原因。地方政府的过度投资一方面违背了市场经济的运行规律，对市场干预过多，不利于市场经济体制的良好运行；另一方面也导致政府职能过于宽泛，财政支出压力过大，最终导致负债规模急剧增大。要改变这一局面就必须切实转变经济增长方式，以扩大内需和培育发展战略性新兴产业为两翼，通过促进消费升级、推动产业结构调整来拉动经济的发展，杜绝地方政府的过度投资行为。应当改变"国债转贷"及"中央代发"政策，允许地方政府发行债券。鉴于现实中地方政府普遍负债的情形，禁止地方政府发行债券已无实际意义。与其坐视地方政府规避法律规定违规举债，不如允许有条件的地方政府发行地方债券，赋予其公开合法的身份，使地方政府债务收支真实反映在预算管理体系之中。

在体制方面，应当合理划分中央与地方的财权与事权，实现地方政府财权与事权的匹配。事权的明确划分是保证地方政府职能不缺位、不越位的基础，同时也是配置相应财权、财力的关键依据。中央或是上级政府应坚持以财行政、量财办事的基本原则，充分考虑下级政府财政的承受能力，在教育、医疗、社保等领域界定各级政府的管理权限和筹资责任，不得将应由自身承担的事权下放给下级政府。此外，可适当扩大地方税收规模，使地方税成为地方财政的主要来源，增强地方政府以自身财力来应对债务风险的能力。同时，中央政府应加大对地方政府特别是经济不发达地区转移支付的力度，以增加地方政府的可用财力。

建立完善的债务信息披露制度，让隐形债务阳光化。地方政府要对债务信息进行规范化披露，同时要详细规定债务信息报告、预测、时效性和专业审计等标准。包括建立政府债务统计与报告制度，并保持与债务预算制度相适应；建立健全政府会计制度，使政府的经济活动得到真实有效的反映；建立完善地方政府债务信息披露制度，加强社会监督。[①] 此外，要警戒并严肃处理地方政府债务信息的造假行为，避免债务信息的披露制度流于形式，以提高地方政府债务信息的透明度，降低地方政府债务风险。只有使政府各种债务显性化，才能让监管层和银行做到心中有数，同时也可以约束地方负债冲动，避免地方官员前人借钱、后人还债的扭曲负债观。

规范地方政府举债程序和融资平台。要严格控制各级地方政府的债务规模，地方各级政府应当严格按照"责—权—利"与"借—用—还"相统一的原则，控制各级地方政府的债务总量，杜绝地方政府各自为政、无序举债的现象。[②] 对于地方政府融资平台，要坚决贯彻和落实国务院《关于加强地方政府融资平台公司管理有关问题的通知》中的方针和政策。按照分类管理、区别对待的原则，妥善处理债务偿还和在建项目后续融资问题；金融机构要切实加强风险识别和风险管理，严格落实借款人准入条件，按照商业化原则履行审批程序；坚决禁止政府违规担保行为。[③]

建立并完善地方债务风险预警系统。要不断提高我国的债务风险意识，通过综合分析政府的财政收支，建立一套科学的财政风险预警体系，将地方政府债务控制在一个合理的范围之内。财政风险预警机制可先覆盖到省级，然后逐步到市级，实现财政风险规范化、系统化和科学化管理。在地方财政部门建立财政风险预警指标体系，指标主要包括债务当年偿还情况、债务余额、偿债能力和债务风险指标等。[④]

在法律方面，应当完善法律法规。首先，修改《预算法》，以法律的形式明确地方政府的发债权。其次，在解除地方政府独立发债的法律障碍的同时，修改《担保法》的规定：一方面，禁止地方政府为非政府性债务提供担保；另一方面，在准确衡量担保债务风险的基础上，有条件地允许地方政府为一些城市基础设施建设项目贷款提供担保。再次，应尽快制定"国债法"及"地方政府债券法"，对中央政府和地方政府发行债券的行为作出规定。最后，修改《公司法》、《证券法》等相关法律，补充对地方政府债券的发行、上市交易、信息披露等问题的规定，使各部法律能够相互衔接，确保地方政府的举债行为有法可依。

（二）合理用债，确保贷款资金高效使用

转变地方政府职能，促使地方政府职能由刺激经济增长向提供公共服务转变。地方政府要把资金重点用在能有效促进地方经济持续发展的良性投资项目上，同时要减少对市场的干预，对于有竞争性的项目地方政府应归还给市场，而把关注点转向更好地提供

---

① 马海涛、马金华："解决我国地方政府债务的思路"，载《当代财经》2011 年第 7 期。

② 连志超："中国地方政府债务风险及其预警研究"，吉林大学 2011 年硕士学位论文。

③ "审计署新闻发言人就地方政府性债务审计情况答问"，载 http://www.gov.cn/jrzg/2011-07/11/content_1903696.htm，访问时间：2011 年 9 月 1 日。

④ 李永刚："中国地方政府债务负担及化解对策"，载《上海财经大学学报》2011 年第 2 期。

科技、教育、文化、卫生、社会保障以及公共设施等公共产品上，抑制投资冲动。建立健全债务监督管理机制，加强对地方政府债务资金的使用情况的审计和管理；建立偿债责任追究制度，落实责任，保证后期债务的偿还，降低地方政府债务风险。

（三）有序还债，做好规划

建立健全债务偿还机制。首先，要对地方政府债务的规模、结构、分布等情况做深入了解，分类登记，采取相应的处理办法；其次，根据本地区经济情况以及财政的负债能力，根据债务的数量和期限，科学地制定地方政府中长期偿还规划；最后，分阶段对债务偿还计划的实施情况进行监督管理，发现违规行为及时纠正并追究相关人员责任，避免偿还计划流于形式。设立专门的偿债准备金。我国可以借鉴英国的成功经验，地方政府编制年度预算时安排一定比例的收入用于偿还债务，也可以考虑从债务建设项目投入使用后的收益、自有资金和资产出让收入中提取一定的比例作为偿债准备金，以减轻偿还债务对本地财政造成的冲击。

地方公共收费的法理阐释与制度转型

闫　海*

一、地方公共收费的定义与分类

地方公共收费，是指地方政府及法律、法规授权的组织等公共部门，向特定公共服务的相对人收取对价给付，并纳入地方财政管理的行政行为。

地方公共收费有使用者收费和规费两种。① 使用者收费（user charges）是政府对特定服务或特许权收取的价格，以用于支付提供这些服务的全部或部分成本，②即政府部门就其向社会提供的产品或者特殊服务而收取的费用。使用者收费体现的主要是一种市场交易关系。使用者收费具体包括水费、电费、煤气费、公立大学学费、公立医院医药费、停车费、公园门票等，这些收费大致可以分为直接费（direct charges）、公用事业特种费（special assessments）以及特许费（license fees）三大类。直接费是对使用公共设施或消费产品和服务所收取的费用。公用事业特种费是政府为社会公共目的而新建设施或改良原有设施，根据受益区域内受益者的大小所进行的一种征收，它主要用于弥补工程经费。特许费是政府授予某些特定的人以某种特别的权利，而对其征收的一种费用。特许费征收的目的侧重于对某些行为进行规制，例如，在具备规定的条件下，娱乐场所的开设、公路汽车的行驶等在缴纳特许费以后方可获得政府的特别许可。规费（fees）是政府部门在执行社会管理职能过程中，为国民提供某种特别行为或服务时所获得的特别报偿。规费体现出的主要是管理者与被管理者之间的关系。规费的收取是随着政府部门的特别行为或服务而发生的，它的取得是基于政府的行为或服务给予特定个人以特别的利益，或是免除一种禁止，或是保证一种既存的权利身份以及辅助其权利的行使等。政府这种特别行为或服务既可以达到公共目的，又使特定的个人受益，所以，政府职能活动所需的经费一方面以税收来供应，另一方面也须对特定受益人征收规费作为补充。这样不仅保证

* 辽宁大学法学院副教授、硕士研究生导师。

① 在我国台湾地区，非税公课可以分为受益费、规费及特种公课，规费又分为行政规费、使用规费及特许规费，前两者又可以合并为受益负担。陈清秀认为，“受益负担乃是对于行政的特定给付的对待给付”。参见陈清秀著：《税法总论》，台湾元照出版公司2010年版。

② ［美］罗纳德·费雪著：《州和地方财政学》，吴俊培译，中国人民大学出版社2000年版，第154页。

了政府的财源，而且也比较公平合理。如不收取任何代价，那么政府的特别行为或服务将无限膨胀，结果将因少数国民的特殊利益与需要而增加全体国民的负担。规费分为：(1)行政管理收费，行政主体向特定相对人收取的费用，如个体工商户管理费、出租车管理费、计划外演出管理费；(2)证照登记费，行政主体接受相对人申请，办理登记审批手续、发放证照而收取的费用，如企业注册登记费、收养登记费、居民身份证工本费、司法资格证书工本费、婚姻证书费；(3)审查检验费，行政主体实施对特定行业或商品进行检查检验行为而收取的费用，如机动车辆安全检验费、压力管道安装检验费、电梯检验费；(4)地方政府性基金，行政主体筹措建设资金以发展某项地方事业而向特定相对人收取的费用，如新菜地开发基金、城市教育附加费、城镇公用事业附加。

二、地方公共收费的法理阐释

地方公共收费是地方财政收入的重要内容之一。地方财政收入可以分为税收收入和非税收收入，地方非税收收入除地方公共收费以外，还包括罚没收入、地方国有资产收益、彩票公益金、接受捐赠收入等。非税收收入彼此性质差异比较明显，容易发生混淆的是地方公共收费与地方税收收入。在学理上，税费可以视为更为一般类别的——强制捐献的下位概念，即“根据公法单方面征收、用以(至少部分地)筹集财政收入并向政府缴纳的金钱捐献”。[①] 税费不能以征收机关或名称予以形式上简单地区分，实践中有些冠名“税”的实质为“费”，有些冠名“费”的实质为“税”，甚至有些则二者都不是，因为现代国家会将一些所谓的税费作为规制社会经济行为的工具，而不是财政收入手段。市场机制对于个体需求的满足具有优势，而对于公共需求的满足则存在失灵现象，自治组织是公共需求的实现机制之一，但是自治供给往往捉襟见肘，不能够根本解决问题，[②]由国家提供公共物品成为现代经济社会发展的必然趋势。国家提供公共物品的优势在于拥有资金筹集上的强制力，可以克服市场机制和自治组织的“搭便车”障碍。如果进一步细化公共物品，可以分为具有完全的消费非竞争性和受益非排他性的纯公共物品和具有消费非竞争性或受益非排他性单一特征的准公共物品。一般认为，对于纯公共物品应依靠征税来弥补成本，而对于准公共物品可针对消费非竞争性或受益非排他性的特征通过收费筹集资金。[③] 此外，经济学上还存在“优值品”(merit goods)的概念，即实际效用低于主观评价的产品或服务，父爱主义的政府通过干预个人“支付意愿”促进优值品的消费，如采取低价提供或强制消费。不论是准公共物品还是优值品，政府都不应当支付全部成本，正如福斯特等人研究表明的，“地方政府当局的服务输出只有十分之一是完全免费提

① [美]维克多·瑟仁伊著：《比较税法》，丁一译，北京大学出版社2006年版，第47～48页。

② 闫海：“自治化：公共物品供给方式的创新”，载《江苏行政学院学报》2006年第3期。

③ 许善达等编：《中国税权研究》，中国税务出版社2003年版，第7页。

供”。[①] 而且,在理论上,对于具有正外部性或溢出效应的准公共物品的补助额度应直接与消费者使用该服务而获益的货币价值相挂钩;对于优值品的补助额度应直接与该服务被短视的消费者所低估(从其所愿意支付的报酬角度)的程度相挂钩,其余部分应当以公共收费的方式解决。

笔者认为,以上仅说明收费具有可行性,对于税费的本质区别及收费的不可替代性还应当从公民之间、公民与政府、政府之间等基本关系予以分析。

首先,就公民间关系而言,市场失灵致使公民不能借助市场机制实现公共物品的自愿交易,必须由国家财政予以提供,而国家财政不是无本之木,终究还是由公民承担公共物品的成本,税费作为资金筹集的方式代表着公民分担成本的两种不同原则。税收遵循量能课税原则,按照经济支付能力负担相应的成本,是分配正义的具体体现;收费则遵循补偿和收益原则,由特定公共服务的接受者负担相应的成本,是交换正义的具体体现。准公共物品具有消费非竞争性或受益非排他性。换言之,公民对于这类公共物品的享受存在消费或收益的差异,如果采用税收形式,由全体公民来共同承担,则侵犯没有消费或少消费的公民的利益,使未受益者多负担,收益者少负担,则违背社会正义的观念,甚至危害公平竞争的市场环境。因此,公共收费作为准公共物品资金筹集的基本方式,既具备实际操作性,又符合正义标准,从而具有正当性基础。

其次,就公民与政府之间关系而言,税收被认为具有无偿性,至少在单个公民与政府之间,这个特征是成立的,该公民所缴纳的税收与自身所享用的公共物品之间不存在一一对应关系。哈耶克指出,民主制度中最为紧要的是,“有关决策程序应当使人们能够以理性的方式对公共开支之额度作出限制性的决策”,然而,税收形成的财政资金筹集与使用上断裂,“不断诱使人们做出不负责任且铺张浪费的开支决策”和“公共部门所呈现出来的那种持续不断且毫无约束的扩张之势”,最终意味着“那种服务于各种个人需求的自生自发社会秩序日趋转变成一种只能服务于多数所确定的某套特定目的的组织”。[②] 相反地,收费依据公民收益程度而收取,所得款项甚至被指定用途,公民与政府因付费而建立直接联系,能更真实地反映出公民对于公共物品数量和种类的偏好,减少过度消费和消费拥挤,并有效地激励公民参与、监督政府的公共物品供给,提高公共开支的使用效率,而政府作为公共服务的提供者,“收入直接依赖于它们输出所被使用的数量,那么它们将会对服务使用者变得更具有回应性”。[③] 传统认识中,“收费方式常常被视为财政融

---

① [英]斯蒂芬·贝利著:《地方政府经济学——理论与实践》,左昌盛、周雪莲、常志霄译,北京大学出版社2006年版,第154页。

② [英]弗里德利希·冯·哈耶克著:《法律、立法与自由》(第2卷、第3卷),邓正来、张守东、李静冰译,中国大百科全书出版社2000年版,第345~347页。

③ [英]斯蒂芬·贝利著:《地方政府经济学——理论与实践》,左昌盛、周雪莲、常志霄译,北京大学出版社2006年版,第153页。

资最后诉求的手段”,①但是,笔者认为收费应当优先于税收予以考虑。

最后,就政府间关系而言,现代国家大多为税收国家,即财政收入主要来自税收,政府收费等仅为补充来源,但是政府级次越低,公共收费比重越高,例如,世界银行《世界发展报告》(2000 年)和国际货币基金组织《政府财政统计年鉴》(2000 年)的有关数据表明,大多数国家非税收入所占比重为 10% ~20%,许多高收入国家甚至低于 10%;而收费在地方政府收入中却占有较大份额,1998 年澳大利亚地方政府非税收入占其财政收入的 42.2%,意大利为 23.1%,比利时为 19.3%,韩国 1995 年的比例高达 52.71%。不同层级政府的税费结构巨大差异的主要原因是,地方或基层政府所提供的大部分属于准公共物品范畴,供给项目的受益范围和受益对象较易界定,地方政府更接近消费者,能够了解其真实意愿,便于实行成本效益分析。因此,地方公共收费直接关系地方财政的自主性,是纵向政府间事权、财权划分制度的重要内容之一,即使横向政府间,收费项目设立、标准确定及减免事由也与政府间竞争、行政垄断等密切相关。

总之,公民之间、公民与政府、政府之间构成一国政治的基础关系,与之相关的地方公共收费具有重要的意义,应当运用现代法治理念予以分析和建构。

三、我国地方政府收费的制度评述

新中国成立后的相当长时期,我国实行以高度集中的统收统支财政体制为基础的计划经济,一切财政收支纳入国家预算,国有企业的利润上缴构成财政收入的主要来源。在“自产国家”中,相关主体既无收费的积极性,也无收费的必要,仅有企业登记费、房地产登记费、结婚证工本费等少量收费项目作为“规费”被纳入财政预算予以严格地管理。随着改革开放的启动和深入,外国资本、私营经济等多种经济成分迅速成长,一些竞争性领域的国有经济陷入困境,国有企业利润已难以满足财政支出的要求,经济结构上的变迁必然影响财政收入的基本格局。但是,受税收立法及其征管的局限,税收收入尚不足以弥补财政收支之间的缺口;于是,我国经济改革走上一条分权化的道路,在保持政治稳定、统一的前提下,扩大地方的经济自主权,尤其体现为财政上的承包制。各级地方政府在获得更多权力的同时,也承接更多责任,并且受到无赤字的约束,亟待开辟新的财源,地方公共收费便成为重要渠道之一,相关收费的项目逐渐增多,规模日益庞大。地方公共收费一定程度上缓解财政压力,还有助于形成公共物品和准公共物品的区分,但是缺乏有效的制度约束,放任政府利益的主导,地方公共收费过多过滥的问题日益凸显,乱收费、乱罚款、乱摊派加重相对人的负担、助长不正之风、造成财政收入流失和浪费、严重危及经济发展和社会稳定。1994 年分税制改革,一方面,抑制“两个比重”的下降,增强中央的经济调控能力,也形成制度化的以税种为核心的财政收入划分的基本雏形;另一方面,各级政府之间事权划分缺乏制度保障,财权与事权严重不匹配,有的地方政府采取

---

① [英]斯蒂芬·贝利著:《地方政府经济学——理论与实践》,左昌盛、周雪莲、常志霄译,北京大学出版社 2006 年版,第 152 页。

"事权财权化",依赖收费得以维系,乱收费形同顽疾。从20世纪80年代开始,国务院及其有关部门为遏制乱收费出台了一系列规定、办法,并且不定期地进行乱收费的全国性清理整顿,近年来较大影响的有2000年开始的农村税费改革及配合《行政许可法》实施的乱收费治理,已形成以下地方公共收费的基本制度:

第一,地方公共收费的立项审批。1988年国家物价局、财政部《关于加强行政事业性收费管理的通知》(价涉字〔1988〕278号)规定,增减收费项目及调整收费标准分为国务院各部门或省级各部门、省以下各级政府及其主管部门,分别由国家物价局、财政部审订及国务院批准或省级物价部门、财政部门审订。1990年中共中央、国务院《关于坚决制止乱收费、乱罚款和各种摊派的决定》(中发〔1990〕16号)进一步明确规定,行政事业性收费项目,审批权限集中在中央和省(不含计划单列市)两级,由物价、财政部门审批,重要项目须报国务院或省政府批准;设立各种基金的审批权集中到财政部,由财政部会同有关部门审批,重要的报国务院批准。2005年财政部、国家发展改革委《行政事业性收费项目审批管理暂行办法》(财综〔2004〕100号)第4条规定,收费项目实行中央和省两级审批制度,国务院和省、自治区、直辖市人民政府及其财政、价格主管部门按照国家规定权限审批管理收费项目。但是,这种将地方公共收费审批权向省级集中的思路,偏离收费的法理意义。因为政府层级设计是因应权力纵向划分的需要,不能由政府级次的高低推导出收费审批正当性的多寡。况且,公共收费主要用于准公共物品的供应,而准公共物品大多具有地方性,只有与某个准公共物品的受益范围越接近的政府,才越能体察相关收费的设立及其标准的需求;相反地,越高级次的政府所面临的信息不对称性越高,越难以正确行使收费审批权。

第二,地方公共收费的资金管理。最初,地方公共收费资金是由各地方、各部门、各单位"自收自支、自行管理"的,这在减轻财政收支矛盾、激活积极性的同时,也形成负激励效果,各主体受利益驱动巧立名目增设收费项目、层层加码提高收费标准、信口开河扩大收费范围。1986年国务院《关于加强预算外资金管理的通知》规定,对包括公共政府收费在内的预算外资金的性质、征收、使用及管理等予以明确界定,弥补地方公共收费资金管理的制度空白。1993年中央办公厅、国务院办公厅《关于转发财政部〈关于对行政性收费、罚没收入实行预算管理的规定〉的通知》(中办发〔1993〕19号)将部分地方公共收费纳入预算管理。1995年财政部《关于下达行政性收费、罚没收入实行预算管理实施办法的通知》(财预字〔1995〕27号),对纳入预算管理的地方政府收费就资金管理与缴纳、执收单位经费预算的核定、执收单位预算的执行、执收单位决算的编报等具体问题予以明确。1996年国务院《关于加强预算外资金管理的决定》(国发〔1996〕29号)又将部分地方公共收费纳入预算管理,其他地方公共收费则作为预算外资金予以管理,明确提出预算外资金也是国家财政性资金,必须纳入财政管理,预算外收入必须上缴同级财政专户,支出由同级财政按预算外资金收支计划和单位财务收支计划统筹安排,从财政专户中拨付,实行收支两条线管理。部分地方公共收费游离于预算管理之外,破坏预算完整、统一,进而违反民主的基本原则。财政资金是国家活动的物质基础,财政资金又来自公民,自然应接受人民代表组成的权力机关的指导与监督,而且预算是国家活动的"节目表",经过预算审批,国家活动才具有合法性基础。①

第三,地方公共收费的征缴管理。首先是票据管理改革,都必须使用省级财政部门统一印制的收费票据,以发挥票据的源头控管作用,实行票据使用与执收项目相结合,票据发放与专户管理相结合,票据管理与稽查相结合,达到"收缴分离、罚缴分离、收支分离"的目的。其次是收费财政账户改革,清理银行账户,统一财政专户管理,由财政部门开设公共收费汇缴结算专户,从账户管理上堵塞执收单位的挪用私分和私设小金库、账外账的漏洞。再次是收支两条线管理改革,收费不得与本部门的经费划拨和职工的奖金、福利挂钩,严禁搞任何形式的提留、分成。最后是征缴机构和人员管理改革,要求有关机构必须向价格部门申领收费许可证,甚至设立统一的收费机构,相关工作人员也要求取得收费员证等。这些规定有助于促进地方公共收费的规范化,减少寻租空间,但是毕竟只是技术性手段,缺乏制度性保障,难以实施且作用有限,甚至有些规定与地方公共收费的法理意义相冲突。例如,过于强调收支两条线,而导致收费与准公共物品提供上缺乏对应关系,而这种关系恰恰是费税区别所在,也是准公共物品内在约束构建的基本前提。又如,设立统一的收费机构,试图以权力集中抑制权力滥用,但是收费的对象本身是特定的,以统一收税的方式收费对于大部分地方公共收费项目是低效率的,甚至是不可行的。

四、我国地方公共收费的制度重构

我国已经颁布和实施一系列地方公共收费的制度规范,但是实际效果不彰,三令五申的"运动式"治理却又屡禁不止、愈演愈烈,重复着"治理—膨胀—再治理—再膨胀"的怪圈。究根溯源,有两个方面原因:其一是目前地方公共收费制度改革试图回避对于公民之间、公民与政府之间、政府之间等基础关系处理,既不能解决深层次矛盾,也缺乏实施力度;其二是一些地方公共收费制度改革缺乏方向指引,走上制度生成的歧途,只能是越陷越深。因此,笔者认为解决问题之道是将地方公共收费制度改革纳入政治经济转型的轨道,对地方公共收费制度予以重构,主要有以下内容:

第一,制定《公共收费基本法》。② 法律是宪法施行的基本内容之一,是对政府行为的授权与限权的重要依据。目前,除少量涉及收费的法律外,③中共中央、国务院及相关部委发布的政策性文件是治理乱收费文件的主要依据,缺乏法律的权威性,且无法建立

① 闫海:"预算民主:预算审批权为中心的构建",载《重庆社会科学》2007 年第 4 期。

② 2004 年《十届全国人大常委会立法规划》将"行政收费法"一类立法,2008 年《十一届全国人大常委会立法规划》将"行政收费管理法"二类立法。笔者主张的公共收费的范围更为广泛,且鉴于缺乏其他立法中不可能排除关于公共收费的规定,因此法律草案的名称以"公共收费基本法"为妥。

③ 王成栋、葛波蔚、满学惠:"行政收费的法治进路——对中国现行法律涉及收费规范的整理及分析",载《行政法学研究》2002 年第 3 期。

有效的、稳固的遏制政府无限扩张的制度,也就不能跳出"治"与"乱"的恶性循环。1997年《价格法》第47条第1款规定:"国家行政机关的收费,应当依法进行,严格控制收费项目,限定收费范围、标准。收费的具体管理办法由国务院另行制定。"授权国务院以行政法规的形式制定收费的基本规范,这与法律保留原则相冲突,而法律保留原则是来自民主原则、法治国家原则及基本人权原则。① 公共收费的本质是对相对人财产权益的剥夺,财产权被公认为一项宪法性权利,例如,我国2004年修正《宪法》第13条第1款规定,"公民的合法的私有财产不受侵犯",而只有最高立法机关通过制定法律才能限制相对人的宪法性权利。因此,笔者认为应当依据2000年《立法法》第8条,对非国有财产的征收基本经济制度以及财政、税收、海关、金融和外贸的基本制度应当制定法律,由全国人大审议、通过《公共收费基本法》。《公共收费基本法》应当包括公共收费的权限划分、基本原则、主体资格、征缴程序、资金使用与管理、法律责任等基本内容。其中,公共收费权限划分是最重要的内容,笔者认为应当以宪法上政府事权划分为依据,合理确定各级政府的收费权限范围,各级政府设立收费项目的不得逾越权限,同时权限范围内的收费也属于自治事项,上一级政府原则上不得干涉。

第二,地方公共收费的民主化。地方公共收费的民主化就是将改变行政权力上划的旧思路,由各级人大行使收费立项的基本权力。1990年中共中央、国务院《关于坚决制止乱收费、乱罚款和各种摊派的决定》提出,"各级人大常委会可结合执法检查,组织人大代表开展这方面的检查"。1996年国务院《关于加强预算外资金管理的决定》也提出,"各级人民政府要接受同级人民代表大会对预算外资金使用情况的监督",但是实践中,各级人大缺乏实质性权力,对同级公共收费的监督软弱无力。笔者认为,可从两个方面加强地方公共收费的民主控制:其一是将集中于省政府或省级财政部门、物价部门的地方公共收费立项审批权收归地方人大,各级地方人大有权在《公共收费基本法》规定的权限内制定设立收费项目的地方法规,且收费项目、手段等基本规则具体明晰,限制行政机关自由裁量与解释空间;其二是地方公共收费全部纳入地方预算,预算外、制度外收入应予以取缔,地方人大通过年度预决算审议和批准,监督地方公共收费资金征收和使用,甚至可规定部分收费标准可由预算审批程序予以一年一审。地方人大行使地方公共收费的基本权力,有利于增强收费的合法性,形成对行政机关有效制衡,但是地方公共收费的民主化还需要进一步完善地方人大制度,真正实现地方民主,例如,为避免民主化流于形式,应进一步扩大公众的立法参与,地方公共收费立法中采取座谈会、论证会、听证会等多种形式广泛听取各方面的意见。

第三,地方公共收费标准科学化。之所以使用"收费"而不是"定价"的说法,是因为

① 陈清秀:"依法行政与法律适用",载翁岳生主编:《行政法2000》(上册),中国法制出版社2002年版。

收费标准是一个政府决策而不是市场机制。[①] 地方公共收费标准是收费制度的核心要素，收费是对地方政府提供的准公共物品的价值补偿，既不能如私人物品由市场机制确定，也不能如纯公共物品依据量能课税原则由全体纳税人分担。科学的地方公共收费标准应在特定公共物品的成本分担和特定公民的收益享受建立一一对应关系，以符合公平原则，并且反映公民对该物品的真实偏好，减少过度消费和消费拥挤，以符合效率原则。2006年国家发展改革委、财政部《行政事业性收费标准管理暂行办法》（发改价格〔2006〕532号）第5条关于收费标准审批原则的规定可资借鉴，应遵循公平、公正、公开和效率的原则；满足社会公共管理需要，合理补偿管理或服务成本，并与社会承受能力相适应的原则；促进环境保护、资源节约和有效利用，以及经济和社会事业持续发展的原则；符合国际惯例和国际对等的原则。笔者认为，地方公共收费标准制定应注意以下事项：首先，准公共物品的成本测算是收费标准科学化的基本前提，标准决策权收归人大，但是相关数据还依赖行政机关的提供，因此应明确行政机关对所提供数据的真实性、准确性负责；其次，收费标准可分别从成本和收益两个角度予以确定，前者遵循“费用填补原则”，后者遵循“等价原则”，一般而言，收益分析更符合公平原则，但是适用有限且不容易测度，应根据不同收费项目而审慎选择；最后，“社会国家原则也适用于规费法上”，[②]即收费标准的确定还应考虑社会政策，如基于对社会弱势群体基本权利的关注，应当设计减免情形、方法照顾他们对于准公共物品的消费需求。

第四，地方公共收费程序规范化。程序形式是制度化的基石，法治除实质法治外，还有程序法治。地方公共收费程序应当进一步完善：首先，全面推行票款分离缴款方式，在总结经验的基础上，按照“单位开票、银行收款、财政管理”的原则，由缴费单位或个人根据执收单位开具的票据直接到银行网点缴款，使所有行政收费资金直接缴入财政专户；其次，加强账户管理，全面取消各执收单位行政收费资金过渡账户，由财政部门统一在银行开设行政收费资金专户，以杜绝执收单位截留、坐支收费资金和设立账外账、小金库等违纪现象；再次，建立健全票据管理制度，实行票据归口管理，严格规范票据印制、发放、使用、保管及核销各个环节，执收单位每月应及时向财政部门报清票据领用销存情况，实行专人、专账、专表管理和微机化管理，提高票据管理的工作效率；最后，建立有效的监督检查机制和对违法、违纪行为的处罚制度，对执收单位收费资金安排和使用予以跟踪问效，变过去被动式事后检查为主动式、防范式的事前监督，形成遏制不规范收费行为的约束机制。

---

① ［英］斯蒂芬·贝利著：《地方政府经济学——理论与实践》，左昌盛、周雪莲、常志霄译，北京大学出版社2006年版，第152页。

② 陈清秀著：《税法总论》，台湾元照出版公司2010年版，第73页。

地方非税管理权及其配置

谭　立*

非税收入是指除税收以外由各级政府、国家机关、事业单位、代行政府职能的社会团体及其他组织利用政府权力、政府信誉、国家资源、国有资产或提供特定公共服务、准公共服务取得并用于满足社会公共需要或准公共需要的财政资金。非税收入是政府财政收入的重要组织部分,包括行政事性收费、政府性基金、罚没收入、彩票公益金、国有资产(资源)有偿使用收入、国有资本经营收益、主管部门集中收入、以政府名义接受的捐赠及财政资金产生的利息收入等,不包括政府公债收入、社会保障基金和住房公积金。分税制财政体制改革以来,我国非税收入发展迅速,已成为促进经济社会发展的重要财力,有的地方甚至达到或超过了税收收入。非税收入概念的提出,改变了过去预算外资金管理模式,是我国推进财政管理体制改革的重大创新,对于深化财政管理思想,构建科学、高效的公共财政体制,提高财政管理水平具有巨大的促进作用。但是,在我国非税发展过程中,许多地方存在项目繁多、乱收乱罚、规模过大、结构失衡等问题,企业和社会负担过重,严重损害了党和政府的形象,也不利于经济社会的稳定和持续发展。造成上述问题的根本原因,就是我国非税管理体制尚未理顺,各级国家机关的非税管理权未能进行科学、有效的配置。本文着重探讨地方非税管理权的含义、理论依据、配置目标和原则及配置对策等问题,以期抛砖引玉,促进我国非税收入的研究和发展。

一、地方非税管理权的含义和地位

财政权,简称财权,是政府财政收支的权限,是保障政府事权实现的财力基础,包括财政收入权和财政支出权。财政收入权是与政府取得和管理财政收入相关的权限,其中包括税权和非税权,或者说包括税收管理权和非税管理权。一般来说,税收管理权仅指税收收入取得方面的权限,不包括税收收入的使用或支出权,该部分权限属于预算权的内容。同样,非税管理权或非税权,也仅指与政府取得和管理非税收入相关的权限或权力,不包括非税收入的使用权。关于非税收入的使用及其相关权力,应从财政支出法角度单独加以考察和规定,主要由预算法规定,并部分体现于政府采购法和转移支付法等

* 浙江大学城市学院法学院、财税金融法研究中心主任,教授,律师、注册会计师,博士。

财政法律之中。需注意的是，非税收入是政府提供特定公共物品或准公共物品的资金来源，其所取得收入的性质和用途一般具有事先规定性，如行政事业性收费、政府性基金；因此，非税收入的取得与其使用往往具有密切联系，致使许多人在考虑非税管理权时，将非税收入的取得权与使用权也联系在一起，认为非税管理权中应包括这两方面的内容。[①]笔者认为，根据综合财政预算及非税收支两条线管理原则，为强化非税管理的规范化、科学化，在非税管理及其权限设定上应将非税收入的收缴与使用完全分开，从而使非税收缴部门单位和管理机构放下包袱，集中精力和提高业务水平，简化和理顺各种利益关系。不仅如此，非税管理权的内涵也不应当包括所谓的非税司法权内容。非税方面违法犯罪行为的处理，可纳入现行司法体系，没有必要单独区分出非税司法权。当然，司法部门可在司法过程中对非税管理权的行使实施司法监督。这部分内容才可纳入非税管理权的范围。

综上，非税管理权，是指与政府取得和管理非税收入相关的各种权力和权利，包括非税立法权、非税执法权和非税监督权等内容。这些权力或权利可进一步划分为立项权、标准确定权、解释权、修改权、废止权、收缴权、调整权、减免权、稽查权、审计权、知情权、举报权等。地方非税管理权就是地方各级国家机关、代行政府职能的社会团体和其他组织及非税缴款人等在非税立法、执法与监督方面所享有的权力和权利。

地方非税管理权的主要功能在于取得一定的地方财政收入，保障地方经济社会事业发展需要。在主要市场经济国家，地方政府非税收入在其财政收入中的比重一般为20%左右，因而地方非税管理权在地方财权中占有重要地位。我国社会主义特色的政治经济体制及财政体制改革不到位等原因，导致我国非税收入在地方财政收入中所占比重很高，许多地方已占据半壁江山，甚至超过税收收入。因此，作为取得非税收入根据的地方非税管理权具有不可或缺的重要地位，甚至举足轻重，受到地方政府的高度重视。

从理论上看，税收收入是政府收入的主要来源，一般为80%甚至90%以上，非税收入是政府收入的必要补充，一般不超过20%，但随着政府级次的降低，非税收入所占比重逐步提高。从各国经验数据来看，非税收入在中央财政收入中的比重一般为10%以下，在省级或州政府财政收入中的比重在20%以下，在县（市）级政府财政收入的比重在30%以下。[②] 我国体制及历史原因所造成的地方非税收入比重过高，严重冲击着税收的主体地位，必须对收费、基金、罚没等各项非税项目进行清理整顿，以使其回归合理地位，严格限定在提供准公共物品及正当行政管理需要等范围之内，发挥其应有的适当作用。从我国国情来看，地方政府非税收入所占比重应控制在20%左右，并据此对地方非税管理权进行清理和作出必要的限制。

---

① 李友志著：《政府非税收入管理》，人民出版社2003年版，第249～255页。

② 段国旭、成军等："推进我国非税收入规范化管理研究"，转引自齐守印、王朝才主编：《非税收入规范化管理研究》，经济科学出版社2009年版。

二、地方非税管理权的理论依据

非税管理权作为一项重要的财权，应与税收管理权一样在中央与地方各级政府之间进行分配，为此需要对非税管理权进行科学划分与合理配置。这种划分与配置的理论依据是什么呢？

（一）地方政府的职责

现代财政学认为，市场失灵导致公共物品不能供给或供给不足，需要政府组织财力来提供公共物品，以满足社会需要。政府的这一社会管理职能，是社会对政府的要求，因此也就是政府的职责。这里的公共物品，是指消费上具有非竞争性和非排他性的产品和服务。根据其性质不同，又分为纯公共物品和和准公共物品。纯公共物品，是指具有完全的非竞争性和非排他性的产品和服务，如国防、国家行政管理；准公共物品，是指不完全具有非竞争性和非排他性，但社会成员普遍所需要的产品和服务，如教育、交通、社会福利。[①] 这些公共物品是用来满足社会成员的公共需要的，其受益范围具有一定的区域性，有些为全国性的，如国防、外交，有些属于地域性的，如城市建设、社区管理。政府提供公共物品以满足社会需要的职责应当与其政权管辖范围相一致，以确保其合理、可行和效率。因此，公共物品的区域性特征决定了其应当分别由中央政府和地方政府来提供。为此，需要将政府职责在中央与地方之间划分清楚，以使其各尽其责。根据上述政府提供公共物品责任的区域一致性要求，地方政府的职责主要是承担地方行政管理、地方经济和事业的发展、地方的社会稳定和发展。这也是我国分税制财政管理体制改革对地方政府职责的一般要求。

（二）地方政府的事权

政府为履行其提供公共物品和服务的职责，必须具有从事相关事业或工作的权力，即必须有相应的事权，如有权建设军队、训练警察、招聘公务员、建设机场、修桥铺路、举办市政工程、开展文化体育事业。这些事权是政府履行其职责的保障。政府的职责与其事权应当对应，所有的职责都应当有相应配套的事权。因此，中央政府与地方政府根据其负担职责的不同，其应拥有的事权也不同。可见，政府职责决定政府事权，这是一种需要的决定，而非事实的决定。也就是说，政府职责的大小或多少，决定了政府事权应当有多大或有多少，这种权力来自财政法、行政法等相关的法律规定。我国目前的问题主要是，中央与地方政府的职责划分不清，进一步导致中央与地方政府的事权难以划分清楚。此外，应当解决的问题是，政府履行相关职责需要什么事权、其权力的边界在哪里、制约机制如何建立等。

（三）地方政府的财权

政府行使事权需要相应的财权作为保证，没财权则事权将会落空。常言道，巧妇难

---

① ［美］约瑟夫·E. 斯蒂格利茨著：《公共部门经济学》，中国人民大学出版社2005年第3版，第110～116页。

为无米之炊。有多大的财权才能办多大的事业；反之，做多大的事业需要多大的财权。从这个意义上说，是事权决定财权，当然，这也是一种需要或保障的决定，而非事实的决定。人们常说，财权应当与事权相适应，但财权并不决定事权，而是决定事权可能的实现程度，构成对事权的保障或限制。

财权包括财政收入权和财政支出权两个方面。财政收入权包括税权和非税权两个方面。许多学者将税权称为税收管理权，据此本文将非税权相应称为非税管理权。财政支出权主要体现为预算支出权，即将有关财政支出通过预算来安排，同时相关预算主体享有执行预算、从事相关工作或事业的权力和权利。通过财政收支及预算的制定与执行，保障事权得以实现。

（四）地方政府的财权决定非税管理权

对于保障事权实现来说，财权的目的主要是形成实现事权所需要的财力。为此，财权必须首先落实到取得相应财政收入的权力上，即表现为税收管理权和非税管理权。因此，财权决定税收管理权和非税管理权，同样这也是一种需要和保障的决定，而非事实的决定。从实际效果来看，税收管理权和非税管理权的实现形成相应的财力，从而保障财权的实现。

税收管理权与非税管理权的区分，主要是由于其所取得财政收入的使用去向不同。如前所述，政府提供的公共物品区分为纯公共物品和准公共物品。其中，纯公共产品的提供需要政府通过税收来取得相应的财力；准公共产品的提供部分来自政府，部分由市场或私人完成，由政府提供的部分需要采取非税方式取得相应的资金。由此，相应形成了政府的税收管理权与非税管理权。

前述的政府职责、事权、财权均区分为中央与地方政府两个层面。同样，保障财权实现的税收管理权和非税管理权也相应划分为中央政府和地方政府税收管理权与非税管理权，其分别由事权和财权所决定，并最终保障政府职责的实现，即提供社会成员所需要的公共物品。

应当注意的是，财权应当与事权相对应，无论中央还是地方政府莫不如此。但是，税收管理权和非税管理权只能在总体上与财权相对应，各级政府各自的税收管理权和非税管理权则只能尽量与中央与地方各级政府的财权相对应，一般难以或不能做到完全对应，其产生的差异需要通过转移支付等方式解决。各级政府（主要是地方政府）的税收和非税管理权不能与其财权相对应，是因为税收与非税收入的来源分布不均匀，不能与事权所要求的财力恰好相对应。

（五）中央政府的调控

为了维护法制和市场的统一，在各级政府的职责、事权、财权的划分和配置中均需考虑国家宏观调控的需要。同样，在税收和非税管理权的划分与配置中也应为宏观调控预留空间，并表现为财政政策手段的首要内容。因此，在确定省级及以下地方税收与非税管理权时，必须服从国家的宏观调控需要，从而导致中央政府享有更多的财权及税收和非税管理权，进一步使其掌握全国的主要财力，一般应在60%以上，而地方政府的税收与非税管理权则较小。另一个与此相关的问题是，地方之间的地理位置、经济发展水平、资源状况等各种差异，也是划分和配置税收与非税管理权时应考虑的重要因素，并一定程度上体现为一种宏观调控手段。

可见，政府税收与非税管理权的根据在于政府职责、事权、财权与宏观调控等各个层次和方面。在这一链条中，政府职责决定事权、事权决定财权、财权决定税收和非税管理权。不过，这些都是需要的决定，而非事实的决定。否则，就不会出现现实中种种权力不相适应或配套的问题。同时，这里的职责是现实的，而其后保证其履行或实现的各种权力却只是一种资格性权力，类似于民法中民事主体的权利能力，其能否实现还有赖于相关的行为能力。在这里，与事相对应的是财权，若无财权，则政府即无事权的行为能力；与财权相对应的是财力，若无财力，则政府无财权相应的行为能力。同时，税收和非税管理权构成财权的组成部分和保障措施，是形成财力的基础；当然，税收和非税管理权也是一种权力资格，其实现所需的行为能力则表现为政府的征缴能力，如税务机构的装备水平、税务人员的专业能力、政府机构的非税收缴能力。

需要注意的是，许多学者在分析税收与非税管理权的形成依据时，并未遵守上述的层层递进逻辑，而是将政府的事权或职责直接与税收和非税管理权相联系，认为"地方事权的大小决定地方政府税收的管理权限"，"中央政府和地方政府税收的管理权限的划分和设立，要以确定中央政府和地方政府事权为基础"，①或者"地方政府提供的公共产品和服务的数量及质量，构成设立地方税收管理权限的依据"等。② 这种跳跃式的分析思路，容易导致脱节，难以提出精准到位的政策措施。

三、地方非税管理权的配置目标和原则

非税管理权在全国来说是一个完整的有机体系，对我国目前的非税项目及管理权限进行清理整顿、科学配置和规范管理，构建规模适度、结构合理、收缴规范、公正透明、科学有效的非税管理体制是全国非税管理权配置的总目标。地方非税管理权的配置目标就是要实现中央与地方非税管理权的合理配置、有机融合，既保障全国非税管理权配置总目标的实现，又体现地方的切实需要，充分调整中央与地方及各个部门单位的积极性，保障地方财政收入，促进地方经济社会发展。为此，地方非税管理权的配置应遵守以下基本原则：

（一）受益公平原则

政府非税收入主要为提供准公共服务提供资金来源，应根据准公共服务的受益范围相应确定其管理权限。如果是全国性受益的准公共服务，其非税收入的收缴管理权就应

---

① 温希波、郭霞："关于地方税收管理权限的问题和对策"，载《山东科技大学学报》（社会科学版）2003年第4期。

② 吴俊培："地方财政制度创新研究"，载《湖北财税》2002年第2期。

当归中央。而受益范围主要在某区域之内，其非税收入管理权就应当分配给地方。同时，地方非税管理权与地方税收管理权之间也有个合理分配问题，这里应遵循公平原则。也就是说，地方公共物品的受益如能区分主要受益者与次要受益者，应赋予非税管理权，否则难以区分主次受益者的，应赋予税收管理权，以保证相应的财政负担在地方私主体之间的公平分配。

（二）适度分权原则

适度分权包括两方面的内容：一方面，非税管理权应适当集中于中央。这是因为，中央政府往往是国家意志的转达者或执行者，拥有无可比拟的强制权力，可有效降低组织成本或实施成本，取得很大的规模经济效应，可节约非税收入的收缴成本，提高效率；同时，非税收入管理本身也是一项公共物品，是一项集体行动，有效的组织是实现集体动力的关键。显然，中央政府是强有力的组织，可确保非税收缴管理活动的有序进行。另一方面，我国是一个大国，人口众多、地域辽阔，各地经济社会情况差异很大。为促进各地因地制宜、科学安排经济社会事业发展，应适当分权，实行分级分类管理，以强化非税管理的针对性，充分调动地方的积极性和创造性。

（三）宏观调控原则

非税的设立、收缴、减免、缓收、停收、标准及范围调整等措施对经济社会活动具有重要的调控作用。例如，近几年为减轻全球金融危机的冲击，降低企业和社会负担，国家先后多次取消几百项行政事业性收费项目，有力地促进了经济社会的稳定和发展。因此，非税管理权的部分或重要权力应集中于中央，以便于宏观调控。但是，对具有地方特色、不具有全局性影响的非税管理权应赋予地方。另外，一些地方非税管理权可置于中央的严格监督之下，如赋予中央政府审查权、备案权、否决权、纠正权。当然，中央还可以发布非税调控指导意见，供地方政府参考。

（四）经济效率原则

非税收入是国家参与国民收入分配的一种方式，其管理权在中央与地方及同级国家机关之间的配置状况，将影响相关的经济社会生活，从而影响经济社会资源的分布和流动，进而影响资源的配置效率。同时，非税管理权的配置，特别是执法权（即收缴管理权）的配置，会直接影响非税收缴管理的成本和效率。例如，收缴管理权集中于财政部门是较有效率的安排，而分散赋予各国家机关或部门单位则收缴与管理（特别是监督）的成本可能较高。因此，非税管理权的配置应有利于经济资源的有效配置和提高非税的收缴管理效率。这是一个辩证统一的过程，并非越集中越好，也非越分散越好，适度才好。然而，何为适度应具体分析，因地、因事、因时制宜，确保其科学性和有效性。

（五）依据财权原则

根据前述非税管理权依据理论，各级政府的非税管理权根本上起源于政府职责，然后通过政府职责决定政府事权、政府事权决定政府财权、政府财权决定非税管理权的传导机制最终决定了非税管理权的具体配置。在这一过程中，前述各因素都对后述因素构成主要的直接或间接影响，但是并不是完全的影响。在传递过程中还会产生偏差，并且前者对后者的决定是应然的需要的决定而非现实的决定，现实的决定还受政府相关的行为能力及其他一些因素的影响。尽管如此，为了保障政府各项权力的实现，应尽可能根据前项权力实现的需要来构建或配置后项权力，只要在每一个环节尽可能做得完美，就能最大限度地实现政府的最终目的，即满足社会公共需要。因此，在确定非税管理权配置时，应主要考虑实现政府财权的直接需要，坚持依据财权原则。此外应注意的是，非税管理权的配置与实现财权需要相适应即可，既不能过小，也不能过大，否则将造成公共物品供给不足或社会资源浪费。

四、地方非税管理权的配置对策

根据上述非税管理权的配置目标和原则，我国地方非税管理权的配置应正确处理纵向与横向两个方面的非税管理权的划分与配置关系。为此，应采取以下配置对策：

（一）立项权

地方非税管理权的配置，立项权是关键。一般来说，地方非税立项权应严格掌握在省级立法机关和省级人民政府及省级财政、物价部门，只有经省级立法机关、政府及其授权的财政、物价部门设立或批准的非税项目才是合法的。这里要注意的是，非税项目的设立许多情况下是分两步完成的。首先，由法律、法规或规章作出相关的许可规定，即对某事项允许设立非税项目；其次，经授权的省级财政、物价部门对有关部门、市州级政府设立非税项目的申请进行审核、批准或审核后提交省级政府批准。当然，法律、法规或规章也可以直接设立非税项目，并规定其收缴标准、对象、范围等内容，或者仅规定项目名称、标准等重要内容，剩余事项授权财政、物价等部门作出具体规定。在审批程序上，地方非税项目应由省、自治区、直辖市有关部门或市州人民政府提出书面申请，由省、自治区、直辖市财政部门会同计划（物价）部门审批，重要项目应报省、自治区、直辖市人民政府审批。

根据非税法定主义的要求及主要市场经济国家的历史经验，立项权应完全掌握在立法机关。但是，从我国国情来看，目前及今后一段时期内非税立项权应在地方立法机关与地方政府及部门之间合理分配，由立法机关掌握方向性立项权，政府及其部门掌握操作性立项权和相关的调整权、解释权、减免权等。在条件成熟时，立项权应全部集中于立法机关。

以上是地方非税立项权配置的一般策略。具体到各类非税项目又有很大不同，需因事制宜。行政事业性收费项目的设立基本如上。政府性基金项目的设立，按我国现行规定，集中于财政部审批或报国务院批准，地方没有立项权，只有申请权，这应当是较为适当的安排。罚没收入项目是由国家法律、法规和规章直接规定的。一般来说，有多少违法行为就有多少罚没项目。因此，罚没项目的设立权限与法律、法规和规章的制定权限相同，地方罚没项目的设立只能由省级立法机及省级人民政府规定。彩票公益金项目我国目前只有福利彩票和体育彩票两种，由国务院特许发行，其具体品种由财政部审批。

国有资产有偿使用收入、国有资本经营收益项目由《合同法》、《物权法》、《公司法》等法律规定，地方没有立项权，只有执法权和补充规定权。国有资源有偿使用收入项目比较多，其立项权有的归中央，有的归地方，应根据资源的性质及对宏观经济的影响等因素决定。主管部门集中收入属于过渡性项目，今后应逐步取消，现今地方对此项目的设立必须由省级政府及部门规定，严格控制。以政府名义接受的捐赠、财政资金的利息收入项目，地方财政、民政等部门应依法收取和管理，其立项权归属表面看来不明显，其实应属于国家立法机关，地方无须也没有此项权力。

与立项权密切相关的是非税项目收缴标准的确定权，此项权力通常应与立项权的归属一致，即拥有立项权的机关或部门，同时应当具有标准确定权，并一般不宜下放。例如，地方重要的行政事性收费项目由省级政府批准，则其收费标准也应由省级政府审批，省级物价、财政部门无权决定。有些非税项目收缴标准是由法律、法规或规章在设立时直接规定的，如罚没项目。

（二）执法权

在地方非税管理权配置中，立项权是关键，而执法权是核心。非税项目设立之后，非税的收缴、管理、调整、解释、减免等执法权分别交由相关的行政机关和组织行使，纵横向的各级机关或组织都可能拥有相应的执法权。其中，财政机关是最主要的非税执法机关，处于中枢地位，拥有非税收缴权、统一管理权、调整权、解释权及减免权等项权力，重要事项需提交省级政府批准。各级政府职能部门、单位和代行政府职能的公益性组织主要拥有相应的非税收缴权、结算权等。

地方非税执法权在行政机关及有关公益性组织之间横向配置时应遵守简便高效原则，一方面要便利于缴款人，另一方面要提高收缴效率，节约成本。因此，应正确处理集中与分散的关系。一般来说，与税收征管一样，财政机关作为代表政府理财的行政职能部门，应集中或主要享有非税收入的收缴管理权。但是，非税项目繁多、来源分散且与政府职能行使密切相关等特点，决定了财政机关不能也无力独享此权，为实现简便高效，必须在财政机关与其他部门单位或组织之间进行适当分工，这也是世界各国的通行做法。问题是，财政与其他部门单位之间的分权分的是什么权？是收缴权，还是管理权？笔者认为，管理权只能集中到财政部门，①而收缴权（即收取非税收入的权力和权利）原则上也应归财政部门，仅在少数情况下可以直接给予相关部门、单位。这样，可促进政令统一、收缴规范和提高效率。这并不是说，所有非税收入都由财政部门直接收缴，而是指它拥有这个权力，具体如何收缴可由其根据情况灵活、科学安排。例如，在行政服务中心办理的有关业务收费可采取财政部门设专窗集中直接收缴，而分散的行政事业性收费等非

---

①　此处的管理权是指狭义的管理权，对非税收缴票据、收缴流程、资金结算、监督检查等各项与非税收缴过程相关的管理权力，比一般意义上的非税管理权（即非税权）范围小。关于非税的“所有权属国家、使用权归政府、管理权在财政”或者“单位开票、银行代收、财政统管”等提法中的“管理权”或“管”等的内涵即为狭义。

税收入可采用委托相关部门、单位或组织的收缴方式,并可根据情况的变化进行适当调整。对于违规收缴部门、单位可责令其改正,必要时亦可撤销委托。如果将大部分非税收缴权直接赋予相关部门、单位,则财政部门很难进行统一管理,隐匿、转移、截留、坐支、挪用、私分非税资金等问题难以解决。因此,在实行"单位开票、银行代收"的票款分离收缴模式时,与银行签订委托收款协议的主体一般应当是财政机关,而不是其他行政部门。例如,机动车违章罚款,应当是财政部门与银行签订委托收款协议,交警部门只享有处罚权而不具有罚款收缴权,不应是委托收缴协议的当事人,但负有通知和协助银行收款的义务。目前我国实践工作中的做法与此恰恰相反,应当引起重视并尽快改正。

(三)监督权

权力的运行必须受到监督制约。非税立项权与执法权的行使需构建相应的监督体系,并形成环环相扣的闭环监督系统。换言之,任何一个监督者自己也应受到其他主体的监督,以防止出现不受约束的权力。非税监督是对非税立项、执法等行为的合法合规性、经济合理性进行检查、评价、提出建议等,可区分为内部监督与外部监督。前者是指行使地方非税立项权与执法权的相关主体内部对权力运行所进行的监督,包括上下级之间及平级之间的监督;后者是指非税立项权与执法权主体之外其他主体对其权力运行所进行的监督,包括立法机关、审计机关、监察机关、司法机关、财政机关(对其他非税主体而言)及社会团体、人民群众、新闻媒体等监督。因此,在非税监督体系中各相关主体都应具有适当的监督权。笔者认为,其中最主要的是财政机关、审计机关和非税缴款人的监督权。地方财政机关集立项、执法与监督三权于一身,具有特殊地位和作用。财政机关的监督权不仅体现在内部监督上,更为重要的是对依法或受托执法的部门单位和组织的非税收缴行为进行外部监督,为此财政机关通常应设立专门的监督机构,如非税收入稽查处(科、室)。应注意的是,非税稽查机构的稽查对象主要是非税收缴执法部门单位,而不是非税缴款人,与税收稽查的功能具有较大差别。这主要是因为,非税收缴行为通常与其他行政或提供事业服务行为相伴随,非税缴款人一般只有及时缴纳非税款项才能办理完相关事务或得到服务,违法违纪行为比较少,而大量存在的问题主要是执法主体的乱收滥罚行为。审计机关是进行财务审计的专业组织,在非税监督中其主要职能是对各非税收缴主体行为的合法性、合理性进行审计,发挥专业监督作用。非税缴款人包括机关、企事业单位和个人等,数量大、分布广,非税立法、执法主体的违法违纪行为必然直接或间接侵害其利益,赋予其充分的监督权,有效地调动其积极性,对于非税收缴管理规范化具有十分重要的作用。

图书在版编目(CIP)数据

财税法学前沿问题研究. 2,地方财税法制的改革与发展/刘剑文主编. —北京:法律出版社,2014.3
ISBN 978-7-5118-5665-4

Ⅰ.①财… Ⅱ.①刘… Ⅲ.①地方财政—财政法—司法制度—制度改革—研究—中国②地方税收—税法—司法制度—制度改革—研究—中国 Ⅳ.①D922.204

中国版本图书馆 CIP 数据核字(2013)第 276865 号

责任编辑/陈 妮 **装帧设计**/汪奇峰

出版/法律出版社 **编辑统筹**/财税出版分社
总发行/中国法律图书有限公司 **经销**/新华书店
印刷/北京京华虎彩印刷有限公司 **责任印制**/吕亚莉

开本/720 毫米×960 毫米 1/16 **印张**/21.5 **字数**/420 千
版本/2014 年 3 月第 1 版 **印次**/2014 年 3 月第 1 次印刷

法律出版社/北京市丰台区莲花池西里 7 号(100073)
电子邮件/info@lawpress.com.cn **销售热线**/010-63939792/9779
网址/www.lawpress.com.cn **咨询电话**/010-63939796

中国法律图书有限公司/北京市丰台区莲花池西里 7 号(100073)
全国各地中法图分、子公司电话:
第一法律书店/010-63939781/9782 **西安分公司**/029-85388843 **重庆公司**/023-65382816/2908
上海公司/021-62071010/1636 **北京分公司**/010-62534456 **深圳公司**/0755-83072995

书号:ISBN 978-7-5118-5665-4 **定价**:56.00 元